제3판

부모교육

정계숙 · 문혁준 · 김명애 · 김혜금 · 신희이 · 심희옥
안효진 · 양성은 · 이희선 · 정태회 · 제경숙 · 한세영

창지사

머리말

우리 사회는 이미 여러 가지 측면에서 보편성, 안정성보다는 개별성, 역동성과 다양성으로 개념화되는 탈근대 사회의 특징을 보이고 있다.

부모는 자녀가 태어나 가장 먼저 만나는 사회적 환경으로 자녀의 성격, 행동, 학업 그리고 삶과 타인에 대한 태도 및 가치관에 큰 영향을 미치는 일차적인 요인이다. 그러나 많은 부모가 다양한 정보와 가치의 혼란으로 무엇이 진정으로 영유아를 위한 양육과 교육의 이상적 가치이며 방법인지 확고한 신념과 좌표가 없는 불확실성 속에서 자녀를 양육하고 있어, 부모로서의 진정한 역량과 역할이 무엇인지를 이해하고 부모를 돕는 유아교육기관과 교사의 역할은 그 어느 때보다 중요하다.

탈근대적 특징이 뚜렷해질수록 우리 사회에서 부모 되기와 부모역할하기가 어려워지므로 부모를 교육하거나 지원하는 일 역시 어려워질 것은 자명하다. 교사는 자신이 부모이든 아니든 교사로서 그리고 한 성인으로서 부모와 만나게 되며, 부모를 도와 부모와 함께 영유아의 전인적이고 건강한 발달을 위해 노력하고, 나아가 이를 통해 건강하고 지속 가능한 사회의 형성을 위하여 튼튼한 기반을 닦아야 하는 사명을 가지고 있다.

최근에는 부모교육의 개념이 전문가의 입장에서 양육에 관한 지식과 경험이 부족한 부모를 지도·교육하는 접근에서 벗어나 부모와 동반자적 관계에서 다양한 상황과 특징을 가진 부모와 가족의 개별적 욕구를 지원하는 접근으로 선회하고 있으므로, 앞으로 바람직한 부모교육을 위해 교사뿐 아니라 유아교육기관에서도 더 큰 노력이 요구될 것으로 보인다.

한 권의 교재에서 이러한 사회적, 학문적, 실제적 요구를 제시하고 해결 방향을 모색하며 구체적인 방법론까지 다루기는 역부족이지만, 이 책에서는 가능한 한 이러한 방향을 놓치지 않으려고 애썼다. 제1장에서는 부모교육에 대한 전반적인 이해를 위해 부모교육의 개념, 필요성 및 목적에 관해 개념을 정리하고 서구와 우리나라 부모교육의 역사를 통하여 미래의 부모교육의 방향에 대한 예측을 돕고자 하였으며, 이희선 교수가 이를 집필하였다.

제2장은 부모교육의 주 대상인 부모가 되는 일에 관한 내용으로서, 먼저 부모 됨의 발달적, 사회적 의미에 대하여 다루었다. 또한 부모가 되는 과정에서 부모에게 일어나는 심리적, 신체적 변화와 적응에 대한 내용으로 한세영 교수가 집필을 맡았다.

긍정적인 부모와 자녀의 관계는 자녀의 심리적, 사회적, 학업적 발달과 성취에 발판이 되므로 제3장에서는 부모교육의 주요 내용이 되는 부모-자녀 관계를 다루었다. 여러 가지 이론적 관점에서 부모-자녀 관계를 이해하고 부모역할행동에 영향을 주는 요인에 대하여 설명하였는데, 심희옥 교수가 집필에 수고하였다.

제4장에서는 영유아의 발달단계에 따른 평균적인 발달 수준과 개인차에 대한 이해를 바탕으로 부모역할이 자녀의 발달에 따라 어떻게 달라져야 하는지에 대하여 안내하고자, 발달단계별 부모역할이라는 제목으로 정태회 교수가 집필하였다.

제5장에서는 현재까지 부모교육의 이론적 근거를 제공하고 있는 여러 이론 중, 부모-자녀 간의 심리적 문제와 바람직한 양육행동에 대한 안내와 교육에 적용 가능한 이론을 중심으로 부모교육이론에 대하여 알아보았다. 제5장의 집필은 문혁준 교수가 맡았다.

부모교육 실제를 위한 기초로서, 현대사회의 다양한 가족 형태의 출현에 따라 각 가족의 특징에 따른 요구와 가치관 및 영유아의 발달과 양육에 대한 영향을 고려하여 부모교육과 지원이 이루어질 수 있도록 김혜금 교수가 다양한 가족과 자녀라는 제목의 제6장을 집필하였다.

부모교육이론을 기초로 서구와 우리나라에서 개발·실시된 부모교육 프로그램들은 어떤 종류가 있으며 각각 어떤 배경과 실행 방법상의 차이가 있는지를 알아본 제7장은 안효진 교수가 원고를 완성하였다.

바람직한 부모교육 프로그램의 수행을 돕고자 제8장은 신희이 교수가 부모교육 프로그램 운영에 대하여 현재 교육현장에서 실시되고 있는 다양한 부모교육 프로그램의 유형을 제시하였다.

이러한 전반적인 부모교육 프로그램 운영에 관련한 기초적 이해를 토대로 제9장에서는 유아교육기관 중심의 부모교육 프로그램 운영 실제를 살펴보고자 기관과 부모와의 관계, 부모교육의 방향과 내용 및 운영 전략 등에 대하여 김명애 교수가 원고를 완성하는 책임을 맡았다.

이어서 최근 무상교육과 의무교육이 입법화된 장애영유아의 부모에 대한 지원과 교육이 강조되는 추세를 반영하여, 장애 유형별 행동 특징 및 부모의 특별한 욕구와 이에 따른 교사와 기관의 역할을 살펴보는 제10장은 특별한 욕구를 지닌 영유아의 부모 지원과 교육으로 정계숙 교수가 집필하였다.

제11장에서는 유아교육-보육과 부모교육의 양대 축이라 할 수 있는 부모와 교사 간의 협력적, 동반자적 상호관계와 역할을 형성하기 위한 이론적, 실천적 이해를 돕고자 특히 부모와 교사 간의 의사소통에 초점을 두고 제경숙 교수가 집필에 수고하였다.

마지막으로 제12장에서는 사회 변화에 따라 부모역할이 변화되면서 새롭게 규정되는 미래 부모교육의 방향과 과제를 제시하기 위하여 양성은 교수가 집필을 맡아 전체 교재의 구성을 더욱 알차게 해 주었다.

교재 집필에 여러 저자가 참여하여 각 장과 전체에 있어서 흐름이 다소 끊길 수 있는 점에 대하여 제3판에서 보완하고자 노력하였으나 여전히 미흡할 수 있을 것이다. 하나의 주제를 하위주제로 나누어 각 저자가 독립적으로 집필하는 데서 오는 문제점도 있겠지만, 한편으로는 각 저자의 관심과 강점을 살려 내용을 더욱 깊이 있게 구성할 수 있었다고 생각된다. 또한 전체 원고가 하나의 글쓰기 방식으로 고정되지 않아 오히려 독자가 독해 과정에서 역동성을 느낄 수 있는 장점이 있지는 않을까 하는 변명을 해 본다.

이러한 기대에도 불구하고 부족한 부분은 앞으로도 시간을 두고 계속해서 보완해 나갈 것을 약속하면서, 끝으로 힘든 출판의 과정을 기쁘게 맡아 주신 창지사 김기섭 사장님과 편집부 여러분들께 감사드린다.

2018년 7월

저자 씀

차 례

Chapter 01

부모교육의 이해

부모는 자녀가 태어나면서 가장 먼저 만나는 사회적 환경으로 자녀의 성격, 가치관 형성, 인생에 대한 태도 및 행동에 중요한 영향을 끼친다. 성인에게 부모역할은 다른 어떤 역할보다도 중요하지만 대부분은 체계적인 부모교육을 받지 못하고 부모가 되어, 자녀양육에 많은 스트레스를 경험한다. 이에 본 장에서는 부모교육의 중요성을 인식하기 위해 부모교육의 정의 및 개념을 알아보고 현대사회에서 부모교육의 필요성과 목적을 파악하며 서구와 우리나라의 부모교육의 역사를 살펴봄으로써 부모교육의 전반적 이해를 도모하고자 한다.

Parent Education

1 부모교육의 개념

1) 부모교육의 정의

부모교육을 한마디로 정의한다는 것은 쉬운 문제가 아니다. 교육학 사전에는 부모교육을 '이미 성인이 된 사람을 위한 일종의 성인교육'이라고 정의하고 있다. 이는 부모교육 프로그램의 주요 대상인 부모가 대부분 성인이기 때문에 부모교육을 성인교육의 한 형태로 본 것이긴 하나, 부모교육이 성인교육과 같은 의미는 아니다. 성인교육은 부모교육을 포함하는 다양한 교육내용을 포함하고 있어 비록 부모가 아니라도 모든 성인이 그 대상이기 때문이다. 또한 부모교육을 성인교육이라고 하기 힘든 이유 중 하나는 부모교육 대상이 반드시 성인에게만 국한되지 않고, 부모기에 대한 준비가 필요한 예비부모인 청소년에게도 필요하다는 것이다. 특히 최근 아동학대의 경우 대부분 가정 내 부모에 의한 3세 미만의 영아학대 사례가 많아지면서 20~30대 젊은 부모들에 대한 정책적 차원에서 부모교육 실시가 요구되는 것으로 나타났다. 또한 아동이 행복한 사회를 구현하기 위한 아동복지 차원에서도 아동의 문제를 해결하기 위한 일차적 예방 수단으로 부모교육의 중요성이 강조되고 있다.

부모역할 수행은 인생에서 힘든 과정으로 개인의 생활 및 부부관계와 대인관계에 많은 변화를 가져오며, 부모역할에 대한 사회적 기대를 인식하고 수행하기 위해 큰 노력이 요구됨에도 불구하고 대부분의 사람은 진지한 생각 없이 부모 됨을 선택한다. 많은 학자는 부모의 역할을 출산과 함께 신체적 안전과 생존을 위한 음식, 주거, 의복 등의 기본적인 자원을 제공해 주며, 사랑과 애정을 주는 것이라고 하였다. 또한 부모의 역할은 자녀에게 사회적 가치를 가르치고, 자녀가 사회에서 자율적인 성인으로서 기능을 할 수 있게 잠재능력을 개발하도록 도와주는 것이다(Hamner & Turner, 2001).

여러 학자에 의한 부모교육의 정의를 살펴보면(표 1-1), Etaugh(1980)는 '부모역할의 지침과 정보를 제공하는 모든 종류의 활동과 경험'을, Grotberg(1983)는 '부모로서의 역할과 기능을 원활히 수행할 수 있도록 부모에게 정보나 지식을 전달하고 더불어 기술을 가르치는 것'이라고 하였다. 또한 이재연과 김경희(2003)는 '부모의 자녀에 대한 이해와 지식을 증진시켜 양육 시 사고와 감정 그리고 행동에 있어서 습관적인 방법들을 점검해 보도록 하여, 자녀를 양육하는 더 나은 새로운 방법을 습득하도록 도와주는 다양한 교육적 경험'이라고 정의하고 있다. 이와는 달리 부모교육자의 자질 향상과 부모의 역할 수행에 변화를 주기 위하여 부모교육자, 부모, 예비부모 그리고 자녀를 대상으로 부모교육과 자녀교육문제를 내용으로 모든 방법을 동원하여 교육하는 활동을 부모교육으로 정의하기도 한다. 이와 같은 관점에서 부모교육은 전문가로서 필요한 지식을 배우고, 기술을 익히는 것은 물론 부모 자신의 자기실현을 위한 교육, 자녀지도를 위한 교육 등 다양한 내용이 포함된다.

부모가 자녀발달을 도와주는 교육은 계획과 의도를 가지고 이루어지는 형식적인 교육과 생활 속에서 부모의 삶에 대한 태도, 가치관, 생활양식 등을 보고 배우는 비형식적인 교육에 의해 이루어진다. 특히 부모의 삶에 대한 가치관은 어떠한지, 부모의 생활양식과 사회적 관계는 어떠한지 등의 가정 내 비형식적 교육과정은 자녀에게 그대로 전달되어 영유아 성장·발달에 결정적 영향을 준다. 따라서 부모는 자기 스스로를 자녀의 성장·발달에 커다란 영향을 주는 중요한 인적 환경으로 인식하고 꾸준히 성숙해 나가야 한다. 즉, 인간으로 자신을 사랑하고 자기를 실현하려고 노력하는 부모가 자녀에게

〈표 1-1〉 여러 학자들의 부모교육 정의

학자	정의
Etaugh(1980)	부모역할의 지침과 정보를 제공하는 모든 종류의 활동과 경험
Brooks(1993)	가족에게 아동양육 방법에 대한 지식을 제공하고 변화시키려는 조직화된 체계적인 노력
Cataldo(1987)	부모와 아이들을 돌보는 사람들에게 자녀를 건강하게 양육할 수 있는 방법을 가르쳐 주고 자신감을 증진시키기 위해 제안된 프로그램, 자원서비스 또는 자원(resource)
Grotberg(1983)	부모로서의 역할과 기능을 원활하게 수행할 수 있도록 부모에게 정보나 지식을 전달하고 기술을 가르치는 활동
Harman & Brim (1990)	부모를 직접적 대상으로 하여 자녀의 발달 및 성장을 도모하고 효과적 부모역할에 도움을 주는 조직적인 교육활동
이재연 · 김경희 (2003)	부모의 자녀에 대한 이해와 지식을 증진시켜 사고와 감성 그리고 행동에서 습관적인 방법을 돌이켜 검토해 봄과 동시에 자녀를 양육하는 새로운 방법을 습득하도록 도와주는 다양한 교육적 경험

중요한 모델이 되어 지속적으로 영향을 끼치므로, 부모로서의 역할뿐만 아니라 한 개인으로서 자아 실현하도록 도움을 주어야 한다.

이를 종합해 볼 때 부모교육은 체계적인 교육을 통해 부모로서 역할을 효과적으로 수행할 수 있도록 양육지식과 정보를 제공하고, 양육기술을 습득할 수 있도록 도와주며 역할 수행 변화를 통해 부모의 자질과 자아존중감을 향상시키고 자기실현을 돕게 된다.

2) 부모교육 관련 용어와 개념

부모교육은 광범위하고 다양한 의미로 사용되며, 이에 따라 부모교육과 혼용하여 사용하는 여러 가지 용어가 있다. 대표적인 용어로 부모참여(parent participation), 부모개입(parent involvement), 부모지지(parent support), 부모역할하기(parenting) 등이며, 이들은 넓은 의미에서 부모교육에 포함된다.

부모참여(parent participation)란 교사 중심의 유아교육기관에 부모가 참여하는 것을 의미한다. 즉, 부모가 유아교육기관의 교사와 동반자로서 동등한 입장에서 상호 협조 관계로 가정과 유아교육기관 간의 유대를 유지하면서 효율적인 교육 및 발달을 위해 적극적으로 노력하는 모든 과정을 의미한다. 이는 유아교육의 중요한 목표이기도 하다. 부모는 유아교육기관에서 중요한 자원으로 활동하고, 다양한 방법으로 교사를 보조해 왔다. 1960년대 미국에서는 저소득층의 자녀를 위한 보상교육인 Head Start 프로그램에서 부모참여가 중요 요소가 되었고, 이를 계기로 유아교육기관에서 부모교육의 중요성이 강조되었다. 부모참여는 교육 프로그램의 계획과 실천, 평가, 수정 등 모든 단계에 부모가 참여하는 것으로서, 특히 부모의 결정 권한이 강조되는 개념이다. 부모참여에 활용되는 실제적인 운영방법은 비형식적인 방법과 형식적인 방법으로 구분할 수 있다. 비형식적 방법은 부모와 교사의 등·하원 시 이루어지는 간단한 면담과 전화 면담 및 메모지 교환 등이 있다. 형식적 방법으로는 사전 계획에 의해서 이루어지는 수업참관, 부모회 혹은 강연회와 같은 집단모임, 부모면담 등을 들 수 있다.

부모개입(parent involvement)이란 부모참여와 유사하게 사용되기도 하는데, 부모가 교육기관과 긴밀한 유대를 유지하면서 아동을 바르게 이해하고, 교육의 질을 높이기 위하여 학습현장에 직접 개입하는 것을 의미한다. 부모개입은 유아교육기관에서 중요한 자원으로 활용되며 다양한 방법으로 영유아교육에 개입하게 된다. 부모개입의 유형은 프로그램 정책수립자로서의 개입, 교사로서의 개입, 학교나 영유아 관련 기관의 지원자로서의 개입 등으로 분류된다.

Stevens와 King(1979)은 부모개입을 5단계로 구분하여 제시하였다.

- **1단계**: 청중으로서의 역할－정보를 습득하는 청중의 입장에서 최소한의 개입
- **2단계**: 교사로서의 역할－공식적 교육환경 또는 가정에서 자녀에게 교사로서 개입
- **3단계**: 자원봉사자로서의 역할－특별한 능력을 요구하지 않고 단지 부모참여 활동을 돕거나 조직하는 자원봉사자로서 개입
- **4단계**: 훈련된 봉사자로서의 역할－정규적으로 훈련받은 준교사 혹은 학교 보조원으로서 근무하며 개입
- **5단계**: 정책결정자로서의 참여－학교 프로그램, 정책 방향 설정에 부모가 직접 개입

부모지지(parent support)는 부모교육과 유사하게 사용되는 용어로, 친지로부터 받는 도움을 비롯하여 지역사회 내의 학부모회, 교육기관, 사회복지기관, 아동복지시설, 종교기관, 지방자치단체, 병원, 기업체 등의 지원 혹은 지지를 의미한다.

마지막으로, 부모역할하기(parenting)는 부모가 자녀의 발달을 위하여 돕는 일련의 계속된 과정으로, 발달단계에 따라 자녀를 양육하고 지도하는 과정이다. 이는 부모와 자녀 사이의 지속적인 상호작용 과정으로 부모와 자녀 모두를 변화시키는 것이기도 하다. 부모역할하기는 어머니역할(mothering)과 아버지역할(fathering)로 세분하여 사용하기도 하지만 최근에는 여성의 취업으로 일과 가정의 양립을 위한 사회환경을 조성하기 위하여 공동양육(coparenting)이란 용어를 사용한다.

2 부모교육의 목적과 필요성

1) 부모교육의 목적

부모교육은 부모가 자녀발달에 결정적 영향을 끼치며, 부모를 교육하면 아동에게 그 효과가 나타난다는 전제하에서 출발한다. 부모교육의 궁극적 목적은 부모가 자녀를 이해하고 지도하는 데 필요한 지식, 능력, 태도 등을 익히도록 부모를 도와주는 데 있다. 즉, 부모는 자녀성장과 발달에 영향을 미치는 중요한 인적 환경이라는 것을 인식하여 보호자, 교육자로서의 역할을 수행할 수 있도록 영유아의 성장·발달과 교육에 대해 이해하고, 적절한 양육지식과 기술 습득을 제공하여 부모 자신의 자아존중감을 증진시켜 부모와 자녀 관계에 궁극적인 변화를 주는 것이다.

최근 가족의 형태가 다양화되면서 건강한 아동발달에 관심을 갖게 되고 부모-자녀 간의 민주적인 관계의 중요성을 인식하면서 부모교육의 필요성이 사회에서 강조되고 있다. 이전에 조직적이고 체계적인 부모교육의 필요성이 강조된 것은 1960년대 미국의 Head Start 프로그램이 시작되면서였다. 사회문화적 배경이 낙후된 저소득층 자녀를 위한 보상교육을 빈곤퇴치를 위한 국가적 과제로 등장시킨 것이 직접적인 계기가 되었다. 이 프로그램에서 부모교육의 목적은 3가지로 제시되었다. 첫째, 영유아 발달 및 교육에 절대적 영향을 주는 부모역할을 지지하고 촉진시키는 활동 및 경험을 위한 프로그램을 제공한다. 둘째, 부모 자신은 아동복지에 책임이 있는 보호자이고 영유아에게는 최초 및 최적의 교육자로서 역할을 수행하며, 지역사회를 위한 공헌자로서의 역할을 인식하도록 한다. 셋째, 교육현장에서 부모는 부모참여 프로그램의 계획·운영에 대한 의사결정에 참여하고, 부모를 위한 활동과 관찰자, 지원자로서 부모참여의 기회를 제공하는 것 등이다. Head Start 프로그램 효과를 평가한 Westinghouse(1969) 보고서에 따르면, 영유아교육의 효과를 높이기 위하여 부모참여가 절대적이고 필수적임을 지적하였다.

대표적인 부모교육인 플로리다 프로그램은 부모교육의 목적을, 영유아와 부모를 위한 목적으로 나누고 있다. 영유아를 위한 부모교육의 목적은 영유아의 인지발달을 향상시키고 높은 수준의 인지적 과제 수행을 돕기 위하여 언어발달에 초점을 두고 풍부한 언어자극을 줄 수 있는 가정환경을 제공하는 것이다. 그리고 부모를 위한 목적에는 부모의 자아존중감(self-esteem)을 증진시키고, 부모의 내적 통제(internal control) 감각을 증진시키는 것이 포함되었다. 즉, 부모가 자녀양육에 효능감을 지니기 위하여 자아존중감과 환경에 대한 통제력을 갖는 것이 중요하다는 것을 지적하였다.

부모교육은 부모가 영유아 발달에 영향을 미치는 중요한 요인임을 인식하여 영유아의 건강한 성장과 발달을 위해 지식과 기술을 습득하고, 효과적인 교육자와 보호자의 역할을 하며 부모 자신의 내적 통제력과 자아존중감을 높여 부모 자신은 물론 가정과 학교 및 지역사회에 긍정적인 변화를 가져올 수 있게 한다.

2) 부모교육의 필요성

영아는 태어나면서부터 주위 환경에 적응하며 살아가는 능력을 키우는데 이때 부모의 역할은 절대적인 영향을 미치게 된다. 출생 후 부모와의 첫 관계 속에서 영아는 새로운 경험을 쌓게 되고, 나름대로 상황에 따라 문제를 해결하는 방법들을 터득하게 된다. 특히 인간발달에서 초기 경험의 중요성에 대한 연구결과들은 부모교육의 필요성을 강조하는 요인이 되었다. 그러나 현대사회의 여성 취업으로 인한 다양한 가족체계의 변화는 부모의 가치체계를 혼란시켜 부모의 교육적 기능 역할이 악화되었고, 급속한 사회 변화로 부모의 역할이 복잡하고 어려워지면서 부모교육의 필요성이 더욱 요구되고 있다.

부모교육의 필요성은 시대적·사회적 요구에 따라 다르다. 오늘날 부모들은 미래사회의 급속한 환경적 변화에 대처하는 능력을 지닌 책임감 있고 유능한 자녀로 키우기 위하여 자녀에게 필요한 자질이 무엇인지를 결정하는 것이 필요하다. 대부분의 학자들에 의하면 이러한 자질로 ① 인격의 완성, ② 사회에 공헌할 수 있는 능력, ③ 합리성, ④ 추상적 지식의 습득, ⑤ 환경변화에의 적응, ⑥ 다른 사람의 요구를 고려한 자기억제 및 통제 능력 등이 요구된다. 이것들을 기르기 위하여 다양한 자녀양육을 자녀의 특성에 맞게 시도할 수 있는 유능한 부모가 되기 위해 부모교육이 필요하다. Hamner와 Turner(2001)는 부모교육의 필요성을 다음과 같이 10가지로 요약하고 있다.

- 대부분의 사람은 이미 부모가 되어 있거나 미래에 부모가 된다. 그러므로 부모기에 대한 학습과 훈련이 요구된다.
- 부모기를 위한 교육은 가정에서 뿐만 아니라 교육기관에서도 등한시되고 있다.
- 성공적인 부모역할에 대한 지침이 충분치 못해 혼란과 두려움을 유발한다.
- 초기 영유아기에 효과적인 부모역할은 인생의 전반적인 발달에 매우 중요하다. 가정은 생애에서 최초의 환경으로, 중요한 생활교육의 장으로, 지속적으로 가장 커다란 영향을 주는 곳이다.
- 복잡한 사회에서 부모역할은 어렵고 자녀양육 과정에서 상당한 스트레스가 동반되어 부모가 자녀에게 충분히 해 줄 수 없다는 이유로 자책감이 따르기도 한다. 따라서 효과적인 부모역할을 위해서 충분한 지식과 기술이 필요하다.
- 대부분의 부모는 자녀양육을 위해 도움받기를 원한다. 광범위한 부모교육의 참여와 관심은 부모가 도움받기를 원한다는 것을 증명해 주는 것이다.
- 급속한 사회 변화는 가족생활에 많은 스트레스를 준다. 특히 빈곤과 열악한 주거환경, 건강문제, 가정폭력, 아동학대, 이혼 등이 그 원인이 된다. 가족 형태가 다양해짐에 따라 다문화 가정, 한부모 가정, 10대 부모 등의 다양한 욕구를 지닌 부모가 발생하였고 이러한 욕구에 적절히 대처해야 한다. 부모는 스트레스를 극복하는 데 도움이 필요하며 가족지원체제를 파악하고 건강한 가정생활을 유지하는 데 도움이 필요하다.
- 취업모가 늘어나면서 자녀양육 시간이 감소하게 되어, 부모들은 질적인 부모-자녀 간의 상호작용 방법과 함께 시간을 잘 보내기 위한 도움이 필요하다. 자녀를 효율적으로 양육하는 방법을 파악하고 확인하는 데 도움이 필요하다.
- 자녀의 긍정적 발달을 위하여 아버지가 참여하는 공동양육 환경을 활성화해야 한다. 아동발달에서 아버지역할의 중요성과 관련된 연구결과들이 이를 뒷받침한다.
- 부모기의 잘못된 신화(myth)를 근절시킬 필요가 있다. 이에 대해서는 제2장에서 자세하게 다루고 있다.

한편 부모교육의 필요성을 유안진·김연진(2003), 김현주·손은경·신혜영(2001) 등의 분류에 기초하여 아동, 부모, 사회적 측면에서 설명하면 다음과 같다.

(1) 아동의 측면

영유아의 성장과 발달에 영향을 주는 요인을 밝힌 많은 연구에 의하면, 영유아기는 부모가 아동의 신체, 인지, 언어, 사회, 정서 등 발달의 모든 영역에 영향을 미치고 그 영향이 일생 동안 지속된다는 것이 과학적으로 입증되었다. 영유아의 성장과 발달에 부모의 양육태도와 가치관이 절대적인 영향을 미치기 때문에 부모교육의 필요성은 더욱 강조되고 있다. 따라서 영유아의 성장과 발달을 돕기 위해 효율적으로 자녀를 양육할 수 있도록 도움을 주는 부모교육이 필요하다.

(2) 부모의 측면

부모교육의 필요성을 부모 측면에서 다음과 같이 설명될 수 있다.

첫째, 부모 자신의 성숙을 위하여 부모교육이 필요하다. 부모는 출산과 양육과정에서 인성이 성숙되어 갈 수도 있지만 반대로 좌절, 갈등을 겪어 스트레스를 경험하면서 힘들어질 수도 있다. 따라서 부모교육을 통해 도움을 받고 건전한 가치관과 인격을 형성하여 자녀교육의 올바른 지식을 습득하는 것은 부모 자신의 성숙을 위해 필요하다.

둘째, 급속한 가족체계의 변화로 젊은 부모들이 주변 어른들에게 자녀양육의 도움을 받을 수 없게 되면서 부모 스스로 책임을 수행해야 할 상황에 부딪치게 되었다. 따라서 자녀양육 관련 지식과 기술을 부모교육을 통해 배우면서 부모들이 자신감을 가질 수 있을 뿐 아니라 효과적으로 대처할 방법을 배우게 된다.

셋째, 여성의 사회참여가 늘어나면서 일과 가정의 양립을 위한 사회환경을 조성하기 위하여 남성에게 부모교육을 통해 공동양육의 중요성을 강조함으로써 아버지들도 자녀양육에 적극적으로 참여하고 가사를 분담하도록 하여 적극적으로 아버지의 역할을 수행하도록 해야 한다.

넷째, 현대 문화와 대중매체가 제시하는 부모상과 부모역할은 비현실적으로 그릇된 이미지를 심어 주는 경우가 많아 부모교육이 필요하다. 대중매체에서 부모역할은 비현실적이고 지나치게 이상적이거나 극단적으로 묘사되는 경우가 많다. 그러나 실제로 자녀를 낳고 부모의 역할을 수행할 때는 자신이 기대했던 것과 일치하지 않아 혼란과 좌절을 겪게 되면서 열등감을 갖게 된다. 따라서 부모가 된다는 것이 어떤 것이며 자녀는 어떤 의미이고 부모역할에는 어떤 희생과 준비가 있어야 하는지에 대한 정보를 제공하여 예비부모들을 도와줄 수 있기 때문에 부모교육이 필요하다.

(3) 사회적 측면

사회적인 측면에서는 부모교육의 필요성이 다음과 같이 설명될 수 있다.

첫째, 국가에서 인적 투자의 효율성을 고려해 볼 때 부모교육이 필요하다. 경제적인 측면에서 보면, 국가는 사회의 구성원이 어릴 때 적은 비용을 들여 부모교육을 함으로써 아동이 건강하게 성장·발달하는 것을 도와주어 질 높은 인적 자원을 확보하고 사회 발전의 원동력을 얻을 수 있다. 최상의 아동복지는 가족복지이며 이는 부모역할을 지지해 줄 때 가능하다. 사회적으로 문제를 지닌 청소년, 성인을 교화하고 치료하는 데 드는 비용을 절감할 수 있고 사회보장제도에 의존하여 생활하게 되는 비용을 절감할 수 있다는 측면에서도 투자의 가치가 있다.

둘째, 미래사회에 적응할 수 있는 자녀로 키우기 위해 부모교육이 필요하다. 현대사회는 급속히 변하고 있고, 변화의 속도는 앞으로 더욱 가속화될 전망이다. 사회화를 담당하는 부모들이 해야 할 일은 자녀들이 미래사회의 사회질서를 따르고 사회 발전에 기여할 수 있도록 준비시키는 일이다. 급속히 변화하는 사회에서 자녀가 살아갈 사회가 어떤 것인지 자녀에게 어떤 가치, 태도, 기술, 능력을 갖추어 주어야 할지를 예측하는 일은 쉬운 일이 아니다. 그러므로 부모들에게 미래사회를 살아갈 자녀들에게 필요한 것이 무엇이고 어떻게 준비시켜야 할 것인지에 관한 도움을 주기 위해서 부모교육이 필요하다.

셋째, 현대사회에는 다양한 형태의 가족이 있으며, 각 가족이 요구하는 부모의 역할이 다르기 때문에 가족 유형에 적합한 부모교육이 필요하다. 현대사회가 정보화됨에 따라 높은 이혼, 실직, 가족구성원에 대한 유기와 폭력, 가출 등으로 인하여 한부모 가정, 계부모 가정, 다문화 가정 등 다양한 가족이 발생하고 있다. 예전에는 가족의 외형적 모습을 보고 판단하여 정상 가족과 비정상 가족으로 구분하였으나, 최근에는 가족 구성원의 내적인 소통 관계를 보고 건강한 가족으로 개념화하였으므로 다양한 가족의 의사소통력을 향상하기 위하여 자녀의 성장과 발달을 지원하는 부모교육이 필요하다. 또한 현대사회가 복잡하고 다양해짐에 따라 부모의 역할을 수행하는 데 더 많은 어려움을 겪고 있기 때문에 부모교육이 필요할 뿐 아니라, 아동 개인과 국가 전체의 이익을 위해서도 부모교육이 필요하다.

3 부모교육의 역사

부모의 자녀양육에 대한 관심은 고대로부터 존재하여 왔으나, 그 기록은 많지 않다. 많은 학자가 역사 이전부터 최근에 이르기까지 여러 문헌이나 자서전의 기록을 모아 이에 관하여 설명하고 있다(이재연·김경희, 2003; Berger, 1995; Hamner & Turner, 2001). 특히 서양의 양육형태에 대하여 이원영(1992)은 Demause의 제시를 인용하여 ① 살해형(infanticial mode), ② 포기·유기형(abandon-mental mode), ③ 갈등형(ambivalent mode), ④ 엄격한 훈련형(instrusive mode), ⑤ 사회화 과정 형성형(socializing mode), ⑥ 수평적 부모-자녀 관계 유지형 또는 조력형(helping mode)으로 구분하고 있다.

살해형은 건강하지 못한 아이를 살해함으로써 양육 부담을 줄이는 것으로 사회적으로 합리화되었던 고대의 양육 유형이며, 포기·유기형은 동화 『헨젤과 그레텔』에서 볼 수 있듯이 자녀를 버림으로써 양육을 포기하는 형태이다. 특히 부유층의 경우 유모나 남의 집에서 기르는 것이 성행하였다. 갈등형은 르네상스 운동으로 인하여 개별화 및 인간 존중의 흐름, 양육관 및 양육기술의 부족으로 고민하던 시대의 유형이다. 부모의 명령에 무조건 복종하는 아이를 기르기 위한 것이 엄격한 훈련형이다. 18세기경에는 아버지의 권위가 절대적이었으며 엄격한 권력을 가지고 있었다.

사회화 과정 형성형은 19세기로 접어들면서 심리학 이론이 발전되고 '문제의 아동'이라는 생각에서 '문제의 부모'라는 시각이 전개되어 어머니의 역할이 강조된 양육형태이다. 즉, 부모가 사회화 과정을 형성시키는 주체라는 것이다. 수평적 부모-자녀 관계 유지형 또는 조력형이라 함은 말 그대로 부모-자녀는 수평적인 인간관계를 통하여 상호작용하며, 영유아의 능력과 솔선성을 인정하고 격려하며 자발적인 욕구를 도와주는 태도이다.

이와 같은 유형은 고대, 중세, 근대 및 현대의 역사적 흐름을 타고 발전해 왔으며 다양한 문화권에 따라 공존 또는 병합하는 경향이 나타나고 있다. 따라서 서구와 우리나라를 중심으로 부모교육의 역사를 살펴보고자 한다.

1) 서구의 부모교육

(1) 고대 및 중세의 부모교육

부모역할에 대한 관심이나 필요성의 인식은 고대 그리스시대에서도 그 흔적을 찾아볼 수 있다. 로마시대에도 어머니의 무릎에서 이루어지는 가정교육이 자녀에게 매우 큰 영향을 미친다고 생각하였다. 중세사회는 기독교적 사고가 지배한 시기로서, 성서에 기초한 부모역할을 강조하였다.

① Plato

Plato은 『국가론』에서 이성을 가진 소수 지도계급을 어떻게 양성할 것인가에 관심을 가졌으며, 교육은 이들을 양성하고 이상사회를 건설하기 위해 반드시 필요하다고 생각하였다. Plato은 이상사회의 건설을 위해 아동은 태어나는 순간부터 국가가 지정한 보모가 있는 공동탁아소에서 양육되어야 한다는 주장을 폈다.

② Aristoteles

Aristoteles는 인간발달을 3단계로 나누어 0~7세를 유년기, 7세~사춘기를 소년기, 사춘기~21세를 청년기로 구분하였다. 그는 영유아와 동물은 모두 쾌락을 추구한다는 점에서 유사하지만, 영유아는 동물보다 높은 수준의 발달로 이어지는 잠재력을 최대한으로 발휘할 수 있도록 환경을 제공해 주는 것이 필요하다고 하였다. Aristoteles는 Plato과는 달리 아동은 개인차가 있으므로, 가족에 의해 양육되어야 잠재력을 최대한 발휘할 수 있다고 생각하였다.

③ 로마의 부모교육

로마시대에 아동양육은 모친의 중대한 임무로 받아들여져 올바른 성격 함양과 인생, 생활 태도를 키우기 위하여 노력하였고, 어머니의 무릎에서 이루어지는 가정교육을 로마교육의 정도로 인정하였다. 아버지는 자식에 대한 생사권을 가지며 자녀교육의 주요 담당자였다. 즉, 가정 내외에서 조상에게 제사를 지낼 때 아동은 아버지의 보조자가 되었고, 농사에도 참여하였으며, 아버지로부터 승마, 수영, 권투, 검술 등을 배웠다. 그러나 공화시대 말경에는 이와 같은 부모의 교육을 가정교사나 동복이 대신하게 되었다. 어머니들은 육아를 보모나 노예에게 위임하고 사치와 향락을 즐겼다.

④ 중세의 부모교육

중세에는 약 천 년간 종교적인 철학과 입장이 모든 사회를 지배하였으며 자녀양육에 관한 모든 논의도 성경을 토대로 이루어졌다. 성경에서 인간을 보는 입장은 성악설적인 입장이었고 이는 아동에게 적용되었다. 이에 아동의 타고난 성품인 악한 성질을 선한 성품으로 교화하는 데 부모의 책임이 막중하다고 생각하였다. 부모는 이러한 사고를 토대로 자녀를 독단적이고, 부당하고 심하게 다루었다. 예를 들면, 어른은 규칙적으로 도깨비 형상이나 흡혈귀로 분장하고 잠자는 아동을 놀라게 하곤 하였다. 공포를 심어 주어 나쁜 짓을 하면 안 된다는 뜻을 깨닫게 해 주려는 의도였다고 한다. 또한 아동을 바른길로 인도하기 위해 체벌은 필수적이라고 믿었고 체벌이 규칙적으로 실행되는 경우도 있었다.

(2) 근대의 부모교육

종교개혁 이후 사너교육에 대한 관심이 높아지기 시작하면서 17세기 이후 부모교육에 도움이 될 만한 체계적인 지도서들이 등장하기 시작했다. 동시에 아동기를 매우 중요한 시기로 보고 아동을 하나의 독립된 인격체로 인식하기 시작했다.

대표적으로 Comenius, Rousseau를 거쳐 Pestalozzi, Froebel 등의 이론을 바탕으로 구체적이고 실제적으로 아동을 이해하고 아동의 자발성을 존중하는 방향으로 서서히 변화하였고, 미국의 자녀양육 및 부모교육에 큰 영향을 미쳤다. 이에 부모교육에 관심을 가진 단체가 결성되어 다양한 프로그램이 제안되기 시작하였다. 1888년에 최초로 뉴욕에서 미국 아동보육협회(Society for the Study of Child Nurture)가 결성되었다. 이 협회는 1924년에 미국 부모교육협회(National Council on Parent Education)를 창립하고서 일반 부모와 전문가들을 위해 일하였고, 1942년에 그 명칭을 미국 아동연구협회(Child Study Association of America)로 바꾸었다. 그리고 1987년에는 미국 어머니회(National Congress of Mothers)가 설립되었다.

① Comenius

Comenius는 교회의 주교로 봉사하며 학생들을 가르치고 교육적인 교과서를 쓰면서 일생을 보냈다. 그는 중세의 부모들이 아동에 대해 갖는 신념, 즉 인간의 본질적인 성품은 악하다는 것에 반대되는 인간의 본성은 선하다는 입장을 갖고 있었다. 그는 아동의 능력과 개성을 중시하였고 교육은 감각교육과 자연의 질서와 섭리에 따라 이루어져야 한다는 점을 역설하였다. 특히 그는 '어머니 학교(Mother's school)'라는 개념을 제시하면서 모든 아동은 출생해서 6세까지는 가정에서 어머니로부터 교육받아야 한다고 주장하였다. 그는 교육은 조기에 시작해야 하는데 바로 어머니의 무릎이 가장 중요한 최초의 학교라고 주장하였다. 어머니의 무릎학교에서 어머니라는 교사에 의해 초보적인 지적, 도덕적, 종교적인 교육이 이루어져야 한다고 하였다. 따라서 아동에게 있어서 어머니역할의 중요성과 어머니를 위한 부모교육을 역설하였다.

② Locke

17세기의 또 다른 부모교육학자는 Locke이다. Locke는 어머니들에 대한 충고를 담은 『교육에 대한 고찰(*Some Thoughts Concerning Education*)』을 출판하였다. 인간은 태어날 때 백지와 같은 상태로 태어나므로 교육에 의하여 좌우된다고 주장하였다. 그는 학교교육보다 가정교육을 중시했다. 부친이나 가정교사에 의해 이루어지는 가정교육과 의지와 신체의 단련을 통해 좋은 습관을 기를 것을 강조하였으며, 이를 위하여 최적의 환경을 조성해 주어야 한다고 강조하였다. Locke는 부모가 아동을 훈육할 때 벌보다는 칭찬이 바람직하며, 좋은 모델을 보여 주는 것이 중요하다고 하였다.

③ Rousseau

1762년 Rousseau는 『에밀(*Emile*)』을 펴냄으로써 부모들의 아동양육관을 변화시키는 데 큰 영향을 미쳤다. 그는 인간은 본래 선하게 태어났으므로 아동양육은 자연적인 방법으로 실시해야 한다고 주장했다. 즉, 아동은 모유로 키워야 하며, 아동의 타고난 좋은 천성이 자연스럽게 자라나갈 수 있도록 간섭이나 강요를 하지 않아야 하고 관찰을 통해 아동에게 적합한 교육을 실시해야 한다고 하였다. 그리고 책으로 공부시키기보다는 동기를 유발시킬 수 있도록 자연에서 뛰어 놀게 할 것을 제안하였다. 또한 아동의 내부에 잠재해 있는 자연적 발달을 조장하기 위해서는 아동을 존중하고 외부에서 구속하지 말며 아동 스스로 보고, 느끼고, 생각하도록 도와주어야 한다고 주장하였다. 따라서 아동에게 주입식, 암기식으로 가르치지 말고 자연을 통해 배우도록 내버려 두라고 권고하였다. Rousseau는 부모가 아동에게 연령이나 능력에 맞는 적절한 과제를 제시해 주되, 개인차를 고려하고 스스로 하고자 하는 동기가 자연스럽게 표현될 수 있도록 지나친 간섭은 피하는 것이 바람직하다고 하였다.

④ Pestalozzi

19세기는 현대적인 부모교육이 시작된 시기로 1801년 Pestalozzi가 『게루트루드는 어떻게 자녀를 가르쳤나(*How Gerturde Teaches Children*)』라는 책을 펴낸 것을 그 출발점으로 삼을 수 있다. 그는 아동이 어머니의 무릎에 앉는 순간부터 가르쳐야 된다고 주장하였다. 이 책을 통해 부모는 자녀에게 도덕교육과 종교교육을 제공해야 함을 강조하였으며, 그 방법은 교리나 문답에 관한 것이 아니라 어머니와 자녀와의 상호관계 속에서 가르쳐야 한다고 주장하였다. Pestalozzi는 아이들의 최초의 교사는 어머니이며, 모성애야말로 아동발달의 원동력이 된다고 역설하면서 어머니와의 감각적 상호작용을 강조하였다.

⑤ Froebel

Froebel은 학령전기의 영유아들에게 보다 많은 관심을 기울여 유치원을 창시하였을 뿐만 아니라 부모교육의 발전에 큰 영향을 미쳤다. 1843년 어머니를 위한 지침서인 『어머니의 노래와 놀이, 이야기(*Mother's Songs, Games, Card Stories*)』를 출판하였다. 이 책에서는 부모들이 가정에서 가르쳐야 할 내용을 밝히고 있는데, 어머니가 자녀에게 이야기를 해 주고 놀이를 가르칠 때 몸동작과 노래를 함께 해주면 더욱 효과적으로 배울 수 있다고 하였다. "우리는 진정으로 어린 자녀들과 함께 살아야 하고 그들은 우리들과 살아야 한다."라고 강력하게 주장한 Froebel은 작업(occupation)을 창안하여 부모들에게 직접 가르치기도 하였다.

(3) 20세기 이후의 부모교육

20세기는 아동의 세기라고 할 만큼 아동에 대한 연구 활동이 활발히 이루어졌다. 부모-자녀 관계에 대한 연구 및 활동도 활발하였는데, 부모교육 및 부모의 양육태도를 변화시키는 데 크게 영향을 미친 것은 심리학의 발달이다. 20세기 초반에 정신분석이론, 사회심리성격이론, 행동주의 이론들이 발달하면서 이러한 이론들의 영향을 받은 전문가들이 부모를 위한 잡지와 책 등 인쇄물을 발간하여 실생활에서의 부모-자녀 관계에 적용시키려는 운동이 일어났다.

20세기 초반의 부모교육에 영향을 준 심리학 이론으로 Freud와 Watson, Adler와 Erikson의 이론을 살펴볼 수 있다. Freud는 빅토리아 시대에 가장 이상적인 것으로 여겼던 부모의 자녀에 대한 엄격한 훈육에 대해 이의를 제기하였다. 그는 만일 부모들이 자녀의 본능적인 욕구를 거부하게 되면 자녀는 심리적인 손상을 받게 되고 그 손상은 이후의 삶을 지배한다고 하였다. 이는 많은 부모에게 시사하는 바가 컸는데 이를 바탕으로 부모들이 그동안 가지고 있었던 훈육방식을 버리게 하였다. 아동이 자기의 생각을 보다 자유롭게 표현하도록 허용하는 시발점이 되었으며 유아기의 모자 관계가 중요하다는 점을 알려 주는 계기가 되었다. Freud의 이론은 1950년대에 그 영향력이 절정에 달했다가 무의식이 인간의 행동을 지배한다는 주장에 반론이 일기 시작하면서 1960년대에는 재고되기 시작하였다.

한편, Watson은 행동주의 이론에 입각하여 부모의 양육이론을 명확하고 구체적으로 제시하였다. 그는 1928년 『아동의 심리적인 보살핌』이라는 책에서 부모들은 아이의 응석을 받아 주지 말고 아이를 작은 성인으로 취급하라고 명시하였다. 그는 어머니가 아이를 안아 주거나 아이에게 키스하지 말고, 객관적인 태도를 지녀야 하며, 아동이 스스로 사물을 발견하도록 내버려 두어야 하며, 성에 대해서는 사실적으로 아이가 이해할 수 있는 수준의 언어로 설명해 주어야 한다는 등의 구체적인 양육의 지침을 설명하였다. 그런 이유로 미국 및 유럽의 많은 부모에게 영향을 끼쳤다. 그러나 Watson이 극단적인 환경론자의 입장을 취하게 되면서 이론이 지나치게 기계적이라는 비판을 받게 되었다.

Adler는 부모, 교사 그리고 성인이 협력하여 아동을 용기 있고 책임감 있는 사람으로 양육해야 한다고 주장하였고, 이러한 생각은 유럽의 여러 곳에서 아동상담소가 설립되는 계기가 되었다. 그러나 유럽의 정치적인 변화로 인해 Adler가 미국으로 건너오게 되었고 그의 이론은 Dreikurs에 의해 실제적인 양육이론으로 발전되었다.

Erikson은 인간의 성격발달에 있어서 중요한 것은 사회적 관계, 즉 사회적 변인이라는 점을 제시하면서 그의 이론과 저서로 많은 부모에게 영향을 끼쳤다.

① 조기(1900~1920년대)

20세기 초반에 Freud의 견해에 의해 많은 부모는 자신의 양육 방식과 태노를 변화시켜야 할 필요성을 느끼게 되었다. 이는 자녀양육에 대한 지식과 정보에 대한 요구로 이어졌으며, 그에 따라 전문가의 저서나 잡지 등 양육에 대한 지침서가 출판되게 되었다. 이러한 경향은 특히 다문화, 다인종으로 이루어진 미국의 경우에 더욱 두드러지게 나타났고, 많은 대학에서 아동 상담소나 연구소가 개설되었으며, 미국 정부가 적극적으로 부모교육에 개입하게 되었다.

미국 정부는 1909년 Roosevelt 대통령이 주도한 백악관 회의를 필두로 10년마다 회의를 개최하여 초빙된 세계 각국의 전문가와 함께 아동발달과 양육, 가정의 문제 등을 심도 있게 다루었다. 이를 계기로 1912년 미국 아동국이 설립되었고 그 결과 1914년 『영유아양육(*Infant Care*)』이라는 자녀교육지침서를 출판하였다. 이는 미국 정부가 부모교육을 공식적으로 시작한 것으로써 정부 차원의 부모교육 참여로는 최초의 것이었다. 이러한 영향으로 『영유아양육』은 많은 미국의 부모들에게 읽혔고 세계적으로 영향을 미쳤다. 특히 이 책은 저소득층의 부모들에게 배부됨으로써 저소득층의 양육에 대한 국가적 관심을 표명하였다.

한편 심리학의 발달에 힘입어 대학교에 아동연구소(Adler 아동상담소, 아이오와 주립대학 부설 아이오와 아동복지연구소, Gesell의 Yale 클리닉, Merrill Palmer 연구소, Watson의 존 홉킨스 아동연구소) 등이 설치되었고 아동에 대한, 부모에 대한 연구가 활발히 이루어지기 시작했다.

이러한 관심은 1920년대에는 더욱 높아졌다. 중류계층의 부모들이 적극적으로 자녀양육에 관심을 표명하였고, 많은 대학교가 아동연구소를 부설하였으며, 대학에서 아동발달 과목을 개설하였고 부모-자녀 관계를 연구하였다. 또한 교육기관들이 부모회 조직을 활발하게 주도했다.

이러한 변화는 이 시대에 부모들에게 다음과 같은 사항들을 공통적으로 인식시키게 되었다(이원영·김정미, 2007). 첫째, 자녀양육이 저절로 이루어지는 것이 아니라 의도적인 노력과 시간을 투자해야 하는 것이라는 점을 인식시킨 것이다. 그러므로 좋은 부모는 자녀양육에 대한 지식을 갖고 있어야 하며 통찰력이 있어야 하고 일관성과 객관성이 있어야 한다는 점을 생각하게 하였다. 둘째, 영유아기의 경험이 중요하다는 사실을 인식하게 하였다. 즉, 어린 시기에 자녀를 잘 기르면 성장한 후에 바람직한 인성을 갖게 될 것이라는 점에 공감하였다. 특히 영유아기를 중요시하는 이론과 사회적 분위기는 부모교육이론 및 프로그램을 다양화시키는 밑거름이 되었다. 셋째, 영유아기가 중요하므로 유아교육기관에서의 교육기회가 확대되어야 할 필요성을 인식하게 하였다. 특히 환경론자인 Watson은 그의 저서에서 가정의 무용론을 언급하면서 유아교육기관이 주도하는 적절한 교육을 강조할 정도였다. 넷째, 부모교육의 강화를 들 수 있다. 영유아기의 경험이 강조되고 부모-자녀 관계가 중시됨으로써 부모교육의 강화가 이루어졌던 것이다. 또한 당시 미국의 교사, 교육 철학자, 사회학자, 가정학자들이 직접 부모를 교육하는 것이 사회를 변화시키는 데 효과적이라고 했던 주장들은 부모교육의 필요성 및 강화에 영향을 주었다.

② 중기(1930~1950년대)

1930년대 세계경제의 불황은 부모교육의 필요성을 더욱 확대시켰다. 경제적으로 어려울수록 가정, 가족관계, 아동의 개인적 발달이 잘 이루어져야 한다는 생각이 주를 이루었던 것이다. 그 예로 1935년 미국 전역에서 실시되었던 부모 연구모임에서 교육을 받는 부모들이 70만 명이었고 『영유아양육』은 800만 부가 배부되었다. 또한 이 시기에는 Watson의 이론이 강세를 띠고 있었으나 1940년대로 들어서면서 Freud의 이론이 각광을 받기 시작했다.

특히 1940년대에 일어난 제2차 세계대전은 아버지의 부재현상을 가져왔고 아버지의 부재 현상이 아동의 발달에 어떤 영향을 미치는가에 관심을 기울이게 하였다. 이때 Spoke 박사는 1946년 『아동양육전서(*Baby and Child Care*)』라는 책을 출판하여 자녀양육에 많은 영향을 주었다. 그는 이 책에서 부모들이 자녀양육을 즐겁게 하고, 보다 많은 융통성과 자율성을 부여할 것을 강조하면서 수유, 이유, 취침, 의복, 대소변 가리기, 소아 질병, 그 이외의 일과 등 부모가 알아야 할 모든 것을 다루었다. 이 책은 한동안 부모들의 양육지침서로 널리 읽혀졌다. 또한 이 시기에 Gesell은 아동발달의 기준표를 제시하였고 아동은 자연히 성장하는 것이라고 주장하였다.

1950년대 이후 부모교육의 특징은 부모들을 교육기능의 조력자 또는 후원자로 보았다는 점이다. 또한 PTA(Parent Teacher Association)가 조직되고 이에 참여하는 부모의 수도 증가하게 되었다. 1950년대 미국에서는 학군마다 부모교육, 학령 전 교육 프로그램, 성인교육이 활발하게 진행되었는데 이것은 자녀양육에 대한 정보를 얻을 수 있는 중요한 근원이었다. 아울러 인쇄물 등이 중류층의 부모들을 교육시키기 위해 사용되었다. 이 시기에는 애정적 양육 방식이나 아동의 자율성이 강조되었고 아동의 개별성, 사회·정서 발달, 아동의 발달속도에 맞는 교육, 좋은 영양, 체벌 금지 등을 강조하는 방향으로 변화하였다. 특히 1957년 미국은 스프트닉 쇼크로 인해 부모교육을 비롯한 가정, 경제, 정치 등 모든 분야에서 자극을 받았고, 정부의 기능 및 역할에 대해서도 의문과 비판이 세기되었다. 또한 학교교육이 제대로 이루어지고 있는지, 가정에서의 초기 경험에 문제가 있는 것은 아닌지에 대한 자각과 비난이 뒤따랐다. 이것은 부모교육을 다시 한번 중요하게 생각하게 한 계기가 되었다.

③ 후기(1960년대 이후)

1960년대는 부모교육의 전환기를 맞이하여 중류계층과 하류계층의 부모 모두를 교육의 대상으로 여겼다는 점이 중요한 변화이다. 1964년 빈곤퇴치전쟁(War on Poverty)을 선포한 Johnson 대통령은 저소득층을 빈곤의 악순환에서 벗어나게 하기 위한 방법의 하나로서 교육의 기회가 결여된 영유아에 관심을 갖게 되었다. 이러한 아동에게 균등한 교육의 기회를 주어 가난하기 때문에 학업 성취가 낮고, 이로 인해 다시 가난해지는 악순환을 막고자 하는 보상교육 프로그램이 생겨났다.

보상교육의 차원에서 만들어진 대표적인 프로그램이 Head Start 운동이고, Head Start는 부모교육을 중요한 요소로서 포함하고 있다. 이 프로그램은 빈곤가정, 영양실조 아동, 교육환경의 결손 유아들을 대상으로 이들의 지적 발달과 정서적 발달에 주력하였는데, 프로그램의 연구결과 부모의 참여가 아동의 학업 성취와 밀접한 상관이 있음이 밝혀지자 자녀교육에 부모의 참여가 정착되기 시작하였다.

1970년대에 들어서면서 다양한 프로그램이 개발되었다. 예를 들면, Gordon의 『효율적인 부모역할훈련(1970)』, Rogers의 『내담자중심치료』, Skinner의 『행동수정』 등의 부모교육 프로그램이 있었다. 또한 『행동·기법의 부모역할(1976)』과 같은 책이 다수 출판되었고, Hall의 『책임 있는 부모역할(1978)』과 같은 시청각 자료를 포함한 부모훈련 프로그램 등도 나왔다. 아울러 포괄적인 프로그램으로 Dreikurs와 Gordon의 생각을 조합하여 8~10회에 걸쳐 강의와 시청각 자료를 활용한 부모교육 프로그램 지도자를 훈련하는 『효율적인 부모역할을 위한 체계적 훈련(STEP, 1976)』도 있으며 교류 분석과 현실치료이론에 초점을 맞추어 여러 중요한 접근의 생각을 포함하여 만든 YMCA의 가족의사소통기술센터가 개발한 『적극적 부모역할 프로그램(Positive Parenting Program, 1979)』 등 절충적 프로그램이 있다.

또한 이 시기에 부모교육에 있어서 중요한 시사점을 제시한 연구자는 Piaget이다. 그는 아동을 자신의 경험에 맞추어 사고를 적응시켜 나가고자 하는 동기를 가지고 자신의 발달을 주도해 가는 유기체로 파악하였다. Piaget는 발달은 개인과 환경 간의 상호작용의 결과이고 아동의 개인차를 고려해야 하며 부모는 자녀의 발달을 위하여 풍부한 경험과 다양한 기회를 제공해야 한다고 주장하였다.

1970년대 이후로는 Bronfenbrenner의 인간발달의 생태학적 관점이 소개되면서 이들 아동은 무한한 잠재력을 갖고 있으므로, 이를 발달시킬 수 있는 환경적 자극이 제공되어야 한다고 주장하였다. 아동발달에 기여하는 환경은 단순히 부모에게만 국한된 것이 아니라 가족, 친구, 지역사회 더 나아가 국가를 포함하고 있다. 즉, 아동과 가족을 둘러싼 다양한 환경으로 가족의 상황이나 생활에 영향을 주는 동료, 이웃, 친구, 사회단체나 위원회, 나아가 법과 제도 및 문화 등이 상호작용하여 아동의 발달에 영향을 준다는 점을 강조함으로써, 부모교육에 새로운 시각을 제공하였다. 1980~1990년대는 10대의 임신, 약물중독, 아동학대 등이 부각된 시기로 부모뿐 아니라 젊은이를 위한 부모교육의 필요성이 더욱 강조되었고 이들을 위한 프로그램이 개발·실시되기 시작하였다. 이 시기에 Popkin(1983)은 교육공학적인 방법을 부모교육 분야에 적용하여 『적극적 부모역할훈련(APT)』 프로그램을 제시하였고 10대를 둔 부모를 위한 프로그램(Active Parenting of Teens)을 제시하였다. 20세기 후반의 부모교육의 특징은 국가의 개입이 보편적으로 이루어졌고, 영유아의 조기교육이 보편화되면서 어머니뿐만 아니라 아버지도 부모교육에 참여시켜 자녀를 공동양육해야 한다는 주장이 제기되었다는 점이다.

2) 우리나라의 부모교육

우리나라의 부모교육 역사는 한국사회의 역사적인 변화를 그대로 반영하고 있다. 전통사회의 부모교육은 효와 예의 유교적인 윤리를 바탕으로 한 가족관계를 중시한 부모교육이 이루어졌고, 가계를 중시함으로써 가계의 계승과 관련된 내용이 주를 이루었다. 이러한 내용은 조선시대의 문헌을 통해 전해 오고 있다. 1960년대 이후에는 서구의 부모교육이론이나 프로그램이 소개되었다. 1990년대에 접어들어 우리 사회에 맞는 부모교육 프로그램을 개발하여 보급하려는 시도가 활발히 이루어지고 있다.

(1) 전통사회의 부모교육

근대화가 이루어지기 전의 전통사회에서 부모교육의 내용은 효와 예, 가계의 계승과 관련되어 실시되었다. 먼저 효 사상은 유교와 유학이 도입됨과 동시에 뿌리내리기 시작하여 우리나라 문화의 일부로 정착되었고, 효와 관련된 책을 공부하고 실천하도록 하는 것이 부모교육의 내용이었다. 예컨대, 서기 372년에 설립된 고구려의 태학이나 신라의 국학, 백제의 오경박사들의 교육에서 모두 중국의 5경 등 유학 서적을 본격적으로 교육하기 시작함으로써 효의 개념과 문화가 정착되기 시작하였다. 신라의 국학에서도 『논어』와 『효경』이 필수 과목이었고 화랑도의 『세속 5계』에서도 효가 중심적 가치의 하나였다. 고려시대에 편찬된 『명심보감』은 유교적 '효'의 사상과 행동규범을 기술하였고 이는 조선조 말기까지 우리나라 아동들의 필수 교과서였다. 조선시대에도 『삼강행실도』, 『이륜행실도』 등에서 효가 강조되었다. 이러한 효의 강조는 자녀에 대한 부모의 도리는 제시하지 않고 자녀의 지나친 희생을 기대하고 찬양하는 모습을 담고 있다는 점에서 성인 중심적인 그리고 가부장적인 가치관을 볼 수 있다.

가계의 계승과 관련되어 살펴보면, 여성의 도리란 가계를 이을 아들을 출산하는 것이라 여겼으므로 집안 어른들이 혼인한 자녀의 부부관계나 며느리의 임신, 태교에 세심한 간섭을 하고, 태교에 대한 책을 읽도록 지도하였다. 고려시대에 정몽주의 어머니 이 씨가 쓴 『태중훈문(胎中訓文)』은 태교를 목적으로 하는 부모교육 책이며, 조선시대에 사주당(師朱堂) 이 씨의 『태교신기(胎教新記)』는 사주당 자신이 자녀를 성공적으로 태교하여 양육한 경험을 바탕으로 한 내용이다. 또한 빙허각(憑虛閣) 이 씨의 『규합총서(閨閤叢書)』 그리고 『계녀서(戒女書)』, 『규범(閨範)』 등의 서적은 태교와 자녀양육에 관련된 지침을 일부 포함하고 있다. 또한 의학대전인 『동의보감(東醫寶鑑)』도 자녀양육에 관한 방법들을 소개하고 있다. 이와 같이 여성과 아동에 대한 교육은 주로 책을 통한 안방교육이었고, '엄부자모'의 형태로 부모의 훈육이 실시되었다.

(2) 20세기의 부모교육

근대화 이전에 안방교육 중심이었던 부모교육은 개화와 더불어 사회교육의 형태를 띠게 되었다. 그 예로 1914년 미국 선교사 Brownlee가 이화정동유치원을 설립하고 '자모회'를 조직하여 본격적인 부모교육을 시작하였다. 이 시기에 초등학교에서는 어머니들을 교육기능의 조력자, 후원자로 보고 사친회를 조직하여 아동교육에 참여시켰다. 1920년대는 일제 침략하에 있었으므로 부모교육이 보편화될 수 없는 시기여서 여성교육은 소수의 양반계층과 일본인 자녀들을 대상으로 실시되었으며, 그 부모들을 대상으로 자녀양육에 관한 교육을 실시하였다. 한편 1941년에 이화여자대학교 보육과에 부모교육이 개설되면서부터 현재까지 대학에 부모교육이 개설되고 있다.

1950년대에는 부모교육에 대한 사회 전반적인 인식 및 호응이 부족하였고 각 유치원에서만 어머니를 대상으로 한 자모회가 조직되어 운영되었다. 1960년대에 들어서면서부터 부모역할의 중요성에 대한 인식이 부각되어 부모교육에 변화가 있게 되었다. 부모가 수동적인 입장에서 적극적으로 자녀교육에 참여할 것을 권장하였고 아버지를 대상으로 한 교육도 시도되었다. 그 예로 연세대학교 어린이 생활지도 연구원에서는 아버지교육 프로그램을 최초로 시도하였고 그 외 몇 개의 유치원에서 부모교육에 아버지의 참여를 권장하였으나 부진하였다(유안진, 1990).

1970년대에 들어서면서부터 정부 차원에서도 자녀교육의 향상을 위해 부모교육 심포지엄을 개최하였고, 1980년대에는 「영유아교육진흥법」이 제정되어 영유아교육기관이 그 기틀을 다져가면서 부모교육 프로그램의 개발과 실시가 본격화되기 시작하였다. 이 시기에 사회단체에서의 부모교육이 확산되었는데, 이는 자녀가 있는 가정에서 부모의 역할이 중요하다는 점에 공감하고 사회 각 기관과 정부가 관심을 갖게 된 것에서 비롯되었다. 예를 들면, YMCA, 가정법률상담소 등의 여성단체나 아동상담소, 연구소에서 교육이 이루어졌다. 1980년대 후반에는 각 지역의 복지관, 아동상담소, 청소년사업관, 방송국, 병원, 유아교육기관, 종교기관, 기업 등에서 부모교육에 적극적인 관심을 보였고 그 대상도 영아기 부모, 학령기 부모, 미래의 부모, 장애아동 부모를 대상으로 시행하였다. 이외에도 상업적인 의도이기는 하지만 아기식품이나 아기용품회사, 제약회사 등이 어머니를 대상으로 어머니 교실을 개최하고, 방송국에서 프로그램의 하나로 부모교육을 실시하는 등 활발하게 부모교육이 전개되었다. 1990년대에 들어서면서 여성의 사회참여 증가와 가족구조의 변화로 자녀양육의 문제가 중요하게 부각되었고 이러한 문제를 사회, 국가적 차원에서 해결하고자 「영유아보육법」이 제정되었으며, 부모교육에 대한 사회적 관심이 고조되면서 여러 프로그램이 시행되고 있다. 비교적 알려진 것으로는 한국심리상담연구소의 PET, 한국심리교육센터의 APT, 현재는 청소년상담원으로 개칭되었으나 청소년 대화의 광장의 EPT(Empowering Parent Training), 한국사회교육연구소의 부모교육 프로그램 등이 있다. 한편 부모교육운동은 좋은 부모운동본부 발대식을 1996년 4월 19일에 갖고, 바른 가정교육 캠페인과 46개 항의 자녀교육 행동수칙을 발표하여 사회적인 참여를 하였다. 최근에는 정보화의 영향으로 인터넷을 통한 부모교육 관련 정보 제공이 증가하고 있으며, 아버지 교육의 중요성을 인식한 각 지역의 단체에서 아버지 교육을 실시하고 있다.

이상과 같이 우리나라 부모교육은 사회교육기관, 복지관, 여성 및 사회단체, 유아교육기관, 신문과 여성잡지, TV와 인터넷 등에서 다양한 형태의 부모교육이 실시되고 있다. 과거에 비해 부모교육의 전달체계가 다양해지고 내용도 다양하게 개발되었으나 여전히 소수의 어머니를 대상으로 일회적으로 실시하는 경우가 많아 자녀양육에서 발생할 수 있는 다양한 문제를 예방하는 효과는 거두기가 어렵다. 따라서 앞으로 자녀양육에서 사회적 지원이 필요한 저소득층 부모, 한부모, 조손 가족, 장애아동을 둔 부모들을 위한 부모교육이 활발히 이루어질 필요가 있다.

또한 그동안 부모교육자와 부모 간의 관계를 전문가 대 아마추어의 학습자 관계로 보고 수직적이고 일방향적인 지식 전달, 기술 훈련 및 양육 지도의 개념으로 부모교육을 실시해 오던 것에서 벗어나 수평적이고 양방향적 관계를 바탕으로 한 부모 지지, 특히 부모라는 수요자의 개별적 욕구를 중심으로 도움을 주는 부모 지지가 강화된 개념으로 부모교육의 관점을 전환하는 것이 필요하다.

Chapter 02

부모 됨

부모가 된다는 것은 부모의 존재가 자녀에게 많은 영향을 미치게 된다는 점에서 의미 있는 일이기도 하지만, 부모 스스로의 생활에도 큰 변화를 초래한다는 점에서 성인으로서의 부모 개인의 인생에도 큰 전환기라고 할 수 있다. 부모가 되는 전환기에 잘 적응하느냐의 여부는 부모 개인 인생의 행복에도 큰 영향을 주며, 자녀양육 태도 및 아동발달에도 영향을 미친다는 점에서 부모교육에서 반드시 이해해야 할 내용이다. 본 장에서는 부모가 되는 과정에서 성인으로서의 부모에게 일어나는 변화와 적응에 대하여 살펴보고자 한다.

Parent Education

1 부모 됨의 결정

현대사회에서는 부모가 될 것인지를 선택한다. 현대적 피임법이 개발되기 이전에는 결혼한 부부가 자녀를 갖는다는 것은 당연한 일이었으나, 오늘날에는 부모가 되기를 원하지 않는 사람들도 있으며 부모가 되고자 결정하더라도 자녀를 갖는 시기와 자녀의 수에 있어서 선택의 폭이 넓어지고 있다.

1) 부모 됨을 결정하는 데 영향을 미치는 요인

부모가 되고자 결정하는 데는 여러 가지 영향을 미치는 요인이 있다. Bigner(2006)는 여러 가지 요인을 종합하여 심리사회적 요인, 경제적 요인, 구조적 요인으로 정리하였다.

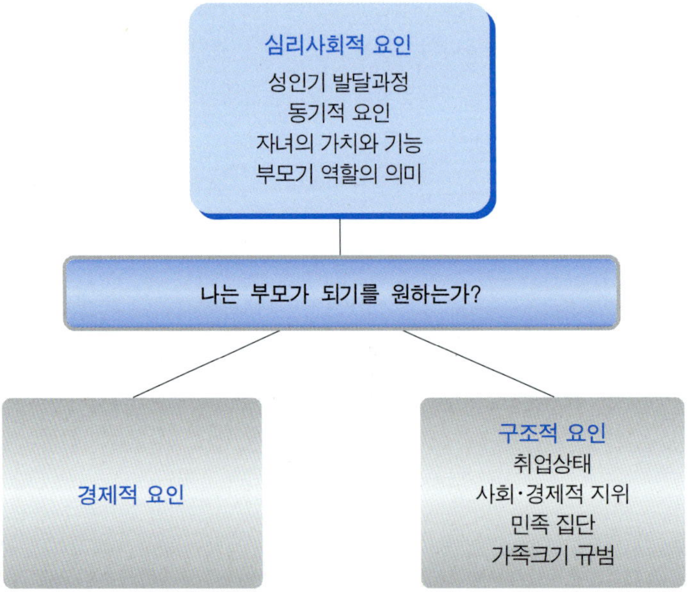

[그림 2-1] 부모가 되기를 결정하는 데 미치는 복합적인 영향

출처: Bigner(2006).

(1) 심리사회적 요인

① 성인기 발달과업으로서의 부모 됨

Erikson의 심리사회이론은 어떤 신체적, 사회적, 심리적 자극이 성인기의 생산성 감각을 촉진한다고 설명한다. 생산성의 중요한 요소 중의 하나가 다른 사람들에 대한 돌봄과 가르침의 욕구인데, 부모가 되면 이러한 욕구를 충족시킬 수 있다. 부모가 됨으로써 타인에게 필요한 존재가 되고자 하는 욕구를 충족시키며, 자녀가 신체적, 사회적으로 성장하는 동안 주양육자로서의 책임을 통해 가르침의 욕구를 충족시킨다.

② 부모 됨의 동기

부모가 되고자 하는 동기는 개인마다 다양하겠지만 그 기초는 가족, 사회계층 혹은 민족 집단의 신념을 바탕으로 한다. 그러한 이유에는 자녀양육의 기쁨과 애정의 감정, 그리고 생산성과 같은 심리사회적인 요소들이 포함된다. 부모 됨의 동기에 대해서는 다음 절에서 자세히 설명된다.

③ 자녀의 가치와 기능

자녀를 갖는 것은 다음과 같은 가치와 기능을 갖는다. 성인으로서의 지위와 정체감, 가계의 계승, 개인적 도덕성의 확인, 가족애, 재미와 기쁨, 성취감, 타인의 인생에 대한 영향력, 개인적 생식력의 증명 그리고 일부 문화에서는 경제적 이익이 포함된다. 이러한 가치에 대한 인식은 성인의 연령과 거주지에 따라 차이가 있다. 젊은 성인은 시간과 에너지가 드는 부모역할보다 자신의 경력과 직업에 더 비중을 두므로(Gerson et al., 1991; Gormly, Gormly, & Weiss, 1987), 나이 든 성인보다 자녀를 갖는 것에 대해 덜 긍정적이다. 또한 거주지역에 따라서도 전통적인 가치관을 더 많이 가지고 있는 시골 어머니가 도시 어머니보다 자녀를 가계 계승의 수단으로 인식하는 경향이 있었다(Bigner et al., 1981; Bormann & Stockdale, 1979).

④ 부모기 역할의 의미

부모가 되는 것은 대부분의 문화권에서 사회문화적인 의미를 가진다. 부모 됨의 문화적인 의미는 사회적인 압력으로 작용하기도 한다. Veevers(1973)는 부모가 되는 것과 자녀를 갖지 않는 것의 사회적 의미를 도덕적 의무, 책임감, 자연스러움, 성행위에 대한 증명, 결혼에 대한 확인, 정상적인 정신건강으로 분류하였다. 도덕적 의무는 전통적 종교의 가르침을 실천하는 사람들에게 출산을 장려하는 가치관으로 작용한다. 책임감은 한 사회에 소속한 시민으로서 다음 세대를 재생산하여 그 사회와 문화를 지속시키는 것에 의미를 두는 것을 뜻한다. 자연스러움은 부모가 되는 것이 성인기에 기대되는 자연스러운 행동이라는 전통적인 견해를 의미한다. 이러한 견해는 피임법이 일반화되기 이전에 형성되었고, 신체적 문제가 없는 경우 성인들 간의 성적 관계에 따라 부모가 되는 것이 자연스러운 결과라고 믿었다. 성행위에 대한 증명은 한 사람의 성인이 부모가 됨으로써 재생산의 능력을 가지고 있으며 이성관계를 인정하는 성적 정체감을 가지고 있다는 것을 의미한다. 결혼에 대한 확인은 자녀를 가지고 부모가 되면서 결혼이 완성되고 부부관계가 향상된다는 전통적 관념이다. 정상적인 정신건강은, 남성보다는 특히 여성에게 자녀가 없는 것이 정신건강에 문제가 있고 다른 사람보다 자신의 행복과 복지에 더 관심을 갖는 것으로 여겨진다는 점에서 부모가 된다는 것이 정상적인 정신건강을 갖고 있다는 것을 뜻한다(Bigner, 2006).

(2) 경제적 요인

자녀를 경제적 자산으로 여겼던 과거와는 달리 오늘날 자녀는 부모에게 경제적 비용의 부담을 갖게 한다. 미국의 중산층 가정에서는 전체 수입의 1/4 정도의 비용이 자녀를 18세까지 양육하는 데 투자되는 것으로 추정되며, 2000년 이후에 태어난 아동의 경우 18세까지 165,630달러가 든다고 보고되었다(Lino, 2003). 우리나라 가정에서는 한 명의 자녀를 대학까지 졸업시키는 데 약 2억 6,200만 원이 드는 것으로 추정되며(아시아경제, 2012. 7. 18), 가구당 월 소비지출의 56.6%가 자녀양육비로 사용되고 있다고 조사되었다. 이러한 과도한 경제적인 부담은 많은 부부가 첫 자녀 갖기를 미루거나 자녀를 적게 낳는 현상에 영향을 미친다.

부모가 되는 데 드는 비용에 잠재적으로 관련되는 요인은 어머니의 비취업으로 인한 가족수입의 상실이다. 많은 여성이 자녀의 출산과 함께 직업을 그만두거나 자녀가 어느 정도 성장할 때까지 재취업을 하는 데 어려움을 겪어 가족수입에 영향을 미치는 것이다.

(3) 구조적 요인

부모가 되는 것을 결정하는 데 영향을 미치는 몇 가지 구조적인 요인이 있다(Bigner, 2006). 첫째, 어머니의 취업 여부이다. 어머니가 취업한 상태인 경우 자녀양육을 맡길 자원이 있느냐의 여부는 매우 중요한 요인이며 많은 가정에서 친척이나 가정보육 등을 통해 자녀양육을 해결한다. 관련 연구들은 생애 초기의 어린이집 경험이 아동성장에 해롭지 않다는 결과(이영·신은주·나종혜, 1994)와 부모의 직접적인 양육이 더 바람직하다는 결과(NICHD Early Child Care Research Network, 1999, 2000a, 2000b)를 모두 보고하고 있다.

둘째, 가족의 사회·경제적 지위 또한 부모 됨을 결정하는 데 영향을 미치며, 미국의 경우 민족에 따라서도 다른 영향을 미친다. 미국 중산층 가정의 여성들은 노동계층보다 아이를 적게 낳고, 히스패닉계가 다른 인종에 비해 출산율이 높다.

셋째, 결혼한 부부에게 가해지는 출산에 대한 사회적인 압력이다. 결혼한 부부의 부모가 손자녀를 보아 조부모가 되기를 원하며, 이는 부부에게는 부모 됨을 결정하는 데 영향을 미치는 요인이 된다.

한편 사회와 문화에 따라 출산을 장려하기도 하고 자녀 수를 제한하고 조절하도록 권장하기도 한다. 경제적 압력과 과잉 인구에 대한 사회적 관심이 팽배한 사회에서는 인구조절을 권장하나, 최근 저출산이 사회적 문제로 떠오른 국내의 경우 출산을 장려하는 정책이 펼쳐지기도 한다.

2) 부모가 되고자 하는 동기

부모가 되고자 하는 동기는 다음의 4가지로 구분된다. 첫째, 숙명론적 동기가 있다. 우선 자녀를 갖는 것이 그들이 존재하는 이유라고 믿는 사람들이 있는데, 이러한 동기는 종교적 신념에 근거하며 피임을 죄악시한다. 또 다른 숙명론자들은 가계 계승을 위해 자녀를 원한다. 이런 경우 가족체계에서 가족의 이름이 남성을 통해 이어지므로 남성이 높은 가치를 갖고, 사람들은 여아보다 남아를 선호하게 된다.

둘째, 이타적 동기이다. 자녀에게 애정과 관심을 표현하고 싶은 자연스러운 욕구는 이기적이지 않은 욕구이며, 이는 Erikson이 설명한 생산성 개념과도 일맥상통한다.

셋째, 자기애적인 동기가 있다. 부모 자신이 자녀 출산과 양육에 적합할 만큼 성숙하다는 것을 보여 주기 위해 자녀를 갖는 사람들이다. 즉, 자녀를 가짐으로써 성숙하고 선한 자기 가치를 표현하고자 한다. 이는 또래들이 비슷한 시기에 이루고 있는 것을 이루고자 하는 또래와의 유사성 성취 욕구와도 관련이 있다. 또 다른 자기애적 동기에는 자녀가 부모에게 정서적인 안정감과 사랑을 제공할 것이라는 측면도 있다.

넷째, 도구적인 동기이다. 많은 부모들이 자신이 성취하고자 했으나 이루지 못했던 목표를 대신 달성해 주기를 원하며, 자신의 부모와의 관계에서 아쉬웠던 점을 극복할 수 있다는 기대로 자녀를 갖기도 한다. 자녀를 가짐으로써 결혼생활을 더 안정되게 유지하거나 부부갈등 해결에 도움을 얻고자 하는 동기도 도구적 동기이다. 또한 손자녀를 원하는 자신의 부모에게 손자녀를 안겨 주기 위해서 남성이 자신의 남성다움이나 권력을 확신하기 위해 자녀를 갖는 것도 도구적 동기에 해당된다(Bigner, 2006; Gerson, 1993).

2 부모 됨의 준비

1) 부모 됨에 대한 일반적 인식

부모역할은 매우 복잡하고 어려운 일이다. 부모는 자녀의 다양한 발달영역과 발달단계에 따라 적합한 역할을 해야 하는데, 대부분의 부모는 별도의 훈련 없이 부모역할을 시작한다. 또한 부모가 된다는 것이 어려운 일이라는 사실을 인지하기 전에 자녀를 양육하는 것에 대해 지나치게 낭만적인 기대를 하는 경향이 있다. LeMasters와 Defrain(1989)은 이를 부모기에 대한 로맨틱 콤플렉스라고 설명하였다. 자녀 키우기를 낭만적으로 생각하게 하는 부모기에 대한 신화는 부모의 행동에 영향을 미친다. 따라서 이러한 신화를 갖기보다는 현실적인 자녀양육의 모습을 미리 아는 것이 부모로서 마음의 준비와 계획을 하는 데 도움이 될 것이다. 부모기에 대한 신화(myth)는 다음과 같다(Bigner, 2006; 박성연 외, 2008, 재인용).

① **자녀 키우기는 재미있다.** 미혼 남녀는 자녀양육 자체의 즐거움을 얻기 위해 부모가 되고자 생각하기도 하는데(김지은, 2000), 자녀를 양육하는 것은 부모들에게 즐겁고 만족을 주는 일이기는 하지만 재미있다고 표현하기는 어렵다. 재미있다는 의미는 재미없으면 그만둘 수 있다는 의미를 포함하나, 자녀를 양육하는 것은 지속적인 일이고 많은 의무가 있는 힘든 일이다.

② **아이들은 사랑스럽고 귀엽다.** 아이들은 많은 경우 사랑스러우나, 그 아이들을 직접 양육하는 부모에게는 전적으로 그러하지 않을 가능성이 많다. 자녀양육과정에서 아이들이 마냥 사랑스럽고 귀엽지만 않을 때도 많다는 것을 미리 고려하는 것이 부모역할에 보다 쉽게 적응하는 데 도움이 될 것이다.

③ **좋은 부모를 만나면 자녀는 훌륭하게 성장한다.** 좋은 부모의 자녀가 훌륭하게 성장할 확률이 높지만, 좋은 부모의 자녀가 모두 올바르게 자라지 않을 수도 있다. 같은 부모 아래서도 서로 다른 기질을 타고 나기도 하고, 부모 외의 형제자매, 친척, 학교, 또래, 사회도 큰 영향을 미치기 때문이다.

④ **자녀는 부모의 결혼생활을 향상시킨다.** 부부간의 유대감을 강화시키기 위해 자녀를 갖기도 하지만, 실제로 첫 자녀 출생 이후 부부간의 결혼만족도는 오히려 낮아진다는 연구결과가 있다. 자녀는 부모의 결혼생활에 긍정적인 영향뿐 아니라 부정적인 영향을 미치기도 하는 것이다.

⑤ **요즘 젊은 부모는 예전의 부모보다 못하다.** 세대 간의 격차로 인해 요즘 아이들이 예전보다 버릇없다고 생각되듯이, 요즘 부모들도 예전 부모보다 부족하고 문제가 많다는 지적이 있다. 그러나 요즘 부모는 과거보다 더 복잡한 사회에서 부모로서 매우 다양한 역할을 수행하고 있으며, 부모역할에 대해서도 생각하고 준비하려는 노력을 많이 하고 있다.

⑥ **현대 의학 및 현대 문명의 발전, 아동 심리학 등의 혜택으로 인해 요즘은 자녀 키우기가 더 쉬워졌다.** 현대 의학의 발전으로 인해 영아사망률이 감소하고 예전에 아동을 사망에 이르게 한 질병의 예방 및 치료법을 개발한 것은 사실이나, 과거에 없었던 소아기 질병

과 환경오염으로 인한 각종 알레르기 질환으로 고통받는 아이가 늘어났다. 또한 문화가 발전하고 아동심리에 대한 지식이 늘어날수록 부모역할은 더욱 복잡해지고 있다.

⑦ 요즘 자녀들은 부모가 제공하는 모든 편의에 감사한다. 현대의 자녀들은 과거에 비해 많은 물질적 혜택을 누리고 있으며 단순한 의식주 차원이 아니라 문화와 오락에 이르기까지 다양한 영역에서 부모로부터 자원을 제공받고 있다. 그러나 자녀들은 그에 대해 감사하는 마음만을 가지기보다는 좀 더 많은 요구사항을 주장하기도 한다.

⑧ 자녀를 기르기는 어렵지만, 이들이 좀 더 나은 세상을 만들 것이다. 문명의 진보가 어느 정도 이루어질 것이나 범죄율과 환경오염은 여전히 세상에 존재하거나 증가한다.

⑨ 자녀를 성공적으로 키우기 위해서는 부모가 모두 있어야 한다. 부모가 모두 있다면 자녀의 건강한 발달을 도모하는 데 도움이 되지만, 부모 중 한쪽이 자녀의 발달에 악영향을 미치거나 심각한 부부갈등이 부정적 영향을 미친다면 한쪽 부모와 지내는 것이 자녀발달에 더 긍정적인 영향을 미칠 수도 있다.

⑩ 사랑만 있으면 좋은 부모역할을 수행해낼 수 있다. 사랑은 좋은 부모역할 수행을 위한 기본 전제이나 사랑만으로는 충분하지 않다. 자녀 발달과 양육에 대한 전문적인 지식을 통해서 더 적절한 방법으로 사랑을 표현해야 한다.

⑪ 결혼한 부부는 반드시 자녀를 낳아야 한다. 결혼생활에서 자녀 출산이 숙명이고 원칙이었던 시대가 있었지만, 최근에는 반드시 자녀를 낳아야 한다고 생각하지 않는 경향이 있으며 자발적으로 자녀를 낳지 않는 부부도 증가하고 있다.

⑫ 자녀가 없는 부부는 좌절되고 불행하다. 자녀가 부부에게 큰 기쁨이 되기도 하지만, 자녀만이 유일한 행복의 자원은 아니다. 자녀 없이도 행복한 부부 생활을 지속해 나가는 경우도 있고, 자녀양육과정의 어려움과 걱정이 없으므로 자신의 전문적인 능력을 함양하는 데 주력하거나 취미생활 등을 개발하면서 더 행복한 삶을 영위하기도 한다.

⑬ 부모는 모두 성숙한 성인이다. 현실적으로 법적인 성인이나 인격적으로 성숙한 사람만 부모가 되는 것은 아니다. 최근 들어 10대의 임신이 증가하고 있어 성인이 되기

전에 부모가 되는 경우가 점점 늘어가는 추세이다.

⑭ 자녀가 자라서 성인이 되면 부모로서의 임무는 끝난다. 자녀가 성장하여 부모에게서 독립하더라도 부모로서 수행할 역할은 계속 남아 있다. 부모가 텅 빈 보금자리(empty nest) 시기를 맞은 이후에도 자녀는 어려움이 생기면 부모의 도움을 받기를 원한다. 따라서 부모로 존재하는 한 부모로서의 역할은 계속된다.

⑮ 부모역할하기는 우리 사회에서 최우선적으로 고려된다. 부모역할의 중요성이 사회적으로 인정됨에도 불구하고, 우리 사회에서는 직장에서의 역할을 위해 부모역할을 희생하기를 기대한다.

2) 부모가 되는 시기와 준비

부모가 되기 위해서는 언제 첫 자녀를 가질 것인지를 먼저 결정해야 한다. 최근 첫 부모됨의 시기는 지연되는 경향이 있다. 미국에서는 첫 결혼과 첫 부모 됨의 시기가 성인기 후반 연령으로 지연되는 경향을 보이며(U. S. Bureau of the Census, 2003), 특히 30대 초반의 임신과 출산은 1970년대와 비교해 3배 정도 증가하였고(parenthood.com, 2002. 7. 30), 우리나라에서도 30세 이상의 산모 비율이 1999년 30.6%에서 2010년 62.8%로 2배가량 증가하였다(세계일보, 2011. 8. 24). 이는 여성의 교육 수준과 사회 진출의 증가로 인한 현상이며, 경제적 상황 때문이기도 하다. 자녀를 양육하기에 적절한 시기는 개인과 가정의 상황에 따라 다르나, 공통적으로 관련되는 사회적인 요인이 존재한다고 볼 수 있다.

첫 자녀를 가질 시기를 위해서 고려해야 할 몇 가지 요소는 다음과 같다(조성연, 2006).

첫째, 부부가 마음의 준비를 갖추어야 한다. 뜻하지 않게 임신하게 될 경우 대부분의 여성은 당황하게 되고 임신을 부담스러워하거나 출산과 양육과정에 대한 두려움을 갖게 될 수도 있다. 계획 없이 임신을 하게 되면 경제적으로 준비가 되지 않을 확률이 크고, 태아에게 해로운 성분을 섭취하게 될 수도 있으므로 심리적인 준비가 된 상태에서 계획된 임신을 하는 것이 좋다. 또한 출산 후 증가하게 될 역할분담으로 인한 스트레스나 부부 갈등의 심화를 예방하기 위해서 부부가 마음의 준비를 한 후 부모가 되어야 한다.

둘째, 경제적인 준비가 되어 있어야 한다. 자녀양육비에는 의식주를 해결하는 경비뿐 아니라 의료비나 교육비와 같은 지출에 대한 계획과 대비를 하는 것이 좋다.

셋째, 가능하면 어머니 연령이 35세 이하이고 아버지의 연령도 40세 이하인 경우가 좋다. 30대 후반부터는 기형아 출산율이 20대와 30대 초반보다 높은 편이며 불임가능성도 30대 후반 이후 증가한다.

넷째, 양육에 대한 준비를 갖추어야 한다. 직장 등의 이유로 부모만의 힘으로 자녀를 양육하기 힘든 경우 사회적 지지망을 갖추어 두는 것이 좋다.

Engel(1998)은 부모가 되기 위해서는 먼저 부모가 될 준비가 되었는지 스스로를 점검해 볼 필요가 있다고 하였으며, 부모가 되는 시기를 결정하기 위해 다음과 같은 몇 가지 고려해야 할 사항을 제시하였다. 스스로 준비가 되었다고 여겨질 때 부모가 되는 것이 보다 준비된 양육을 하는 데 도움이 된다.

- 나 자신이 정서적으로 또 신체적으로 건강한가? 나와 배우자는 아이가 태어나면 생길 스트레스와 변화를 감당할 수 있을 정도로 정서적으로 안정되어 있는가?
- 우리 부부관계에서 지금이 아이를 가지기에 적당한 시기인가? 우리 부부관계가 아기 출생으로 인한 변화와 혼란을 견딜 만큼 강하고 안정되어 있는가?
- 아이를 키우는 데 드는 비용을 충당할 수 있을 정도로 재정적으로 안정되어 있는가?
- 나와 배우자의 직업은 안정적인가? 아이를 낳으면 내 직업에는 어떤 영향이 있는가? 아이를 낳고 키우는 몇 년간 내 직업보다 더 관심을 쏟을 수 있겠는가?
- 양육에 시간과 에너지를 충분히 사용할 수 있는가? 직업과 양육을 양립할 수 있는가?
- 도움을 받을 수 있는 가까운 가족이나 친구가 있는가?
- 의료보험은 들었는가?
- 어머니의 경우, 임신 전후의 신체적 변화를 극복할 수 있을 만큼 자아존중감이 충분히 높은가?

3) 좋은 부모가 되기 위한 자기 성찰

부모가 되기 전 스스로 좋은 부모가 될 자질을 갖추었는지에 대한 성찰이 필요하다. 다음의 몇 가지 요소는 좋은 부모가 되기 위해 갖추어야 할 인성이다(Engel, 1998).

- 인내심: 아이들은 어른보다 행동이 느리고 서툴며, 그래서 부모에게는 인내심이 필요하다.
- 융통성: 자녀가 출생하면 부모는 예전처럼 자신들의 생활을 통제하고 계획한 대로 실행할 수가 없다. 자녀양육 기간 동안 예측할 수 없는 일들이 많이 생기며, 부모가 이들을 융통성을 가지고 대처할 수 있다면 부모역할은 훨씬 쉬워질 것이다.
- 방해받을 때 참을성: 부모가 된다는 것은 자신의 물리적, 정서적 공간을 포기한다는 것을 의미한다. 아이가 직접 내는 울음소리 외에도 아이를 위한 노래, 장난감 소리, 비디오게임 소리 등 부모는 아이의 출생과 함께 각종 방해를 받게 된다. 이에 대한 예측을 통해 참을성을 발휘할 수 있을 때 원만한 부모역할 수행이 이루어진다.
- 자기희생: 자녀가 출생하면 부모는 자기 자신에 관한 일은 우선순위에서 제외시키며, 크고 작은 일상생활에서 희생을 하게 된다.

4) 부모의 가족사가 부모 됨에 미치는 영향

부모 자신의 어린 시절, 원가족과 맺었던 관계는 자녀와의 관계에 영향을 미치는 요소이다. 즉, 어린 시절 경험한 자신의 부모와의 관계가 부모 됨에 영향을 미치는 것이다.

- 나의 부모와의 유대관계
- 나의 부모의 양육 방식
- 학대경험

부모가 되기 전에 자신의 부모와의 관계를 돌이켜 보고 재정립할 필요는 있으나, 부모와의 관계에 문제가 있었다고 해서 좋은 부모가 될 수 없는 것은 아니다. 부모와의 관계를 생각하는 것은 좋은 부모가 되기 위한 마음의 준비를 하기 위한 과정으로 볼 수 있다.

5) 부모 됨을 위해 준비되어야 할 부부관계

부모가 되기 위해서는 부부관계가 안정되어야 한다. 자녀 출산과 양육은 많은 변화와 스트레스를 불러일으키고 그에 따른 노력과 에너지를 요구하므로 결혼만족도가 낮아지는 효과를 가져온다. 그러므로 부부관계가 불안정한 상태에서 자녀를 출산하는 것은 부부관계에 더 큰 부정적 영향을 미칠 수 있다. 이러한 부정적 영향을 예방하기 위해 부모 됨을 결정하기 전에 부부관계를 점검해 볼 필요가 있다. 다음은 자녀 출산 계획 전에 고려해야 할 부부관계의 요소들이다(Engel, 1998).

- 나와 배우자는 서로를 알기 위한 시간을 충분히 보냈는가?
- 부부간의 성적인 문제를 해결하기 위해 충분한 시간을 보냈는가?
- 기대했던 부부간의 낭만적인 경험을 어느 정도 했는가? (신혼여행 등)
- 부부간에 다른 존재가 등장하여 현재의 관계가 변화하는 것에 대해 준비가 되었는가?
- 배우자가 서로 다르게 의사소통을 하는 법을 익히는 등 부부관계의 변화가 일어나고 있지는 않은가?
- 배우자 중 한 사람이 새로운 직업을 찾는 등 전환기에 있지는 않은가?
- 배우자 중 한 사람이 현재 큰 스트레스를 겪고 있지는 않은가? 예를 들면, 병든 부모를 간호해야 한다거나, 직장에서 스트레스가 많다거나, 무언가에 실패했거나 등의 스트레스를 겪고 있는 중이 아닌가?
- 부부관계가 갈등과 의견 차이로 가득 차 있지는 않은가? 논쟁이 계속되거나 어떤 문제가 해결되지 않은 것은 아닌가?

전문가는 이러한 요소 중 절반 이상이 해결되지 않았다면 부모가 되기 전에 좀 더 시간을 가지고 부부관계를 정립할 것을 충고하고 있다.

또한 부모기로의 전환을 성공적으로 수행하기 위해서 부부에게 필요한 몇 가지 중요한 특성은 다음과 같다(Engel, 1998).

- 개인적인 목표나 욕구를 양보하고 한 팀이 되는 능력
- 배우자 서로가 만족할 수 있는 방법으로 일 분담의 차이를 해결하는 능력

- 스트레스에 대처하는 능력
- 건설적으로 논쟁하고, 우선순위는 다를지라도 공통의 관심사를 유지하는 능력
- 아이를 낳은 후의 결혼생활이 좋을지라도 아이를 낳기 전과는 다르다는 것을 아는 능력
- 결혼생활을 잘 성장시킬 수 있는 방향으로 의사소통을 유지할 수 있는 능력

3 부모 됨의 과정

1) 임신 중의 변화

(1) 임신 전기(1~3개월)의 신체적·심리적 변화

- 기초 체온의 고온기가 2주 이상 계속됨
- 무월경 상태임
- 젖꼭지가 착색됨. 유방이 커지고 팽만감을 느낌
- 소변을 자주 보게 됨
- 질분비물이 증가하게 됨
- 입덧이 생김
- 감정이 예민하게 됨

(2) 임신 중기(4~7개월)의 신체적 변화

- 비교적 안전한 시기이며 유산될 위험이 적음
- 5개월 전후하여 태동을 느낌
- 식욕이 증진되고, 체중이 증가함
- 하복부와 유방이 점점 커짐

(3) 임신 말기(8~10개월)의 신체적·심리적 변화

- 복부임신선이 나타남
- 다리 부종이 생길 수 있음
- 소변을 자주 보게 됨
- 산달이 다가올수록 심리적 불안감이 커질 수 있음

2) 출산의 과정

(1) 출산 증후

임신 말기에 나타나는 출산 증후 5가지는 다음과 같다.

- 태아가 밑으로 내려간 느낌이 든다.
- 태동이 줄어든다.
- 배가 자주 뭉치는 느낌이 든다.
- 혈성 대하: 불규칙적이며 가벼운 통증에 의하여 자궁 경관 내에 있던 점액과 약간의 피가 묻어 나온다. 일명 '이슬'이라고도 한다.
- 불규칙적인 통증: 일명 '가진통'이라고도 하며 일정한 간격을 가지지 않은 약한 통증이며 진통으로 이어지는 경우도 있고 멈추는 경우도 있다.

(2) 분만신호

분만 진통이 시작될 수 있도록 자궁을 준비시키는 단계로서 분만 예정일 2~3주 전부터 자궁경부(입구)의 연화와 숙화로 인해 자궁 입구가 태아의 머리를 손상 없이 통과시키기 위해 부드러워지고, 자궁수축의 빈도가 증가한다.

(3) 분만의 진행

분만 진통이 시작되어 규칙적이고 강한 진통과 함께 자궁수축이 일어나 자궁 입구가 열리면서 태아가 하강하는 출산으로 끝을 맺게 되는데, 이러한 분만과정은 3단계로 나누어진다.

- 분만 제1기(개구기 혹은 진통기): 정상적인 분만 진통이 10분 간격으로 시작하여 태아의 머리가 통과할 수 있도록 자궁경부가 완전히 열릴 때까지
- 분만 제2기(태아만출기 혹은 산출기): 자궁경부가 완전히 열린 때부터 태아가 산모의 산도를 통해 질 밖으로 분만될 때까지
- 분만 제3기(태반만출기 혹은 후산기): 태아가 출산된 후부터 태반이 만출될 때까지

〈표 2-1〉 **분만과정**

	분만 제1기	분만 제2기	분만 제3기	합 계
초산부	8시간	50분	5분	8시간 55분
경산부	5시간	20분	5분	5시간 25분

(4) 분만 후

태아와 태반이 만출된 후 지혈을 위해 자궁수축이 지속적으로 일어나고, 이후에 자궁의 퇴축이 일어나서 임신 전의 상태로 되돌아간다. 임신 전과 같이 회복되는 데 걸리는 시간은 산모 개인의 건강이나 영양상태, 일상생활 패턴과 수유상태에 따라 다르나, 대개 6~8주 후에는 임신 이전과 같은 상태로 회복된다.

* 여러 가지 분만 방법

① 자연 분만

'자연 분만'은 전통적인 분만 방법으로, 현대에는 어떤 종류의 약물에도 의존하지 않고 아이를 낳는 것을 의미하는 용어로 사용된다. 자연 분만은 태아 자신이 스스로 산도를 통해 새로운 세상을 접하기 위해 노력한다는 점 이외에도 산모의 출혈이 적다는 점, 산욕기 감염이 적다는 점, 회복이 빠르다는 점, 아기와의 관계가 빨리 시작된다는 점, 합병증이 적다는 점 등 장점이 많은 분만 방법이다. 안전한 출산을 위해 처음부터 현대의학이 도와야 할 임신부들도 있지만 자신의 몸이 약물에 의존하지 않고도 아기를 출산할 수 있을 것이라는 확신이 있는 여성이라면 대부분의 경우 자연 분만이 가능하다.

② 가족 분만

분만 시 산모가 겪는 두려움과 정신적인 불안을 해소하기 위해 진통과 분만, 그리고 분만 후의 회복이 같은 침대에서 이루어지게 하며, 분만의 모든 과정을 배우자 등 가족이 지켜보는 가운데 아기를 낳는 방법이다. 가족 분만은 남편과 가족이 분만을 함께 경험하며, 가족이 분만과정에 동참하여 산모에게 위안을 줌으로써 분만의 고통을 감소시키는 효과가 있고, 원한다면 태아의 탯줄을 직접 남편이 자르게 하고 있다.

③ 유도 분만

유도 분만은 자연 분만을 위해 진통이 없는 산모에게 인위적으로 진통을 일으켜 자궁수축이 되도록 하는 방법이다. 촉진제를 사용하여 진통을 일으키게 되며, 일반적으로 분만 예정일이 너무 오래 지났을 때 태반의 기능이 약해져 아이는 산소 부족에 시달리기 쉽기 때문에 촉진제를 투여하여 분만을 유도하게 된다. 임신부 질병이 있는 경우, 미숙아나 사산아를 낳을 확률이 높은 임신 중독증 산모, 당뇨병이 있는 산모, 양수가 먼저 터져 세균 감염이 염려되는 산모에게도 유도 분만을 시행할 수 있다.

④ 무통 분만

무통 분만은 분만과정에서 전혀 통증이 없도록 하는 것이 아니라, 진통을 감소시키거나 진통의 일정기간 동안 마취를 함으로써 진통을 없애 보려고 노력하는 방법이다. 무통 분만은 혈압이 높거나 심장병이 있는 임산부의 경우에도 적절한 마취를 통해 동통을 느끼지 않아 혈압을 유지하여 자연 분만의 형태로 분만할 수 있다는 장점이 있다. 대체로 진통(자궁이 수축하는 통증)이나 산통(자궁구가 열리는 통증)을 줄이는 데 목적이 있다.

⑤ 제왕절개

제왕절개란 산도를 통해서 아이를 낳는 것이 어려운 상황에서 자궁과 복벽을 절개하여 태아를 꺼내는 수술에 의한 분만법을 말한다. 반드시 마취과 의사가 있어야 하므로 시설이 잘 갖춰진 종합병원이나 전문병원에서 수술을 받아야 한다. 제왕절개가 필요한 경우는 고령 임신, 다태 임신, 둔위태위, 거대아, 심한 임신중독증, 골반·자궁의 이상, 전치태반일 경우, 아기의 심장박동이 불규칙한 경우, 탯줄이 아기의 목을 여러 번

휘감은 경우, 태반이 조기 박리된 경우 등이며 수술에 소요되는 시간은 40분에서 1시간 정도이다.

⑥ 수중 분만

수중 분만은 양수와 유사한 조건의 물속에서 아기를 낳는 방법으로, 산모가 양수와 같은 온도의 생리 식염수를 담은 커다란 욕조에 들어가 절개나 주사 등 의료적 처치 없이 자연 상태로 좌식 분만의 형태로 분만하는 것이다. 진통부터 분만까지의 모든 과정을 물 안에서 할 수 있고, 진통을 물에서 하고 분만은 밖으로 나와서 하거나, 반대로 진통은 밖에서 하다가 분만 시에만 물 안으로 들어가 아이를 낳을 수도 있으며, 모든 과정은 임신부가 원하는 대로 행하게 된다. 장점으로는 앉은 자세에서 중력을 이용했기 때문에 골반이 가장 잘 벌어지며 힘을 주기도 쉬운 분만자세라는 점과 회음절개술이 필요 없다는 점, 남편과 함께하므로 심리적인 안정감을 얻을 수 있다는 점 등이 있다. 그러나 아이에게 세균감염의 위험이 있고, 분만 후 출혈량의 판정이 어려우며, 지혈대책도 곤란하다는 단점이 있으므로 주치의와 상의하여 신중히 결정해야 한다.

4 부모 됨으로 인한 변화와 적응

1) 임신과 출산 경험의 효과

부부가 경험하는 임신과 출산 경험은 신체적으로 큰 변화일 뿐 아니라 심리적인 경험이기도 하다. 물론 대부분의 사람들이 임신에 대해 기뻐하지만, 한편으로 임신은 성인이 경험하는 생활사건 중 12번째로 큰 스트레스 사건이다(Holmes & Rahe, 1967). 부모 중 어머니는 임신을 직접적으로 경험하게 되는데, 임신이 진행되면서 일어나는 신체 변화에 대한 적응, 손상된 신체적·심리적 복지감의 회복, 불확실성에 대한 두려움의 극복, 호르몬 변화에 의한 정서조절 등이 과제가 된다(Bigner, 2006).

임신을 하면 예전에 고려하지 않아도 되었던 요소들을 고려해야 한다. 어떤 부모가 될 것인지, 자녀가 어떤 사람으로 성장하기를 바라는지, 어떤 교육과 활동에 참여해야 하는지 등 마음의 준비와 출산할 병원과 아기 용품의 준비 등에 대한 생각으로 바빠지게 된다.

출산 경험은 부모-자녀 사이의 유대감 형성에 큰 영향을 미치며 특히 출산 후의 첫 몇 분이 중요한 것으로 알려졌다(Waldenstroem, 1999). 부모와 신생아 간의 피부접촉은 정서적 유대감을 촉진시키고, 가족 중심의 출산방법은 그 유대감 증진에 도움이 된다. 아버지의 참여는 출산 경험을 더욱 긍정적으로 만들고 자녀양육 경험과 부모로서의 역할에 대한 관심을 촉진시키며, 미래의 부적절한 양육의 발생정도를 줄일 수 있다. 반면 출산은 스트레스를 유발하기도 하는데 어머니의 만족과 스트레스는 산부인과 진료(수술, 태아모니터, 회음절개, 관장 등)의 빈도와 부분적으로 관계가 있으며 그 빈도가 높을수록 만족 수준이 더 높아진다(Bigner, 2006).

산후우울증

• 산후우울증의 증상

산후우울증은 충격적인 출산의 경험 때문에 산모가 아기를 돌보고 생활하는 데 지장을 줄 정도로 감정적으로 기분이 가라앉는 증상을 의미한다. 산후우울증의 정서적인 증상은 심한 피로감, 심한 우울감 및 허무감, 불안감, 초조함, 매사가 귀찮은 느낌 등이 있으며, 신체적으로는 불면증이 생기거나, 식욕이 감소하고 답답하거나 숨이 차기도 하고 심할 경우 환청과 환각에 시달릴 수도 있다.

• 산후우울증의 영향

심각한 산후우울증은 어머니만의 문제가 아니고 아기에게도 큰 영향을 줄 수 있으므로 온 가족이 어머니를 돕고 이해할 필요가 있다. 산후우울증을 경험하는 어머니의 아이들은 항상 짜증나고 화난 표정을 지으며 울고 보채고, 잠투정도 많고 달래기 힘들며, 사고와 질병도 증가한다. 눈 맞춤, 옹알이 등의 행동을 잘하지 않고, 인지 능력과 학습 능력도 떨어진다. 8~10세가 되면 주의력결핍과잉행동장애, 청소년기에는 행동장애로 이행할 가능성이 높고, 자존감이 낮거나 우울증에 걸릴 수도 있다(중앙일보, 2005. 8. 7.).

• **산후우울증의 극복방법**

이러한 산후우울증을 극복하기 위한 방법으로는 우선 어머니가 아기와 잠시 떨어져 심신을 회복하는 기회를 가져보는 것도 도움이 된다. 또한 규칙적인 식사와 운동을 하고, 감정을 표현할 수 있는 기회를 가져 우울한 감정을 해소할 수 있어야 한다.

• **아버지의 산후우울증**

어머니뿐 아니라 아버지도 산후우울증을 겪는다는 보고가 있다. 아버지들 또한 갑작스러운 생활의 변화 때문에 약 60%가 우울함을 느끼므로(한국일보 2006. 8. 8.), 산모가 남편에 대한 애정을 표현하고, 때로는 아기보다는 남편을 먼저 생각해 주어 정서적인 지지를 해 줄 필요가 있다.

2) 부모가 되면서 겪는 변화와 어려움

자녀가 태어나고 부모가 되면 여러 가지 변화가 일어난다. 부모가 되면서 겪는 변화는 많은 경우 즐거움과 행복이지만, 한편으로는 어려움도 존재한다. 현대사회의 부모가 느끼는 부모 됨의 장점과 단점은 다음과 같다(Berk, 1999; Cowan & Cowan, 1992).

〈표 2-2〉 **부모 됨의 징점과 단점**

장점	단점
• 애정과 온정을 주고받을 수 있다. • 자녀들이 부모에게 주는 자극과 즐거움을 경험할 수 있나. • 한 사회의 책임감 있고 성숙한 구성원으로 인식된다. • 삶을 보다 의미 있게 해주는 새로운 성장과 학습 기회를 경험할 수 있다. • 대를 이어 준다. • 성취감을 느끼고 창의적이 된다. • 덜 이기적이 되고 희생하는 것을 배운다. • 부모의 일을 도와주고 가족의 수입을 향상시킨다.	• 자유가 없고 의무감으로 구속을 받는다. • 재정적인 부담이 크다. • 자녀들의 건강, 안전, 복지에 대해 걱정하게 된다. • 어머니 취업이 어려워진다. • 자녀를 기르면서 범죄, 전쟁, 오염 등의 문제에 봉착하게 된다. • 부부가 함께 보내는 시간이 줄어든다. • 사생활이 줄어든다. • 부모가 잘못하지 않더라도 자녀가 잘못될까 두렵다.

출처: 조성연(2006).

현대사회에는 부모역할을 더욱 어렵게 하는 요소들이 있다(박성연 외, 2008).

첫째, 부모 됨이 당연한 일이 아니라 선택사항이 되면서 자녀 출산 및 부모 됨과 관련해서 많은 선택을 해야 한다. 자녀를 낳을 것인지, 언제 낳을 것인지, 몇 명의 자녀를 낳을 것인지, 터울은 어떻게 할 것인지, 직장에 다닐 경우 양육은 어떤 방법으로 할 것인지 등 부모가 되는 과정은 많은 선택의 과정이며, 각각의 선택의 기로에서 부모들은 갈등을 경험하게 된다.

둘째, 여성역할의 변화에 따른 어려움이 있다. 예전과 달리 기혼여성들의 경제활동 참가율이 높으며 여성의 취업은 부모역할에 많은 어려움을 준다. 우리 문화에서는 취업한 여성이라 할지라도 남편보다 가사와 양육에 더 많은 책임을 가지고 있다. 여성으로서는 일과 가사와 육아의 삼중부담을 안게 되는 셈이며 이는 부모역할의 어려움을 가중시킨다.

셋째, 새롭고 다양한 가족구조와 역할모델의 등장으로 인한 부모역할 확립의 어려움이다. 급변하는 현대사회는 다양한 가족구조를 양산해 내었다. 이혼과 사별, 재혼의 증가로 한부모 가족, 계부모 가족이 증가하였고, 10대 임신과 출산도 증가하였다. 다양한 가족구조에 따라 부모가 취해야 할 역할 또한 차이가 있으며, 그 차이에 적응해야 한다. 이러한 다양한 가족구조에서 부모역할은 전해져 오는 관습도 없고 규범이나 규칙도 없기 때문에 새로운 가족구조에서 부모역할을 수행하는 것이 어려운 과제로 다가온다.

넷째, 양육을 지원하는 사회체계의 문제가 있다. 특히 우리나라 여성의 취업률이 크게 증가한 데 비해 맞벌이 부부의 육아문제를 원만히 해결하도록 지원하는 보육 및 탁아제도는 아직도 빈약하다. 우리나라 문화와 가족정책은 여성이 전업주부로 육아에 대한 주요 책임을 지는 전통적 가족 형태를 위주로 이루어져 왔다. 선진국에 비해 육아휴직, 부모교육, 어린이집, 부모역할을 지지하는 근로 형태가 매우 부족하여 맞벌이 부부는 부모역할에 어려움을 겪고 있다.

〈표 2-3〉 아버지역할 개념 비교

전통적 개념	진보적 개념
• 자녀를 위해 목표를 세운다. • 자녀를 위해 일하고, 자녀를 위해 무엇인가 주는 것을 강조한다. • 자녀에게 무엇이 좋은 것인지를 안다고 스스로 생각한다. • 아버지는 항상 옳고 강하다. • 자녀가 순종하기를 요구한다. • 의무감으로 부모가 된다.	• 자녀의 자율적인 행동을 강조한다. • 자녀와 그 자신에 대해 이해하려고 노력한다. • 자녀와 자신의 개성을 인식한다. • 자녀의 성숙된 행동을 증가시킨다. • 부모가 되기를 선택한다.

출처: 유안진 · 김연진(2003).

〈표 2-4〉 어머니역할 개념 비교

전통적 개념	진보적 개념
• 가사 의무(요리, 청소, 빨래 등)를 수행한다. • 자녀의 신체적 욕구를 충족시킨다. • 자녀에게 규칙적 습관을 훈련시킨다. • 자녀에게 도덕교육을 수행한다. • 자녀의 훈련을 담당한다.	• 자녀가 자신감과 자율성을 기르도록 훈육한다. • 자녀의 정서적 욕구를 격려한다. • 자녀의 사회성 발달을 격려한다. • 자녀의 지적 성장을 자극한다. • 자녀에게 올바른 양육환경을 제공한다. • 자녀의 발달적 욕구에 관심을 갖는다. • 이해심을 가지고 자녀를 훈육한다.

출처: 유안진 · 김연진(2003).

아울러 가족주기상으로는 결혼만족도의 감소로 인한 어려움이 있다. 대개의 경우 부모가 되는 일은 부부 모두에게 만족과 보상을 준다. 그러나 한편으로 첫 자녀를 출산하면 부부는 부부로서의 역할 외에 부모로서의 역할을 하게 되며, 일과 가사뿐 아니라 양육까지 하게 되어 노동량과 긴장감이 증가한다. 임신부터 출산 후 9개월까지 결혼만족도와 애정이 감소하며, 특히 어머니의 경우 더욱 그렇다. 애정표현 역시 임신 말기부터 출산 후 3개월 정도까지 감소하며, 이후 비교적 안정적인 경향을 보여 점차 동반자 관계가 향상된다(Belsky, Lang, & Rovine, 1985). 또한 양육 및 가사분담에 대한 기대가 큰 어머니일수록 부모기로 전이하면서 결혼만족도가 더 감소하는 경향이 있으며, 전통적인 역할기대를 가진 어머니는 결혼생활에 대한 만족도가 상대적으로 높다. 그러나 젊은 부부들에게 자녀양육은 부부 공동의 책임이라는 개념이 차츰 보편화되고 있다. 부부가 각각 참고해야 할 부모로서의 역할에 대한 전통적 가치관에서 현대적 가치관으로의 변화는 앞의 〈표 2-3〉과 〈표 2-4〉와 같다. 이를 살펴보면, 아버지와 어머니의 역할이 전통적 개념에서는 엄격하게 분리되어 있는 반면, 진보적 개념에서는 상당 부분 공유된다는 것을 알 수 있다.

3) 부모 됨이 부부관계에게 미치는 영향과 적응

자녀가 태어나면 부부만의 일상생활, 규칙, 역할 등으로 이루어져 있던 부부 중심의 가족체계는 복잡한 상호작용적 관계망으로 변화한다. 자녀라는 새로운 가족구성원의 출현으로 인해 전체적인 가족체계가 재편성되게 된다[그림 2-2].

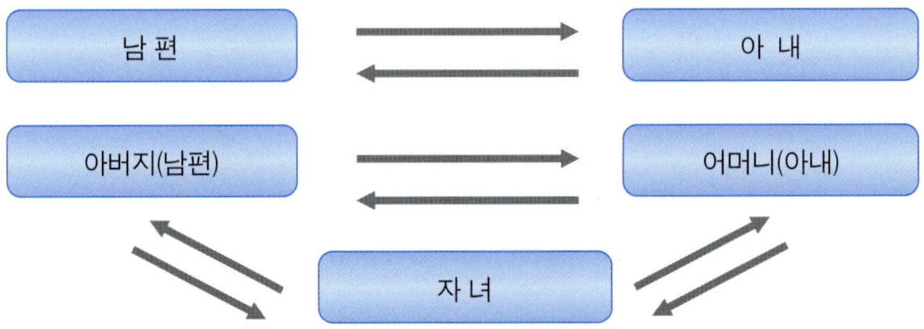

[그림 2-2] 부모-자녀 관계

출처: Bigner(2006).

Chapter 03

부모-자녀 관계

본 장에서는 직접 부모-자녀 관계 문제를 다루지는 않으나 부모-자녀 관계를 이해하는 데 도움이 되는 이론들을 살펴본다. 이 이론들은 가족이 어떻게 사회체계로 기능하는지 보여 주고, 가족체계 안에서 발달적인 변화를 어떻게 거치는지 시간의 흐름에 맞춰 설명하고 있다. 또한 생태학 이론은 가족체계의 맥락 안에서 개인에 대한 이해를 도와주며, Vygotsky와 Piaget는 부모-자녀 관계에 대한 또 다른 관점을 제공한다. 그리고 부모역할행동에 영향을 주는 요인들을 살펴보면서 부모-자녀 관계에 대한 이해의 폭을 넓히고자 한다.

Parent Education

1 부모-자녀 관계에 대한 이론적 관점

Bigner(2006)는 가족을 하나의 사회체계로 간주하며, 가족이 어떻게 사회체계로 기능하는지를 보여 준다. 그리고 가족체계 안에서 발달적인 변화가 시간의 흐름에 따라 어떻게 달라지는지를 설명한다. 가족체계의 관점은 가족체계의 모든 구성원 특히 2세대나 그 이상의 세대가 경험하는 발달적인 변화가 어떻게 이루어지는지 보여 준다.

부모는 아동을 사회화시키는 대행자이고 아동은 성인이 사회화시키려는 대상이다. 이런 관점을 사회화의 일방향적 모델이라고 한다. 이 모델은 부모의 행동을 아동에게 반응이나 결과를 낳게 하는 자극으로 본다. 부모-자녀 관계에 대한 이 모델은 성인이 부모로서 잘 행동하면, 즉 적절한 때 적절한 방식으로 말하고 행동하면 아동은 훌륭한 사람으로 성장한다는 것이다.

부모역할에 대한 일방향적 관점은 부모의 양육 방식과 행동에 대해 여러 가정을 하지만, 많은 연구자들은 이런 가정이 다음과 같은 이유로 지나치게 단순하고 정확하지 않다고 한다. 첫째, 부모와 아동이 시간의 흐름과 더불어 성장하고 발달하면서 일어나는 변화에 대해 현실적인 언급이 없다는 것이다. 둘째, 부모와 자녀가 상호작용하면서 생기는 복잡한 역동은 깨닫지 못했다는 것이다. 셋째, 성인 부모의 행동에 영향을 주는 아동의 기여를 간과했다는 것이다. 넷째, 아동의 성격, 행동, 유능성에 부모만이 책임이 있다고 가정한 것이다. 물론 부모가 아동의 발달에 커다란 영향을 주지만 다른 요인이 함께 작용하므로 효율적인 부모역할은 이렇게만 생각할 수는 없다. 양방향적 모델이 부모-자녀 관계를 보다 더 정확하게 설명하는데, 이는 정보를 서로 주고받는 것과 부모-자녀 사이의 영향을 고려해 부모와 자녀가 서로에게 영향을 주기도 하고 받기도 한다는 것이다.

본 장에서는 부모-자녀 관계를 양방향적으로 보는 이론을 소개한다. 이런 설명은 부모역할을 더 현실적으로 생각하고 부모와 자녀 사이의 관계가 어떻게 이루어지는지, 어느 요인이 이들 기능에 영향을 주는지, 어떻게 시간의 흐름에 맞춰 변화하는지 등을 기본적으로 이해하게 해 준다. 또한 성인이 여러 요인과의 관계 속에서 어떻게 부모역할을 하는지 보여 주고, 부모-자녀 관계가 아동과 성인이 심리사회적으로 발달하는 데 기초가 됨을 보여 준다.

1) 가족체계이론

가족은 일정한 특성을 가진 사회체계이다. 이는 가족의 기능을 설명하는 데 구조적인 기능주의로 알려진 사회학적인 사고에서 유래했다. 이 가족 기능에 대한 설명은 가족구성원의 사회적인 역할에 초점을 두고 가족이 학교, 교회, 사업체나 봉사기관과 어떤 식으로 연결되는지 말해 준다. 가족이 일상에서 볼 수 있는 다른 체계와 비슷한 방식으로 작용한다는 것이다. 체계이론은 한 가족이 결정을 내리고 목표와 행동규칙을 정하고 조절하는 데 영향을 주는 요인 간의 복잡한 상호작용을 설명하는 데 유익하다. 체계이론은 이런 과정이 어떻게 매일의 상호작용에서 일어나고 시간의 흐름과 더불어 변함이 없는지 설명해 준다. 한 가족집단 안에 여러 하위체계가 있다고 본다. 예를 들면, 부모-자녀 사이, 결혼한 두 성인 사이, 형제, 자매 사이의 관계이다. 가족체계의 기본 개념을 살펴본다.

(1) 전체성

가족은 서로 독립적으로 작용하는 단순한 개개인의 집단이 아니다. 가족은 전체성이라는 원칙에 따라 작용한다. 이는 집단에서 한 사람을 연구해서는 알 수 없고 전체를 생각해야 한다는 것을 의미한다.

(2) 상호의존성

이는 전체성과 관련이 있는데 가족의 한 사람이 가족의 모든 사람에게 어느 정도 영향을 주는 것이다. [그림 3-1]의 모빌이 가족체계이론을 잘 설명해 준다. 모빌의 모든 부분이 서로 연결되어 있어 한 곳이 갑자기 움직이면 다른 곳이 영향을 받아 움직이게 된다. 모빌의 조각은 여러 가족구성원이고, 모빌을 연결하는 연결선은 가족체계에서 볼 수 있는 여러 관계를 나타낸다.

가족체계에서 한 사람이 아프거나, 집을 나가거나, 승진하는 경우 가족의 모든 사람이 이 변화에 조금씩 영향을 받는다. 이 변화가 긍정적이든 부정적이든, 유익하든 해로운 것이든 모든 가족구성원이 반응하고 이 변화로 인한 불균형에 적응해야 한다.

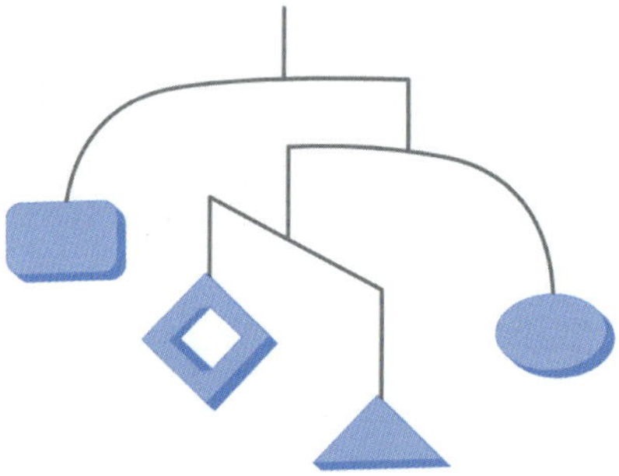

[그림 3-1] 모빌은 가족체계이론에서 전체성과 상호의존성을 나타내 준다. 한 곳이 움직이면 정도는 작지만 다른 모든 부분이 따라서 움직인다.

출처: Bigner(2006).

(3) 양식

가족체계에서 양식은 가족구성원의 행동을 규제하고 가족구성원이 서로의 행동을 기대하게 한다. 모든 가족체계에 공통적인 것이 있어도 양식은 개개의 가족체계마다 독특하다.

① 규칙

보통 가족체계는 구성원의 행동에 규칙을 제시한다. 규칙은 어떤 행동이 받아들여지고 적절한지 공통적인 근거를 제공한다. 일관된 규칙의 적용은 가족체계가 보통 때는 시간의 흐름과 더불어 안정을 유지하는 것을 도와주고 특별히 불안정하거나 위기상황에서도 도움을 준다. 규칙은 가족 안에서 성인과 아동을 지배하고, 따르지 않을 때 일어날 수 있는 결과를 보여 준다.

한 가족체계에 있는 규칙은 성인의 원가족에서 나온 것이다. 규칙은 명시적인 것과 암시적인 것이 있을 수 있다. 명시적인 규칙은 가족의 모든 사람이 알고 이해할 수 있도록 분명하게 드러난 것이다. 이것은 모든 사람에게 분명해 가족이 이를 이야기하고 효율적이 아니라면 바꿀 수 있다. 암시적인 규칙은 비언어적인 행동에서 유추해야 한다. 만일 어느 가족이 화를 내서는 안 된다는 암시적인 규칙이 있다면 가족구성원은 기분이 좋아야 하고 서로 갈등을 드러내서는 안 된다. 갈등이 있게 되면 한 사람이 떠나거나 유치하게 군다는 소리를 듣게 된다. 건강한 가족은 명시적인 규칙이 많고 암시적인 규칙은 적은 반면 건강하지 않은 가족은 암시적인 규칙이 더 많다.

② 역할

역할은 받아들여지는 행동이 무엇인지 알려 주고 체계의 기능을 규제하는 데 이용된다. 역할은 특별한 역할을 지닌 사람이 적절한 행동을 하게 하는 규칙과 연관이 있다. 예를 들어, 한 가족체계는 어머니의 역할이 무엇인지에 대한 규칙을 가질 수 있다. 어머니의 행동은 어머니가 어떻게 행동해야만 하는가에 대한 가족구성원의 신념에 따라 규제를 받는다. 훌륭한 어머니는 자녀의 학교일에도 참여하고, 집을 잘 정돈하고, 직업도 있어야 한다. 아동의 역할에 대한 규칙은 학업에 열심이어야 하고, 어른만큼은 아니지만 가정의 작은 일을 해야 한다는 것이다.

건강하지 않은 가족은 암시적인 규칙에 의한 암시적인 역할이 많은데 이런 가족은 스트레스를 건강한 방식이나 효율적으로 다루지 못한다. 한 아동이 가족의 희생양으로 정서적으로 우울해하거나 원만하지 못한 부모의 결혼생활 때문에 생기는 스트레스를 비행행동으로 표현할 수 있다. 다른 가족체계에서 한 아동의 암시적인 역할은 착한 꼬마가 되는 것일 수 있다.

③ 의사소통 방식

대부분의 가정에는 언어, 비언어, 맥락적인 3가지의 의사소통 방식이 있다. 언어적인 의사소통은 가족구성원 간에 언어로 의사소통을 하는 것이다. 어떤 경우에 언어적인 의사소통은 무의미할 수 있다. 예를 들어, '오늘 바깥 날씨가 차다'라는 말은 듣는 사람에게 기술적인 정보를 줄 뿐이다. 비언어적인 의사소통은 언어 메시지와 함께 어조, 표정, 몸짓과 손짓이 사용되고 이의 목적은 듣는 사람에게 언어 메시지와 함께 무엇을 해야 하는지 알려 주는 것이다. 종종 암묵적인 명령과 요구가 있는데 예를 들어, '오늘 밖이 춥다'라는 말에는 '오늘은 스웨터를 입어라' 하는 비언어적인 요소가 들어 있다.

맥락적인 의사소통은 비언어적인 의사소통과 관련이 깊은데 맥락은 언어와 비언어적인 의사소통이 이루어지는 장소와 상황을 말한다. 딸이 학교에 가려고 옷을 입을 때 '오늘 밖이 춥다'라고 어머니가 말하면 모녀가 함께 집을 나서면서 이렇게 말할 때와는 완전히 다른 의미이다. 의사소통 방식은 구성원 간에 주고받는 맥락적이고, 비언어적인 정보교환이라는 차원에서 개개의 가족체계마다 독특하다.

(4) 상호 간의 상호작용과 피드백

체계이론은 가족구성원이나 가족체계 간의 인과관계를 사람과 체계 간의 상호작용으로 본다. 예를 들어, '나를 애 취급하니까 아이처럼 행동한다'라는 아동의 주장에 부모는 '네가 애처럼 구니까 너를 애로 취급한다'라고 말한다. 가족체계 관점에서 이 주장은 끝이 없는 주장으로, 나는 부모가 그렇게 취급하니까 아이처럼 행동하고 이는 부모로 하여금 나를 더 아이로 취급하게 한다는 것이다. 기본적으로 체계이론은 관계나 하위체계에서 구성원이 서로의 행동에 전적으로 영향을 주는 것을 강조한다. 한 사람의 행동은 타인의 반응을 일으키는 자극이 되고 이 반응은 다시 다른 반응을 일으키는 자극이 된다(그림 3-2).

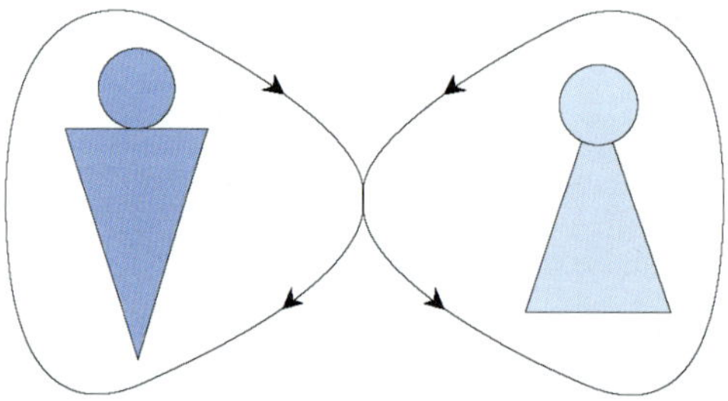

[그림 3-2] 가족의 하위체계에서 가족구성원 간의 상호작용에는 상호의존과 피드백이 있다. 가족구성원은 서로의 행동과 의사에 반응하고, 행동은 상호작용에서 자극과 피드백이 된다.

출처: Bigner(2006).

(5) 경계

경계는 가족체계를 다른 것과 구분하고 가족체계의 구성원들 사이를 구분하는 한계나 범위를 말한다. 이 추상적이고 심리적인 경계는 누가 특별한 하위체계에 있고 그 하위체계에서 어떤 역할을 해야 하는지에 대한 암묵적이고 공공연한 규칙에서 나온 것이다. 경계는 한 가족구성원이 여러 역할에 참여할 수 있기 때문에 하위체계를 서로 구분지어 주기도 한다. 예를 들어, 한 하위체계에서 갈등이 일어나면 경계는 가족구성원이 참여하고 있는 다른 하위체계와 갈등이 겹치지 않도록 해 준다. 부부간에 의견이 맞지 않을 경우 이 분쟁이 자녀들과의 관계에 영향을 주지 않도록 경계가 도와준다.

경계는 상황에 따라 바뀌고 달라지는데 유연한 경계를 가진 가족은 개방적인 가족체계를 가지고, 엄격한 경계를 가진 가족은 폐쇄적인 체계를 지니게 된다(그림 3-3). 건강한 가족체계는 부부관계에서 폐쇄적인 경계를 지녀 자녀가 이 관계에 들어오는 것을 허락하지 않는다.

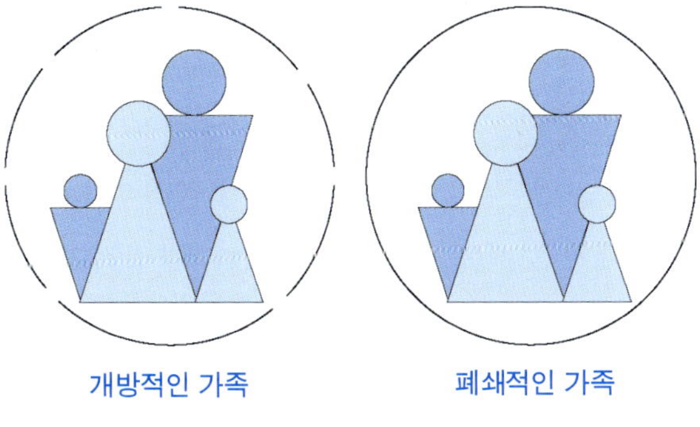

[그림 3-3] 가족은 체계에서 상호작용과 정보교환에 사용하는 경계 양식에 근거해 개방이나 폐쇄적인 체계를 지닐 수 있다. 개방적인 가족은 유연한 경계를 가지고, 폐쇄적인 가족은 엄격한 경계를 가진다. 경계는 또한 가족체계 안에서 역할과 관계를 한정해 준다.

출처: Bigner(2006).

가족체계이론에서 개방적인 가족은 다른 가족과 개인 간의 정보와 상호작용이 쉽도록 유연한 경계를 지닌 것으로 본다. 어떤 가정은 폐쇄되어 체계 안에서 긍정적인 변화를 가져다주는 외부의 것을 허용하기보다 집단 체계의 현상을 유지해 변화를 받아들이지 않는다. 이런 상황에서 가족구성원의 개인적인 경계는 사라진다.

건강한 가족체계에서 경계는 서로 친밀하기는 하지만 한 사람과 다른 사람을 구분하는 것을 도와준다. 이런 가정에서는 다른 구성원 사이의 불안이 고조되지 않고 개성이 강조된다. 개성은 가족체계에서 가족구성원의 행동, 철학, 정서를 풍부하게 해 주어 긍정적이다. 이런 가정에서 개인 경계의 근거인 암시적인 규칙은 개성과 가족구성원 간의 친밀감의 균형을 촉진시킨다. 건강하지 못한 가족체계는 구성원의 차이를 가족체계의 효율적인 기능과 복지를 위협하는 것으로 본다. 이런 가정은 개성을 존중하지 않고 서로를 다르게 하는 확고한 개인의 경계를 적게 갖는다. 또한 가정에서 규칙은 아주 확고해 서로 같다는 생각을 가지며 구성원 간의 개인적인 경계는 약하거나 흐릿하다.

(6) 붕괴

붕괴는 위기나 문제를 해결하는 수단으로 체계 외부에서 정보나 투입이 부족해 일어나는 체계의 무질서나 혼돈을 의미한다. 가족은 긍정과 부정의 2가지 방식으로 붕괴에 반응할 수 있다. 긍정적인 행동은 다른 가족체계 같은 외부에서 에너지를 얻고 정보를 수용해 무질서와 혼돈에서 체계를 이동하는 것이다. 부정적인 행동은 체계가 더 무질서와 혼돈으로 빠져들 때 일어나는데, 정보의 교류를 허용하지 않고 현상을 유지하려고 하고 문제와 위기가 있는 것을 인정하지 않고 부인하는 것이다.

개방적이고 유연한 경계를 지닌 가족체계에서 에너지와 정보는 받아들여지고 극대화된다. 예를 들어, 어떤 에너지는 조직화에 사용되고 어떤 에너지는 가족과업수행에 사용된다. 개방체계는 문제를 건설적으로 해결한다. 폐쇄된 가족체계는 새로운 에너지와 정보를 허용하지 않아 무질서가 커져 더 큰 대가를 치르게 된다.

(7) 공동목표

가족은 공동의 목표를 갖고 여러 방식으로 이 목표를 달성하려고 한다. 예를 들어, 부모-자녀 하위체계가 자녀를 효율적으로 기능하는 성인으로 기르려고 할 때 모든 부모-자녀 관계는 이 목표를 최우선으로 삼는다.

(8) 적응

가족체계는 내부와 외부 사건에 영향을 받아 다시 구성되고 조절하기 위해 양식을 재구조화해야 한다. 오랫동안 가족에게 안정된 것은 없으므로 변화는 가족체계의 효율적인 기능을 위협한다. 막 결혼한 부부가 만든 규칙은 자녀에 대한 경험이 빠져 있어 이 부모의 규칙은 자녀를 기르는 현실적인 경험으로 조절되고 바뀐다. 엄격한 규칙은 기능을 잘 못하게 해 가족체계를 건강하지 못하게 할 수 있다.

(9) 항상성

가족체계의 궁극적인 목적은 시간에 걸쳐서 항상성을 유지하는 것이다. 이는 역동적인 평형이라고도 한다. 건강한 가정은 양식, 규칙, 경계를 변화하는 환경과 상황에 맞추어 변화와 안정 사이에 끊임없이 평형을 유지하려고 한다.

2) 체계적 가족발달이론

이 이론은 가족체계이론의 개념을 사용한다.

(1) 가족 안의 공통적인 발달과정

가족은 공통으로 발달하는 변화를 겪지만 이는 아주 다양하다. 체계적 가족발달이론에 따르면, 모든 가족이 경험하는 스트레스원(stressors)이 있다. 스트레스원은 가족체계가 바뀌어야 하는 상황으로 결혼, 출산, 가족원의 질병, 이혼, 새로운 가족역할, 경제문제 등이다. 이런 상황은 가족원의 역할과 관계에 변화를 가져온다. 가족원이 잘 변화하지 못하면 침체기를 겪는다. 이는 스트레스를 극복하는 것을 방해해 스트레스를 더 커지게 하고 결국 가족이 곤경에 처할 수 있다.

하나의 스트레스원은 적절한 변화를 주거나 스트레스를 줄일 수 있는 유익한 자원을 사용해 다룰 수 있다. 예를 들어, 자녀의 출생은 가족의 일상사를 바꾸어 놓고 돈이 더 든다는 점에서 스트레스이다.

스트레스가 쌓임에 따라 적절한 변화를 방해하는 위기가 온다. 예를 들어, 2주 동안에 자녀가 출생하고, 맏이는 학교에 입학하고, 부는 실직했다면 이는 가족위기이다. 시간이 지나면 스트레스는 완화된다. 효율적으로 스트레스를 관리하는 기술은 가족을 위기에 빠뜨리지 않게 할 수 있다.

(2) 가족체계는 복잡하며 여러 세대로 구성

체계적 가족발달이론은 가족이 어떻게 기능하고 변하고 적응하는지 이해하기 위해 발달의 어느 시점이든지 전체로 취급해야 한다고 한다. 이는 가족체계이론의 전체성과 상호관련성에서 나온 것으로 발달시기 어느 시점에서 한 세대만으로 가족체계를 한정하는 것은 가능하지 않다고 본다.

(3) 비유

Laszloffy(2002)는 이 이론을 여러 층의 둥근 케이크로 비유한다(그림 3-4). 케이크는 전체성의 개념과 함께 가족의 경계를 나타낸다. 가족을 이해하기 위해 전체 속에서 가족을 보듯이 이 케이크를 전체로 보아야 한다. 케이크가 재료가 섞이고 구워지듯이, 개인은 결혼, 출산, 적응, 선택의 과정을 통해 가족을 이룬다. 둥근 케이크는 가족의 발달과정을 나타낸다. 가족이 순환하듯이 케이크의 위층, 윗세대는 사망으로 사라지고 새로운 세대가 첨가된다. 이런 변화로 전 가족원이 공통의 스트레스를 경험한다(그림 3-5). 세대가 사라지고 첨가되면서 적응이 필요하다. 가족이 이 변화에 적응을 못하면 붕괴될 수도 있다. 이런 적응은 가족이 위기를 극복하도록 해 준다. 가족구성원은 그들의 역할, 양식, 경계를 위기 전 상태로 재정립하거나 단결력과 균형을 더 높여야 한다.

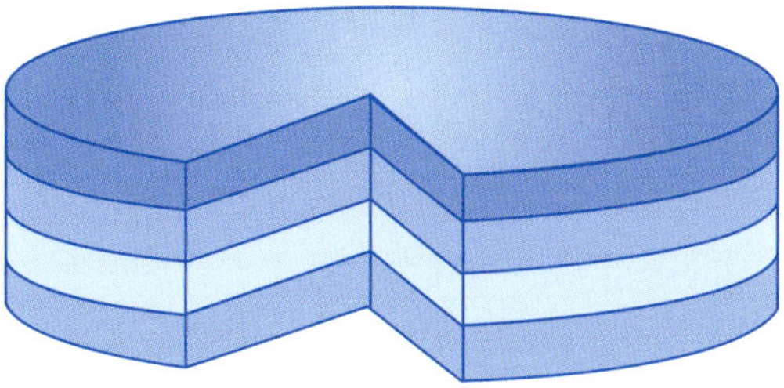

[그림 3-4] 여러 층의 둥근 케이크는 체계적인 가족발달이론을 보여 준다.

출처: Bigner(2006).

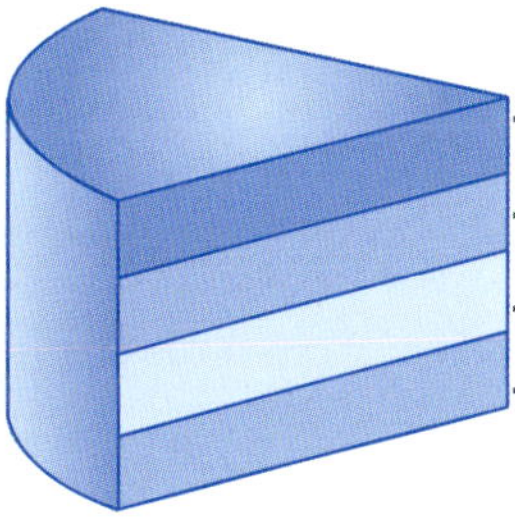

[그림 3-5] 여러 층의 둥근 케이크의 한 조각은 가족체계의 발달시기를 나타낸다. 가족의 각 세대에 영향을 주는 스트레스원과 각 세대의 구성원에게 미치는 영향이 탐색될 수 있다.

출처: Bigner(2006).

사례

체계적 가족발달모델은 3가지 발달시기에 걸쳐져 있는 가상적인 가족의 예로 보여 줄 수 있다. 이 예에서 가족의 발달과정에 임의로 선택한 시기와 2년과 4년 후에 어떤 일이 일어나는지 볼 것이다. 이 모델은 가족구조의 다양성을 알기 때문에 이 예는 여러 스트레스원이 어떻게 개개의 세대 안에서 모든 세대의 개개인에게 영향을 주는지 보여 준다. 각각의 시간 조각은 스트레스원에 반응하는 가족 기능과 선택의 스냅사진이다.

1. 배경

김 씨 가족은 3세대 6명으로 1세대는 조부모이고, 2세대는 외아들과 며느리이며, 3세대는 2세대의 두 자녀이다. 선조에게 물려받은 재산을 소유하고 있고 필요에 의해 집을 좀 넓히기도 했다.

2. 첫째 조각

이 조각은 두 세대가 한 스트레스원을 겪는 시점이다. 아들이 결혼해 집을 떠나는 것은 2세대와 3세대가 함께 경험하는 것이다. 손자가 26세가 되어 결혼해 원가족을 떠나는 것은 17세 여동생과의 긴장을 덜어 준다. 이것은 중년인 부모에게도 영향을 준다. 이 부부는 아들과 며느리하고 전에 경험한 적이 없는 역할을 해야 한다. 아들은 이제 배우자 역할을 해야 한다. 결혼은 새로운 책임감과 적응을 요구한다. 이들 새 부부는 서로의 역할을 정하고 새 집에서 함께 생활하며 경계를 정해야 한다. 2세대 부모도 다른 스트레스원에 직면한다. 지금까지 부모역할에 열중하던 생활에서 부부관계를 새롭게 해야 한다. 부모 책임은 줄어 에너지와 주의를 부부관계에 쏟을 수 있다. 1세대 또한 가족체계에서 이 변화의 영향을 받는다. 조부모로서의 가족역할을 받아들여야 한다. 모든 가족이 역할, 양식, 경계를 아들과 외손자의 결혼에서 오는 스트레스원에 맞추어야 한다.

3. 둘째 조각(2년 후)

결혼한 외손자가 아버지가 되었고 자신의 집을 장만했다. 전보다 경제적인 책임이 더 커지고 결혼과 가정이 새 아이에게 맞춰진다. 아이의 출생은 이 상황에서 스트레스원이다. 4세대가 있는 것이다. 외손녀는 19세로 대학에 진학할 것인지 사회로 진출할 것인지 결정해야 한다. 2세대는 이제 좀 더 나이 들었고 조부모 노릇을 해야 한다. 중년으로 결혼생활은 행복한지, 직장에서는 어떠한지 등 삶의 많은 부분에 의문을 던지기도 한다. 이런 자기 탐색은 부인도 마찬가지로 자신의 삶을 깊이 생각해 보고 앞으로 어떻게 삶을 살아야 할지 등 남편과 비슷한 고민을 한다. 두 부부가 이런 의문에 답을 찾기 위해 열띤 논쟁을 펴기도 한다. 이혼 가능성은 늘 있다. 1세대는 증조부모 노릇에 적응해야 하고 이런 스트레스원에 잘 적응하지 못하면 이 가족은 위기를 맞게 된다. 이성적으로 논의하고 필요하면 외부의 도움(치료)을 청하는 등 서로 기꺼이 돕는 것이 이 가족의 자원이다.

4. 셋째 조각(2년 후)

외손자가 둘째 아이의 아빠가 되었다. 돈이 필요해 아내가 일자리를 찾는다. 아이가 태어날 때부터 장애가 있어 가족의 자원이 더 필요하다. 2세대 조부모는 중년으로 결혼생활에 재헌신하여 부부간의 애정이 더 깊어졌다. 지역의 경기가 나빠져 이 부부는 파산 위기에 처해 있다. 이런 경제상황은 전문대 2년생인 딸에게 영향을 주어 딸이 4년제 대학 편입을 어렵게 한다. 현재 64세와 62세인 1세대는 퇴직에 직면해야 한다. 이는 역할, 조정, 경제, 생활의 질 등 여러 가지 면에서 적응을 요한다. 이 시기에 이 가족에게 발생한 여러 스트레스원이 세대 안에서와 세대에 걸쳐서 개개인에게 어떻게 영향을 주는지 잘 살펴보라. 개인이나 세대 모두가 어떻게 각각의 스트레스원을 다루느냐 하는 것이 가족 전체의 안정과 결집을 결정할 것이다.

3) 가족생태이론

Bronfenbrenner가 제안한 생태학 이론은 여러 환경이 부모-자녀 관계는 물론 개인과 가족의 기능에 어떻게 영향을 주는지 말해 준다. Bronfenbrenner는 5가지의 다르지만 서로 연결된 환경에 초점을 두어 개인과 가족체계가 발달상에서 어떤 영향을 받는지, 관계가 어떻게 기능하는지 그리고 어떤 상호작용이 일어나는지 설명한다. [그림 3-6]처럼 사람은 환경의 맨 중앙에 있다. 이 관점에서 개인은 다른 사람과 다른 환경과의 상호작용에서 수동적인 것이 아니라 활발하게 직접 상호작용한다. 사람이 상호작용하는 첫 번째 환경은 미시체계로 가족, 또래, 학교나 이웃으로 이루어진 환경이다. 두 번째는 미시체계를 둘러싼 중간체계인데 이는 미시체계와 사람들에게 영향을 주는 다른 모든 체계와의 관계를 말한다. 예를 들어, 가족은 자녀가 다니는 학교와 관계를 맺고 상호작용한다. 만일 부모 중 한쪽이나 부모 모두가 알코올 중독에 빠져 있다면 이는 가족체계에서 자녀와의 상호작용에 영향을 주고 자녀의 학교생활에도 영향을 준다. 이처럼 또래나 교사와의 사회적인 관계와 상호작용은 물론 아동의 학업수행도 가족의 영향을 받는다.

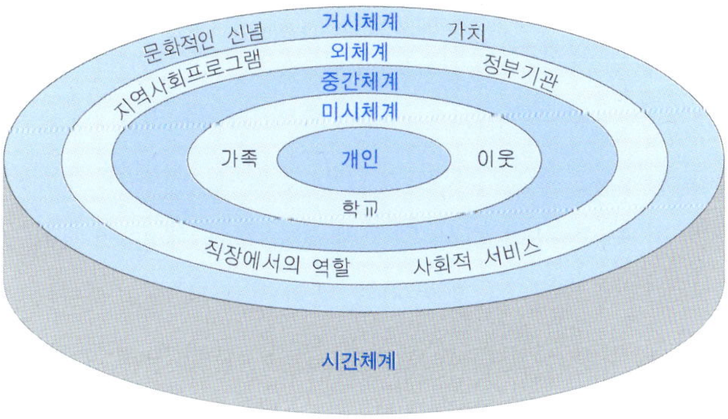

[그림 3-6] Bronfenbrenner의 생태학 이론은 5개의 다르지만 서로 연결되어 직·간접적으로 영향을 주는 환경으로 이루어져 있다.

출처: Bigner(2006).

중간체계를 둘러 싼 외체계도 개인에게 영향을 준다. 개인은 이 체계에서 적극적인 역할을 하지는 않는다. 정부기관, 지역사회 프로그램, 부모의 고용환경이 외체계의 예이다. 예를 들어, 부모가 직장에서 책임이나 업무가 달라져 더 많은 일을 해야 한다면 자녀는 영향을 받을 수밖에 없다. 지역사회의 오락 프로그램에 대한 지원이 감축되면 아동의 삶의 질이 영향을 받을 수 있다.

거시체계는 개인에게 영향을 주는 훨씬 더 큰 환경으로 개인이 생활하고 사람들에게 영향을 주는 외체계와 다른 모든 체계를 감싸는 더 큰 문화를 말한다. 이 체계에서 사람들은 한 사회의 구성원 모두에게 받아들여지는 일반적인 신념, 행동양식, 가치체계의 영향을 받는다. 이는 사람들이 다른 모든 환경과 어떻게 상호작용할지에 영향을 준다.

마지막 체계는 시간체계로 다른 체계들과 전체적으로 연결되어 있다. 이 체계는 생의 특별한 시기에 개인이 갖는 사건과 변화를 말한다. 예를 들어, 성인은 생의 이른 시기에 발생한 사건과 상호작용에 의해 현재의 행동과 상호작용이 영향을 받는다. 예를 들어, 한 사람이 어릴 때 학대를 받았다면 이 영향은 평생 지속될 수 있다. 치료로 이 영향은 적어질 수 있지만 완전히 고쳐지기는 어려워 오랫동안 여러 가지로 이 사람에게 영향을 줄 수 있다. 문화적인 태도의 변화는 시간체계에서 개인에게 영향을 준다. 성역할에 대한 오늘날 사회의 태도는 수십 년 전과는 다르다. 양성성이라는 것은 수십 년 전보다 오늘날 받아들여지기 쉽다.

Bronfenbrenner의 생태학적인 접근은 가족체계이론과 비슷한데 특히 상호의존, 상호작용, 피드백, 공동목표, 적응이라는 개념이 그렇다. 어떻게 개인과 가족이 서로와 자신들이 살아가는 더 큰 환경에 의해 영향을 받는지에 대한 이해를 돕는다. 즉, 생태학이론은 가족체계이론의 개념 중 몇 가지를 보완해 주고 개인과 가족이 상호작용하는 다양한 환경에 어떻게 영향을 받는지 설명해 준다. 전체 환경의 한 부분인 한 개인의 가족은 이런 여러 체계에 의해 영향을 받는다.

4) 심리사회적 발달이론

현대 발달이론의 대부분은 출생에서 청소년기까지 아동의 발달에 초점을 두어 유전과 환경 사이의 상호작용이 어떻게 개인의 발달에 영향을 주는지 설명하고 있다. 아동과 청소년기는 많이 주목했으나 성인기와 노년기를 설명하는 발달이론가는 거의 없다. Erikson은 예외인데 그는 출생에서 사망까지의 발달적인 변화를 밝히고 있다.

전 생애 동안 각각의 단계는 발달주제를 갖는데 이를 Erikson은 심리사회적인 위기라고 하였고, 이는 건강하지 못한 태도나 일반적인 정서가 아니라 건강한 태도나 정서를 얻으려는 도전이라고 하였다. 발달상의 변화는 전 생애의 각 단계에서 일어나는 심리사회적인 위기에 직면하고 이를 다루는 개인의 경험에 의해 증진되거나 지체될 수 있다.

발달적인 변화는 진공상태에서 이루어지는 것이 아니다. 발달상의 변화는 지지적인 가족환경 속에서 일어나고 친구, 학교 등 점점 더 넓은 사회환경에서 일어난다. 의미있는 타인들은 개개의 단계에서 발달을 돕거나 방해한다. 생물, 사회, 심리적인 준비도 필요하다. 발달하는 아동의 경우 부모에게 커다란 영향을 받는다.

전 생애의 단계별 심리사회적인 위기는 개인에게 Erikson이 심리사회적 감각이라고 일컬은 것을 습득할 도전의 기회를 준다. 심리사회적인 감각은 심리사회적인 발달의 단계에서 위기를 잘 헤쳐 나가게 하는 태도와 일반적인 정서를 말한다.

Erikson은 전 생애를 통한 심리사회적인 변화의 8단계를 이야기하면서 건강하거나 건강하지 못한 심리사회적인 발달이라고 불렀다. 개인의 심리사회적인 태도나 감각의 성취는 전부 또는 전무가 아니라 계속적으로 이루어진다. 생의 어느 시기에 심리사회적인 태도와 관련된 건강하거나 건강하지 못한 정서를 가질 수 있다. 경험 속에서 건강한 심리사회적 발달을 촉진하는 태도와 감정은 건강하지 못함을 압도하는 건강한 경험에서 나온다(그림 3-7). 예를 들어, 아동 초기에는 자율성이라고 하는 독립적으로 기능하려는 능력을 얻을 기회를 갖는다. 자율적이 되게 하는 긍정적인 경험은 건강한 자율감을 갖게 한다. 부정적인 경험이 많으면 아이는 자율적으로 기능하는 능력에 대해 수치와 의심을 보이게 된다. 발달단계에서 건강한 태도가 있게 되면 발달상에 진전이 있고 불건전한 태도가 있게 되면 심리사회적으로 어려움을 갖게 된다.

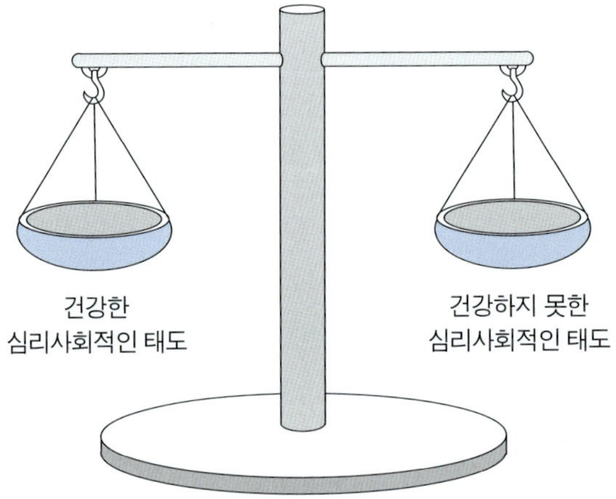

[그림 3-7] 어느 단계에서나 심리사회적인 발달은 건강한 심리사회적인 태도나 건강하지 못한 심리사회적인 태도를 조장하는 다양한 경험을 겪는 것으로 본다. 건강하지 못한 감정은 불가피하게 어느 단계에서나 일어날 수 있다. 건강한 경험이 건강하지 못한 경험을 능가할 때 건강한 발달이 이루어진다.

출처: Bigner(2006).

이러한 8단계를 통해 개인은 사회에서 심리사회적으로 건강하게 기능할 수 있는 유능성을 습득한다. 부모의 보살핌을 잘 받은 아동은 신뢰를 바탕으로 연속되는 심리사회적인 단계를 경험하게 된다. 건강한 심리사회적인 발달은 계속되는 단계를 촉진해 준다.

Erikson의 이론은 낙관적이어서 늘 복구가 가능하다. 발달과업을 잘 성취하는 것이 다음 단계로 넘어 갈 준비가 된 것을 의미하지만, 한 단계에서 잘 안 된 것 때문에 다음 단계에서 실패할 거라고 생각하지는 않으나 어떤 단계에서 경험한 문제는 이후의 인생에서 다시 문제가 될 수 있다. 〈표 3-1〉은 심리사회적 발달단계를 보여 주며, 영유아기에 해당하는 3단계까지를 구체적으로 살펴보면 다음과 같다.

〈표 3-1〉 Erikson의 심리사회적 발달단계

단계	시 기	심리사회적 위기	중요한 타인	주 제
1	출생~18개월	기본 신뢰 대 불신	어머니	영아는 필요한 주의와 자극을 부모에게서 받고 부모에게 사회적인 자극을 보낸다.
2	18개월~3세	자율성 대 수치/의심	아버지	타인의 도움을 받으려는 것과 독립적이 되려는 욕구 간의 갈등을 경험한다.
3	3~6세	주도성 대 죄의식	가족	환경에서 다양한 사회적 역할을 알아간다.
4	6~12세	근면성 대 열등감	이웃, 학교	문화에서 연령에 맞는 것들을 숙달한다(책임감, 가족의 복지에 기여할 의무 등).
5	12~18세	정체감 대 역할혼미	또래	내가 누구인가, 무엇이 값지고 의미 있는가, 어떤 태도가 중요한가, 어떤 직업을 가질 것인가를 탐색한다.
6	18~24세	친밀감 대 고립감	이성 친구	언제 개인의 경계를 낮추고, 어떻게 타인과 친밀해질 것인가를 결정한다.
7	24~54세	생산성 대 자기몰입	배우자	다음 세대를 이끌고 돌보는 책임감과 일이나 창조적인 노력으로 성취감을 맛본다.
8	54세~사망	자아통합 대 절망	인류	존재해 왔던 대로 존재하고, 죽음에 직면해야 한다.

출처: Bigner(2006).

(1) 1단계: 기본 신뢰 대 불신

출생에서 18개월까지는 환경과 환경 속의 사람하고 기본적인 신뢰감을 발달시키는 시기이다. Erikson은 전통적으로 어머니가 자녀를 돌보는 데 전념하면 영아가 신뢰하는 태도를 갖는다고 한다. 이때 영아가 받은 돌봄으로 기본적인 신뢰가 발달할 것인지 불신이 발달할 것인지 결정된다.

기본적인 신뢰감을 갖게 하는 가장 중요한 요인은 부모가 영아를 일관성 있게 돌보는 것이다. 어머니가 일관성 있게 자녀를 안아 주고, 말하고, 웃어 주고, 애정을 표현하는 일 등은 영아의 신뢰감 형성에 중요하다.

영아는 물리적인 세계와 상호작용하면서 일관성을 경험할 때 신뢰를 배운다. 영아는 하루 일과를 알게 되고 깰 때와 쉴 때의 리듬을 알고 일정한 간격으로 음식물을 요구하고 이를 제공받는다. 불신감은 환경과의 상호작용이나 돌봄을 예견할 수 없거나 비일관적일 때 생길 수 있다.

(2) 2단계: 자율성 대 수치/의심

두 돌쯤 되면 유아는 말을 하고 다른 사람과 의사소통도 하고 걷고 환경을 면밀하게 탐색한다. 18~36개월경이면 자신이 다 큰 것으로 생각해 어떤 일이든 혼자서 할 수 있다는 태도로 세상과 소통하려고 한다.

이는 성인과 아동을 당황하게 할 수 있는데 혼자서 해 보려는 강한 의지를 보이고 자율적이 되려고 하는 것이다. 부모들은 자녀가 2~3세 사이에 이런 강한 의지를 보인다고 말한다. 부모와 자녀 사이뿐 아니라 유아 스스로도 긴장과 갈등을 경험하는 시기이다.

유아는 타인에게 도움을 받으려는 욕구와 독립적이고 싶은 욕구 간에 갈등을 겪게 된다. 이 시기에 유아는 배변, 혼자 옷 입기, 혼자 먹기 등 자율감을 주는 일들을 익히게 된다. 가족체계이론에 따르면, 부모의 도움으로 걸음마 영아는 부모와 타인을 구분하는 개인 정체감을 위한 개인적인 경계를 갖기 시작한다. 이런 건강한 자기 구분은 자기가치감과 자율감의 기초가 되어 나중에 병약하게 타인에게 의존하려는 것을 막아 준다.

(3) 3단계: 주도성 대 죄의식

3세에서 6세 사이의 유아는 적극적으로 사회적이고 물리적인 환경을 탐색한다. 이 시기 유아는 자기가 할 수 있는 것을 찾아내는 데 온통 관심을 기울인다. Erikson은 나는 할 수 있다는 태도를 주도성이라고 했으며 유아는 여러 행동을 하고 자기 환경의 많은 사회적인 역할을 자각하게 된다고 하였다. 이 시기의 기본적인 사회의 틀은 유아의 가족과 중요한 타인으로 형제자매, 조부모, 조카 등 다른 친척의 의미가 커진다.

부모가 유아의 주도성에 대해 심하거나 지나치게 자주 벌을 주면 유아는 죄의식을 갖게 될 수 있다. 유아는 새로운 다른 것을 시도하는 것이 긍정적이라고 생각하기보다는 너무 많은 것을 시도하지 않는 것이 훨씬 안전하다는 것을 배울지 모른다. 성인은 유아가 환경을 탐색하고 능력을 확인할 때 수용 가능한 행동을 더욱 강화해 주어야 한다. 이 시기 유아는 자기 자신의 행동에 대해 책임감을 갖는다. 이는 가족체계에서 적절한 제한을 둔 규칙을 통해 전해진다. 대부분의 유아는 구조를 알게 되고 사회화된다.

5) Vygotsky이론

아동을 견습생으로 여긴 Vygotsky는 아동이 근접발달영역에서 많은 발달과업을 성취한다고 한다. 혼자 성취하기 어려운 과업을 아동은 자신보다 기술이 좋은 성인의 지도와 도움으로 이룰 수 있다. 근접발달영역의 맨 아랫부분은 성인의 도움 없이 성취할 수 있고 근접발달의 윗부분은 성인의 도움을 받아 이룰 수 있다. 학습은 함께하는 경험을 통해 이루어지기 때문에 대인 간의 맥락을 강조한다. 부모와 다른 돌보는 사람은 아동이 이미 지닌 정신구조 속의 정보를 조직하고 점점 더 어려운 과제를 해결하기 위해 기존 정보를 바꾸는 것을 도와준다.

아동이 어느 행동을 숙달할 때까지 자녀의 노력을 돕는 부모의 행동을 비계라고 한다. 이는 애정이 깊은 양육인데 다시 말하면 부모가 자녀를 적절하고 건강한 방식으로 돌보는 것이다. 학령 전 유아에게 도움을 줄 때 부모는 유아가 이 과제와 활동을 수행하는 데 흥미를 갖게 해야 한다. 그리고 정확한 해결에 도달하도록 많은 단계를 단순화해야 하며, 영유아의 흥미를 유지시켜야 하고 잘못을 지적하고 고치도록 지도해야 하며 잘못으로 인해 생기는 불쾌감을 줄여 유아의 좌절을 조절해야 한다. 또한 정확한 해결책을 보여 주어야 한다.

6) 인지이론

사고과정과 문제해결 능력, 정보의 조직과 사용에 대한 Piaget의 견해는 우리가 어떻게 생각하고 추론할지에 영향을 주는 물리적이고 사회적인 환경에 대한 개인의 경험을 말한다. 부모는 자녀와 상호작용하며 물리적이고 사회적인 다양한 경험을 제공한다. 예를 들어, 부모는 놀이를 하면서 장난감, 식사, 산보 등을 통해 물리적인 경험을 제공한다. 이를 통해 영유아는 물리적인 환경을 이해하고 어떻게 이런 환경에 영향을 줄 수 있는지 알게 된다. 또한 부모는 대화와 놀이를 통해 사회적인 기술을 가르치면서 자녀에게 사회적인 환경을 제공한다. 부모의 이런 역할은 아동과 청소년기까지 지속된다. 부모가 자녀에게 제공하는 경험은 자녀의 인지발달의 질에 영향을 줄 수 있다.

2 부모역할행동에 영향을 주는 요인

우리는 자녀로서 왜 우리 부모님이 그렇게 행동하셨는지에 대해 의문을 가진 적이 많다. 어떤 상황에서는 부모님을 도저히 이해할 수 없었던 경험도 있다. 부모로 행동하는 것에 영향을 주는 요인은 많다. 어떤 요인은 과거경험에서 나오기도 하고 어떤 것은 자녀를 기르며 생기기도 한다. [그림 3-8]처럼 부모-자녀 관계는 부모역할행동에 영향을 주는 많은 요인에 영향을 받을 수 있다(Bigner, 2006).

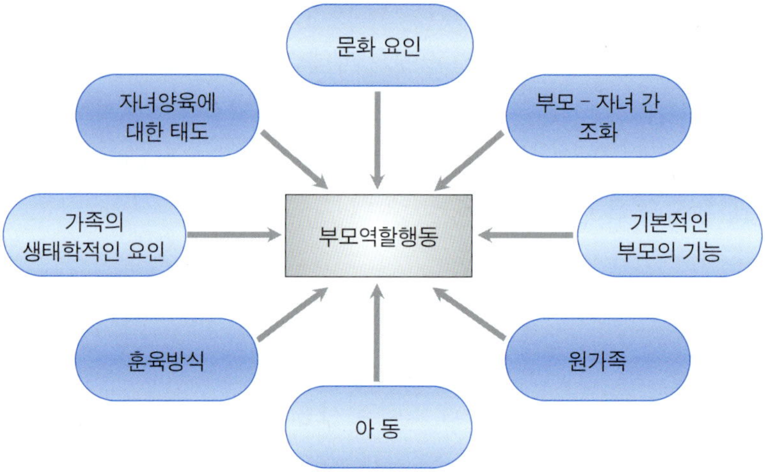

[그림 3-8] 부모의 역할행동은 여러 가지 요인의 상호작용으로 이루어진다.

출처: Bigner(2006).

1) 문화요인

문화요인이라 함은 사회적 지위나 가치체계인데, 아동을 기르는 문화의 차이가 아동의 성격과 행동을 다르게 할 거라는 전제하에 많은 연구가 이루어졌다. 이론적으로 사회적 지위에 따라 가치체계가 다르므로 자녀양육 방식이 달라진다. 어떤 사회적 지위에서 볼 수 있는 양식은 한 세대에서 그다음 세대로 지속된다.

자녀를 기르는 방식이 사회·경제 수준에 따라 상당히 다를 수 있다는 연구결과가 있다(Coontz, 1998). 예를 들어, 중산층 가정은 저소득층 가정보다 자녀의 행동을 통제하는 데 심리적인 방식을 더 많이 사용한다. 중산층 가정은 자녀에게 만족지연 능력을 가르친다. 저소득층 가정은 중산층 자녀보다 부모의 가치에 따르는 것을 더 강조한다. 그러나 오늘날 가정에 텔레비전의 많은 프로그램이 중산계층을 보여 주고 있고, 교육의 기회가 늘어나 더 많은 가정이 중산계층의 생활양식을 갖기 때문에 자녀양육의 양식이 많이 비슷해져 가정의 경제적인 수준의 차이는 감소하고 있다.

사회계층 간의 차이가 줄었지만 아동의 행동에 요구하는 가치와 양식의 차이는 여전하다. 저소득층 아동의 학습양식과 능력은 중산층 아동과 다른데, 아동의 정신적인 발달은 어머니의 언어와 가르침 방식에 상당한 영향을 받는다. 교육과 학업 성취에 두는 가치는 자녀의 문제해결기술을 향상시키는 방식으로 상호작용하게 한다. 중산층과 저소득층 부모의 자녀양육 목표가 같아도 자녀와 상호작용하는 방식은 상당히 다르다. 예를 들어, 중산층 부모는 저소득층 부모보다 자녀의 사회적인 성취에 가치를 두고 지식을 많이 습득하도록 자녀를 격려하며 이른 시기부터 자녀가 독립적이 될 것을 기대한다(Coontz, 1998).

상호성 양식이 여러 사회·경제 수준에서 각각 적응적인 가치가 있다는 보고가 있다. 고소득 가정은 화나 요구와 같은 부정적인 행동에서 상호성이 강하고, 저소득 가정은 위축되는 것과 관련된 행동에서 상호성이 강했는데, 이 양자의 상호성 양식은 건강한 가족관계와 관련이 있다. 이는 고소득 가정의 상호작용 방식이 좋고 저소득 가정의 것은 나쁘다기보다는 상호작용 방식의 차이가 고소득과 저소득 가정 둘 다에서 긍정적인 가족관계를 가져올 수 있다는 것이다(Chen & Berdan, 2006).

한국과 일본 아버지의 직업관과 자녀관을 중심으로 자녀양육행동을 비교한 강란혜(2000)의 한국과 일본의 초등학교 3~6학년생 대상의 연구를 보면, 한국의 아버지는 일본의 아버지에 비해, 일이란 자신에게 무엇보다도 중요한 것이라고 생각하고 있으며 자기실현을 위한 것으로 보는 경향이 강한 것으로 나타났다. 일본의 아버지는 직장 일에 대해서 자기실현의 장으로 보기보다 제약과 부담을 동반하는 것, 가족을 부양하는 수단이라는 것을 강하게 느끼고 있었다. 자녀관에서 한국의 아버지는 자식을 가계의 계승자로 노후에 부양 받을 존재로 보는 의식이 강했고, 일본의 아버지는 자녀에게 삶의 보람을 느끼는 반면 심리적 제약감과 경제적 부담을 강하게 느끼고 있어 양면적인 감정을 갖고 있는 것으로 나타났다. 또한 임연신과 현온강(2002)은 한국과 연변조선족 어머니의 부모역할 만족 및 양육태도 비교 연구에서 두 나라 어머니가 전반적으로 자녀에 대하여 애정적인 태도를 많이 갖고 있지만, 거부적인 태도와 통제적인 태도는 한국의 어머니가 더 높았다고 한다. 두 나라 모두 어머니의 학력이 높고 가정의 월수입이 많을수록 아동에게 더 애정적인 양육태도를 가졌다.

사회·경제나 생활문화 차이 외에 현대 아동은 정보화 사회의 영향을 받으며 살고 있는데, 8세 이하의 아동을 둔 가정의 높은 컴퓨터 보유율과 초고속 인터넷 접속 비율, 어머니의 인터넷 이용의 주된 동기가 자녀양육 및 교육 때문이며, 이용목적이 자료 및 정보 검색인 경우가 많고, 자주 이용하는 사이트가 육아 및 교육 정보 사이트라는 점(백종화·박성연, 2002)은 어머니의 인터넷 이용이 어머니의 자녀양육행동에 영향을 줄 수 있음을 보여 준다.

2) 부모의 양육 방식과 자녀발달의 조화

부모의 양육 방식은 자녀발달 수준과 조화를 이룬다. 예를 들어, 영아기일 때 부모의 양육 방식은 양육에 초점을 두고 영아를 신체적으로 돌보는 일에 열중하는 것이다. 한 가정에 여러 연령의 자녀가 있을 때 자녀발달 수준에 맞추기도 하지만 부모의 양육 방식은 섞이게 된다. 부모는 자기 자신의 요구를 채우면서 자녀의 요구에 응해야 한다.

양육 방식이 자녀발달과 조화를 이루기 위해 양육행동이 자녀의 연령과 성에 따라 달라져야 함을 시사하는 연구가 있다. 노경선과 심희옥(2004)은 초등학생 전체 학년 대상의 연구에서 부모의 양육행동에 대한 지각은 자녀의 학년과 성에 따라 차이가 있다고 한다. 예를 들어, 아버지의 온정·수용적인 양육행동에 대한 지각은 자녀의 학년에 따라 유의한 차이가 있어 아버지가 온정·수용적이라는 지각은 6학년이 다른 학년보다 낮았고, 1학년보다 다른 학년이 아버지를 덜 거부·제재적으로 지각했으며, 허용·방임적인 양육행동에서는 학년별 차이가 분명하지 않았다. 학년이 올라갈수록 어머니가 덜 온정·수용적이고, 덜 거부·제재적이라고 지각하며, 덜 허용·방임적이라고 지각하는 것으로 나타났다. 또한 남아가 여아에 비해 부모를 더 거부·제재적으로 지각하고 있었다.

3) 기본적인 부모의 기능

부모는 자녀에게 구조와 양육을 제공한다. 구조는 양육행동으로 자녀가 자기 삶을 규제하는 수단을 제공하고 자녀의 성격형성에 초석이 되는 것이다. 구조는 개인적인 경계를 가르치고, 타인의 욕구와 권리를 침해하지 않게 자녀행동에 제한을 가르치고, 건강한 자기 가치감을 주고, 타인을 적절하게 신뢰하도록 안전감과 안정감을 제공한다. 구조는 또한 자아존중감을 건강하게 해 주고 높여 주어 개인의 잠재능력을 발굴하도록 하고 가치 있는 자질과 특성을 지닌 사람이 되게 해 준다.

양육은 무조건적인 사랑으로 자녀의 욕구에 응하는 부모행동인데 아동의 건강한 성장과 복지에 필수적인 것이다. 아동은 지기가 사랑스러운 존재라는 것을 알고 나서 타인을 사랑해야 한다는 것을 배운다. 성인은 자녀에게 규칙과 기술을 가르쳐 자녀가 양육을 기꺼이 받아들이도록 하는 구조를 제공할 수 있다.

4) 원가족

우리가 자라며 보인 반응, 지각, 감정은 우리가 부모가 되어 우리 자녀에게 어떻게 대할지에 영향을 준다. 길러진 방식과 성인으로서 자신에 대해 만족하는 사람은 자기

부모의 행동을 되풀이할 것이다. 바꿔 말해 자기 부모의 방식에 만족하지 않는 사람은 부모가 되어 반대로 해 볼 수도 있다. 자기 부모에게 충분한 사랑과 애정을 받지 못했다고 생각하는 사람은 자기 자녀에게 과잉보상할지도 모른다.

원가족 영향의 한 예로 어머니의 애착과 양육행동이 자녀의 애착과 깊이 관련되어 있음을 보여 주는 연구가 있다. 박성연과 임희수(2000)는 2~3세 유아 연구에서 어머니가 자신의 부모에 대해 갖는 애착이 높고 낮음에 따라 양육행동에 차이가 있다고 하는데, 애착 정도에 따라 유의한 차이를 보이는 양육행동 범주는 합리적 지도와 독립심 격려 및 적극적 참여로 나타났다. 이는 출생가족에서 부모로부터 경험한 양육행동 및 부모와의 관계에서 형성한 정서적 애착이 새로운 가족을 형성한 후의 부모-자녀 관계에 영향을 준다는 것을 시사한다. 또한 정혜승과 김광웅(2001)은 유아 대상의 연구에서 어머니가 어렸을 때 자신의 어머니와 맺었던 애착 정도가 높을수록 유아가 어머니와 갖는 애착 안정성이 높았다고 한다.

5) 아동

아동은 부모의 행동에 많은 영향을 준다. 아동은 배우는 역할이 주어져 있어 성인기가 될 때까지 많은 것을 배워야 한다. 부모는 교사이고 아동은 학습자이다.

우리 문화에서는 아동은 성인에게 보호받아야 할 사람으로 생각한다. 아동은 효율적으로 기능하는 성인이 되기 위해 배워야 한다. 오늘날 아동은 예전보다 더 오래 부모에게 의존한다. 성인이 신체적으로 크고 강해 아동에게 큰 영향력을 발휘해서 아동이 희생자가 되기도 한다.

연구자들은 아동의 기질이 부모의 역할행동에 많은 영향을 준다는 것을 알게 되었다. 문혁준(2000)은 유아 부모 대상으로 유아의 기질에 따른 부모의 양육행동에 대한 연구에서 아버지는 유아의 기질이 사회적일수록, 감정표현이 강하지 않을수록, 진정이 쉽게 될수록 그리고 주의집중기간 및 지속성이 길수록 효율적인 훈육방법을 사용한다고 한다. 어머니는 유아의 기질이 감정적으로 강하지 않고 주의집중기간 및 지속성이 길수록 효율적인 자녀양육 방법을 사용한다고 한다. 김수진과 도현심(2001) 역시 남녀 유아의 초기 기질과 부-모 간 양육행동과의 관계에 대한 연구에서 유아의 초기 기질이 부정적일 때 부-모 간 양육행동도 부정적이라고 한다. 남아의 정서성이 높을 때 지지적 부-모 간 양육행동은 낮게 나타났고, 여아의 접근-회피성, 정서성, 예민성이 높을 때 부-모 간 양육행동은 덜 애정적인 것으로 나타났다. 또한 초등학교 1~2학년 대상의 연구에서 남아의 기질은 양육행동에 직접적인 영향이 없었고, 여아의 경우는 직접적인 영향이 있어, 남아에게는 기질과 관계없이 긍정적 양육행동을 보이나, 여아의 경우에는 기질에 따라 양육행동에 차이를 보인다고 한다(정현희, 2003).

6) 훈육방식

이는 자녀의 발달 수준에 맞춰진 훈육을 말하며, 부모가 자녀에게 가치와 가족이 지닌 신념을 가르치는 데 사용하는 다양한 방식이 부모의 양육 스타일이다. 성인이 자녀에게 바라는 것과 대부분의 부모역할과 행동은 자녀가 효율적인 성인이 되는 데 필요하다고 생각하는 것이다. 보통의 부모는 자신의 자녀가 행복하고 만족한 삶을 살기를 바라고, 독립적으로 행동하고 직장과 다른 사람과의 관계에서 잘 지내기를 바라며 사회에서 성인으로 살아가는 데 효율적으로 기능하도록 하는 기술과 유능성을 얻기 바란다(Elkin & Handel, 1989).

부모가 자녀양육이나 훈육에서 생각하는 목표는 개인과 사회적인 자원의 영향을 받는다. 자녀에게 필요한 것이 무엇인가에 대한 성인의 의견은 부모의 과거 경험, 부모가 원가족에서 배운 가치, 성인으로 품어 온 철학에 근거를 둔다. 이런 지각은 신체적이고 정신적인 문제가 있는 자녀를 갖게 되거나 이혼으로 한부모가 되는 특별한 상황에서 바뀔 수 있다.

7) 가족의 생태학적인 요인

부모-자녀 미시환경에 미치는 여러 환경의 영향은 여러 가지 방법으로 살펴볼 수 있으나 정확하고 온전히 아는 것은 쉽지 않다. 우리 행동은 아주 많은 환경의 영향을 받는다. 영유아기의 과거경험이 한 요인이 될 수도 있고, 혈당, 호르몬, 감정상태 같은 내적인 요인의 영향을 받을 수도 있다. 우리의 행동에 영향을 주는 사회문화적인 요인은 적절한 부모역할이 무엇인가에 대한 가치와 신념체계이다. 우리가 아파트에서 사는지, 한부모 가정에서 사는지와 도시나 시골에서 사는지 등 물리적인 요인도 부모-자녀 상호작용에 영향을 준다.

빈곤하게 사는지, 중류계층에서 사는지와 인종, 가족구조는 부모의 양육 스타일에 여러 가지로 영향을 줄 수 있다. 이런 요인들은 의료나 치아 관리, 옷, 음식 등을 제공할 가족의 능력에 영향을 준다. 자녀에 대한 부모의 목표 역시 이런 가족의 생태적인 요인에 영향을 받는다.

박성연과 임미리(2002)는 유아대상의 연구에서 생태체계 중 하나인 탁아기관의 전반적인 질은 어머니의 양육행동과 유의한 상관이 있다고 하는데, 탁아기관의 전반적인 질은 합리적 지도 및 애정, 적극적인 참여와 정적 상관을 보이고 권위, 과보호와는 부적 상관을 보였다. 탁아기관의 질에 관련된 요인 중 교사의 자질 및 영유아와의 관계, 또는 부모와의 협력관계가 잘 이루어질수록 어머니는 긍정적인 양육행동을 더 많이 나타냈다. 또한 유안진·이점숙·서주현(2004)은 중·고등학생 대상의 연구에서 이혼가정 청소년이 비이혼 가정 청소년에 비해 우울해 하며, 부모의 양육태도가 덜 온정적이라고 느끼고, 또래관계에서 소외감이 높으며, 또래와의 의사소통이 잘 이루어지지 않는다고 한다.

또 다른 생태체계로 한국 어머니의 믿음은 한국의 전통과 현대의 이념 및 가치와 깊이 관련되어 있음을 지적한 연구도 있다. Park과 Cheah(2005)는 한국 어머니의 학령전 아동의 사회적 기술(나누기, 부정적인 정서통제, 타인 돕기)에 대한 주도적이고 진취적인 사회화와 신념에 대한 연구에서, 한국 어머니는 나누기와 타인 돕기를 더 중요시하고, 여아의 경우는 사회적 기술의 중요성에 대하여 도덕적인 이유를 대고, 남아의 경우는 발달적인 이유를 댄다고 한다.

8) 자녀양육에 대한 태도

이는 부모로서 어떻게 행동해야 할지에 대한 신념을 말하는데, 부모가 지닌 자녀양육에 대한 태도는 다른 요인과 밀접하게 관련되어 있다. 이런 태도와 신념은 한 사람의 사회화와 과거경험에서 나온다. 부모로서의 행동은 양육 방식과 훈육하는 모습에서 드러난다.

적절하고 효과적으로 부모의 태도를 연속선상에 그려보면 확고한 권위주의적인 데서 느슨한 허용적인 범위로 나타낼 수 있다. 권위주의적인 부모는 자녀양육이 복종을 길러 주는 것으로 생각해 자율성을 제한하고 자녀행동에 통제를 많이 한다. 복종은 체벌, 강요, 위협을 통해 이루어진다. 이런 부모는 행동에 대한 절대적인 기준대로 자녀의 행동을 평가하고 만들려고 한다. 허용적인 부모는 자녀가 최대로 자신의 행동을 스스로 규제하도록 내버려 두며 통제를 하지 않고 외적인 기준에 자녀가 따를 것을 고무하지도 않는다. 부모가 자녀에게 권위 있는 존재로 보이는 것에 관심이 없고 자녀는 자신의 잘못을 통해 배우고 이런 행동의 결과로 장차 더 잘 행동할 것으로 기대한다. 민주적인 부모는 권위주의적이고 허용적인 부모의 바람직한 특성만을 가진다. 민주적인 부모의 통제는 합리적인 제한으로 자녀의 자율성을 발달시키는 데 초점을 두고 이런 통제를 하는데 논의, 제벌을 통한 힘 행사, 심리적인 강화를 사용하기도 한다.

부모의 자녀양육에 대한 태도와 아동의 성격 간의 관련을 보여 주는 연구가 있다. 유가효와 박선주(2004)는 초등학생 대상의 연구에서 부모의 양육태도와 자녀의 성격과의 관계에 있어, 남아의 강인성이 부의 합리적 지도, 일관성 있는 규제와 정적으로 관련되어 있고, 정서성은 부의 일관성 있는 규제와 정적인 관련이 있으며, 사회적 욕망성은 부의 권위주의적 통제와 정적인 관련이 있다고 한다. 부의 양육태도가 모의 양육태도보다 남아의 성격과 상관이 더 높았다. 여아의 강인성이 부의 권위주의적 통제와 정적인 관련이 있고, 외향성은 모의 권위주의적 통제와 정적인 관련이 있으며, 여아의 정서성은 부의 일관성 있는 규제와 부적인 관련이 있었다.

Chapter 04

발달단계별 부모역할

발달은 시간의 경과에 따른 양적, 질적 변화 과정으로서 환경과의 상호작용 결과를 포함하는 것이다. 발달 연구는 주로 연령 변화에 따른 발달적 특성과 변화양상이 어떠한지, 왜 이러한 변화가 일어나는지, 그리고 이를 통해 아동의 교육 및 복지 증진에 어떻게 적용하고 활용할 수 있을지를 다룬다. 이에 따라 4장의 주요 목적은 부모가 자녀의 발달단계에 따른 평균적 발달 수준과 개인차를 이해할 수 있도록 하고, 이를 통해 보다 질 높은 교육 및 양육이 가능도록 돕는 것이다. 또한 교사는 유아교육 현장에서 자녀의 발달단계에 따라 상이할 수 있는 부모의 요구를 이해하고 효율적인 부모교육을 실시할 수 있을 것이다.

Parent Education

1 부모역할의 발달

부모-자녀 관계는 자녀의 성장에 따라 계속 변화한다. 자녀가 영아기일 때 제공되어야 할 부모역할과 자녀가 아동기일 때 제공되어야 할 부모역할은 다르다. 즉, 부모의 역할은 발달적 역할이라 할 수 있다.

변화하는 부모기의 역할과 관련하여 Galinsky(1987)는 자녀의 성장과 더불어 부모도 자녀들처럼 어떤 단계를 거쳐 성장한다고 보고 태아에서부터 18세까지 자녀를 둔 228명의 부모를 면접하여 부모기의 단계를 도출하였다. 그 단계는 부모상 정립 단계, 양육 단계, 권위 단계, 설명 단계, 상호의존 단계 그리고 떠나보내는 단계이다.

1) 1단계: 부모상 정립 단계(Image Making Stage)

부모기의 첫 단계는 임신기간에 해당되는 시기로서, 이 단계의 주요 과제는 부모기의 준비이다. 이것은 자아의 변화 감각과 배우자 및 부모들과의 변화하는 인간관계를 포함한다. 예비부모들은 아직 태어나지도 않은 아기와 애착형성을 시작하고, 아기는 개체라는 것을 이해하기 시작하며, 실제 탄생을 위해 스스로 준비해야 함을 깨닫기 시작한다.

부모상 정립 단계의 첫 번째 과업으로 임신 후 첫 3개월간은 임신 그 자체를 받아들이는 것이다. 이후 임신 4개월에서 6개월 사이의 시기는 부모기의 준비 시기로서 태아에 대한 이미지를 형성한다. 이 시기에 예비부모는 아기와의 분리를 수용함과 더불어 아기에 대한 느낌을 형성한다. 또한 자신의 부모와의 관계를 평가하고 동일시하는 과정을 거친다. 그리고 이 시기 동안 배우자와의 관계 변화 및 배우자의 미래의 역할에 대해서도 이미지를 갖게 된다. 이후 시기는 출산 준비의 시기이다.

2) 2단계: 양육 단계(Nurturing Stage)

두 번째 단계는 자녀의 출생에서부터 영아기에 해당하는 생후 2년까지의 시기이다. 이 단계의 주요 과제는 아기와 애착을 형성하는 것이다.

태어난 아기의 부모로서 첫 번째 해야 할 일은 출산 전 상상했던 아기와 현실에 태어난 아기를 조화시키며 그 아기가 자신의 아기라는 것을 인정함으로써 아기와 새로운 관계를 형성하는 것이다. 또 다른 문제는 '내가 아기를 정말 잘 돌볼 수 있을까?' 하는 근심과 걱정이다. 이러한 과정을 통해 부모는 아기를 알아가며 아기와의 관계를 형성해 간다.

부모가 아기에 대해 알게 되는 것은 바로 자기 자신에 대해 더욱 잘 알 수 있게 되는 기회이며 부모와 아기가 점차로 서로에 대해 알아가는 과정에서 중요한 것은 분리와 결속의 문제이다. 부모는 아기가 자신과 분리되거나 결속된 상태의 양극단을 경험한다.

아기의 출생은 가족 내의 균형을 일시적으로 깨뜨린다. 그러므로 부모는 아기 출생 후 불안정한 기분을 바로잡아야 하며 태어난 아기와의 관계는 물론 가족 내의 시부모, 부부, 다른 자녀와 식구들 간의 관계를 재정립해야 한다.

양육 단계의 부모기는 '얼마만큼 주고받아야 하는가?' 하는 문제로 요약된다. 즉, 부모 자신과 자녀의 행동과 심리적 단서를 파악하는 데 있어서 시행착오를 거듭해 가는 과정이다. 명확하고 일관성 있는 양육도 하지만 실수도 인정할 수 있어야 하고 자신의 결점과 부딪쳐야 하며 자녀가 변함에 따라 부모도 변해야 한다.

3) 3단계: 권위 단계(Authority Stage)

세 번째 단계는 자녀들의 의사소통 능력이 급격히 증진되며, 자녀의 사회적 세계가 확장되는 만 2세에서 4~5세에 해당되는 시기이다. 이 시기 부모의 주요 과업은 새로운 차원의 책임감과 아동에 대한 부모의 권위를 받아들이는 것이다. 즉, 부모가 권위는 무엇이며, 또 권위가 왜 필요한지, 필요하다면 어떻게 세워야 하는지, 규칙이란 무엇이며 그 규칙은 어떻게 정해지고 언제 시행되며, 언제 그 규칙은 깨어질 수 있는지를 결정하는 시기이다.

이 시기 유아들은 부모가 자신들의 제한에 확고한 신념을 가졌는지 판단하며 부모를 시험하곤 한다. 따라서 부모가 자녀와 어떻게 의사소통할 것인지, 설정해 놓은 제한을 어떻게 강화할 것인지, 자녀가 둘 이상이라면 자녀들 간의 갈등을 어떻게 다루어야 하는지 등 여러 과제가 이 시기 부모의 과업이며, 이에 권위를 형성하는 것은 계속되는 실수와 그것을 수정해 나가는 과정에서 이루어지는 것이다. 부모가 권위를 형성하기 위해서는 여러 가지 기술이 필요한데 그중에서도 특히 자녀를 이해하는 기술이 필요하다. 이외에도 부모와 자녀 간의 힘겨루기를 피하는 기술과 자녀의 변화에 따라 부모가 변화할 줄 아는 기술이 요청된다. 권위를 형성하는 단계에서 성공하기 위해서는 남편, 아내, 친구 그리고 조부모 등 주변 사람들의 지지가 필요하다.

권위 단계에서 대부분의 부모는 완벽한 부모가 되겠다는 이미지를 재평가하게 된다. 그들은 자신들이나 자녀들 그리고 주변의 사람과 사회에도 결함이 있다는 것을 발견하게 되며, 완벽한 부모에 대한 자신의 환상을 버리고 불완전한 인간으로서의 자기 자신을 받아들이게 된다. 부모는 더 이상 자녀가 자기의 부속물이 아니고 하나의 독립된 체계임을 느끼게 된다.

권위 단계에서 부모가 직면하게 되는 또 다른 주요 과업은 자녀가 올바른 성역할 개념과 성 정체감을 갖도록 도와주는 일이다. 이 단계에서 가장 결정적인 요소는 부모에게 대하는 자녀의 행동을 부모가 어떻게 규정할 것인가 하는 점이다. 이 과정에서 부모는 막 싹이 트는 자녀들의 자아정체감을 볼 수 있기 때문이다.

4) 4단계: 설명 단계(Interpretive Stage)

자녀가 5세경부터 초등학교 시기인 12~13세에 해당하는 시기로 부모들의 주요 과업은 자녀에게 세상을 설명해 주는 것이다. 이렇게 함으로써 자녀들에게 부모 자신을 판단하게 할 수 있는 기회를 주고, 자녀의 자아 개념을 설명하고 발달하게 할 뿐 아니라, 질문에 답하고, 필요로 하는 기술과 정보에 접근할 기회를 제공하고, 가치를 형성하는 데 도움이 되게 한다.

설명 단계는 사춘기 직전으로 아동기의 마지막을 나타내며 청소년기의 새로운 기대에 대한 접근을 의미한다. 이 시기의 부모들은 부모기의 성공과 실패에 대해 따져 보며 부모 자신들의 부모기에 대한 이미지와 믿는 것들을 자녀에게 설명하면서 끊임없이 변화하고 성장하게 된다.

5) 5단계: 상호의존 단계(Interdependent Stage)

자녀의 10대에 해당하는 이 시기의 부모는 권위 형성기에 부딪히게 되었던 자녀행동에 대한 허용과 통제에 관련하여 새로운 해결책이 요구되며 부모는 거의 성인이 다 되어 가는 자녀와 함께 새로운 관계를 형성하고 유지하게 된다. 그러므로 부모는 자녀의 기존 이미지를 변화시키고 새로운 권위 관계를 정립하고 이에 적응하는 단계이다. 자녀의 성에 대한 이해, 자녀의 정체감 수용하기 그리고 성장한 자녀와의 새로운 유대감 형성들이 주요 과업이다.

6) 6단계: 떠나보내는 단계(Departure Stage)

여섯 번째 단계는 자녀가 청년기인 시기로서, 부모들은 자녀들이 언젠가는 부모 곁을 떠날 것이라는 생각을 해 왔지만, 이 시기가 되면 그 문제에 대해 더 깊이 생각하게 된다. 그러므로 이 시기 부보의 수요 과업은 부모기의 모든 경험을 종합하고 평가하여 자녀의 독립에 대해 준비하는 것이다.

부모는 자녀가 변화하는 과정에서 겪었던 자신의 모든 경험을 세심하게 되돌아본다. 부모의 엄격한 통제는 느슨하고 완화된 통제로 변화되고, 이러한 과정에서 부모는 성장한 자녀의 분리된 정체감을 수용해야 한다. 그들은 이별을 준비하는 과업에 임하고 있는 것이며, 후에 실제로 일어났을 때 그들의 이미지를 현실에 적응시키고, 성인이 된 자녀를 통해 부모로서의 이미지를 재정립하고, 자신의 성취와 실패를 돌아보게 된다.

2 태내기와 출산

수정에서 출생에 이르는 약 9개월간인 태내기는 출생 후 다른 어떤 발달단계보다 빠른 발달 속도를 보인다. 이 시기에는 임신에 대한 적응, 임신기간 중의 환경적 영향 요인 및 산후 적응에 대한 기본적인 이해가 중요할 것이다.

1) 유전과 수정

생명은 여성의 난자와 남자의 정자가 결합하는 수정부터 시작된다. 출생 전부터 여성은 난자를 갖고 있는데, 약 400개가 가임기 동안 성숙하여 배란이 된다(Samuels & Samuels, 1996). 성숙한 여성의 경우 28일 만에 1개씩 난소에서 난자를 배출하는데, 융모의 수축운동으로 자궁까지 도달하는 시간은 약 12시간이다. 남성의 정자는 사춘기 이후 고환에서 매일 100만 개 정도씩 생산된다. 1회 사정 시 배출되는 정자의 수는 약 1~5억 개 정도이며, 수정이 이루어지기 위해서는 적어도 2억 개의 정자가 자궁 속으로 들어가야 한다. 정자의 체내 생존기간은 48~72시간 정도이다. 수정이 되는 순간 부모로부터 각기 한 개씩 받게 되는 염색체 조합의 차이에 따라 성의 구분, 유전적 특성과 정상 여부 등 전 생애에 큰 영향을 미치는 여러 가지 발달적 특성이 결정된다. 일반적으로 수정은 한 개의 정자와 한 개의 난자의 결합으로 이루어진다. 그러나 한 개의 난자가 이분되어 일란성 쌍생아로 성장하거나, 매우 짧은 기간에 두 개의 난자가 방출되어 두 개의 정자와 만나 이란성 쌍생아가 되기도 한다.

수정과정에서 성의 결정은 23번째의 성염색체 쌍에 의해 결정된다. 즉, X염색체만을 지닌 난자와 X, Y 두 종류의 성염색체를 가지고 있는 정자의 결합에 의해서 태아의 성이 결정된다. 이론적으로 남아와 여아로 성이 결정될 확률은 50 : 50이다. 그러나 Y염색체를 가진 정자가 X염색체를 가진 정자보다 쉽게 난자와 결합하므로 수정 시 성비는 100 : 160 정도로 남아가 훨씬 더 많이 수정된다. 그러나 수정 이후 태내에서 남아의 사망률이 훨씬 높기 때문에 출생 시에는 100 : 106 정도로 비슷해진다.

한편 부부가 일 년 동안 부부생활을 정상적으로 계속해 왔는데도 불구하고 임신이 안 되는 경우를 불임이라고 하는데, 우리나라 가임연령 부부의 10~15%가 불임으로 진단받고 있다. 현재 불임의 원인은 여성, 남성 그리고 양쪽 모두가 40%, 40%, 20%로 보고되고 있으며, 불임 문제를 해결하기 위해서 호르몬 치료, 인공수정, 시험관 아기, 대리모 등의 방법이 이용되고 있다(권민균 외, 2012).

2) 태내기

(1) 태내 발달단계

자궁 안에서 태아는 약 38주의 기간 동안 발달을 한 후 출생하게 된다. 태내 발달단계는 다음의 3단계로 구분 가능하다.

정자와 난자가 결합한 수정란이 자궁벽에 착상하는 2주까지의 기간인 배란기는 인간의 생애에서 사망률이 가장 높은 시기이지만, 신체는 이에 대해 전혀 지각하지 못한다.

수정란이 자궁벽에 착상한 후부터 골격이 형성되는 8주까지의 기간인 배아기의 4주경에는 심장이 뛰기 시작하며, 뇌와 신경조직이 분화되고, 입이나 소화기관, 간 등이 형성되기 시작한다. 8주경에는 얼굴에서 입, 눈, 귀가 뚜렷하게 분화되며, 팔, 다리, 손발이 형성된다. 이때 성기가 형성되기 시작하고 근육이나 연골조직이 발달한다. 또한 내부기관 및 신경조직이 발달하여 이 무렵이면 인간이 갖추어야 할 신체기관과 기본 조직은 모두 갖추게 된다. 특히 이 시기는 태내 환경에 대해 각별한 주의가 필요하다. 이 시기에 발달을 저해하는 사건이 발생하면, 영구적인 손상을 입게 된다. 또한 여성의 신체가 태아의 존재에 대해 적응하는 시기로서 호르몬 수준의 변화를 보이며 가슴이 커지게 된다. 두통, 구토, 특정한 음식을 찾거나 피하는 등의 입덧을 하거나 피로감을 보이며 감정적으로 예민해진다. 입덧은 그 원인이 명확하지 않으나 태반에서 나오는 물질에 대한 일종의 거부반응으로 설명할 수 있다. 입덧은 병이 아니고 태아가 잘 자라고 있다는 증거이므로 걱정할 필요가 없다. 그러나 입덧이 너무 심한 경우 정신적 안정을 취하고 조금씩 자주 먹는 것이 좋다(정옥분, 2002).

8주 이후 출생까지의 시기인 태아기는 기관이 급속히 성장하는 기간이다. 태반은 이 시기에 안정되므로 그 이전에는 유산의 위험이 크다. 호흡기관은 7개월이 되어야 자궁 밖에서 생존할 만큼 발달하게 된다. 따라서 28주경이면 태아는 미숙아로 태어난다 하더라도 인큐베이터를 사용하여 충분히 성장하게 된다. 일반적으로 체중이 1.5kg 정도이면 생존이 가능하고, 2.3kg 이상이면 인큐베이터에서 양육하지 않아도 된다. 36주경에 대부분의 태아는 머리가 아래로 간 위치로 정착하게 된다. 이러한 행태는 자궁 내에서 가장 많은 공간을 확보하게 해 줄 뿐만 아니라 출산을 용이하게 해 준다(정옥분, 2002).

(2) 태내발달 영향 요인

① 유전 요인

수정된 경우 절반 정도는 유전인자나 염색체의 이상을 갖고 있는 것으로 추정되며, 이들은 대부분 임신 초기에 바로 자연유산이 된다. 그러나 열성인자에 의한 유전인자 이상이나 난자와 정자 등 생식세포가 감수분열하는 과정에서 생기는 염색체의 이상을 갖고 태어난 경우 대개는 전 생애에 걸쳐 부정적 영향이 지속되게 된다.

② 환경 요인

태내 환경은 바깥세상과 격리되어 외부 자극을 차단해 주는 안전한 장소라고 볼 수 있다. 그러나 태아는 미성숙한 상태이므로 태내 환경이 적절치 못할 경우 손상을 입을 수 있다. 따라서 태내기 발달 동안에 어머니와 관련된 모든 신체적·정신적 요인들이 태아에게 영향을 미침을 인지해야 한다.

태내 환경에서 태아발달에 결정적인 영향을 끼치는 요인 중 하나는 어머니의 영양상태이다. 임신 초기에는 양적으로 많은 음식을 필요로 하지는 않지만 질적으로 균형 있는 영양소가 필요하며, 임신 후기에는 양적으로도 많은 영양분이 요구된다. 일반적으로 임산부의 하루 섭취량은 임신 전보다 15~30%(300~500kcal) 정도 증가시키는 것이 바람직하며, 철분, 칼슘, 비타민 등도 충분히 공급해 주어야 한다. 임신 말기에는 체중이 11~12kg 증가하는 것이 일반적이다.

임신 출산의 최적 연령은 25~29세 사이로 본다. 임산부 연령이 35세가 넘는 노산의 경우 자연유산, 난산, 임신중독증, 다운증후군이나 미숙아 출산 비율이 급격히 증가하는 것으로 알려졌다. 또한 임산부의 연령이 너무 어린 경우에도 조산이나 사산의 위험이 크고 미숙아나 체중미달아 출산 가능성이 증가한다.

임산부가 풍진, 성병, AIDS, 당뇨병, 주혈원충병 등을 지니고 있을 경우에 태아에게 심각한 손상을 초래할 수 있다. 임산부가 흡연을 할 경우 저체중아 출산 확률이 높고, 이외에 미숙아, 수면 중 호흡 곤란, 유산, 영아 사망, 아동암 발생 등의 가능성도 높다. 임신 중의 음주는 태아 알코올 증후군의 원인이 될 수 있다. 신경안정제, 수면제, 종합 호르몬제, 피임약 중 일부의 경우도 기형을 초래하는 것으로 나타났다. 방사선, 유독성 화학물질 등도 유산 및 기형, 장애의 원인이 될 수 있다. 이외에 임신 전 또는 임신기 동안의 스트레스 상황이 조산 및 저체중아 출산 등을 초래할 수 있다. 따라서 임산부 스스로 스트레스 상황에 대처해야 하는 것은 물론이고 남편이나 가족 등 주위 사람들의 임산부에 대한 지지가 필요하다.

(3) 태내 진단

태내 진단을 통해 출생 전에 태아나 자궁의 상태를 진단해서 유전적·환경적 요인에 의해 생겨난 결함을 진단하여, 심각한 장애를 가진 태아를 유산시키거나 혹은 치명적인 상태로 질환이 진행되기 전에 태내에서 조치를 취하고 적절한 분만 방법을 준비할 수 있다.

가장 보편적으로 사용되는 태내 진단 검사로는 초음파 검사가 있다. 이를 통해 태아의 해부학적 모양뿐 아니라 태아의 호흡, 심장 운동, 혈관 박동 등 태아의 상태를 관찰할 수 있으며, 태아 혈류상태를 관찰하여 태아가 건강한지, 자궁 내에서 위험한 상태인지도 구별할 수 있다. 이외의 태내 진단 검사로 염색체 이상을 판별하기 위해서 임신 15~18주에 실시하는 양수 검사와 임신 2개월경에 태반이 될 융모를 검출하여 염색체 이상을 검사하는 융모막 검사가 있다.

3) 출산

수정 후 태아가 자궁에서 지내는 기간은 266일간이다. 그러나 정확히 분만 예정일에 출산하는 산모는 많지 않으며, 태아의 크기, 자궁의 상태, 임산부의 생리적·심리적 상황, 분만 경험 등에 따라 분만 예정일보다 먼저 혹은 나중에 분만하는 경우가 많다. 대개 분만예정일을 전후로 2주간을 정상으로 본다.

출산은 산모와 아기 모두에게 상당한 스트레스를 주는 과정이다. 출산과정에서 나타날 수 있는 문제상황으로는 산소결핍증, 겸자 분만, 저체중아 출산 등을 들 수 있다.

(1) 산후 적응

출산 후 산모는 신체적으로 회복이 되고 심리적인 안정감을 가지면서 어머니로서 아기를 돌보는 방법을 배워 나가며, 아버지는 산모와 아기를 보살피는 방법을 익혀 간다. 또한 자녀는 동생의 탄생을 받아들이고 환경의 변화에 적응해 나간다(최경숙·박영아, 2005).

① 산모 및 아버지의 적응

출산 후에는 급격한 호르몬 분비의 변화를 겪는다. 모유수유를 하지 않을 경우 4~8주 사이에 월경이 다시 시작되며, 모유수유를 하는 경우에는 월경을 하지 않게 된다. 산후 5~6주가 되면 자궁 수축이 이루어지는데, 모유수유를 할 경우 자궁 수축이 빠르게 진행된다. 만약 산모가 임신기간 동안 적절한 운동을 하였다면 출산 후에 근육과 힘이 더 빠르게 회복될 수 있으며, 호흡 이완 활동 또한 원기를 회복시키는 데 도움을 준다(최경숙·박영아, 2005).

산후에는 산모의 정서적 동요가 심한데 호르몬의 변화, 갓 태어난 아기에 대한 경험 부족이나 자신감의 결여, 아기를 돌보는 데 소모되는 시간과 노력 등이 그 원인이다. 정서 변화가 출산 후 몇 주 이내에 감소할 수도 있지만, 어떤 경우에는 보다 오래 지속되어 불안감이나 우울증을 일으키며 스트레스에 대처하는 데에도 곤란을 일으킨다. 특히 산후우울증이 있을 경우 아기를 무시하거나 지나친 관심을 보이는데, 이 두 가지의 경우 모두 아기의 정신건강에 악영향을 미칠 수 있다.

남편이 임신기간 동안 임신부가 출산을 위한 이완법과 호흡법을 연습하는 것을 돕는 것과 같은 산전 관리 참여와 분만과정에 참여하여 진통을 하는 동안 지지와 격려를 제공해 줌으로써, 아내에게 정서적 지지를 제공할 뿐만 아니라 새롭게 태어난 아기에 대해 더욱 애착을 느끼게 되어 아기와의 접촉을 즐기게 된다. 또한 아버지로서 책임감을 형성함으로써 양육에 더 적극적이고 협조적으로 참여하게 된다(최경숙·박영아, 2005).

② 자녀의 적응

새 아기가 태어나기 전에 형제의 탄생에 대하여 자녀를 준비시키는 것은 자녀의 적응에 도움을 준다. 또한 출산으로 인해 자녀가 느낄 수 있는 격리불안, 보호와 관심을 독차지하는 신생아의 존재로 인한 불만 등에 대해 미리 생각해 보아야 한다(최경숙·박영아, 2005).

3 신생아·영아기

만 2세까지의 신생아 및 영아기 자녀를 둔 부모가 관심을 가져야 할 것은 영양공급, 인지발달을 도울 수 있는 방안 그리고 자녀의 기질에 적합한 양육과 안정애착형성이라고 볼 수 있다.

1) 신생아기

신생아기는 출생 후 배꼽이 아무는 2주간을 말한다. 신생아의 신장은 평균 50.8cm, 체중은 평균 3.2kg이다. 신생아의 호흡은 1분에 평균 40~45회 정도로서 성인의 18회보다 많다. 신생아의 체온은 평균 37~37.5℃이고, 외부의 온도에 민감한 반응을 보인다. 신생아들은 하루에 16시간 내지 18시간을 자는데, 전형적으로 1시간 정도 깨어 있은 다음 3시간 정도 잠들었다가 다시 깨어나는 것을 반복한다. 신생아들은 격렬하게 울고 흥분되어 있으며 비협응적 동작을 나타낸다. 모유의 초유는 태변의 배설을 촉진하고 질병에 대한 항체를 갖고 있기 때문에 아기의 출생 1~2일에는 초유를 먹여야 한다. 신생아의 시각 능력은 성인보다 10~30배 낮으나 초록과 빨강을 구별할 수 있는 색지각 능력이 있으며 소리의 크기, 지속 시간과 방향에 대한 청지각 능력이 있다. 촉각, 후각, 미각도 비교적 발달되어 있다.

신생아기의 대표적인 검사로는 아프가(Apgar)척도와 브래즐턴(Brazelton) 신생아행동평가척도가 있다.

2) 영아기

(1) 신체발달

신체발달은 생후 첫 2년 동안 매우 급격하고 광범위하게 이루어지는데, 그 과정은 머리-다리 방향 및 중심-말초 방향의 순서를 거친다. 영아의 몸무게는 생후 4개월이 되면 출생 시 몸무게의 2배가 되며, 첫돌이 되면 3배가 된다. 또한 키는 첫해 동안 매달 2.54cm씩 성장하여 첫돌이 되면 출생 시 키의 약 1.5배가 된다. 유치는 태아기부터 턱 속에 형성되어 있다가 출생 후 6개월경이 되었을 때 아래쪽 가운데 앞니 2개부터 나와 2세 반경에는 20개의 유치가 모두 나온다. 출생 시에 신생아 뇌의 무게는 성인 뇌 무게인 1,350g의 약 25%인 350g 정도이나, 2세가 되면 성인 뇌 무게의 75%가 된다. 태내 마지막 3개월부터 생후 첫 2년까지는 성인 뇌 무게의 절반 이상이 생성되기 때문에 두뇌 성장 급등의 시기라고 일컬어진다(Santrock, 2003).

생후 첫 6개월 동안의 영양 공급은 모유나 우유를 통해 이루어진다. 영아마다 개인차가 있기 때문에, 수유량 및 수유 시간은 아기가 원하는 대로 하는 것이 보다 바람직하다. 영양 보충 및 고형 음식 적응, 그리고 씹기 훈련을 시키기 위해 3~4개월부터 이유식을 먹여야 한다. 영아가 12개월 이후가 되면 고형 음식을 소화시킬 수 있게 된다.

(2) 운동기능발달

대근육 운동발달은 영아가 주변 환경을 탐색하도록 돕는 행동, 즉 기고, 서 있고, 걷는 행위를 조절하는 것을 말한다. 반대로 소근육 운동발달은 손을 뻗고 잡는 것과 같은 작은 움직임을 뜻한다(최경숙·박영아, 2005). 월령별로 진행되는 영아의 대근육 발달과 소근육 발달은 개인차가 있으나 대략 〈표 4-1〉과 같다.

영아의 운동기술발달은 경험이나 문화 및 환경적 요인의 영향을 받는다. 그러나 연구에 따르면 연습의 효과는 매우 한정적인 것으로 나타났다(Santrock, 2003).

〈표 4-1〉 영아기 대·소근육 운동발달 기준

운동 기술	평균 성취 연령	90%의 영아가 성취할 수 있는 연령 범위
엎드렸을 때 팔로 지탱하여 가슴을 든다.	2개월	3주~4개월
옆구리에서 등으로 구른다.	2개월	3주~5개월
매달려 있는 고리에 손을 뻗는다.	3개월	1~5개월
주사위를 쥔다.	3개월 3주	2~7개월
등에서 옆구리로 구른다.	4 1/2개월	2~7개월
혼자서 앉는다.	7개월	5~9개월
긴다.	7개월	5~11개월
붙잡고 선다.	8개월	5~12개월
혼자 선다.	11개월	9~16개월
혼자 걷는다.	11개월 3주	9~17개월
주사위 2개를 쌓는다.	13개월 3주	10~19개월
휘갈겨 쓴다.	14개월	10~21개월
계단을 오른다.	16개월	12~23개월
제자리에서 뛴다.	23개월 2주	17~30개월

출처: 권민균 외(2012).

(3) 인지발달

① 지각발달

모든 행동은 감각 정보를 어떻게 해석하느냐에 따라 결정된다고 할 수 있다. 특히 영아기에는 외부 세계와 상호작용하는 방법이 주로 감각기관을 통하기 때문에 감각정보를 지각하고, 조직하고, 환경에 반응하는 도식을 형성함으로써 인지발달을 이루어 나가게 된다(최경숙·박영아, 2005). 따라서 부모가 영아를 자극하는 다양한 물리적 환경을 제공하는 것이 중요하다.

가. 시각

영아기 초기에는 시각 자극에 초점을 맞추는 것이 어렵기 때문에 물체가 흐릿하게 보인다. 시력은 점차 발달하여 생후 1년이 되면 성인의 수준과 비슷해지며(Aslin & Smith, 1988), 3~4개월가량이 되면 여러 가지 색을 붉은색, 초록색, 노란색 계통으로 나눌 수 있게 된다(Teller & Bornstein, 1984).

한편 Olson과 Sherman(1983)에 따르면, 영아들은 곡선, 불규칙적인 형태, 집중된 자극, 그리고 대칭적인 모양을 선호하는 것으로 나타났다. 특히 영아는 사람의 얼굴을 선호하는데, 다른 여성의 얼굴보다 어머니의 얼굴을 보다 선호한다(Barrera & Maurer, 1981). 9~12주가 되면 얼굴에 대한 도식을 발달시킬 뿐 아니라 친숙한 사람과 낯선 사람을 구분할 수 있다(Shaffer, 1999). 또한 안전과 생존에 필수적인 능력인 깊이 지각은 생후 6개월 이후 가능한 것으로 나타났다.

나. 청각과 촉각

영아의 청각적 탐지 능력은 성인보다 떨어지기 때문에 영아가 소리에 반응하기 위해서는 성인에게 필요한 소리보다 더 큰 소리의 자극을 필요로 한다. 그러나 어린 영아들도 소리의 크기나 지속 시간, 방향을 구별하는 것이 가능하며 특히 사람의 목소리에 민감한 반응을 보인다(최경숙·박영아, 2005).

영아는 5개월 이후가 되면 촉각만 가지고도 사물을 구별할 수 있고, 6개월 된 영아들도 온도의 변화를 구분할 수 있다.

다. 감각 간 지각

감각 간 지각이란 2가지 이상의 감각에 대한 정보를 연결시키고 통합시키는 능력으로서, 생후 6개월부터 다른 형태의 감각 정보들을 연결 지어 정신적 표상을 형성하는 능력이 향상된다.

(4) 언어발달

인간을 인간답게 만드는 특징 중의 하나가 의사소통 및 지적 도구인 언어이다. 언어발달에 개인차가 있으나, 영아는 이미 태내에서부터 청각 기능이 발달되어 있어 언어에 노출되어 왔으며 태어난 후에도 매우 빠른 속도로 언어를 배워 나간다. 초기 언어발달과정은 〈표 4-2〉와 같다.

〈표 4-2〉 초기 언어발달의 과정

월령	언어발달
출생	• 소리언어를 지각할 수 있다. • 운다. • 소리에 대하여 반응을 보인다.
1/2~3개월	• 목 울림, 웃음
3개월	• 소리어를 내며 논다.
5~6개월	• 자음의 도입과 들리는 소리에 근접한 소리를 내려고 한다.
6~10개월	• 자음과 모음을 연결하여 옹알이를 한다.
9개월	• 의사 전달을 위하여 제스처를 사용한다. 제스처 게임을 한다.
9~10개월	• 단어를 이해하기 시작한다(주로 '아니야'와 아기 자신의 이름) • 소리의 모방이 시작된다. • 모국어에 없는 소리를 구분할 수 있는 능력을 상실한다.
9~12개월	• 사회적 의미를 나타내는 제스처를 사용한다.
10~14개월	• 최초의 단어를 사용한다(대개 사물을 지칭하는 것). • 소리를 모방한다.
13개월	• 이름 짓기의 상징적 기능을 이해한다. • 좀 더 정교한 제스처를 사용한다.
14개월	• 상징적 제스처를 사용한다.
16~24개월	• 새로운 단어 습득이 빨라져서 어휘 수가 급속히 증가한다. • 50~400개의 어휘 수를 갖는다. • 동사 및 형용사를 사용할 수 있다.
18~24개월	• 두 단어로 이루어진 문장으로 이야기할 수 있다.
20개월	• 제스처에 대한 의존도는 낮아지고 사물을 이름으로 지칭한다.
20~22개월	• 이해도가 급속히 증가한다.

월령	언어발달
24개월	• 두 단어로 이야기하는 것이 증가한다. • 옹알이는 없어진다. • 많은 이야기를 하고 싶어 한다.
30개월	• 매일 새로운 단어를 습득한다. • 세 개 이상의 단어를 사용하여 이야기한다. • 이해력은 무척 좋다. • 문법적 오류를 범한다.
36개월	• 어휘 수가 1,000개에 이르는데 80%가 이해할 수 있는 것들이다. • 문법적인 실수를 한다.

출처: 최경숙 · 박영아(2005).

초기 언어습득에서는 영아가 단어를 발화하기 시작하면 부모는 다시 정확하게 발음하여 반복해 줌으로써 영아가 바르게 이야기할 수 있도록 도와준다. 영아의 어휘 수는 부모가 얼마나 많이 이야기하여 주는가와 관련이 있다. 영아에게 새로운 어휘를 가르칠 수 있는 가장 적절한 방법은 직접적으로 그 대상을 경험하는 순간에 가르치는 것이다(권민균 외, 2012).

(5) 사회정서발달

① 정서

정서는 생리적 변화나 의식적 경험, 그리고 미소를 짓거나 얼굴을 찡그리는 것과 같은 행동으로 표출된다(Santrock, 2003). 정서는 영아기 동안 양육자와의 사회적 관계를 통해 서서히 발달하며, 영아-양육자 간의 관계는 이후 다른 사람들과의 관계 형성에 기초가 된다. 정서는 자신이 현재 경험하고 있는 느낌과 욕구를 타인에게 알려 주는 의사 전달 기능을 가지고 있다. 또한 정서는 사회적 거리를 조절하고 사회적 환경을 통제하는 수단으로도 사용된다(최경숙·박영아, 2005). 영아는 여러 감정을 표현함으로써 타인의 행동을 조절하는 방법을 학습하는 동시에 타인의 정서적 메시지를 인식하는 방법을 익혀 나간다(Hetherington & Parke, 1993). 영아기 사회정서발달 과정을 요약하면 〈표 4-3〉과 같다.

〈표 4-3〉 영아기 사회정서발달 과정

월령	특성
0~1개월	• 외부 자극에 대해 거의 무반응적임
1~3개월	• 외부 자극에 흥미를 나타내기 시작하며, 사람에게 미소를 짓기도 함 • 미소 짓는 얼굴과 화난 얼굴을 구별할 수 있음
3~5개월	• 미소를 자주 보임, 특히 친숙한 얼굴에 더 미소를 지음 • 어머니의 표정에 따라 다르게 반응함. 어머니가 미소 지을 때는 기쁜 반응을 보이며 어머니가 슬프거나 화난 표정을 지을 때는 괴로운 반응을 보임
6~7개월	• 낯가림이 나타남 • 새로운 상황에서는 활발하게 행동을 하지 않음
8~12개월	• 일차적인 양육자에게 강한 애착을 보임 • 격리불안을 나타냄 • 양육자를 사회적 참조의 대상으로 삼음 • 다른 아기가 울고 있으면 함께 울음을 터뜨림
12~18개월	• 애착 대상을 안전 기반으로 삼고 주위 환경을 탐색함 • 독립적인 욕구가 강해지면서 '아니'라거나 '싫어'라는 말을 통해 부정적인 태도를 보임 • 울고 있는 아기가 있으면 두드려 주거나 안아 줌
18~24개월	• 때때로 양육자와의 거리가 얼마나 떨어져 있는지를 깨닫고 불안해함 • 자신의 정서에 대해 이야기함 • 좌절에 의한 긴장을 통제하기 위해 입술을 깨물거나 이마를 찌푸림 • 울고 있는 아기에게 장난감을 건네는 등의 도움을 베풂

출처: 최경숙 · 박영아(2005).

② 기질

기질이란 한 개인의 행동양식과 정서적 반응 유형을 의미하는 것으로 활동 수준, 사회성, 과민성과 같은 특성을 포함한다(Rothbart & Bates, 1998). 기질 특성은 아동기나 더 나아가 성인기 초기까지도 안정적으로 지속될 수 있음을 보여 주고 있다(Caspi & Silva, 1995). Chess와 Thomas(1977)에 따르면, 기질은 크게 순한 기질, 까다로운 기질, 그리고 반응이 느린 기질의 3가지 기본 유형으로 구분되고, 이들 유형에 속하는 영아는 각각 전체 연구 대상의 40%, 10%, 15%로 나타났다.

기질과 관련하여 중요한 것은 영아의 기질적 반응 유형과 물리적·사회적 환경 간의 조화를 뜻하는 조화의 적합성(goodness of fit)이다. 변화에 적응하는 데 어려움을 갖는 까다로운 기질의 영아에게 부모가 인내심을 가지고 서서히 새로운 변화를 경험하도록 기다려 준다면 이후 아동기나 청소년기에는 까다로운 특성이 지속되지 않을 수 있다(Chess & Thomas, 1984). 그러나 많은 부모는 까다로운 기질의 아동에게 성급하고 인내심이 없이 처벌하는 경우가 많은데, 이러한 부모의 행동은 아동으로 하여금 더욱 소란을 일으키게 하고 반항적으로 행동하도록 하여 이후 행동상의 문제를 일으킬 가능성을 증가시킨다(Chess & Thomas, 1984). 따라서 양육자는 아동의 기질을 이해하고 아동의 개별 특성에 민감하고 융통성 있게 대처해야 한다. 한편 어떤 부모들은 아동의 부정적인 성격 특성에 대해 자신들에게 전적인 책임이 있다고 여기는데, 이때 아동의 행동방식이 타고난 기질로부터 발현된다는 것을 이해한다면 죄책감이나 불안감을 감소시키는 데 도움이 될 수 있다(최경숙·박영아, 2005).

③ 애착

애착이란 영아와 주양육자 간에 형성되는 상호 간의 친밀한 정서적 유대감을 뜻하는 것으로 다양한 발달영역에 영향을 끼치는 것으로 알려져 있다. Ainthworth, Blehar, Waters와 Wall(1978)이 낯선 상황 실험에 의한 애착의 질을 측정한 결과, 양육자에 대한 영아의 애착은 안정애착(65%), 회피애착(20%), 저항애착(10%), 혼란애착(5%) 등 4가지 유형으로 분류되었다.

안정애착형성에 영향을 미치는 요인들로는 부모의 성격, 양육태도, 연령, 사회·경제적 지위, 배우자와의 관계 등을 들 수 있다. 영아의 요구에 민감하고 즐겁게 영아와의 상호작용에 참여하는 부모의 성격 및 사랑과 애정으로 아기를 대하고 욕구에 민감하고, 영아와 눈을 자주 맞추고 미소를 많이 지으며, 정서적인 표현을 많이 하는 양육태도는 안정애착형성에 도움을 준다. 아버지 역시 영아에게 민감하고 반응적으로 행동할 능력을 가지고 있다(Parke, 2000). 한편 너무 어린 나이에 임신하거나 원치 않은 임신을 한 경우, 재정적으로 어려움을 겪고 있거나 배우자와의 갈등 관계에 있는 경우 및 자신의 문제로 스트레스가 많은 경우 등에는 자녀와 안정적인 애착 관계를 형성하지 못하는 것으로 나타났다(권민균 외, 2012). 또한 영아의 특성도 애착형성에 영향을 미치는 것으로 나타났다. 특히 조산이나 발달지체, 신체장애 또는 심리적 장애가 있는 경우, 불안정애착과 상관이 있는 것으로 나타났고, 기질적으로 어머니가 까다롭다고 인식하는 영아는 불안정애착 유형을 보일 가능성이 큰 것으로 나타났다(정옥분, 2002).

4 유아기

유아기 자녀를 둔 부모의 중요한 역할로는 안전하고 자유로운 탐색 환경을 제공함으로써 학습기회 및 지적 자극을 제공하는 것과 초등학교 준비를 위한 신변처리 능력을 훈련시키는 것, 바람직한 사회정서발달을 위한 부모의 양육태도 및 가정환경에 대해 이해하고 실천하는 것을 들 수 있다.

1) 신체발달

매년 키는 약 5~6cm씩 자라고 몸무게는 약 2~3kg씩 증가한다. 유아기 동안 여아는 남아보다 키가 약간 작고 몸무게도 덜 나가는데, 이러한 차이는 사춘기까지 지속된다. 유아의 신체발달에는 개인차가 크게 나타나는데, 이와 관련된 요인으로는 유전, 영양, 환경 등을 들 수 있다. 유아에게는 기본적으로 균형 잡힌 음식을 제공해야 한다. 만약 영양 결핍이 생후 5년 이상 오래 지속되는 경우 두뇌 성장을 지연시키며 키도 자라지 않게 되는 결과를 초래한다(Tanner, 1990). 신체발달에서도 양육자의 애정과 사회적 자극이 매우 중요한 요소로 작용한다. 성장 실패와 결핍성 왜소증은 애정결핍과 사회적 고립으로 인한 스트레스가 유아의 성장을 저해한다는 것을 보여 주는 결과들이다(최경숙·박영아, 2005).

배변훈련이란 대략 3세경에는 획득될 것으로 기대되는 신체 및 운동기술을 일컫는다(Charlesworth, 1996). 배설을 스스로 조절하기 위해서는 배설이 가능한 시간과 장소가 있다는 것을 알아야 하고, 배설욕구를 알려 주는 느낌에 익숙해져야 하며, 괄약근을 수축시키고 이완시키는 방법을 배워야 한다(Papalia & Olds, 1982). 특히 배변훈련은 지나치게 강요하기보다는 편안하고 지지적인 분위기에서 시작하여야 한다.

이 시기는 운동기능발달과 환경에 대한 탐색 욕구에 따라 질식이나 낙상, 중독, 화상, 탈것으로 인한 사고 등의 위험이 커지며 안전사고가 가장 빈번한 곳은 가정인 것으로 밝혀지고 있다. 따라서 이를 예방하는 방법을 고려하는 것이 필요하다.

2) 운동발달

유아기에는 발달하고 있는 신체를 이용해 다양한 활동을 수행할 능력을 갖게 된다. 유아들은 행동반경이 넓어지고 탐색 욕구가 더욱 강해지면서 자신이 가지고 있는 운동능력을 시험해 보려는 시도를 하며, 활동 수준이 매우 높기 때문에 끊임없이 움직인다(최경숙·박영아, 2005). 유아기의 대근육 발달과 소근육 발달은 〈표 4-4〉와 같이 요약될 수 있다.

〈표 4-4〉 유아기의 대근육 발달과 소근육 발달

나이	대근육 발달	소근육 발달
3세	•공을 던질 때 팔 아래쪽으로 던진다. •세발자전거를 탄다. •큰 공을 잡을 수 있다. •도움을 받아 앞으로 공중제비돌기를 한다. •바닥에서 위로 점프를 한다. •발자국 모양을 따라 걸을 수 있다. •튕겨오는 공을 잡는다.	•원에 가깝게 그림을 그릴 수 있다. •종이를 가위로 자른다. •검지를 이용해 풀칠한다. •여덟 개 블록으로 탑 쌓기를 한다. •+를 그릴 수 있다. •인형 옷을 벗기고 입힐 수 있다. •물 주전자의 물을 흘리지 않고 따를 수 있다.
4세	•공을 튕기고 받기를 할 수 있다. •달리다가 멈출 수 있다. •수레나 인형 유모차를 밀고 당길 수 있다. •목표 지점을 향해 공을 발로 찬다. •던져 주는 공을 잡는다. •한 발로 깡충 뛰기를 할 수 있다.	•신발 끈을 꿰고 묶는다. •10개의 구슬을 실에 꿴다. •빨래집게를 열고 닫는다. •여러 용기에 담긴 것을 다른 그릇에 따를 수 있다. •선을 따라 가위로 자를 수 있다. •세모나 네모, × 모양, 숫자, 철자를 보고 베낀다.

나이	대근육 발달	소근육 발달
5세	•유연한 자세로 공을 던진다. •굴러오는 공을 발로 찬다. •양발을 번갈아 가며 깡충 뛰기를 한다. •롤러스케이트를 탄다. •목표 지점을 맞추기 위해 공을 굴린다. •보조 바퀴가 달린 두발자전거를 탄다. •발을 번갈아 가면서 깡충 뛰기를 할 수 있다. •줄넘기를 할 수 있다.	•종이를 반으로, 또 반의반으로 접을 수 있다. •손바닥을 바닥에 대고 윤곽을 따라 그린다. •직사각형, 원, 정사각형, 삼각형을 그린다. •두 개의 짧은 단어를 따라 쓴다. •양손 중 한쪽 손을 선호하게 된다.

출처: 최경숙 · 박영아(2005).

3) 인지발달

(1) Piaget의 전조작기

유아기는 Piaget의 인지발달단계 중 전조작기로서 감각운동기와는 달리 상징과 심상을 사용하는 표상 능력이 증가하나, 이 시기의 사고는 잘 조직화되어 있지 않고 문제해결에 있어 논리적인 방식을 따르지 않는다. 때문에 전조작기는 자기중심성, 물활론, 중심화와 같은 비논리적인 사고가 특징적이다. 자기중심성은 유아가 자신의 입장에서만 판단하고, 타인의 생각이나 관점, 그리고 감정을 자신과 동일하다고 가정하는 현상이고, 물활론은 무생물을 생명과 의식이 있는 존재라고 믿는 것이다. 중심화는 유아가 한 상황에서 여러 다른 요소들은 무시하고 한 가지 측면에만 초점을 맞추거나 주의를 집중시키는 경향을 일컫는다.

유아기에는 기본적인 인과관계에 대해서도 알게 되며, 항목들을 서열이나 다양한 기준에 따라 분류하는 능력이 생기기 시작하나 제한점이 있다. 즉, 유아는 사물을 범주로 묶는 분류 능력의 경우, 7~8세에 이르러서야 몇 개의 기준을 동시에 사용하여 분류하는 것이 가능해지고(Papalia & Olds, 1982), 전체와 부분의 관계를 이해하는 능력인 포함관계의 경우 전체와 부분 중 어느 한 가지에만 초점을 맞추는 경향으로 인해 둘 간의 관계성을 파악하지 못한다. 또한 사물을 순서대로 배열하는 서열화는 구체적 조작기에 이르러서야 완전해진다.

유아기 지적 발달은 교육적인 장난감이나 책이 풍부한 가정환경과 따뜻하고 애정적이며, 언어와 학업적 지식을 자극하고 관찰하고 수행해 볼 흥미로운 것들이 많은 장소로 외출하는 부모의 양육태도와 관계가 있는 것으로 나타났다(Berk, 2002).

(2) 정보처리 능력의 발달

유아는 연령이 증가하면서 뇌발달과 더불어 주의를 오래 지속시킬 수 있으며 더욱 선택적으로 주의를 기울일 수 있게 되고, 목표달성에 필요한 정보를 수집하기 위한 계획을 고안하고 실행시키는 능력을 발달시킨다(Shaffer, 1999). 이를 통해 보다 효율적인 학습이 가능해지며, 복잡한 개념을 이해하고 경험을 더 많이 기억할 수 있게 된다.

유아기에는 과제 수행을 향상시키기 위한 계획적이고 목표지향적인 인지적 조작을 의미하는 기억 책략들을 자발적으로 사용할 수가 없다. 한편 유아기에는 관련성이 있는 항목들이 기억하기 쉽다거나 이야기를 있는 그대로 기억하기보다는 요점을 기억하는 것이 쉽다는 것 등을 깨닫지 못한다. 또한 유아는 자신의 기억 능력을 과대평가하는 경향이 있다.

4) 언어발달

유아기에는 언어규칙체계에 대한 많은 지식의 발달과 더불어 어휘 습득량과 문법발달이 비약적으로 이루어진다. 또한 자신이 습득한 문법적 형태소를 적용시킬 수 없는 상황에까지 확대 적용시키는 과잉일반화와 반복·혼잣말·집단적 혼잣말과 같은 자기중심적 언어가 나타난다.

유아의 언어적 환경은 언어를 습득하고 숙달하는 데에 결정적인 영향을 미친다. 언어환경 중에서도 특히 부모가 유아와 어떻게 언어적으로 상호작용하며, 어떤 언어적 자극을 제시하며, 모델로서의 역할을 제대로 수행하고 있는지가 매우 중요하다. 언어적으로 반응적인 부모들은 적절한 놀이와 읽기 자료를 제공하며 다양한 경험을 제시하는 경향이 있다(Bradley, Caldwel, & Rock, 1989). 또한 문장이 좀 더 복잡하고 개인적이며 구체적인 내용을 포함하는 정교한 어법을 사용하는 것이 언어발달에 도움이 되는 것으로 나타났다(Bernstein, 1961).

5) 사회정서발달

(1) 자아발달

유아기에는 가족에만 한정되었던 사회적 관계로부터 벗어나 더 넓은 사회적 관계를 접하게 된다. 다양한 사회적 관계 속에서 유아는 주도적 특성과 자신에 대한 이해를 발달시키는데, 이는 자아개념과 자아존중감의 기반이 된다(최경숙·박영아, 2005).

① 주도성의 발달

Erikson(1968)의 심리사회적 발달이론에 따르면, 유아기는 주도성 대 죄책감 단계에 해당한다. 이때 유아가 주도성(initiative)을 형성하게 될지 죄책감을 형성하게 될지 여부는 유아의 자기주도적인 활동에 대한 주위의 반응에 달려 있다. 예를 들어, 활발한 신체 활동의 자유와 기회를 제공해 줄 때, 다양한 질문에 성실하게 답해 줄 때, 놀이 활동을 비난하거나 억제하지 않을 때 유아의 주도성이 형성되고 자아존중감이 높아 질 수 있다(Elkind, 1970).

② 자아존중감

유아는 발달하면서 자신에 대한 이해를 넓히고, 복잡한 자기 묘사를 구성하게 될 뿐 아니라 자신이 소유하고 있는 특징을 평가한다. 자아존중감은 자신의 역량 또는 유능함에 대한 평가적 신념으로서, 개인의 바람직한 환경 적응 및 건전한 인성발달 나아가 자아실현에 가장 중요한 요소이다(권민균 외, 2012).

부모는 아동의 자존감 형성에 결정적인 역할을 한다. 영아기에 부모양육 민감성은 자아 형성에 분명한 영향을 준다. 학령기와 청소년기에도 온정적이며 지지적이고 양육하는 데 분명한 기준으로 세우며, 자녀의 의견을 수용하는 부모일수록 자녀들의 자존감이 높았다(Coopersmith, 1967). 자아존중감에 영향을 미치는 또 다른 요인은 또래이다. 유아는 여러 영역에서 또래와 자신에 대한 사회적 비교를 사용하면서 자신과 또래 간의 차이를 인식한다. 이런 종류의 비교는 연령이 증가하면서 더욱 정교화되고 아동의 자존감 형성에 중요한 역할을 한다. 또한 교사와 학교의 특성들도 자아존중감을 형성하는 요인으로 작용한다(Hoge, Smit, & Hanson, 1990).

(2) 성역할 발달

성역할이란 남성 또는 여성에 적합하다고 간주되는 일련의 태도와 행동을 의미하며(Deaux, 1993), 이 같은 성역할 특성을 발달시키는 과정을 성유형화라고 한다. 성유형화는 생득적인 생물학적 요인과 보존개념과 범주화 능력의 발달과 같은 인지적 요인 그리고 가족, 또래, 학교, 대중매체 등의 사회적 요인의 상호작용 결과로 나타난다(Serbin, Powlishta, & Gulko, 1993). 특히 과거에는 성역할 발달에서 부모가 결정적인 사회화 기제라고 여겨져 왔으나 최근에는 형제, 또래, 학교, 대중매체 등의 영향력 또한 중요시되고 있다.

(3) 도덕성 발달

도덕성이란 옳고 그름을 구별할 수 있는 내면화된 일련의 규범으로서, 이 규범에 따라 옳은 행동을 했을 때는 자부심을 느끼고 규범을 위반했을 때는 죄책감과 수치심을 느끼는 것을 의미한다(Quinn, Houts, & Graesser, 1994). 도덕성은 개인이 타인과 상호작용할 때 지켜야 하는 규칙이나 관습과 관련되어 있다.

도덕성 발달과 관련된 이론에 따르면, 유아의 인지발달 수준뿐만 아니라 유아가 부모에 대한 동일시 과정을 통해 부모의 특성 및 사회적 기준에 대한 부모의 규범을 내면화시키는 것, 그리고 유아에 대한 강화와 모방 등이 도덕성 발달에 영향을 미칠 수 있다. 즉, 유아의 바람직한 친사회적 반응에는 정적 강화를 주고(Zarbatany, Hartmann, & Gelfand, 1985), 벌을 줄 경우엔 평소 사회적 강화를 많이 주는 부모가 즉각적이고 일관성 있게 벌을 받는 이유에 대해 설명을 할 때 더욱 효력을 갖는다. 또한 유아에게 나누기, 도와주기, 위로하기와 같은 바람직한 사회적 행동을 가르치기 위해서는 모델을 관찰할 기회를 제공해야 한다(Gray & Pirot, 1984). 이러한 이타적인 모델의 영향력은 7~8세 이전의 유아에게서 가장 강하게 나타난다. 모델이 온정적이고 애정적이며 반응적일 때

유아는 모델의 행동에 더욱 주의를 기울인다. 또한 유아들은 자신의 세계에 숙달되고자 하고 힘과 권위를 갖길 원하기 때문에 강력한 힘과 능력을 가진 사람들이 효과적인 모델로 작용하게 된다.

(4) 공격성 발달

공격성이란 자신이 상해를 입지 않기 위한 목적으로 나타나는 상대방을 해치거나 부상을 입히는 행동을 말한다. 유아기 초기에는 공격성이 우연히 나타나고 놀잇감이나 공간을 통제하기 위한 수단으로서 도구적 공격성을 나타내며, 위협적인 몸짓을 한다거나 미는 등의 신체적 표현을 많이 한다. 그러나 연령이 증가하면서 성인들의 부정적 반응, 조망수용 능력의 발달, 긍정적 의사소통 기술의 발달 등에 따라 신체적 공격이 감소한다(최경숙·박영아, 2005).

유아의 공격성과 관련 있는 요인으로는 강압적 가정환경을 들 수 있다. 이러한 환경에서 어머니들은 자녀의 바람직한 행동을 대부분 무시하고 잘못된 행동에 대해서는 강압적인 방법을 사용하였다. 이 같은 양육방법은 유아가 다른 사람을 신뢰하지 않고 적대적으로 대하도록 만든다(Weiss, Dodge, Bates, & Pettit, 1992).

가정환경 외에도 TV 폭력 시청은 공격성을 증가시키고, 공격성은 TV 프로그램에 대한 흥미를 자극시킨다(Huesmann, Eron, Lefkowitz, & Walder, 1984). 또한 공격적인 행동을 사회적 문제에서의 해결 방안으로 받아들일 여지가 있으며, 폭력에 둔감하게 만들 수 있다. 한편 협력하기, 나누기, 위로하기와 같은 친사회적 행동을 담고 있는 TV 프로그램의 시청은 유아로 하여금 친사회적인 행동을 하게 한다(Hearold, 1986). 그러나 그 영향력은 단기적인 경향이 있으며, 성인이 그 프로그램을 모니터하여 유아에게 친사회적 내용을 반복 연습하도록 하고 실행하도록 촉진시킬 때에만 그 효과가 지속될 수 있다(Friedrich & Stein, 1975).

(5) 정서발달

유아기는 정서가 강하게 나타나는 시기로서, 정서 상태의 지속 시간이 짧고 정서 반응이 폭발적이다. 또한 유아기에는 정서 반응이 자주 바뀌며 정서 표출이 빈번하다. 유아가 자신의 정서를 정확하게 인식하고 타인의 정서를 이해하는 능력은 타인과 관계를 맺고 상호작용하는 데 매우 적응적인 가치를 지닌다. 정서이해 능력은 대인관계 상황에서 상대방의 행동을 예측할 수 있게 해 주어 적절하게 대처할 수 있도록 하며 결과적으로 원만한 사회적 관계를 형성하도록 돕는다(권민균 외, 2012). 부모가 자신의 정서 표현을 통해 다양한 정서에 대한 모델링을 제공하고 자녀와 정서에 대한 대화를 나누며 안정애착을 형성한 경우, 유아의 정서이해도가 높은 것으로 나타났다.

정서조절이란 내적 감정 상태 및 정서와 관련된 생리화학적 과정의 발생, 강도, 지속기간을 조정하는 과정을 말하며, 정서 경험을 주어진 상황에서 사회문화적으로 용인된 방법으로 반응하는 능력이다. 정서조절은 아동의 정서적 자기 효능감, 또래집단에서의 수용, 또래관계의 질, 사회적 지위 등과 관련된다. 그 때문에 부모가 아동에게 직접 훈육과 강화, 처벌을 통해 적합한 정서 표현과 언제 이러한 정서가 표현되는지를 가르치는 것이 중요하다. 동성부모가 아동의 부적절한 정서표현을 통제할수록 아동은 공감 또는 조망수용과 타인 지향적 관심을 나타냈다(권민균 외, 2012).

Chapter 05

부모교육이론

20세기에 와서 부모의 역할 및 능력 양상을 위한 이론들이 보다 다양하게 연구되어 부모들에게 직·간접적으로 영향을 미쳐 왔으며, 이러한 부모교육의 이론들은 여러 발달심리학적 이론이 그 기초를 이루고 있다. 본 장에서는 다양한 이론적 접근을 기초로 한 체계적 부모효율성 훈련이론(STEP), 적극적 부모훈련이론(APT), 부모효율성 훈련이론(PET), Bern의 상호교류분석이론(TA), 행동수정이론에 관하여 살펴보고자 한다.

Parent Education

1 체계적 부모효율성 훈련이론 (Systematic Training for Effective Parenting: STEP)

1) 특성

STEP 프로그램은 1976년 Dinkmayer와 Mckay에 의해 개발된 것으로 Adler와 그의 제자 Dreikurs의 이론과 Gordon의 부모효율성 훈련이론을 토대로 개발되었다. 우리나라에는 『당신도 유능한 부모가 될 수 있다』(이경우 역, 1985)로 번역, 출간되어 STEP이 소개되었고 널리 사용되고 있다.

STEP의 특성

- 민주적인 부모-자녀 관계를 강조하였다. Adler와 Dreikurs는 격려, 상호존중, 행동과 일치하는 훈육, 확실한 한계 등에 근거한 민주적인 가정 분위기와 사회적 평등이 존중되도록 하기 위해 가정 내에서 민주적인 학습이 이루어져야 한다고 강조하였다. 잘못된 행동의 4가지 목표나 자연적·논리적 결과의 방법은 Dreikurs의 이론을 반영하고 있다.
- 의사소통을 위한 대화기법, 환경을 계획하는 기술, 부모 자신의 변화기법, 자녀를 변화시키는 기법을 강조한다. 이러한 의사소통 방법에서 반영적 경청, 대안 찾기나 부모의 생각과 느낌을 표현하는 나-전달법은 Gordon의 이론을 반영하고 있다.

2) 교육목표 및 내용

총 9장으로 이루어진 프로그램의 내용은 부모의 능력 향상과 영유아의 행동발달을 위한 내용으로 구분된다. 부모에게는 양육 원리와 기술을 습득하도록 도와주며, 영유아에게는 긍정적인 행동을 하도록 도와준다. STEP 프로그램의 교육내용과 주제별 목표를 보면 다음과 같다.

(1) 1주 주제: 자녀의 행동 이해

자녀들의 행동을 이해하는 것을 강조한다. 영유아들은 성인들과 마찬가지로 소속감을 얻고자 하며, 사회적 존재로 인정을 받고자 하는 욕구가 있다. 이 욕구가 좌절될 경우 영유아들은 관심 끌기, 힘 행사하기, 보복, 무능함 보이기 등 잘못된 행동목표를 설정하게 된다. 그러므로 영유아들의 잘못된 행동목표를 전환시켜 부모-자녀 간에 긍정적인 관계를 형성시켜 주는 것을 강조한다. 또한 긍정적인 관계를 형성하기 위해 부모들에게 상호존중, 즐거운 시간 갖기, 격려, 사랑의 표시라는 4가지 방법을 활용하도록 한다.

자녀의 바람직하지 않은 행동을 막기 위해 부모는 자녀의 부적절한 목표에 대해 〈표 5-1〉과 같은 방식으로 대응하여야 한다.

〈표 5-1〉 자녀의 바람직하지 않은 목표에 대한 부모의 바람직한 반응

자녀의 목표	부모의 바람직한 반응
관심 끌기	•잘못된 행동을 무시한다. •바람직한 행동을 했을 때 긍정적인 관심을 보인다.
힘 행사하기	•자녀와 싸우기보다는 행동의 결과를 자녀 스스로 경험하게 한다.
(보복)복수하기	•복수로 대응하기보다는 무시한다. •신뢰와 상호존중을 회복하도록 노력한다.
무능함 보여 주기	•절대 포기하지 않는다. •자녀의 장점을 찾아 격려해 준다. •약간의 진전이라도 보이면 놓치지 않고 격려한다.

출처: 김희진(2006).

(2) 2주 주제: 자녀와 부모 자신의 이해

자녀와 부모 자신에 대한 이해를 강조한다. 자녀를 이해하기 위해 자녀의 표면적인 잘못된 행동뿐만 아니라 자녀의 내면적·정서적 측면, 생활방식을 살펴보아야 한다. 자녀들의 잘못된 행동은 가족 분위기, 가치관, 성역할, 가족 간의 위치나 훈육방법에 의해 영향을 받기 때문이다. 그러므로 자녀들이 사용하는 정서, 생활방식에 관심을 갖고 부모 자신의 부모 됨에 대해 살펴보도록 한다. 즉, 자신이 완벽한 부모인지 아니면 책임 있는 부모인지 살펴보아야 한다. 자녀가 겪는 가장 큰 고통은 완벽한 부모 밑에서 양육되는 것으로 자녀를 위해 완벽한 부모가 되기보다는 책임 있는 부모가 되도록 노력하여야 한다.

〈표 5-2〉 부모의 신념

완벽한 부모가 가지고 있는 신념	책임 있는 부모가 가지고 있는 신념
• 나는 자녀를 통제해야 한다. • 나는 우월하다. • 나는 부모 대우를 받을 자격이 있다. 너는 내게 빚을 졌다. • 나는 완전해야 한다. • 나는 계산하지 않는다. 다른 사람이 나보다 더 중요하다.	• 나는 자녀 스스로 결정할 수 있다고 믿는다. • 다른 사람과 동등한 인격이다. • 나는 상호존중을 믿는다. • 나는 인간이다. 내가 불완전한 것이 당연하다. • 나 자신을 포함한 모든 사람이 중요하다고 믿는다.

(3) 3주 주제 : 격려 - 자신감과 가치관 길러 주기

자녀에게 용기를 줄 수 있는 특별한 언어의 사용을 강조한다. 예를 들어, 칭찬과 격려는 부모-자녀를 발전시켜 나가기 위한 중요한 기술 가운데 하나로 자녀의 장점과 행동 자체에 초점을 맞춤으로써 자녀에게 자신감과 가치감을 갖게 해 준다. 칭찬과 격려의 차이와 이에 따라 자녀들이 받는 영향에 대해 살펴보면 〈표 5-3〉과 같다.

〈표 5-3〉 칭찬과 격려에 의해 자녀가 받는 영향

칭 찬	일종의 보상이다. 자녀는 부모가 가치 있다고 생각하는 것을 했기 때문에 보상으로 칭찬받는다.	판단의 의미가 담긴 언어를 사용한다. 예를 들면, “참 착한 아이로구나.”, “네가 자랑스럽구나.”
칭찬에 의해 자녀가 받는 영향	• 과제 수행에 대한 보상: 실패에 대한 두려움, 지나친 기준과 가치의 부여 • 자기평가와 개인적 이익 중시: 과다 경쟁의식, 타인의 희생을 중시하지 않는 최고 지향의 성향 • 외적 평가에 의존: 남을 기쁘게 하는 데 가치 부여 • 외적 통제에 의존: 순종하는 것에 대해 가치 부여	
격 려	일종의 선물이다. 격려는 언제, 어디서, 어떤 이유(노력한 것, 특별한 재능, 성공 또는 실패한 것)로도 받을 수 있다.	인정의 의미가 담긴 언어를 사용한다. 예를 들면, “가게에서 참을성 있게 기다려 주어 고맙구나.”, “이름을 쓸 수 있어서 스스로 자랑스럽게 느끼는구나.”
격려에 의해 자녀가 받는 영향	•자기존중과 성장: 실패경험에 대한 자기극복, 재시도 노력 •내적 평가에 가치 부여: 자기성장과 진보에 대한 긍정적 평가 •노력과 향상: 노력에 대한 인정, 지속적인 노력 •가치 인정: 개인과 모든 이를 위해 재능을 활용, 자신과 타인의 성공에 대해 만족	

출처: 김희진(2006); 유효순 · 지성애(2004).

(4) 4주 주제: 의사소통 - 반영적 경청

자녀들의 비언어적인 메시지에 반응하는 것을 강조한다. 타인과의 의사소통 방식을 폐쇄적 반응과 개방적 반응의 관점에서 기술한다. 폐쇄적 반응은 듣는 사람이 잘 듣지 않고 들은 말에 대해서도 이해를 못하는 것으로 의사소통을 단절시킨다. 반면에 개방적 반응은 다른 사람이 말한 것을 잘 듣고 단어 뒤에 숨은 감정을 분명히 지적함으로써 말하는 사람에게 반응을 보이는 것을 말한다. 〈표 5-4〉는 자녀와의 대화에서 사용하는 폐쇄적 반응과 개방적 반응의 예이다.

〈표 5-4〉 폐쇄적 반응과 개방적 반응의 예

자녀가 하는 말	폐쇄적 반응	개방적 반응
나는 다시 그 애와 놀지 않을 거야.	잊어버려. 그 애는 그런 뜻이 아니었을 거야.	네가 그 애에게 정말 화가 나 있구나.
나는 오늘 학교 가기 싫어. 철수는 나쁜 애야.	누구나 학교에 가야 한다. 그것이 법이야.	철수가 너를 괴롭힐까 봐 두려워하고 있구나.
엄마는 이 세상에서 제일 나쁜 엄마예요.	다시는 그런 말하면 안 돼.	네가 나 때문에 화가 많이 났구나.

출처: 이경우(1985).

(5) 5주 주제: 의사소통 - 대안 찾기, 부모의 생각과 느낌의 표현

자녀와의 원활한 의사소통이 이루어지면 문제에 대한 대안을 찾는 일이 쉬워지며, 그 방법은 다음과 같다. 첫째, 자녀의 감정을 이해하기 위해 반영적인 경청을 한다. 둘째, 브레인스토밍을 통해 가능한 대안들을 열거하며 해결책을 선택하도록 한다. 셋째, 이러한 해결책을 논의할 때 결과에 대해 예측하고 함께 논의한 후 결정을 하도록 한다.

이때 부모는 자녀에게 자신의 느낌, 의사, 의도가 이해되도록 전달해야 한다. 나-전달법을 사용하면 자녀를 평가하지 않으면서 자녀의 행동에 대한 부모의 느낌을 단순하게 설명할 수 있다. 부모는 자녀의 행동결과에 의해 좌절되며 부모의 느낌은 자녀의 행동 자체가 아닌 자녀의 행동에 따른 결과와 관계있음을 알려 주어야 한다. 예를 들어, '네가 … 하면(행동 기술) 나는 …라고 느낀다(느낌 서술).', '왜냐하면(결과 서술), …' 하는 식의 언어적 상호작용을 함으로써 자녀와 긍정적인 의사소통을 할 수 있도록 한다.

(6) 6주 주제: 책임감 훈련방법

자녀에게 논리적 결과의 방법을 사용하여 당연히 일어날 결과를 경험하게 하고 복종을 강요하지 않으면서 자녀에게 책임 있는 결정을 하도록 도와준다. 단순히 자녀가 순종할 때 상을 주고 순종하지 않을 때에 벌을 주는 방식으로 자녀의 행동을 통제할 경우 자율성이나 책임감을 저해시킨다는 단점이 있다. 그러므로 부모들은 책임감 있는 훈육을 통해 자녀가 스스로 책임을 결정하는 경험을 하고, 이 결과를 통해 자신의 결정에 책임을 질 수 있도록 하는 것을 배우도록 한다.

〈표 5-5〉 상/벌과 논리적 결과의 차이

상과 벌의 특징	•권위를 강조 •행동과 무관하며 비논리적임 •과거의 행동을 강조 •공공연한 무관심, 순종을 강요
자녀에게 예상되는 결과	•반항, 앙갚음에 대한 욕구, 자제력 결핍 •분노, 공포, 혼란, 반항 •인정받지 못한다는 느낌 •두려움, 죄의식, 반항적 순종
논리적 결과의 특징	•사회적 질서 •잘못된 행동에 대한 논리적 설명 •인권 존중, 행위와 행위자를 분리 •현재와 미래의 행동에 관심 •목소리로 존중과 선의를 나타냄 •선택권 부여
자녀에게 예상되는 결과	•협동, 존경, 자율, 신뢰, 경험으로부터의 학습 •잘못된 행동은 했으나 자신은 수용 •자기평가, 자율적이 됨 •부모의 사랑과 도움에 대한 확신 •책임 있는 결정, 더욱 유능해짐

출처: 유효순 · 지성애(2004).

(7) 7주 주제: 자연적 · 논리적 결과의 활용

도전 상황에서 반영적 경청, 대안 찾기, 나-전달법, 그리고 자연적·논리적 결과의 원리를 사용할 때 가장 염두에 두어야 할 것은 자녀를 수용하고, 자녀의 문제해결 능력을 신뢰하며 자녀의 인격을 존중해 주어야 한다는 것이다.

자연적 · 논리적 귀결의 원리

- 일관성 있는 행동을 한다.
- 말을 적게 하고 행동을 많이 한다.
- 자녀와 함께 책임의식을 나눈다.
- 자녀의 행동목표와 정서를 이해한다.
- 애정적인 태도를 가지면서 동시에 단호한 면도 필요하다.
- 자녀에게 최대한의 자율성을 부여하는 태도를 가져야 한다.
- 자녀를 복종시키려는 태도를 삼가고 투쟁을 거절한다.
- 자녀들이 좋아하는 태도만을 가진 부모보다는 책임 있는 부모가 되도록 노력한다.

출처: 이재연 · 김경희(2003).

(8) 8주 주제: 가족모임

가족모임은 부모와 자녀 간의 원활한 관계를 형성하는 데 필수적이다. 가족이 함께 즐거운 시간을 가지며, 서로 의견을 교환하고 긍정적인 감정을 표현함으로써 격려하고 때로는 불만을 표현할 수 있다는 측면에서 큰 의미가 있다.

가족모임을 위한 지침

- 일정한 시간에 만나도록 한다.
- 의장직을 돌아가면서 맡는다.
- 문제, 계획 및 결정사항을 기록한다.
- 가족모임의 시간도 함께 정한다.
- 모든 가족구성원은 논제에 대해 제안할 기회를 가져야 한다.
- 모임이 불평하는 시간이 되지 않도록 주의해야 한다.
- 집안일을 분담할 때는 부모와 자녀가 함께 필요한 일의 목록을 작성하고 일하는 방법을 정한다.
- 가족모임에서 결의된 사항은 다음 모임까지(대부분 1주간) 효력을 발생하게 한다.
- 모임에서 결정된 것에 대한 불평은 다음 모임까지 연기되어야 한다.
- 가족구성원은 중요하다고 생각되는 문제를 제기할 기회를 가져야 한다.
- 가족모임은 집안일의 분담과 문제해결 과정 이상이라는 것을 확신시켜야 한다.

출처: 이경우(1985).

(9) 9주 주제: 자신감 개발 및 잠재력 발휘

민주적이고 긍정적인 부모의 역할을 습득하기 위해 부모는 자신이 불완전하며 자녀 또한 불완전하다는 사실을 용납할 수 있는 용기가 있어야 한다. 부모 자신이 불완전하다는 사실을 수용한다면 자신의 실수나 자녀의 실수를 쉽게 받아들일 수 있다. 자녀의 양육과정에서 자신감을 위축시키고 잠재력을 약화시키는 자기패배적 신념을 경계해야 한다. 〈표 5-6〉은 자녀양육과정에서 발생하는 문제에 대해 나타난 부모의 반응과 신념, 그리고 이에 대처하는 부모의 효과적이고 민주적인 행동을 기술한 예이다.

〈표 5-6〉 자녀의 반응과 적절한 부모행동의 예

자녀의 반응	부모의 반응	
① 아이가 말대꾸하거나 건방진 말을 한다.	• 부적절한 부모의 반응: 용서를 빌라고 한다. 아이를 되받아 야단친다. • 자기패배적 신념: 나는 존경받고 두려운 존재이어야 한다.	➡ 효과적이고 민주적인 행동: 화내는 것을 무시하거나 반영적으로 경청한다. 만약 아이가 계속 말대꾸한다면 나-전달법을 사용하고 논리적 결과를 사용한다. 화가 난 듯이 말하지 않는다.
② 여행을 가자고 하는데 아이의 반응이 없다.	• 부적절한 부모의 반응: 명령, 요구, 벌을 준다. • 자기패배적 신념: 나는 즉각적인 반응을 얻어내야 한다.	➡ 효과적이고 민주적인 행동: 나-전달법을 사용하거나, 하지 않아서 생기는 논리적 결과를 경험하게 한다.
③ 학교를 가는데 늦장을 부린다.	• 부적절한 부모의 반응: 잔소리하고 강요하고 쫓아낸다. • 자기패배적 신념: 내 아이는 게을러서는 안 된다. 남들이 나를 어떻게 생각하겠는가?	➡ 효과적이고 민주적인 행동: 학교에서 혼나도록 논리적 결과를 경험시킨다.
④ 아이끼리 싸우고 말다툼한다.	• 부적절한 부모의 반응: 간섭하고 조사한다. • 자기패배적 신념: 나는 싸움을 진정시켜야 한다. 나는 재판관이다.	➡ 효과적이고 민주적인 행동: 싸움을 하지 않으며, 아이 스스로 문제해결 능력이 있음을 믿는다고 말한다.
⑤ 거실에 물건을 늘어놓는다.	• 부적절한 부모의 반응: 잔소리하거나 아이가 없을 때 치운다. • 자기패배적 신념: 내가 하는 편이 낫다.	➡ 효과적이고 민주적인 행동: 나-전달법을 사용한다. 필요할 때 물건을 찾을 수 없다는 논리적 결과를 경험하게 한다.

출처: 이경우(1985).

2 적극적 부모훈련이론(Active Parenting Today: APT)

1) 특성

적극적 부모훈련(Active Parenting Today: APT)은 Adler, Dreikurs와 Rogers의 이론, Carkhuff와 Gordon의 의사소통 기법, Ginott, Allis와 Erikson의 연구결과를 근거로 개발된 프로그램이다. 이 프로그램은 비디오를 통한 훈련법을 사용하며, 비디오 내용으로는 다양한 민족과 인종 그리고 다양한 가족 유형의 가족 화목 활동, 생활에 필요한 기술, 가족회의 방법을 담고 있다.

APT의 특성

- 부모의 권위가 존중되면서 자녀에게 민주적 지도자로 임한다.
- 가족 화목활동을 통해 효의 습관을 길러준다.
- 생활기술교육을 통해 자녀의 자아존중감의 생활 능력을 길러 주고 자녀로부터 존경받는 부모가 된다.
- 세계 속의 민주적 지도자로서의 자질을 길러 준다.
- 비디오 시청과 역할극을 통한 유익하고 활기찬 교육이 이루어진다.

2) 교육목표 및 내용

(1) 1장: 적극적인 부모 되기

가족 내에서 지도자적 역할을 할 사람이 부모라는 확신을 가지고 분명하게 자녀를 지도한다. 부모는 타인의 권리와 개인의 책임을 중시하도록 협동심과 학습을 자극하는 지도자로 정의를 하며, 자녀들이 민주사회에서 생존하고 성장하기 위한 최소한의 자질-용기, 자아존중감, 책임감, 협동심을 추구하기 위해 제한된 자유를 자녀에게 허용한다. 즉, 일일이 간섭하기보다는 선택의 기회를 주는 것이 필요하다고 강조한다. 제1장의 활동으로는 자녀와 재미있는 시간을 갖는 것이다.

(2) 2장: 용기와 자아존중감

부모는 자녀가 생활 속에서 받는 많은 도전에 용기와 자아존중감을 가질 수 있도록 자녀에 대한 부정적 기대감, 실수 지적하기, 완벽주의, 과잉보호보다는 아동의 가치를 인정하고 독립성을 강조하고 자극하며 격려해야 한다. 또한 인간의 가치와 성취개념과 그릇된 행동의 개념을 구별하고, 자녀의 독특성을 감사하며 영유아에 대한 존중을 표현해야 한다. 제2장의 활동으로는 자녀에게 격려의 편지를 쓰는 것이다.

(3) 3장: 자녀를 이해하기

부모는 자녀를 이해하기 위해 영유아발달에 대한 이론과 성격형성 요인, 유전과 가정환경, 가족구조 그리고 부모역할의 방법을 이해한다. Dreikurs의 이론에 근거하여 접촉, 힘, 보호, 물러서기 등 4가지 행동목적을 길러 주어야 한다고 생각한다. 우선, 부모와의 접촉이란 가족 간의 소속감을 발달시키고 소속감에서 생긴 자존심과 용기를 가정 밖에서도 긍정적으로 접촉할 수 있도록 하는 것이다. 둘째, 힘이란 환경을 통제하는 힘을 의미하며, 셋째, 보호란 공격을 물리치기 위한 본능과 타인의 안녕에 기여함으로써 자신의 보호를 강화하는 것을 의미하고, 마지막으로 물러서기는 재충전의 기회로 가끔씩 물러나 재충전을 하고 자신만의 시간을 갖는 경험을 하는 것이다. 제3장의 활동으로는 기술을 가르치기 위한 동기화, 적절한 시간 선택, 기술을 작은 단계로 나누기, 시범, 자녀의 시도 격려하기, 함께 일하고 놀기 등을 제시하고 있다.

(4) 4장: 책임감을 발전시키기

책임감이란 행동을 선택하고 그 선택의 결과를 수용하는 과정으로 일상생활에서 선택의 기회가 빈번히 주어져야 한다. 효율적인 자녀지도를 위해 유념할 네 가지는 다음과 같다. 첫째, 자녀지도의 목적은 자녀를 가르치는 것이지 자녀에게 상처를 주는 것이 아니다. 둘째, 아이의 행동에 개선의 여지가 보일 때를 이용하여 자녀의 부정적 행동을 지도하는 기회로 삼아야 한다. 셋째, 자녀를 지도할 때는 부모로서 강력히 주장하는 발언을 가능한 줄이도록 한다. 넷째, 자녀를 훈육할 때는 사랑하는 마음으로 지도한다. 제4장의 가족화목 활동으로는 적극적인 나-전달법의 사용을 제시하고 있다.

(5) 5장: 협동심을 구하기

협동이란 두 사람 이상이 공동의 목표를 향해 서로 지지하며 함께 일하는 것으로 협동을 통해 문제를 해결할 때 좀 더 원만한 해결책을 찾을 수 있다는 것을 인식하게 하는 것이다. 제5장의 활동으로는 즐거운 취침 시간 만들기와 '사랑한다'라는 말 사용하기를 제시하고 있다.

(6) 6장: 민주사회에서의 적극적 부모

민주주의 원리를 처음 배우는 곳은 가정으로 가족문제해결을 위한 대화와 토론, 가족회의를 통해 민주주의란 내 멋대로 행동하는 것이 아니라는 것과 표현의 자유를 이해하도록 도와준다. 제6장의 활동으로는 자기 가족이 세상에서 자녀들에게 가장 소중한 것이라는 가족 단위의 중요성을 강조하고 있으며 가족모임을 유지하는 4가지 근거로 협동, 책임감, 용기, 자존감을 제시하고 있다.

3 부모효율성 훈련이론(Parent Effectiveness Training: PET)

1) 특성

Gordon에 의해 개발된 프로그램으로 부모-자녀 간의 의사소통 기술을 향상시키는데 초점을 두었다. PET 프로그램은 Rogers의 인간중심 치료 기법, Dewey의 문제해결을 위한 과학적 절차와 단계, Ivey의 의사소통 기법, Carkhuff의 조력 기술을 바탕으로 하였다. 우리나라에는 1989년 한국심리상담소를 통해 처음으로 소개되어 널리 사용되고 있다.

Gordon은 효율적인 의사소통이 이루어졌을 때 부모-자녀 간에 원만한 인간관계가 이루어진다고 보고 부모와 자녀가 효과적으로 의사소통할 수 있는 방법, 문제가 발생했을 때 해결하는 방법을 집중적으로 다루고 있다. 대부분의 부모는 〈표 5-7〉과 같은 장애요인적 언어표현을 하기 때문에 자녀들과의 관계가 원만하지 못하다고 보았다(이태영·황영자 역, 1986).

〈표 5-7〉 장애요인적 언어표현

명령 · 지시	•자녀에게 어떻게 하도록 명령하거나 지시한다.	"문 닫아라. 숙제해라."
주의 · 협박	•자녀에게 어떤 행동을 하면 어떤 결과가 될 것이라는 것을 말한다.	"다시 한번 더 그렇게 말하면 아빠에게 얘기할 거야."
훈계 · 설교	•자녀에게 해야 할 일과 해서는 안 되는 일을 일러 준다.	"웃어른에게는 언제나 정중하게 대해야 해."
강의 · 이론의 전개	•사실, 정보, 논리, 부모 자신의 의견 등으로 자녀의 판단에 영향을 주려 한다.	"내가 너처럼 어렸을 때는 너보다 훨씬 많이 일했었지."
비판 · 비난	•자녀에 대해서 부정적 판단, 평가를 내린다.	"너는 아직 어려서 잘 몰라."
칭찬 · 동의	•긍정적 평가, 판단을 보이고 동의한다.	"너는 할 수 있는 충분한 실력을 갖고 있어."
욕설 · 조소 · 수치감	•자녀에게 욕을 하거나 조소를 한다.	"이 말썽쟁이야."
분석 · 진단	•자녀 자신의 동기가 무엇인가를 해석한다. •왜 자녀가 그런 말을 하는지 원인을 분석한다. •자녀의 기분을 알거나 혹은 자녀에 대한 진단을 끝냈다는 것을 전달한다.	"동생이 미워서 그러는구나."
격려 · 동정	•자녀의 기분을 맞추려 한다. 자녀가 가진 지금의 기분을 풀어버리려 든다. •자녀의 지금 감정은 강경한 것이 아니라고 부정한다.	"어릴 때는 누구나 그런 경험을 하는 거야."
질문 · 탐문	•원인, 동기, 이유를 알고자 한다. •부모가 자신이 문제를 해결하는 데 필요한 정보를 자녀로부터 얻으려 한다.	"왜 너는 유치원이 싫다는 생각을 하는지 말해 봐."
중지 · 주의를 다른 데로 전환	•문제에서 자녀를 다른 데로 이끌려 한다. •부모 자신이 문제에서 도피한다. •농담으로 돌린다.	"학교에 불이라도 질러서 태워 버리는 게 어때."

출처: 이태영 · 황영자 역(1986).

Gordon의 PET 원리는 다음과 같은 3단계를 가지게 된다.

(1) 1단계: 수용 수준 파악단계

자녀의 행동에 대한 부모의 수용 정도는 차이가 있기 마련이다. 즉, 동일한 행동일지라도 문제 행동으로 보는 부모가 있는가 하면 정상적인 행동으로 인식하는 부모가 있다.

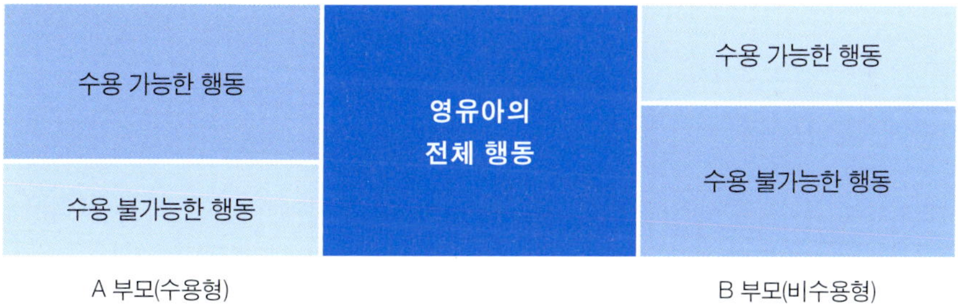

[그림 5-1] 영유아의 행동에 대한 부모의 수용성 수준
출처: 이은화 · 김영옥(1999).

(2) 2단계: 문제의 소유자 파악단계

1단계에서 부모의 수용 정도를 파악한 후에는 자녀와 부모 중 문제의 소유자를 파악하여 그 문제를 해결하기 위한 원인분석을 한다. 문제를 가진 사람을 찾는 것이 문제해결을 위해 중요할 뿐만 아니라 그에 따라 문제를 해결하기 위한 기술도 달라져야 하기 때문이다.

〈표 5-8〉 문제의 소유자

영 역	문제의 소유자	비 고
부모가 수용 가능한 영역	자녀가 문제 소유	•자녀만 스트레스를 받음 •부모는 자신의 욕구를 만족시키는 것이 직접적으로 방해받지 않았기 때문에 자녀만 문제를 소유함 •자녀만 문제를 소유했다고 부모가 걱정을 안 하거나 도움을 제공하지 않는 것은 아님. 적극적 경청을 통해 지원함 •문제해결의 책임은 자녀에게 있음

영 역	문제의 소유자	비 고
부모가 수용 가능한 영역	누구도 문제 소유하지 않음	•자녀와 부모 모두 욕구를 충족시킴 •자녀가 부모의 욕구충족을 방해하지 않고, 부모도 자녀의 욕구충족을 방해하지 않음
부모가 수용 불가능한 영역	부모가 문제 소유	•부모만 스트레스 받음 •자녀의 행동이 부모의 욕구를 충족시키는 데 방해가 됨 •나-전달법을 통해 자녀의 행동이 왜 부모에게 스트레스를 주는지 자녀에게 전달함

출처: 김희진(2006).

(3) 3단계: 자녀를 돕는 기법의 사용단계

3단계에서는 2단계에서 알아낸 문제 소유자에 따라 이에 적합한 기술을 적용하여야 한다.

부모와 자녀가 생산적인 대화를 나누게 함으로써 부모-자녀 간의 갈등을 해소해 주고 자녀가 자신의 문제를 스스로 해결하는 능력을 길러 주며, 나아가 부모와 자녀의 관계가 서로 존중하고 도움을 주고받는 관계로 발전시켜 나가는 것을 목표로 하고 있다.

Gordon의 여러 가지 기법 중에서도 가장 대표적인 것은 적극적 경청(active listening), 나-전달기법(I-message), 무승부법(no-lose method)으로 자세한 내용은 다음과 같다.

첫째, 적극적 경청은 침묵이나 조용히 듣는 수동적 경청과는 달리 자녀로부터 들은 내용을 이해하고 같은 뜻이 담긴 다른 말로 바꿔서 되돌려 주는 의사소통 전략이다.

적극적 경청의 장점

• 부정적인 감정을 두려워하지 않도록 도와준다.
• 자녀 스스로 문제를 해결하도록 격려한다.
• 부모-자녀 간의 온정적인 관계를 증진시킨다.
• 문제가 되는 감정의 정화작용을 촉진한다.
• 자녀 스스로 문제를 분석하고 해결책을 모색하는 것을 격려하고 독립성을 배양한다.
• 부모의 이야기를 경청하는 태도를 길러 준다.

출처: 김명희(1996).

둘째, 자녀의 부적절한 행동에 대해 부모가 어떻게 느끼는지를 객관적으로 표현하는 방법으로 나-전달법이 있다. 비효과적인 방법의 대부분은 자녀를 비난하는 너-전달법으로 부모가 나-전달법을 사용했을 때와 너-전달법을 사용했을 때 자녀가 받아들이는 메시지는 매우 다르다. 나-전달법과 너-전달법의 예를 들면 〈표 5-9〉와 같다.

〈표 5-9〉 나-전달법과 너-전달법의 사례 비교

사 례	내 생각 전하기 (나-전달기법의 예)	자녀 행동 탓하기 (너-전달기법의 예)
장난감을 어지럽게 널려놓고 정리하지 않는다.	"장난감을 치우면 좋겠구나. 장난감이 흩어져 있어서 청소를 하기가 어렵단다."	"치워라 치워, 왜 이 모양이냐!"
손님이 오셨는데 인사를 하지 않는다.	"인사를 바르게 하면 엄마는 네가 대견할 텐데."	"인사 좀 해라. 손님한테 인사도 못 하니?"
동생을 때린다.	"동생을 때리니 엄마 마음이 아프구나. 왜냐하면 엄마는 네가 동생을 잘 돌볼 것이라고 믿었거든."	"동생을 잘 돌봐야지. 형이 때리면 되겠어?"

출처: 이경우 · 이은화 · 김영옥 · 조부경(1994).

효율적인 의사소통을 위해 나-전달법과 적극적 경청 중 어떤 전략을 사용할 것인가는 문제의 소유자가 누구냐에 따라 달라진다. 만약, 부모-자녀 관계에서 부모가 스트레스를 받으면 부모가 문제를 소지한 것이고, 이때 부모는 나-전달법을 사용한다. 반대로 자녀가 스트레스를 받으면 자녀가 문제의 소유자이고, 이때 부모는 자녀의 감정에 반응해 주는 적극적 경청전략을 사용하면 된다.

〈표 5-10〉 자녀의 연령에 따른 나-전달법과 적극적 경청

자녀의 연령 및 특성		나-전달법	적극적 경청
영아기	부모의 말을 이해하지 못하나 부모의 감정은 이해한다.	"네가 아픈 것 같아 나도 슬프구나." "네가 웃으니 나도 행복해."	"공을 잡을 수 없어서 화가 났구나." "강아지가 물까 봐 겁이 났구나."

자녀의 연령 및 특성		나-전달법	적극적 경청
걸음마기	말로 표현할 수 있으나, 자녀를 더 잘 이해하기 위해 행동을 관찰하여 감정을 이해한다.	"네가 왜 우는지 모르면 너를 도와줄 수 없단다." "네가 장난감을 던지면, 부서질까봐 걱정된단다."	"과자를 더 안 준다고 해서 엄마한테 화가 난 것 같구나." "친구와 놀게 되어서 정말 기쁘구나."
유아기	논리적 사고 능력이 있으나 자녀의 감정을 이해하기 위해 행동을 관찰하고, 감정을 나타내는 정확한 용어를 사용해 준다.	"네가 친구와 사이좋게 놀면 엄마도 기쁘단다. 왜냐하면 네가 친구들과 사이가 좋으니까." "길거리에서 뛰면 엄마는 네가 다칠까 봐 걱정이 돼. 특히 비오는 날은 미끄럽거든."	"게임에 져서 속상한 것 같은데, 엄마와 이야기할래?" "선생님이 네 이야기를 잘 들어주셔서 기분이 좋구나."

출처: 김희진(2006).

셋째, 부모-자녀 간 갈등을 민주적으로 해결하는 방법으로 제시된 것이 '갈등해결의 무승부법'이다. 이 방법은 부모와 자녀 모두를 이기게(win-win) 하거나 양쪽 모두를 어느 정도 만족시키기 때문에 바람직한 갈등해결 방법이다. 무승부법을 사용할 때는 [그림 5-2]와 같은 단계를 거쳐 문제를 해결한다.

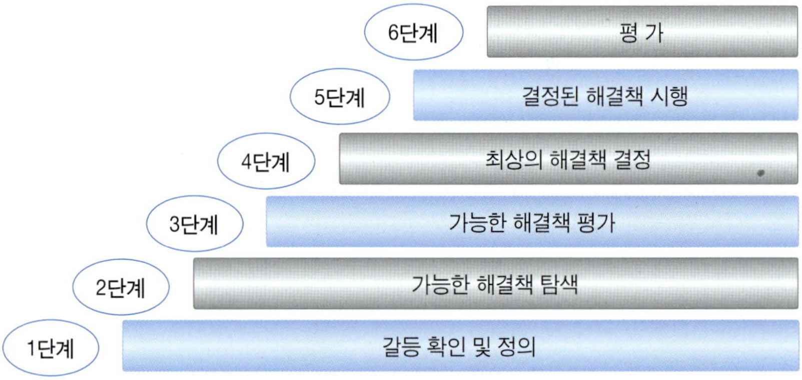

[그림 5-2] 무승부법의 시행 6단계

출처: Gordon(1975).

2) 교육목표 및 내용

총 8주로 이루어진 프로그램의 내용은 부모-자녀 간의 의사소통 기술을 향상시키는 데 초점을 두었다. 이 프로그램은 부모를 가르칠 수 있는 강사교육과 부모를 대상으로 한 일반교육으로 나누어진다. 교육은 이론교육과 실제교육으로 구성되며, 주 1회 과정으로 총 24시간을 교육받게 된다. 강사들이 구성하는 PET 그룹은 1학급당 10명 정도로 구성되어 Gordon의 PET가 주된 교재이며 여러 가지 교수방법이 적용된다. 부모들은 강사가 제시하는 대로 역할놀이를 하면서 자녀양육기술을 익히게 되며, 이는 단순한 지식전달의 차원을 넘어 가정에서 부모들이 당면하는 문제들을 직접 다루어 봄으로써 자신의 자녀양육 방법을 개선하는 방향으로 이루어진다.

PET의 주제별 목표와 교육내용을 살펴보면 다음과 같다.

〈표 5-11〉 PET의 주제별 목표 및 내용

주	내용	목표
1	PET 소개와 정의, 목표 설정하기	행동의 네모꼴 수용도식 / 문제의 소유자 가리기
2	반영적 경청(Ⅰ)	의사소통의 걸림돌과 걸림돌을 경험하기
3	반영적 경청(Ⅱ)	유아와 의사소통하기 / 감정표현 어휘 찾기 / 반영적 경청의 실습
4	나-전달법	나-전달법의 3요소 설명과 나-전달법을 체험하고 인식하기
5	나-전달법의 종류 / 유아를 위한 나-전달법 / 환경을 재구성하기	가정환경 및 가족환경의 재구성
6	제3의 방법(Ⅰ)	갈등 해결하기, 과거의 갈등 해결하기
7	제3의 방법(Ⅱ)	문제해결의 6단계 / 욕구를 언어로 표현하기 / 제3의 방법으로 계획하기
8	가치관 대립에 대처하는 기술	가치관과 대립을 인식하기 / 자녀의 가치관에 영향 주기

4 Bern의 상호교류분석이론(Transactional Analysis: TA)

상호교류분석이론은 부모-자녀 간 의사소통과 상호교류방법을 개선시키기 위한 목적에서 1950년대에 미국의 정신의학자 Eric Bern이 개발한 이론이다.

Bern은 상호교류분석이론에서 부모-자녀 관계의 기본 이론을 '나는 옳다(I am OK).'와 '너는 옳다(You are OK).'의 조합 형태에 따라 [그림 5-3]과 같이 4가지 유형으로 구분하였다.

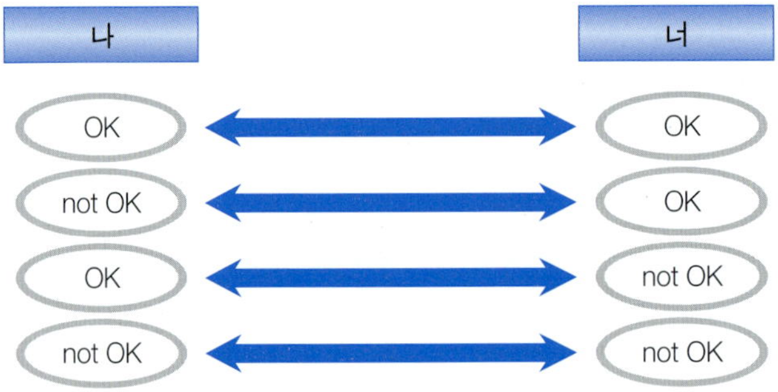

[그림 5-3] 4가지 인간관계의 행태

출처: 김명희(1996).

1) 나는 옳지 않다 - 너는 옳지 않다(I'm not OK - You're not OK)

이러한 생활 자세는 한 개인이 그 자신을 포함해서 아무도 믿지 않기 때문에 모든 것이 부정적이다. 이것은 그 자신이 승리할 수 없다고 느끼는 사람의 입장이며 인생은 황량하고 가치 없는 것으로 본다.

2) 나는 옳다 - 너는 옳지 않다(I'm OK - You're not OK)

이러한 생활 자세를 갖는 사람은 타인을 부적절하고 가치 없는 사람으로 보는 입장이다. 한 개인이 다른 사람에 대해 겁을 먹고 불안정하고 불신한다고 할지라도 기본적인 인생의 입장은 타인의 위에 서는 것이다.

3) 나는 옳지 않다 - 너는 옳다(I'm not OK - You're OK)

이러한 생활 자세는 자신이 타인에 비해 부적절하다고 느끼며, 열등하다고 느끼는 입장이다. 그 사람의 자신에 대한 느낌은 다른 사람이 승인해줄 때에만 생기기 때문에 좌절적이고 가치를 두지 못한다.

4) 나는 옳다 - 너도 옳다(I'm OK - You're OK)

대체로 자기 자신에 대해 만족하고 타인에게 편함을 느끼는 건전한 형태이다. 이러한 생활 자세는 앞의 세 종류의 감정을 경험하고 성인의 자아를 형성한 사람에게 나타날 수 있다.

〈표 5-12〉 4가지 생활 자세

생활 자세	특징	심리적 결함	권장하는 부모교육
나는 옳지 않다 / 너는 옳다 (I'm not OK / You're OK)	•출생 후 아동에게 흔하게 나타남 •타인에 대한 긍정 •자신에 대한 부정 •부모의 지시에 전적으로 의존함 •부모를 긍정적으로 생각함	•열등감, 부적절감, 우울증, 죄의식 •감정적 도피 또는 타인을 멀리하는 경향	•자녀를 지지하는 양육 방법 •자녀의 자율성을 강화하는 방법
나는 옳다 / 너는 옳지 않다 (I'm OK / You're not OK)	•생후 2~3년 유아기 특성임 •부모로부터 학대를 받은 아동의 특성임 •부모에 대한 부정과 자기 긍정, 반항적인 태도 •심한 신체적·정신적 학대의 경험임 •타인에 대한 무시 •쉽게 화를 냄 •생활 자세 불안정함	•자립하려는 욕구 강함 •편집증적 자세 •극단적 불신, 비난, 증오 •자만심과 자기방어	•인내와 관찰

생활 자세	특징	심리적 결함	권장하는 부모교육
나는 옳지 않다 / 너도 옳지 않다 (I'm not OK / You're not OK)	•유아기에 나타남 •무능력감을 경험하면서 자기부정함 •타인에 대한 부정적 태도 •생을 자포자기하는 경향	•버림받았다고 지각함 •모든 사람에게 분노함 •반항과 자기부정 현상 •생에 대한 의욕상실 •반사회적 행동	•엄격한 지도와 감독 •긍정적 강화와 격려
나는 옳다 / 너도 옳다 (I'm OK / You're OK)	•건강한 심리자세 •자기존중, 타인존중 •성장기에 부모의 바람직한 자세를 전수	•긍정적 사고 •자기성장 노력	•스스로 문제를 해결할 수 있도록 동기 유발

출처: 김명희(1986).

5 행동수정이론(Behavior Modification)

1940년대 이후 정신분석이론, 사회심리학, 인본주의 심리학에 근거한 부모교육이론들이 다양화된 후에도 행동수정이론은 부모들에게 많은 영향을 주었다.

행동주의 심리학을 기초하여 부모교육이론으로 적용한 행동수정이론은 부모역할이란 무엇보다도 좋은 모델을 보여 주는 것이며, 관찰 및 측정이 가능한 행동들을 선별한 후에 행동을 수정 또는 강화해 주는 것으로 보고 있다. 행동수정이론에는 Watson과 Skinner의 기여가 크다고 볼 수 있다.

1) 행동지도의 절차

영유아의 행동을 올바로 지도하기 위해서는 반드시 따라야 할 몇 단계의 절차가 있다(최경숙·신현옥, 1987).

첫째, 지도해야 할 행동을 면밀하게 세분화하는 일이다.

둘째, 구체적인 세목의 행동을 직접 관찰을 통해서 그 행동의 빈도를 측정하는 일이다.

셋째, 지도해야 할 구체적 행동이 정해지고 그 행동의 빈도와 강도가 측정되면 어떤 지도원리를 적용할 것인가를 정해야 한다.

넷째, 지도원리가 정해지고 지도계획이 세워지면 계획한 대로 일관성 있게 지도원리를 적용해야 한다. 이때 그 행동빈도가 줄어들었는지 또는 바람직한 행동이 증가되었는지 등을 확인해야 한다.

2) 행동수정의 원리

부모교육에서 행동주의 이론의 적용은 부모가 행동주의 이론에 바탕을 둔 제 기술을 습득하여 자녀의 행동관리에 적용시키는 것이다.

행동수정이론에서 제시된 원리를 살펴보면 첫째, 새로운 행동을 강화시키기 위한 원리, 둘째, 새로운 행동을 발달시키기 위한 원리, 셋째, 새로운 행동을 유지시키기 위한 원리, 넷째, 부적절한 행동을 중단시키기 위한 원리, 다섯째, 정서적 반응수정을 위한 원리 등의 다섯 가지로 요약할 수 있다(최경숙·신현옥, 1987).

〈표 5-13〉 행동수정 원리

새로운 행동을 강화시키기 위한 원리	정적 강화	바람직한 행동을 한 후에 영유아가 좋아하는 보상을 띤 강화물을 제공하여 그 바람직한 행동의 발생률을 향상시키는 과정을 말한다.
	부적 강화	바람직하지 않은 행동을 한 후에 후속 자극, 즉 영유아가 싫어하는 처벌이나 불쾌한 반응을 주어서 그러한 행동을 제거함으로써 바람직한 행동의 발생률을 높이는 방법이다.
새로운 행동을 발달시키기 위한 원리	점진적 접근원리	이전에는 거의 혹은 전혀 하지 못하던 행동을 하도록 가르치려면 완전한 행동에 이르기까지 그 하위단계들을 계속 강화해 나가면서 점진적으로 접근해 나간다.
	모방원리	영유아에게 새로운 행동을 가르치기 위해서는 바람직한 행동을 하는 영향력 있는 사람을 관찰하여 모방할 기회를 제공함으로써 새로운 행동을 가르치는 것이다.
	신호제시 원리	영유아에게 바람직한 행동을 하게 하려면 잘못된 행동이 저질러진 후보다는 오히려 그 행동을 하기 바로 직전에 올바른 행동을 할 수 있도록 기억시키거나 신호를 주는 것이다.

<table>
<tr><td>새로운 행동을 발달시키기 위한 원리</td><td>변별원리</td><td>특정 상황에서 영유아가 바람직한 행동을 하도록 가르치려면 그에게 상황을 구별하는 신호를 발견하도록 도와주고, 그의 행동이 그 신호에 적합한 때에만 강화를 해 준다.</td></tr>
<tr><td rowspan="2">새로운 행동을 유지시키기 위한 원리</td><td>대체원리</td><td>이미 효과가 없어진 강화물을 가지고 영유아를 강화시키기 위해서는 보다 더 효과적인 강화물을 주기 바로 전에 또는 가능한 한 더 효과적인 강화물 제시와 가깝게 효과가 없어진 강화물을 준다.</td></tr>
<tr><td>간헐적 강화원리</td><td>영유아가 강화를 거의 받지 않고도 형성된 행동을 계속하도록 격려하기 위해서는 정확한 행동이 강화를 받는 빈도를 점차적, 간헐적으로 감소시켜 강화한다.</td></tr>
<tr><td rowspan="4">부적절한 행동을 중지시키기 위한 원리</td><td>포화원리</td><td>영유아의 바람직하지 않은 행동을 그만두게 하려면 그 행동에 싫증이 날 때까지 바람직하지 못한 행동을 계속하도록 허용하거나 강요하는 방법이다.</td></tr>
<tr><td>소거원리</td><td>바람직하지 않은 행동을 중단시키려면 그 행동을 한 후에는 어떤 강화도 받지 못하도록 상황을 조정한다.</td></tr>
<tr><td>대체행동의 강화원리</td><td>영유아의 바람직하지 못한 행동을 중단하도록 하기 위해서는 고치고자 하는 바로 그 바람직하지 못한 행동과 모순되고 또한 그 바람직하지 못한 행동과 동시에 수행될 수 없는 대체적인 행동을 강화해야 한다.</td></tr>
<tr><td>부적 강화</td><td>바람직하지 않은 행동을 그만두도록 하기 위해서는 그 행동이 향상되었을 때 즉각적으로 혐오스러운 상황이 끝나도록 상황을 조정한다.</td></tr>
<tr><td rowspan="2">정서적 반응수정을 위한 원리</td><td>회피원리</td><td>영유아가 특정한 상황을 피하도록 가르치기 위해서는 영유아에게 피해야 할 상황과 불쾌한 상황을 동시에 제시한다.</td></tr>
<tr><td>공포감소의 원리</td><td>영유아에게 어떤 특수한 상황에 대한 공포를 극복하도록 도와주기 위해서는 아동이 기분 좋고, 편안하고, 안정되고 또는 강화를 받고 있는 동안에 그 공포를 느끼는 상황에서 영유아가 지내는 시간을 점차적으로 증가시켜 공포를 극복하는 능력을 기르기 위한 원리이다.</td></tr>
</table>

출처: 유안진 · 김연진(2003).

3) 보상의 유형과 원리

행동수정이론에서 보상은 크게 물질적 강화, 사회적 강화, 간접적 강화 세 가지의 영역으로 구분될 수 있다.

〈표 5-14〉 강화의 종류

구분	물질적 강화	사회적 강화	간접적 강화
강화 방법	바람직한 행동을 할 때 즉시 물질적인 강화물을 제공하여 지속적으로 습관화시키는 강화이다.	자녀 스스로 바람직한 행동에 대해 물질적 보상뿐 아니라 언어적 칭찬 등을 통해 행동을 습관화시키는 강화이다.	바람직한 행동에 대해 상징적인 표시 또는 점수를 주는 강화이다. 이러한 강화물은 구매력을 지닌다.
강화물	자녀가 좋아하는 물질(장난감, 옷, 구두, 과자, 취미 관련 수집품 등)	칭찬, 인정, 미소, 신체적인 애정의 표시	스티커, 동전, 칩표 등

출처: 김명희(1996).

보상의 원리는 다음과 같다.

보상의 원리

- 직접적인 눈 마주침으로 자녀와 긴밀하고 개별적인 관계를 형성한다.
- 빈번한 신체적인 접촉을 통해 칭찬의 효과를 증대시키도록 한다.
- 미소와 언어적인 메시지를 함께 사용함으로써 부모의 얼굴표정에 나타난 기쁨을 영유아가 느낄 수 있도록 한다.
- 나-전달법을 사용하여 영유아가 행한 긍정적인 행동에 대해 구체적으로 표현해 준다.
- 영유아가 행한 행동 그 자체를 구체적으로 언급해 주는 것이 바람직하다.
- 부모의 몸동작이나 음성의 높낮이 등을 통해 칭찬의 가치가 극대화되도록 한다.
- 보상이 제공되는 시기는 빠를수록 효율적이므로 이를 적절히 이용하도록 한다.

위에서 제시된 7가지의 전략에 나타난 특징을 살펴보면, 첫째, 물질적인 보상보다는 심리적이며 사회적인 보상을, 둘째, 보상의 이유가 구체적으로 진술되도록, 셋째, 그룹 속에서의 보상보다는 개별적이며 비공식적인 분위기의 보상을 적극 권장하였다(유안진·김연진, 2003).

Chapter 06

다양한 가족과 자녀

오늘날 우리 사회는 전통적 확대가족은 점차 감소하고 부부와 자녀 중심의 전형적인 가족 유형에서 벗어난 여러 가지 형태의 가족이 증가하고 있다. 맞벌이 가족, 한부모 가족, 재혼 가족, 조손 가족, 다문화 가족, 1인 가족, 노인부부 가족, 소년소녀가족, 입양 가족 외에 동성커플 가족, 기러기 가족, 주말 가족, 딩크(DINK) 가족 등 새로운 가족 유형이 계속해서 나타나고 있다. 이는 급격한 산업화 및 도시화, 정보화, 세계화, 출산율의 저하와 고령화 등의 사회구조 변화와 그에 따른 개인의 가치관과 삶의 양식 변화를 통하여 자연스럽게 발생하는 현상으로, 가족의 기능과 의미에 대해 새로운 이해를 필요로 한다. 본 장에서는 다양한 가족 유형 중 영유아기 자녀가 있는 맞벌이 가족, 한부모 가족, 재혼 가족, 조손 가족, 다문화 가족과 아동학대 가족에 대해 살펴보고자 한다.

1 맞벌이 가족

1) 맞벌이 가족의 개념과 현황

맞벌이 가족은 산업 사회적, 도시적 개념으로서 부부가 함께 직업을 가지고 사회활동을 하는 가족 형태이다. 예전에는 단순히 경제적인 이유로 맞벌이를 하는 경우가 많았으나 점차 무보수의 가사노동보다는 보람 있는 일에 대한 욕구, 또는 여성의 자아실현과 같은 개인적 동기가 커지고 여성 취업에 대한 인식이 긍정적으로 변하면서 맞벌이가 늘어나고 있다(곽형식 외, 2008). 최근에는 저출산·고령화의 급격한 진전에 따라 여성의 경제활동 참가율을 증가시키고 성장잠재력을 확보하기 위해 일·가정 양립지원 정책을 지속적으로 확대하고 사회적 지원이 확산되면서 전체 맞벌이 가족의 수도 꾸준히 증가하고 있다.

통계청(2011a, 2017b, 2018b)의 자료에 의하면, 전국 부부 가구 중 맞벌이 가구의 비율은 2011년 43.6%에서 2012년 43.5%, 2013년 42.9%로 감소했지만, 이후 2014년 43.9%, 2015년 43.9%, 2016년 45.5%, 2017년 44.6%로 증가했다. 또한 2015~2017년 3년간 초·중학생 연령의 자녀를 둔 가구의 맞벌이 비율은 자녀 연령 7~12세 51.9%, 13~17세 58.0%로 절반을 넘었고, 취학 이전의 자녀(6세 이하)를 둔 맞벌이 가구 비율은 39.7%로

〈표 6-1〉 자녀 연령별 맞벌이 가구 비중

(2015~2017년, 단위: 천 가구, %)

자녀 연령	부부 가구	맞벌이 가구	비율
계	13,904	6,687	48.1
6세 이하	6,236	2,478	39.7
7~12세	3,908	2,027	51.9
13~17세	3,760	2,182	58.0

주) 2015~2017년 통합 수치임. 막내 자녀 18세 미만 기준. 18세 미만 자녀가 없는 경우 제외

출처: 통계청(2017b, 2018b).

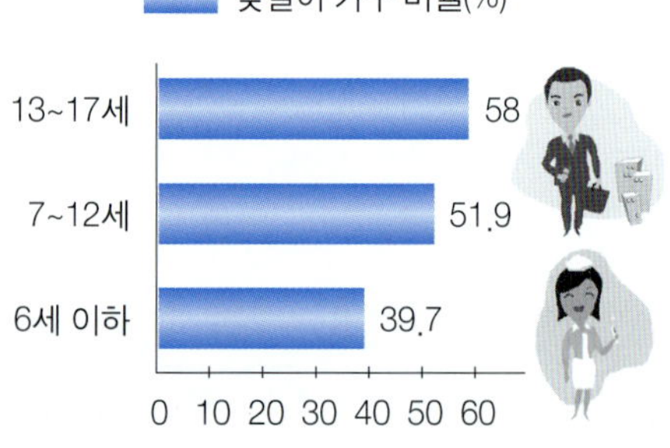

[그림 6-1] 자녀 연령별 맞벌이 가구 비중

자녀가 어릴수록 맞벌이 비율이 낮은 것으로 나타났다. 그리고 자녀가 1명(48.6%) 혹은 2명(48.5%)인 경우가 3명 이상(43.4%)인 경우보다 맞벌이 비율이 높았다.

2) 맞벌이 가족의 부부관계

취업주부의 경제활동은 부부간의 삶의 질에 긍정적인 영향을 미친다. 취업주부 자신은 비취업주부에 비해 주변으로부터 보다 다양한 자원을 얻고 자신의 능력을 발휘할 수 있는 기회를 가지게 되어 주관적 복지감이 향상되고, 남편은 가족의 경제적 부담에 대한 단독책임에서 벗어나 직업상의 스트레스나 보상을 함께 나눌 수 있게 된다(강기정·박혜성·계선자, 2005). 또한 취업주부가 남편으로부터 지원을 충분히 받는 경우, 직업만족도와 결혼만족도가 높아지고 자녀에게 반응적이고 긍정적인 정서를 더 많이 나타내게 된다. 그리고 취업주부의 경제활동은 가족의 총소득 증가로 이어져 가족경제 복지감을 높이고, 사회적인 차원에서는 인적 자원의 효과적 활용으로 국가경쟁력을 제고할 수 있게 된다(도미향, 2000).

반면, 맞벌이 부부는 직장생활과 가정생활을 동시에 관리함으로써 시간 부족과 함께 여러 가지 역할 수행에 따른 어려움을 경험하게 된다. 특히 취업주부는 취업과 다중역할 수행으로 인하여 부부가 함께 보내는 시간이 감소함에 따라 비취업주부에 비해 결혼만족감이 감소될 수 있다. 직장생활과 가정생활의 병행으로 인해 겪는 맞벌이 가족의 가장 큰 어려움은 자녀양육 문제인데, 그에 따른 심리적·경제적 부담과 함께 신체적 피로감은 취업주부로 하여금 개인생활을 가질 만한 여유를 주지 않고 정체감 상실의 위기를 초래하기도 한다(김혜선·김경신, 2003). 또한 대부분의 취업주부는 남편의 가사 참여를 기대하는데 이로 인해 남편은 부담감과 스트레스를 받게 되기도 한다.

3) 맞벌이 가족의 부모-자녀 관계

주양육자인 어머니의 취업으로 맞벌이 가족의 자녀는 자기 보호를 해야 하는 상황에 놓이기가 쉽고 심리적으로 부적응 상태, 외부로부터의 위험 상황에 놓일 수 있다(김혜금,

2006). 반면, 맞벌이 가족 자녀는 자립심과 독립심이 길러지고 어린이집·유치원 등에서의 또래관계 등을 통해서 사회성 발달이 촉진되며 가사일을 함께하는 아버지를 통해서 성역할에 대한 유연한 생각을 갖게 되는 장점도 있다.

그러나 일반적으로 맞벌이 가족의 부모는 자녀와 함께 지내는 시간이 부족하기 때문에 영유아기 자녀가 정서불안과 애정결핍증에 걸리고 성격에 문제가 생기는 등 성장과 발달에 부정적인 영향을 미칠 것이라고 생각하기 쉽다. 또한 맞벌이 부모가 생각하는 좋은 부모에 대한 기준 때문에 부모역할에 대해 유난히 부담감을 느끼고 죄책감을 가질 수도 있다(전영자, 1992).

그런데 수많은 연구결과는 단순히 어머니의 취업 자체가 영유아의 발달에 영향을 미치는 것이 아니라 어머니의 일과 양육에 대한 태도와 남편의 지원, 대리양육의 질, 부모와 대리양육자 간의 양육 방식의 일관성, 영유아의 성격·연령·발달 단계와 같은 영유아 자신의 특성 등 여러 변인이 복합적으로 작용하여 영유아에게 영향을 미치는 것으로 보고한다. 즉, 어머니가 자신의 직업에 만족하고 자녀와 함께 지내는 시간 동안 질적으로 우수한 상호작용의 기회를 가지며, 남편이 일하는 아내를 정서적으로 지원하고 가사와 양육을 분담하며, 대리양육자가 영유아의 신호에 민감하고 자주 바뀌지 않으며, 부모가 대리양육자를 신뢰하고 대리양육자와 일관성 있는 양육 방식을 취한다면 부모와 자녀의 상호작용이 양적으로 부족하더라도 부모와 자녀 간의 애착형성에 장애가 생기지 않고 자녀의 성장과 발달에 긍정적인 영향을 미치게 된다는 것이다.

4) 맞벌이 가족의 부모역할

맞벌이 가족의 부모는 맞벌이라는 현실에 대해 긍정적으로 인식하고 자녀로 하여금 부모의 일을 자랑스럽게 여기도록 해야 한다. 자신의 일을 사랑하고 열심히 사회생활을 하는 어머니의 모습을 보면서 자녀는 차츰 어머니를 이해하고 건전한 자아를 형성해 갈 수 있게 된다. 그러나 자녀와 함께 지내는 시간이 적다는 것 때문에 죄의식이나 자책감을 갖고 미안해하는 모습을 자주 보이면 자녀도 덩달아 불안감을 느끼고 어머니가 없는 상황을 받아들이기 어렵게 된다. 또한 자녀의 욕구를 채워 주기 위해 물질적 보상으로 대신하거나 무분별한 애정을 쏟거나 과잉보호를 하게 되면 자녀는 어머니가 자신에게 무엇인가 잘못하고 있는 것이라고 생각하고 나쁜 습관이 생길 수 있다.

항상 시간에 쫓기는 맞벌이 부모는 퇴근 후 자녀와 함께 있는 시간을 효율적으로 활용해야 한다. 사랑받고자 하는 자녀의 욕구를 충족시켜 주고 함께 놀아 주면서 자녀가 낮 시간에 어떻게 지냈는지에 대해서도 자연스럽게 이야기를 나누고 자녀의 심리상태를 파악하는 시간이 되어야 한다. 비록 짧은 시간이지만 충분한 애정과 관심으로 자녀를 대하면 자녀는 부모의 애정에 대해 확실한 믿음을 갖고 바람직하게 성장하게 된다. 주말이나 공휴일에는 가능하면 자녀를 데리고 박물관이나 동물원, 공원 등으로 데리고 다니면서 많이 보고 다양하게 느낄 수 있도록 해 주는 것이 좋다.

자녀가 좀 더 크면 어머니는 자신이 일을 해야 하는 상황이나 하는 일에 대해 설명해 주고 자녀의 동의와 이해를 구하는 것이 좋다. 어머니가 다니는 직장을 구경시켜 주면 심리적으로 가깝게 느낄 수 있다.

2 한부모 가족

1) 한부모 가족의 개념과 현황

한부모 가족이란 부모 중 한쪽의 사망, 이혼, 별거, 가출, 유기 등으로 인해 양친 중의 한쪽과 보호를 필요로 하는 미혼의 자녀로 구성된 가족 형태를 말한다. 한부모 가족은 자녀 보호를 누가 맡고 있느냐에 따라 모자로 구성된 여성 한부모 가족, 부자로 구성된 남성 한부모 가족으로 구분할 수 있으며, 결혼을 하지 않은 상태에서 자녀를 둔 미혼모나 미혼부 가족 또는 비혼모나 비혼부 가족도 포함한다. 한부모 가족은 최근 여성들의 활발한 경제 진출과 개인주의 가치관의 확산 등으로 이혼, 별거가 급증하기 때문에 1980년 이후 급속히 증가하고 있다.

통계청(2011b, 2017a)의 2010 인구주택총조사 보고서와 장래가구추계(2015~2045년)에 의하면, 우리나라 한부모 가구 수는 1985년 약 85만 가구에서 1995년 96만 가구,

2005년 137만 가구, 2010년 159만 가구, 2017년 약 213 가구로 급속하게 증가하고 있다. 전체 가구 중 한부모 가구가 차지하는 비율 또한 1985년 8.9%에서 2017년 10.9%로 증가하였다. 한부모 가구에서 모자 가구와 부자 가구가 차지하는 비율을 살펴보면, 1995년 이후 모자 가구의 비율은 줄어드는 반면, 부자 가구의 비율은 점차 증가한다. 그에 따라 모자 가구 대 부자 가구의 비율은 1995년 4.6대1에서 2010년 3.6대1, 2017년 2.7대1로 감소하였다.

〈표 6-2〉 **한부모 가구 수 추이** (단위: 천 가구, %)

연도	총 가구 수	한부모 가구 수(비율)	모자가구 수(비율) / 부자가구 수(비율)
1985	9,571	848(8.9)	–
1990	11,355	889(7.8)	–
1995	12,958	960(7.4)	788(82.0)
			172(18.0)
2000	14,312	1,124(7.9)	904(80.4)
			220(19.6)
2005	15,887	1,370(8.6)	1,083(79.1)
			287(20.9)
2010	17,339	1,594(9.2)	1,247(78.2)
			347(21.8)
2017	19,524	2,127(10.9)	1,557(73.2)
			570(26.8)

출처: 통계청(2011b, 2017a).

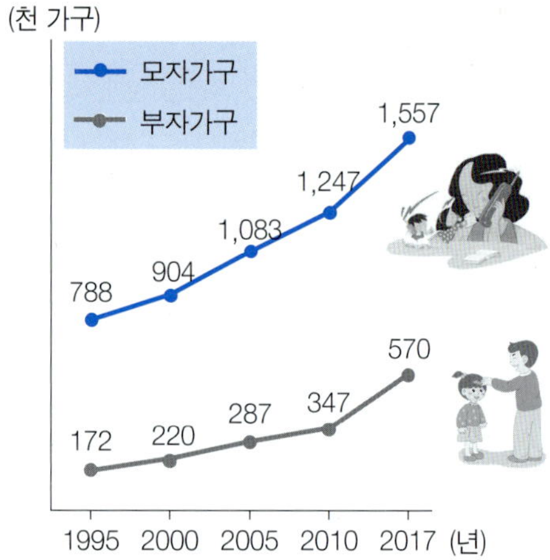

[그림 6-2] 모·부자 가구 수 추이

한부모 가족 형성의 원인은 사별, 즉 한쪽 부모의 사망, 특히 부의 사망으로 인한 경우가 대표적이지만, 최근에는 이혼이 가장 큰 요인으로 등장하고 있다. 통계청(2011b)의 조사에 의하면, 1990년 이후 한부모 가족 형성 사유로 사별의 비율은 감소하는 반면, 이혼의 비율은 급격히 증가하고 있다(표 6-3 참조). 여성가족부(2013, 2015)의 2012년과 2015년 한부모가족실태조사 결과에서도 한부모 가족의 혼인상태는 대부분 이혼상태인 것으로 나타났다. 2015년 조사에서는 한부모 가족(모·부자 가족)의 혼인상태는 이혼 77.1%, 사별 15.8%, 기타(미혼모·부 등) 7.1%이었으며, 2012년 조사에서는 이혼 76.4%, 사별 18.2%, 기타 5.3%이었는데, 2012년에 비해 2015년에는 사별이 다소 줄고 미혼모·부 등 기타 혼인상태가 다소 증가한 것으로 나타났다.

〈표 6-3〉 한부모 가족 형성 사유 (단위: 천 가구, %)

사유 연도	사별		이혼		미혼		유배우[주1)]		계	
	가구 수	비율	가구 수	비율	가구 수	비율	가구 수	비율	가구 수	비율
1990	498	56.0	79	8.9	85	9.6	227	25.5	889	100.0
1995	526	54.8	124	12.9	94	9.8	216	22.5	960	100.0
2000	502	44.7	245	21.9	123	10.9	252	22.5	1,124	100.0
2005	501	36.6	399	29.1	142	10.4	328	23.9	1,370	100.0
2010	474	29.7	523	32.8	185	11.6	413	25.9	1,594	100.0

주1) 유배우는 배우자가 가출, 유기, 장기복역 등의 상태를 의미함.
출처: 통계청(2011b).

2) 한부모 가족의 특성

한부모 가족은 한쪽 부모의 부재로 인해서 불가피하게 가족생활에서의 변화를 경험하게 된다. 한부모 가족이 겪게 되는 어려움은 심리·정서적 문제와 함께 경제적인 문제, 직업상의 문제, 자녀양육 및 가사일, 가정 기능의 변화, 대인관계, 사회적 편견 등이다. 우선 한부모는 이혼, 사별 등으로 심리적으로 혼란스러운 상태에 놓이며 분노감·상실감·배신감·좌절감·우울감·실패감 등(서영숙·황은숙, 2003)과 함께 불안·스트레스·사회적 고립감·죄책감·자존감 상실 등 여러 형태의 심리·정서적 문제를 경험한다.

한부모 가족의 가장 큰 어려움은 심리·정서적으로 불안정한 상태에서 자녀를 돌보아야 하는 것과 한부모 가족을 비정상적인 가족으로 바라보는 사회의 편견과 부정적 인식, 그리고 경제적 문제이다. 한부모 가족의 소득은 대체로 일반 가구에 비해 현저히 낮으며, 여성 한부모일 경우에는 더욱 심각하다. 이러한 환경에서 자녀는 충분한 보살핌을 받기가 어려우며, 가정이나 유아교육기관, 학교생활 및 또래 관계에 적응하지 못하고 문제 행동을 보일 수 있다. 그런데 이 같은 상황에서 여성 한부모는 남성 한부모보다 심리·정서적으로 더 잘 적응하고, 자신이 도구적 역할을 수행함으로써 자신감과 성취감을 느끼며 자존감의 향상을 경험하는 경향이 높다(Wallerstein, 1986).

3) 한부모 가족의 부모-자녀 관계

Kelly(2000)의 연구에 의하면, 이혼 가족의 영유아는 이혼하지 않은 가족의 영유아보다 더 공격적이고 충동적이며 반사회적인 행동을 더 많이 보이고 부모, 또래, 권위적인 대상과 관계를 맺는 데도 문제가 더 많았다.

반면 다른 연구들에 의하면, 이혼 가족의 자녀는 부모의 이혼 후 1~3년간은 낮은 자존감을 나타내지만(Parish & Dostal, 1980) 그 이후에는 긍정적인 태도를 보이며(Parish & Wigle, 1985) 학업 성취도는 정상적인 가족의 영유아보다 오히려 높았다(McLanahan & Sandefur, 1994). 또한 이혼 가족의 영유아가 비이혼 가족의 영유아에 비해 비록 적응상의 어려움을 경험한다고 할지라도 그 차이는 매우 적으며 대부분 정상적으로 발달하였다(Amato & Keith, 1991).

부모의 이혼 후에 자녀는 한쪽 부모와 살게 되면서 거주지의 변화를 경험하게 되는데 이러한 환경적 변화는 자녀에게 부모 이혼과 관련된 심리적 갈등을 해결하기도 전에 새로운 환경에 적응해야 하는 정신적 부담과 긴장을 유발한다. 또한 이혼 후 적응과정에서 자녀는 한부모의 형태가 남성 한부모인지 여성 한부모인지에 따라 다소간 상이한 반응과 부모-자녀 관계를 나타낸다.

(1) 남성 한부모-자녀 관계

남성 한부모가 일차적으로 경험하는 어려움은 그동안 배우자에 의해 관리되어 왔던 가사 문제를 자신이 처리·조정하고 관리해야 한다는 점이다. 물론 가족 안에 조부모와 같은 대리관리자가 있으면 문제는 감소되지만 대리관리자도 없고 자녀는 어리고 직업을 계속해야 할 경우 남성 한부모는 당혹감을 느끼게 되고 이로 인한 스트레스 상황에 부닥치게 된다(조흥식 외, 2004). 따라서 남성 한부모에게 있어서 직장생활, 자녀양육, 그리고 가정관리를 조화시키는 것이 중요한 과제인데, 특히 일상적인 가사일에 적응하는 데 어려움을 느끼고, 자녀를 위한 시간을 내기가 어려우며, 여성보다 자녀에 대한 인내심이 부족하다는 것이 큰 문제이다(Keshet & Rosenthal, 1978). 또한 남성 한부모는 자녀의 교육비 부족과 자녀와의 대화단절을 경험한다(김미숙 외, 2000).

한편, 남성 한부모 가족의 자녀는 어머니의 부재로 인해 감정이나 애정의 표현적 경험을 가질 기회가 박탈되어 가족원을 비롯한 타인과의 긴밀한 관계를 형성하는 데 어려움을 느낀다. 특히 남성 한부모가 여아를 양육하는 경우는 동일시할 수 있는 어머니의 부재로 인해 더 많은 어려움에 부닥친다(신혜령·정재훈·김성경, 2006). 또한 남성 한부모 가족은 자녀에 대한 보호와 감독이 소홀해져서 자녀가 방치되고 이로 인해 자녀가 나쁜 길로 들어서는 것을 조장하게 되기도 한다.

(2) 여성 한부모-자녀 관계

여성 한부모 가족의 자녀들은 아버지 부재 이후에 오는 감정 처리나 새로운 생활환경에 적응해야 하는 정서적 문제와 함께 비정상적 가족이라는 사회적 통념과 편견을 경험하고 심리적으로 심한 압박감과 열등감, 위기감을 느끼게 된다.

여성 한부모 또한 심리·정서적 문제와 함께 사회적 편견과 부정적 인식으로 인해 위축되고 자신에 대한 부정적 정체감을 갖게 되어 사회생활이나 가정생활 전반에 걸쳐 어려움을 겪는다(강기정, 2005). 더욱이 경제적 어려움의 증가와 이중역할의 고충은 이들의 심리적·정서적·사회적 문제를 더욱 심각하게 만드는 요인이 된다. 특히 자녀들과 공유할 수 있는 시간이 부족하여 죄의식과 스트레스를 느끼고 자녀와의 관계에서 감정적이거나 일관된 태도를 나타내지 못한다. 이에 따라 자녀는 정서가 불안정하고 애정이 결핍되어 단체생활에 적절히 적응하지 못하며 비행 및 일탈의 경향을 보일 수 있다.

그러나 여성 한부모 가족이 이혼 전보다 어머니-자녀 관계가 더 긍정적이고 가까워져 자녀와 좋은 관계를 유지하고, 자녀와의 대화단절이나 자녀의 반항 등에 의한 문제가 거의 없으며, 비교적 개방적인 의사소통을 하고 있다는 보고도 있다.

또한 여성의 사회·경제적 자원은 비교적 제한되어 있지만 경제적인 자립을 하고 있고, 가족구성원들이 스트레스 상황에 잘 적응하고 있어 가족 분위기도 화목하며 현재의 가족생활에 만족한다는 연구결과들도 보고되고 있다(이소영·옥선화, 2002; 장혜경·민가영, 2002). 그리고 여성 한부모 가족의 모자관계 유대감은 양부모 가족의 모자관계 유대감과 차이가 없으며(신화용·조병은, 1996), 아버지 부재 상황을 받아들이고 극복하려는 어머니의 자녀와 자녀에게 지나치게 허용적이지 않은 어머니의 자녀가 단체생활에 더 잘 적응한다(Tucker, 1978)고도 한다.

4) 한부모 가족의 부모역할

한부모 가족의 자녀는 비양육 부모가 자신을 버린 것은 아닐까 불안해하고 양육부모마저 자신을 떠나지 않을까 하는 두려움을 갖는다. 또한 부모의 이혼을 수치스럽게 여겨 친구를 기피하고 사회성 장애를 일으키기도 한다. 따라서 부모는 자녀에게 이혼의 원인과 달라진 생활환경, 미래에 대해 자녀가 이해할 수 있는 수준에서 명확히 알려야 한다. 이는 자녀가 갈등상황을 극복하고 새로운 환경에 적응하는 데 도움이 된다(서영숙·황은숙, 2003).

유아기는 이혼을 자기 탓으로 생각하고 죄책감을 느끼는 시기이므로 이혼 전에 자녀에게 부모 선택에 관해 질문하지 말고 이혼이 자녀의 탓이 아님을 이해시켜야 한다. 이혼 후에는 자녀의 생활환경을 변화시키지 않도록 노력하고, 이혼에 따른 변화가 불가피하더라도 가능한 한 자녀가 안정되고 일관된 생활을 할 수 있도록 배려해야 한다(박영애 외, 2005).

한부모 가족의 자녀 양육에 있어 가장 중요한 것은 자녀로 하여금 부모가 자신을 항상 사랑하고 있다는 마음이 느껴지도록 하는 것이다. 부모는 시간이 부족하더라도 자녀와 같이 있는 동안에는 자녀와 깊이 교감하고 즐겁고 가치 있는 시간이 되도록 해야 한다. 그리고 친척이나 친지들과 접촉을 자주 하고, 이를 통해 자녀가 충분한 관심과 사랑을 받고 부재중인 한쪽 부모의 성역할 모델을 볼 기회로 삼는 것이 좋다.

비양육 부모와의 만남이 지속될 것이라는 자녀의 믿음은 그들의 정서 및 자아개념 형성에 긍정적인 영향을 미친다. Wallerstein과 Kelly(1979)는 비양육 부모와의 접촉의 정도는 영유아의 자아존중감과 관련되며, 비양육 부모와 자주 만나지 못한 영유아는 우울증과 같은 정신병리학적 증세가 나타날 수 있다고 한다. 따라서 영유아기 자녀의 정서함양과 올바른 성장을 위해서는 비양육 부모와의 잦은 만남이 중요하다.

자녀가 이혼을 받아들이고 건강하게 생활하도록 하기 위해서는 자녀가 두 부모를 사랑할 수 있는 권리가 있다는 것을 인정하고 자녀의 문제를 두 부모가 함께 해결해야 한다(Seagull & Seagull, 1977). 즉, 이혼한 부부라도 자녀양육에 관한 권리, 책임, 의사결정을 함께하는 공동양육의 책임을 가지고, 자녀의 건강한 성장과 발달을 위해 함께 협력하고 존중하는 관계가 되어야 한다.

3 재혼 가족

1) 재혼 가족의 개념과 현황

재혼 가족은 최소한 한쪽의 배우자가 과거에 결혼한 경험이 있으며 한 명 이상의 자녀를 두고 있는 가족 형대로, 재구성 가족, 재결합 가족, 계부모 가족, 혼합 가족, 이중핵가족 등의 다양한 용어와 혼용하여 사용된다. 재혼 가족은 가장 복잡한 가족 체계 중의 하나인데, 초혼 가족에서는 볼 수 없는 계부모-계자녀 관계, 이복(부)형제와 같은 재혼 가족 내의 형제관계, 전 배우자와의 관계, 계조부모 등 보다 다양한 친족관계를 포함한다.

통계청(2018a)의 재혼 통계를 분석한 결과에 의하면, 2007년부터 2017년까지 총 344만 6천 건(연평균 31만 3천 건)에 달하는 우리나라 전체 혼인 중 남성의 재혼 비율은 16%, 여성의 재혼 비율은 17.8%이었으며, 전체 혼인 건수에서 남녀 양쪽 또는 한쪽이 재혼인 비율은 21.9%로 매년 평균 13만 7천 명의 남녀가 재혼으로 새로운 가족관계를 형성하였다. 이 같은 결과는 우리 이웃의 다섯 집 중 한 집꼴로 재혼 가족을 구성하고 있다는 사실을 시사한다.

또한 2007년부터 2017년까지 전체 혼인 중에서 가장 많은 재혼 유형은 '재혼남+재혼녀'(11.8%), '재혼녀+초혼남'(5.9%), '재혼남+초혼녀'(4.2%)의 순이었으며, 평균 재혼 연령은 남성 46.6세, 여성 42.2세이었다.

〈표 6-4〉 평균 재혼 연령 추이

연도	평균 재혼 연령(세)	
	여성	남성
1990	34.0	38.8
1995	35.6	40.4
2000	37.5	42.1
2005	39.6	44.1
2010	41.6	46.1
2015	43.5	47.6
2017	44.4	48.7

출처: 통계청(2018a).

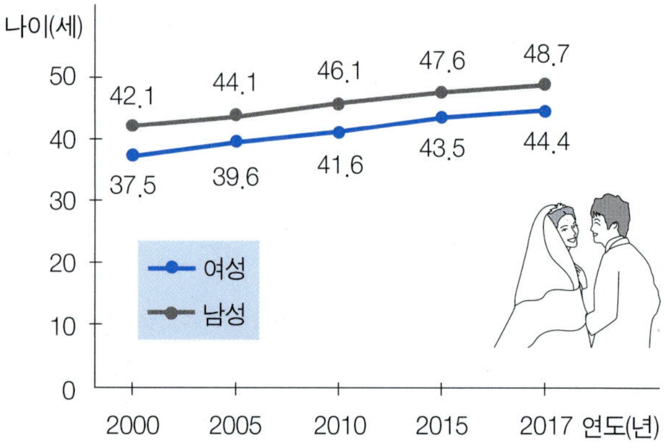

[그림 6-3] 성별 평균 재혼 연령 추이

〈표 6-5〉 재혼 추이

(단위: 천 건, %)

구분 \ 연도	2007	2008	2009	2010	2011	2012	2013	2014	2015	2016	2017
혼인 건수	343.6	327.7	309.8	326.1	329.1	327.1	322.8	305.5	302.8	281.6	264.5
남자 재혼	57.1	57.2	53.8	53.0	51.6	51.1	48.9	47.5	46.4	43.3	41.7
비율	16.6	17.5	17.4	16.3	15.7	15.6	15.1	15.5	15.3	15.4	15.8
여자 재혼	61.9	62.8	58.8	57.5	56.4	56.5	54.3	53.9	52.7	48.9	47.4
비율	18.0	19.2	19.0	17.6	17.1	17.3	16.8	17.6	17.4	17.4	17.9
남(재)+여(초)	14.9	15.0	13.9	13.9	13.9	13.5	12.8	12.0	11.7	11.1	10.5
비율	4.3	4.6	4.5	4.3	4.2	4.1	4.0	3.9	3.9	3.9	4.0
남(초)+여(재)	19.6	20.6	19.0	18.3	18.7	18.9	18.2	18.4	18.0	16.7	16.2
비율	5.7	6.3	6.1	5.6	5.7	5.8	5.6	6.0	5.9	5.9	6.1
남(재)+여(재)	41.9	42.1	39.8	39.1	37.7	37.6	36.1	35.5	34.7	32.1	31.1
비율	12.2	12.8	12.8	12.0	11.5	11.5	11.2	11.6	11.5	11.4	11.8
재혼 계	76.4	77.7	72.7	71.3	70.3	70.0	67.1	65.9	64.4	59.9	57.8
재혼 비율	22.2	23.7	23.5	21.9	21.4	21.4	20.8	21.6	21.3	21.3	21.9

주1) 남(초): 남자 초혼; 남(재): 남자 재혼; 여(초): 여자 초혼; 여(재): 여자 재혼

주2) 비율: 혼인 건수 대비

출처: 통계청(2018a).

2) 재혼 가족의 부부관계

대체로 재혼은 초혼에 비해 남녀 간의 사랑과 같은 감정적 동기보다는 경제적 안정, 자녀양육문제의 공동해결, 홀로된 외로움과 사회적 시선으로부터의 탈피 등과 같은 현실적인 이유에 의해 이루어진다. 그런데 이러한 동기는 현실적으로 과도한 기대로 나타나기 쉽다. 예를 들어, 이혼으로 인한 상처를 재혼으로 충분히 보상받으려는 심리, 배우자가 현재의 경제적 곤란과 외로움으로부터 자신을 구제해 줄 것이라는 희망, 자녀양육에 있어 배우자의 도움이 클 것이라는 기대감 등 현실적으로 충족되기 쉽지 않은 기대를 가진다(Ganong & Coleman, 1994). 이러한 기대는 재혼 생활의 초기 단계에서 재혼 부부에게 심한 혼란과 갈등, 좌절감을 겪도록 하는 요인이 되는데, 재혼 부부 모두 현실적인 인식을 바탕으로 적당한 수준의 기대로 조정하는 것이 바람직하다. 한편, 재혼 부부 모두 각자의 자녀를 데리고 혼인을 한 경우, 자녀들은 저마다 부모가 2명씩 되고 형제 수도 많아지게 된다. 그러나 이질적인 문화와 환경 속에서 성장한 자녀들이 한 가족이 되어 살아야 하기 때문에 많은 갈등과 스트레스 상황에 직면하게 되고, 이러한 점들이 원인이 되어 재혼 부부간에 갈등과 마찰이 빚어지는 단계로 발전하게 되며, 결국은 재혼 가족의 해체라는 결과를 초래하게 되기도 한다.

재혼 부부는 초혼 때보다 낮은 자존감과 갈등에 대한 공포를 느끼며, 재혼을 결정하는 과정에서 보다 현실적인 필요와 욕구에 의해 즉각적으로 배우자를 선택하는 경향이 높기 때문에 초혼 부부에 비해 서로에 대해 강압적이고 부정적인 정서를 더 많이 표현하며 문제를 해결하는 기술도 서투르다(Farrell & Markman, 1986). 그러나 기능적이고 사려 깊은 재혼 부부는 초혼 부부보다 의견일치가 잘 이루어지고 의사소통과 문제해결 기술도 더 나은 것으로 보고되고 있다(Ganong & Coleman, 1994).

3) 재혼 가족의 계부모-계자녀 관계

계부모-계자녀 관계는 재혼 가족의 행복을 예측하는 가장 중요한 요인이지만 재혼 가족 내의 주요 스트레스원이기도 하다. 그러나 재혼생활을 시작하는 부부들은 재혼

생활과 계부모-계자녀와의 관계에 대해 긍정적으로 생각한다. 즉, 재혼 부부들은 자신이 맞이하는 배우자가 자신의 자녀를 사랑하고 자녀들도 새 배우자를 환영한다고 생각하며, 자신 또한 계자녀와의 관계가 빨리 쉽게 형성될 것으로 믿는다(Papernow, 1984). 그렇지만 이는 희망 사항에 지나지 않는다.

재혼 전에 한부모와 자녀는 상호의존하며 매우 밀접한 관계를 유지하게 되는데, 재혼하게 되면 자녀는 계부모가 친부모와 자신과의 관계를 방해하는 사람이라고 생각하여 계부모에게 냉담하고 거부하는 모습을 보인다. 반면 계부모는 낙관적인 기대를 가지고 빠른 시간 내에 계자녀와의 관계를 발전시키려고 하지만 여의치 않게 되며, 이는 계부모에게 심리적 부담이 된다. 이 같은 부담감은 계부모에 대한 사회의 부정적인 인식과 함께 심리적 압박감으로 작용하고, 계부모는 계자녀와의 관계 발전을 위해 과도한 노력을 기울이게 된다(Ganong & Coleman, 1994). 그런데도 계자녀와의 관계 형성에 실패하게 되면 계부모는 좌절, 자책, 분노하게 되고 결국에는 계자녀에게 부정적인 감정을 갖게 된다.

그러나 이는 계자녀의 복잡한 심리상태에 대한 이해가 부족하기 때문이다. 대부분의 계자녀는 친부모와 계부모 사이에서 '충성심의 갈등(loyalty conflicts)'을 느낀다. 즉, 새 부모에 대한 호의나 관계 형성을 친부모에 대한 배신으로 느껴져 괴로워하게 되는 것이다. 이는 사별을 경험한 계자녀도 마찬가지이다. 계부모가 잘해 줄수록 충성심의 갈등은 더욱 심해져 반항으로 표현되기도 한다. 영아는 대체로 부모와의 분리에서 불안을 느끼는 만큼 계부모를 보다 빠르고 원만하게 받아들이지만, 유아는 부모의 이혼이 자기 탓이며 자신이 착한 아이가 되면 부모가 재결합할 것이라고 믿는다. 이처럼 부모의 재결합에 대한 환상을 가진 자녀에게 부모의 재혼은 깊은 좌절감과 상실감을 안겨 주게 된다.

일반적으로 계모는 계부모역할에 적응하기 어려워 다른 어머니들보다 긴장, 분노, 우울과 같은 부정적 감정을 더 많이 느끼고 부모역할에 대한 불만족이 크다. 그 이유는 계모에게 어머니로서의 역할 기대가 큰 반면, 계모역할에 대한 명확한 정의가 없고 계모 자신의 준비가 부족하기 때문이다(Quick, McKenry, & Newman, 1994). 물론 계자녀가 친모에 대한 실망과 분노, 우울을 계모 탓으로 돌리는 점과 계모에 대해 좋지 않은 선입견이 있어 계모-계자녀 관계를 어렵게 만든다는 점도 중요한 이유가 된다. 한편, 계부-계자녀 관계에서는 계부의 친자녀 유무가 중요한데, 친자녀가 없는 계부가 친자녀가 있는 계부보다 계자녀와의 관계에서 아버지로서의 역할 정체감을 더 많이 지각한다(Hamner & Turner, 2001).

4) 재혼 가족의 부모역할

재혼은 자녀들이 포함된 가족 간의 결합이다. 재혼 부모는 재혼 생활에서 자녀의 존재가 선택이 아닌 필수임을 인정하고 여유로운 마음을 가져야 한다. 먼저 자녀의 상실감을 이해하고 긍정적으로 수용하며, 자녀들이 자신을 처음부터 부모로 받아들이고 친부모처럼 사랑할 것이라는 비현실적인 기대를 가지지 말아야 한다. 또한 자녀와의 관계 형성에는 시간이 필요하다고 생각하고 인내하며 기다리는 자세가 필요하다. 그리고 자녀의 헤어진 부모에 대한 그리움의 감정을 이해하고 친부모와 자녀 간의 혈연적인 유대를 존중하며 친부모와 자녀와의 만남을 인정해야 한다.

재혼 부모 스스로 계부모와 친부모가 똑같을 수 없다는 사실을 인정해야 하지만, 계부모 역시 부모임을 인식할 수 있도록 돕는 노력을 해야 한다. 계부모-계자녀 간이라는 현실을 인정한 범위에서 감사하고, 자녀가 계부모를 또 다른 부모로 여기고 의지하도록 한다면 자녀는 새로운 가족에 빨리 적응할 수 있다.

부모역할의 구체적인 내용과 기본적인 양육 방식에 대해 재혼 부모가 서로 합의하고 함께 양육에 참여하는 것도 필요하다. 이는 문제상황이 발생했을 때 침착하고 일관적인 태도로 대처할 수 있게 한다. 또한 재혼 부모는 자녀들이 해도 되는 것과 해서는 안 되는 것의 기준을 명확히 하고, 일관성 있는 양육 규칙을 확립해야 한다. 규칙은 단순하고 기본적인 사항으로 정하고 그 수가 많지 않아야 한다. 이는 계부모-계자녀 관계에서 비롯되는 가족 간의 오해와 갈등의 소지를 줄이는 방법이기도 하다.

재혼 가족이라는 강박 관념을 버리고 주위의 편견으로부터 대담해지도록 노력하며, 친척이나 친지들과 관계를 유지하고 자수 왕래하면서 이들이 재혼 가족의 지지집단이 되도록 하는 것도 중요하다.

4 조손 가족

1) 조손 가족의 개념과 현황

조손 가족은 부모 세대 없이 조부모와 미성년 손자녀로 구성되는 가족 형태로 조부모 가족이라고도 하는데, 최근 가족 해체가 급증하면서 그 수가 크게 늘어나고 있다. 조부모가 미성년 손자녀의 일차적 양육을 맡게 되는 것은 주로 부모의 사망, 이혼, 가출, 실종, 경제난, 실직, 신체 및 정신질환, 약물복용이나 알코올 중독 혹은 미혼모(부)의 증가 등이 원인이 된다(옥경희, 2005). 여성가족부에서는 2007년부터 조손 가족도 보호대상에 포함하고 가족기능을 유지하고 건강한 생활을 영위할 수 있도록 한부모가족지원사업을 통해서 다양한 지원을 하고 있다. 한부모가족지원사업에서는 조손 가족을 부모의 사망, 이혼, 유기, 행방불명, 실종, 6개월 이상 장기복역, 가출, 정신 또는 신체의 장애·질병, 실직 등 경제적 사유로 부모로부터 사실상 부양받지 못하는 만 18세 미만의 손자녀를 (외)조부 또는 (외)조모가 양육하는 가족으로 정의한다(여성가족부, 2018).

통계청(2017a) 자료에 의하면, 우리나라 조손 가구 수는 2017년 기준으로 11만 4천 가구로 전체 가구의 약 0.6%를 차지하였다. 이를 가구원 수(조부(모)+미혼 손자녀)별로

〈표 6-6〉 조손 가구 수 추이

(단위: 천 가구, %)

연도	총 가구 수	조손 가구 수 (비율)
1995	12,958	35(0.3)
2000	14,312	45(0.3)
2005	15,887	58(0.4)
2010	17,339	51(0.3)
2015	19,013	112(0.59)
2017	19,524	114(0.58)

출처: 통계청(2011b, 2017a).

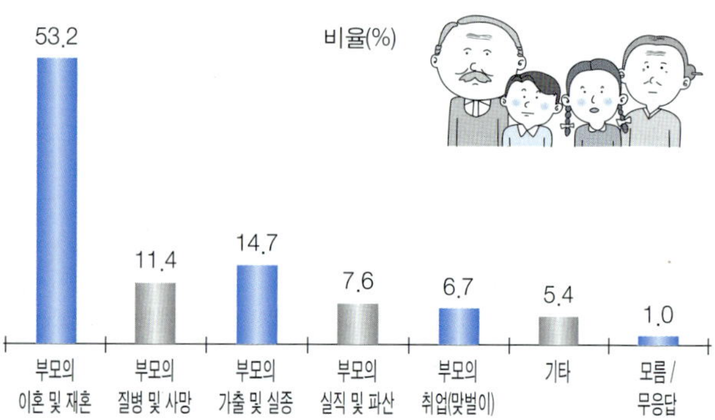

[그림 6-4] 조손 가족 형성 원인(2010년)

출처: 여성가족부(2010).

살펴보면, 2인 가구 5만 6천 가구(49%), 3인 가구 4만 8천 가구(42%), 4인 가구 9천 가구(8%), 5인 가구 1천 가구(1%)로 평균 가구원 수는 2.61명이었다.

또한 여성가족부(2010)의 조손가족실태조사에 의하면, 2010년 우리나라 조손 가족에서 양육하고 있는 손자녀의 수는 가구당 평균 1.4명이었고, 조부모의 평균 연령은 만 72.6세, 손자녀의 평균 연령은 만 13.3세이었으며, 조부나 조모 모두 생존하여 손자녀를 양육하는 조손 가족은 전체 조손 가구의 17.1%, 조부나 조모 홀로 손자녀를 양육하는 가구는 82.9%이었다.

2) 조손 가족 조부모의 특성

이미 자녀양육의 부담에서 벗어났지만 성인 자녀를 대신해서 어린 손자녀를 책임져야 하는 조손 가족 조부모들은 성인 자녀를 제대로 기르지 못했다는 자책감과 함께 손자녀로 인한 양육부담과 본인의 노화로 인한 생활의 곤란 등을 해결해야 하는 어려움에 직면한다. 이 중에서도 가장 문제가 되는 것은 조부모들의 정신적, 신체적 건강 상태이다. 1990년대 조부터 조손 가족 문제가 중요한 사회적 이슈로 부각되고 있는 서구 여러 나라의 선행연구들은 조손 가족 조부모의 신체적, 정신적 건강 악화를 경고하는 연구결과들을 일관되게 보고하고 있다. 손자녀의 일차적 양육자인 조부모들은 일상생활 활동의 제약, 치매·당뇨·고혈압·심장병과 같은 만성질환의 악화, 스트레스·불안·우울 등과 같은 심리·정서적 문제 등 다양한 신체적, 정신적 건강 이상을 경험한다는 것이다(Burnette, 2000; Fuller-Thomson & Minkler, 2000). 우리나라에서도 저소득층 조손 가정 조모의 우울감을 조사한 최해경(2002)의 연구는 조사 대상자의 92%가 심각한 수준의 우울감을 보이는 것으로 보고하였다.

반면에 조손 가족 조부모의 신체 및 정신건강에 관한 긍정적인 연구결과도 있다. 조손 가족 조부모 중 일부는 그들의 신체적 건강이 손자녀를 양육하는 동안 현상 유지되기나 오히려 향상되었으며(Waldrop & Weber, 2001), 다수의 조부모는 손자녀를 돕는 역할로 인해 더 큰 자부심과 만족감, 보상감을 느끼고 기쁨과 사랑, 즐거움을 경험한다는 것이다(Pruchno, 1999; Waldrop & Weber, 2001).

3) 조손 가족 손자녀의 특성

조손 가족 손자녀들은 조부모에게 양육되기 전에 이미 부모의 사망, 이혼, 실직, 불화, 알코올 중독 등과 같은 불안한 환경에 노출되어 다양한 정서적 문제를 지니고 있을 가능성이 높다. 조부모에게 맡겨진 후에는 부모의 부재로 인해 남겨진 허탈감, 두려움, 당혹감 또는 버림받았다는 배신감, 원망, 우울 등으로 부모에 대한 그리움을 왜곡되게 표현하고(문선화, 2001), 산만하고 충동적인 행동 및 낮은 자아존중감을 나타낸다.

특히 부모의 이혼으로 조부모와 함께 살고 있는 조손 가족 영유아는 다른 이유로 조부모와 동거하는 영유아에 비해 높은 우울감과 불안감을 느끼며, 비동거 부모를 만나는 영유아는 그렇지 않은 영유아보다 우울과 불안이 높게 나타난다(성지혜, 2001).

하지만 모든 조손 가족 손자녀들이 발달상의 어려움이나 사회적 적응의 문제를 경험하는 것은 아니다. 오히려 조부모들이 부모로부터 가족해체나 학대 및 방임을 경험한 자녀들에게 개입함으로써 손자녀의 심리적 안녕과 사회적 적응에 긍정적인 영향을 끼치기도 한다(Solomon & Marx, 1995). 또한 조손 가족 손자녀들은 조부모의 온화한 성품에 영향을 받아 더욱 안정감을 느끼면서 성장할 수 있으며, 조부모들이 부모로서의 역할을 감당하고 신뢰할 만한 권위를 가지면 손자녀에게 긍정적인 영향을 미치게 된다(Takas, 1998).

5 다문화 가족

1) 다문화 가족의 개념과 및 현황

다문화 가족이란 부부 중 한 사람이 외국 출신으로서 국제결혼에 의하여 가족 관계가 형성된 가족 형태이며, 가족 내에 다양한 문화가 공존하고 있다는 의미를 내포한다. 현행 「다문화가족지원법」에서는 다문화 가족을 「재한외국인 처우 기본법」에 따른 결혼이민자 또는 국적법에 따른 귀화자와 출생 시부터 우리나라 국적을 취득한 자로 이루어진 가족이라고 정의하고 있다.

최근 우리 사회의 가족관계 변화에 있어 두드러진 현상 중의 하나는 외국인과의 국제결혼으로 이루어진 다문화 가족의 증가이다. 1980년대 말에 시작되어 1990년대 중반 이후 급증하고 있는 국제결혼은 우리나라 남성과 외국인 여성 간 혼인을 중심으로 급격하게 증가해 왔다. 특히 2000년대 들어 증가세가 가파르게 진행되어 2004년부터 2010년까지 줄곧 전체 혼인 중 10% 이상을 차지하는 일반적인 혼인 형태로 자리 잡았다(김이선 외, 2010).

통계청(2012, 2018a)의 혼인·이혼통계 자료에 의하면, 우리나라 연간 혼인 건수에서 차지하는 국제결혼 비중은 1993년 1.6%(6,545건)에서 2000년 3.5%(11,605건)를 거쳐 2005년에는 13.5%(42,356건)까지 증가하였으며, 2006년부터 감소하기 시작해서 2011년 9.0%(29,762건), 2017년 7.9%(20,835건)로 감소했다. 또한 국제결혼 중 외국 여성과의 혼인은 2011년 74.8%에서 2017년 71.4%로 감소하였고, 외국 남성과의 혼인은 2011년 25.2%에서 2017년 28.6%로 증가했다. 우리나라 남성과 혼인한 외국 여성의 국적은 2011년 베트남(34.3%), 중국(33.9%), 필리핀(9.3%), 일본(5.0%), 캄보디아(4.3%), 미국(2.3%), 태국(1.6%) 순에서 2017년 베트남(36.1%), 중국(26.1%), 태국(6.8%), 일본(5.67%), 필리핀(5.66%), 미국(3.6%), 캄보디아(3.2%) 순으로 변화되었으며, 우리나라 여성과 혼인한 외국 남성의 국적은 2011년 중국(24.9%), 일본(22.8%), 미국(21.8%), 캐나다(6.0%), 호주(2.9%), 베트남(1.2%) 순에서 2017년 중국(25.5%), 미국(23.3%), 베트남(9.8%), 캐나다(7.3%), 일본(5.2%), 호주(3.4%) 순으로 변화되었다.

한편, 국제결혼이 증가 추세에서 감소 추세로 전환되면서 외국인 배우자와의 이혼도 증가 추세에서 감소 추세로 변하고 있다. 통계청(2018a) 자료에 의하면, 우리나라 연간 이혼 건수 중에서 국제결혼 부부의 이혼이 차지하는 비중은 2002년 1.2%(1,744건)에서 2011년에는 10.1%(11,495건)까지 증가하였으나, 이후 감소세로 전환해서 2015년 7.5%(8,237건), 2017년 6.7%(7,130건)로 줄어들었다.

〈표 6-7〉 국제결혼 추이

(단위: 건, %)

구분 \ 연도	1993	2000	2003	2005	2006	2010	2011	2017
총 혼인 건수	402,593	332,090	302,503	314,304	330,634	326,104	329,087	264,455
국제결혼 건수	6,545	11,605	24,775	42,356	38,759	34,235	29,762	20,835
(총 혼인 중 비중)	(1.6)	(3.5)	(8.2)	(13.5)	(11.7)	(10.5)	(9.0)	(7.9)
한국 남성 + 외국 여성	3,109	6,945	18,750	30,719	29,665	26,274	22,265	14,869
한국 여성 + 외국 남성	3,436	4,660	6,025	11,637	9,094	7,961	7,497	5,966

출처: 통계청(2018a).

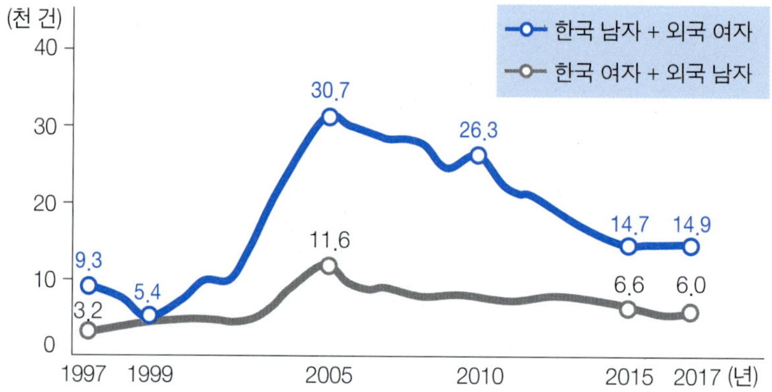

[그림 6-5] 외국인과의 혼인 건수 추이

출처: 통계청(2018a), p. 14.

2) 다문화 가족의 부부관계

적지 않은 결혼이민여성들은 문화적 차이와 언어소통 문제로 부부생활의 적응에 어려움을 겪는다. 결혼이민여성들은 한국 문화 속으로 동화되기 위해 새로운 환경, 문화, 언어에 도전하는 과정 속에서 남편과 가족의 불신으로 완전히 수용되지 못하고, 결혼에서의 좌절과 불안을 경험하게 된다(윤영주, 2001). 특히 남성우월주의와 성 차별 등 전통적인 남성 위주의 가족 이해와 일방적으로 결혼이민여성들만이 한국 문화에 적응하도록 하는 구조가 강할 경우 부부관계의 어려움이 가중된다.

국제결혼이란 서로 다른 나라 사람들이 부부관계를 맺는 것이므로 문화적 차이에서 오는 문제가 생기는 것은 당연하며 이를 극복하는 데 시간이 걸리고 힘이 든다. 이때 가장 중요한 것은 부부간 상호 이해와 존중 그리고 노력이다. 자신의 것만 지키려는 이기적인 태도를 버리고 배우자가 살아 온 국가의 문화를 이해하며 서로의 차이를 배우고 존중하려는 자세, 타국생활에서 경험하는 각종 스트레스와 긴장을 완화하고 고향을 그리워하는 아내의 마음을 달래 주려는 남편의 노력 등이 기본이 될 때 부부관계의 질이 높아지고 결혼만족도도 높아지게 된다.

3) 다문화 가족의 자녀 관계

다문화 가족에게 있어서 자녀는 희망이며 결혼이민자가 사회적 관계망을 확장해 가는 데 있어 촉매역할을 한다. 특히 결혼이민여성에게 있어 자녀는 한국 사회에서 유일하게 완전한 인간관계를 맺을 수 있는 소중한 존재로 한국 생활을 하는 데 있어서 심리적 거점이며 확실한 희망이 된다(김상임, 2004). 자녀는 다문화 가족의 부모로 하여금 자녀를 훌륭히 키우겠다는 공통된 목표를 설정하여 단결하게 하고, 자녀양육에 대한 책임 때문에 한글 공부에 박차를 가하도록 하며, 직장을 선택하여 가정경제 안정을 위해 노력하게 한다. 그리고 그 과정에서 안정적으로 한국 생활에 적응할 수 있도록 한다.

그러나 결혼이민여성의 자녀는 언어적 의사소통이 원활하지 못하거나 언어발달이 지체되어 학습 이해도가 낮고, 건강과 신체적인 측면에서도 결핍 증상을 보이는 경우가 많다. 주된 이유는 결혼이민여성의 한국어 사용 미숙으로 자녀와의 원활한 소통과 교감이 어렵고, 대부분 결혼이민여성은 가정경제가 궁핍하여 생계를 해결하느라 자녀를 제대로 가르치고 돌볼 여유가 없기 때문이다. 한국여성정책연구원(2016)의 2015년 전국다문화가족실태조사 분석에 의하면, 다문화 가구의 취업한 결혼이민자·귀화자 대다수는 단순노무나 일용직에 종사하기 때문에 고용안정성이 낮고 경제적으로 안정적이지 못한 생활을 하는 것으로 나타났다. 취업한 결혼이민자·귀화자의 직종은 단순노무직이 29.0%로 가장 많았는데, 이는 우리나라 전체 취업자의 단순노무 종사자 비율(13.4%)보다 15.6%p 높은 것이었다. 일용직 비율(20.8%)과 임시근로자 비율(28.6%) 또한 전체 취업자보다 각각 14.8%p, 9%p 높았으며, 주당 36시간 미만 단시간 근로자 비율도 25%로 전체 평균(15.4%)보다 약 10%p 높았다. 결혼이민여성의 자녀는 또한 문화·언어·피부색·인종 등의 차이로 인해 자신의 정체성에 대해 혼란스러워하고, 원만한 친구 관계를 맺는 데 장애를 느끼며 또래로부터 집단따돌림을 당하는 경우도 많다.

따라서 다문화 가족의 정상적이고 원만한 부모-자녀 관계를 위해서는 결혼이민여성의 한국 사회 적응과 자녀양육 및 부모역할 수행을 위한 사회적 지원이 필요하다. 또한 자녀의 출생 시부터 국가적 차원에서 일관되고 체계적인 언어, 생활, 정서 안정, 보육 및 교육을 위한 대책을 마련하고, 자녀가 우리 사회의 당당한 구성원으로서 건강하게 성장·발달해 갈 수 있도록 도와주어야 한다.

6 아동학대 가족

1) 아동학대의 정의 및 유형

「아동복지법」 제3조에서는 아동을 18세 미만인 사람으로 규정하고, 아동학대를 "보호자를 포함한 성인이 아동의 건강 또는 복지를 해치거나 정상적 발달을 저해할 수 있는 신체적·정신적·성적 폭력이나 가혹행위를 하는 것과 아동의 보호자가 아동을 유기하거나 방임하는 것"으로 정의한다. 이는 적극적인 가해행위뿐만 아니라 소극적 의미의 방임행위까지 아동학대로 보는 것이다.

아동학대의 유형은 일반적으로 신체학대, 정서학대, 성학대, 방임 및 유기로 분류한다.

(1) 신체학대

신체학대(physical abuse)는 보호자를 포함한 성인이 아동에게 우발적인 사고가 아닌 상황에서 신체적 손상을 입히거나 신체손상을 입도록 하는 모든 행위를 말하며, 직접적 신체 가해행위 및 도구 등을 활용한 간접적 신체 가해행위 등이 포함된다. 가해자의 의도와는 달리 아동이 감당하기 어려운 과도한 행위도 학대에 해당하며, 생후 12개월

이하의 영아에게 가해진 체벌은 어떠한 상황에서도 심각한 신체학대이다.

신체학대는 육안으로 확인이 가능한 확연한 상흔을 남길 뿐 아니라 정서적 부적응으로 이어진다. 신체학대를 받은 영유아는 지나치게 적대적이고 공격적이거나 또는 지나치게 의기소침하고 불안에 떨며 자신감이 결여되어 있다.

(2) 정서학대

정서학대(emotional abuse)는 언어적, 정신적, 심리적 학대라고도 한다. 정서학대는 보호자나 양육자가 아동의 인격, 존재, 감정을 심하게 무시하고 모욕하는 언어적·정서적 위협, 감금이나 억제, 기타 가학적이고 학대적인 부당함이 명백한 행위를 하는 것을 말한다. 정서학대는 눈에 두드러지게 보이는 것도 아니고 당장 그 결과가 심각하게 나타나지 않기 때문에 주의를 기울이지 않으면 자칫 학대행위로 인식되지 않고 학대피해가 장기화될 수 있다(보건복지부·중앙아동보호전문기관, 2011).

정서학대를 받는 영유아는 활기가 없고 의욕과 자신감이 부족하며 감정이 풍부하지 못하고 신체발달이 지체된다. 또한 낮은 자존감과 부정적 자아개념을 가지고, 목적 없는 과다행동이나 수동적이면서도 공격적, 도전적인 행농을 한다(박태수, 2000).

그런데 정서학대는 기준이 모호하고 신체적 증상으로 드러나는 것이 아니기 때문에 사람에 따라 학대와 훈육 사이에서 자의적으로 해석되기도 하며, 정서학대를 하면서도 자신의 행위를 학대로 인식하지 않는 경우도 있는 등 종종 논란거리가 된다. 이에 대해 대법원은 분명하게 입장을 밝히고 있다.

2014년 어린이집 재롱잔치 준비를 위한 연습 도중 빨간색 천으로 싼 스펀지로 28개월 아동의 머리를 때려 「아동복지법」 위반 혐의로 기소되어 벌금형이 선고된 어린이집 원장의 아동 정서적 학대행위 사건에 대한 대법원의 상고심 판례는 미필적(未必的) 인식(認識)이라는 용어를 인용하여 정서학대 행위를 엄격하게 해석한다(표 6-8 참조). 미필적 인식이란 확실히 인식하는 것이 아니라 그럴지도 모른다고 인식하는 것, 즉 긴가민가한 경우를 말한다. 대법원판결은 어떤 행위가 아동의 정신건강 및 발달을 저해하는 결과가 발생할 위험이나 가능성이 있을지도 모른다는 의심을 가지는 것만으로도 정서적 학대의 구성요건을 충족한다는 것이다. 이는 장물알선죄에 있어서 장물의 인식은 확정적 인식임을 요하지 않으며 장물일지도 모른다는 의심을 가지는 정도의 미필적 인식으로도 충분하다고 보는 것과 같다(김혜금, 2016).

〈표 6-8〉 아동 정서학대 사건에 대한 대법원판결 내용 일부

"아동의 정신건강 및 발달에 해를 끼치는 정서적 학대행위"라 함은 현실적으로 아동의 정신건강과 그 정상적인 발달을 저해한 경우뿐만 아니라 그러한 결과를 초래할 위험 또는 가능성이 발생한 경우도 포함되며, 반드시 아동에 대한 정서적 학대의 목적이나 의도가 있어야만 인정되는 것은 아니고 자기의 행위로 인하여 아동의 정신건강 및 발달을 저해하는 결과가 발생할 위험 또는 가능성이 있음을 미필적으로 인식하면 충분하다고 할 것이다.

출처: 대법원 2015.12.23. 선고 2015도13488 판결[아동복지법위반] 〈아동 정서적 학대행위 사건〉.

(3) 성학대

성학대(sexual abuse)는 성인이 자신의 성적 만족을 위해 아동의 성적인 신체부위를 강제적으로 손상하거나 성적인 신체부위를 접촉하도록 강제적으로 요구하는 것으로, 성인이 자신의 만족을 위해 아동을 관찰하거나 아동에게 성적인 노출을 하는 행위나 성적으로 추행하는 행위 등 아동과 성인 사이의 부적절한 성적인 행동을 모두 포함한다. 성학대는 부모 및 친인척을 비롯해서 평소 아동이 알고 지내는 사람에 의해 은밀히 이루어지는 경우가 많으며, 부모 및 친척에 의해 발생한 경우에는 피해아동과 부모가 학대 사실을 숨기려 하는 경향이 높아 외부에 알려지게 될 가능성이 낮다(보건복지부·중앙아동보호전문기관, 2007).

성학대를 받은 영유아는 연령에 맞지 않는 성적인 놀이를 하거나 성기의 빈번한 노출, 어른에 대한 도발적인 행동 등 성적인 행동을 현저하게 많이 나타낸다(박태수, 2000). 정서적으로는 심한 불안감과 공포심을 느끼며 악몽을 꾸기도 하고, 특정한 사람이나 장소를 무서워하기도 한다. 또한 전혀 말을 하지 않거나 몸을 안 움직이려 하기도 하고, 심한 경우 정신착란 증세를 보인다.

(4) 방임 및 유기

방임(neglect)은 보호자가 아동에 대한 양육과 보호를 소홀히 하여 정상적인 발달을

저해할 수 있는 모든 행위를 말하며, 음식·위생·의복·난방·감독·자극·의료보호·안전주의·기초 교육 등 아동의 건강과 영양, 안전 및 행복을 위해 필수적인 여건들을 고의적·반복적으로 제공하지 않는 것이다. 방임의 극단적인 형태는 유기이며, 유기(abandon)란 보호자가 아동을 보호하지 않고 버리는 행위를 말한다.

방임은 세부적으로 신체적(물리적) 방임, 의료적 방임, 교육적 방임, 유기로 분류할 수 있다. 의식주를 제공하지 않고 장시간 위험에 상태에 방치하는 행위 등은 신체적 혹은 물리적 방임이라 하고, 예방접종을 제때 하지 않거나 필요한 치료를 소홀히 하는 행위 등은 의료적 방임이라 한다. 학교에 보내지 않거나 무단결석 시에도 고의로 방치하면 교육적 방임이며, 말을 걸거나 안아 주는 등 아동이 필요로 하는 신체적 접촉을 피하거나 아동과의 약속에 무신경하여 아동의 마음에 상처를 주는 행위는 정서적 방임이라 한다. 방임적 학대를 받은 아동은 신체적, 정서적, 성적 학대의 후유증을 모두 합쳐 놓은 것과 같은 고통을 겪게 된다.

방임은 만 3세 이하의 영유아에게 더 자주 나타나는 학대 유형으로 초기 발달단계의 아동에게 미치는 영향력이 매우 크다. 2세 이하의 영유아가 방임을 당할 경우 신체적, 정서적, 행동적으로 제대로 발달하지 못하는 성장실패증후군(FTT: Failure to Thrive Syndrome)과 같은 치명적 결과를 초래할 수 있으며, 이는 아동의 발달지체나 성격장애, 사망 등에 이를 수 있다(보건복지부·중앙아동보호전문기관, 2007).

오스트리아의 정신의학자이자 심리학자로서 개인심리학 체계를 세우고, 자신이 부족하다고 느끼는 주관적인 정서인 열등감(inferiority feeling)이라는 용어를 처음 사용했던 Adler는 열등감의 원인으로 방임(neglect)과 과잉보호(spoiling or pampering)를 들었다. 어린 시절 양육과정에서 보호자로부터 방임이나 유기를 당했을 경우 아이는 자신의 존재 가치에 대해 부정적으로 인식하게 되고 '나는 사랑받을 만한 가치가 없는 사람'이라는 열등감을 갖게 되며, 반복되는 과잉보호는 아이로 하여금 세상을 탐색해 가면서 겪는 시행착오와 경험을 제약해서 자립심을 부족하게 만들고 '나 혼자서는 아무것도 못하는 사람'이라는 생각을 갖게 하며 열등감을 느끼게 된다는 것이다(강현식·박지영, 2009). 이는 지나친 과잉보호도 방임과 같은 나쁜 영향을 미칠 수도 있다는 의미이다.

2) 아동학대 현황

2015~2017년 각 연도 전국아동학대현황(보건복지부·중앙아동보호전문기관)에 따르면, 2015~2017년 3년간 아동학대로 판단된 52,572건의 아동학대 발생장소는 81.5%(42,847건)가 가정 내이며, 특히 아동의 가정 내에서 79.6%(41,834건)가 발생한 것으로 나타났다. 또한 국회입법조사처에서 2012~2016년 각 연도 전국아동학대현황보고서(보건복지부·중앙아동보호전문기관) 자료를 기초로 아동학대 발생현황에 대해 분석한 결과에 의하면, 2012~2016년 5년간 아동학대로 판단된 사례 중 아동학대 가해자가 부모인 경우는 평균 81.3%에 달했다(박선권, 2018). 이 같은 통계 내용은 영유아에게 가장 안전해야 할 가정이 오히려 영유아에게 치명적인 손상을 입히고 있음을 의미한다.

2015~2017년 3년간 아동학대 사례를 학대 유형별로 분류하면, 하나의 아동학대 사례에서 2가지 이상의 학대 유형이 함께 발생하는 중복학대가 47.8%로 가장 많았으며, 그다음은 정서학대 19.6%, 신체학대 14.9%, 방임(유기 포함) 14.6%, 성학대 3.1% 순이었다. 중복학대는 2015~2016년 2년간 신체학대+정서학대 36.5%(11,094건), 정서학대+방임 4.0%(1,206건), 신체학대+정서학대+방임 3.7%(1,131건), 신체학대+방임 1.4%(435건) 순으로 나타났다.

〈표 6-9〉 아동학대 유형별 발생 현황(2015~2017년)

(단위: 건, %)

학대 유형	건수	비율
신체학대	7,842	14.9
정서학대	10,322	19.6
성학대	1,610	3.1
방임(유기 포함)	7,693	14.6
중복학대	25,105	47.8
계	52,572	100.0

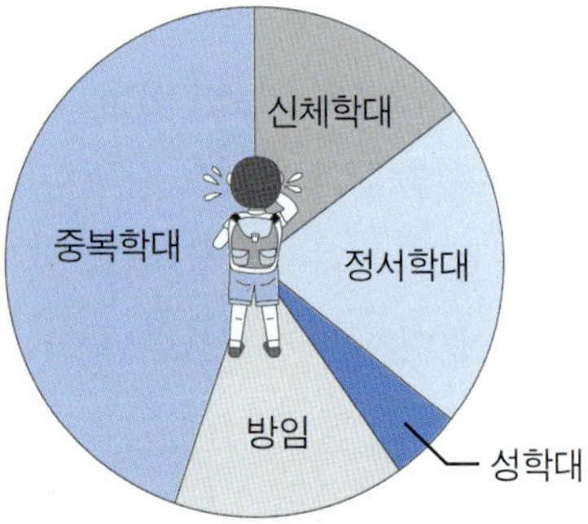

[그림 6-6] 학대 유형별 분포도

출처: 보건복지부·중앙아동보호전문기관(2016, 2017), 중앙아동보호전문기관(2018).

3) 아동학대 유발요인

부모의 양육 스트레스와 부부폭력은 아동학대의 위험요인이며 영유아기에 학대를 경험한 부모들은 그들 자신의 자녀를 더 학대하는 경향이 있다. 세대 간 학대의 전이율은 대략 30%로 추정되며(Kaufman & Zigler, 1987) 부모들이 영유아기에 엄격한 훈육, 잔인성, 거부, 유기, 폭력, 가정위탁, 방임 또는 성학대 등을 경험한 것을 영유아 학대의 잠재성과 관련짓는다(Egeland, 1988). 최근에는 어머니의 취업과 영유아 학대와의 관련성이 주목받고 있는데, 어머니의 취업이 영유아 학대와 직접적인 관련성은 없지만, 맞벌이 가족의 아버지에게서 아동학대율이 높게 나타났다. 물질적·사회적 빈곤과 결핍 또한 아동학대에 부정적인 영향을 미친다. 즉 사회·경제적 지위가 낮은 가정과 사회적으로 고립된 가정의 아동에게 아동학대가 자주 발생한다(안혜영·김신정·고주애, 2002; Coulton, 1999).

여러 연구를 바탕으로 아동학대의 유발 요인을 가정의 구조적 요인과 부모의 개인적 요인으로 나누어 볼 수 있다. 가정의 구조적 요인으로는 가족 간의 의사소통 등 상호작용 부족, 가족 간의 불화, 실직이나 이혼, 경제적 어려움, 사회적 고립, 소외의 문제 등을 들 수 있다. 부모의 개인적 요인으로는 부모가 자녀를 독립된 인격체로 인정하지 않고 소유물로 보는 그릇된 자녀관, 체벌과 훈육을 혼동하거나 체벌을 당연시하는 훈육관, 부모 자신이 경험한 훈육방식이나 어린 시절 학대받은 경험, 부모의 알코올 또는 약물 중독, 부모의 감정조절 능력 특히 분노를 통제하는 능력의 미숙, 자녀의 권리의식에 대한 이해 부족, 아동의 발달과정 등 양육 지식과 기술 부족, 부모의 지나친 기대 및 과다한 욕심, 부모의 피해의식, 장애 자녀에 대한 부모의 스트레스 등 여러 가지 원인이 있을 수 있다.

4) 아동학대 후유증

영유아는 학대 경험의 의미를 부여하는 과정에서 자기중심적이고 이분법적인 사고를 한다(Briere, 1992). 이러한 사고를 통해 부모는 나쁠 수 없으며, 부모에 대해 싫은 감정을 지니거나 속상한 마음이 드는 자신이 나쁘고 자신의 잘못 때문에 처벌받는 것으로 생각한다. 또한 부모의 학대를 부모가 자신을 싫어하고 거부한다는 의미로 받아들이면서 자신에 대해 매우 부정적인 자아상을 만들고, 신체·정서·인지·행동장애와 같은 학대 후유증을 경험하게 된다.

학대로 인해 영유아는 우선 신체 변형, 발육부진, 성장장애를 겪고 심하면 사망할 수도 있는데, 사망까지 이르지는 않더라도 이때의 신체적 후유증은 일생에 걸쳐 나쁜 영향을 미치게 된다. 신체적 영향 외에도 학대로 인해 영유아는 불안감과 슬픔을 많이 나타내고 낮은 자아존중감과 낮은 자기 가치를 보이며(Cerezo & Frias, 1994), 자아개념, 세계관, 감성적 능력이 심각하게 왜곡된다. 또한 인지적 결손이 심각하여 낮은 학습 능력을 보이는데, 특히 언어기술의 손상으로 민감하거나 표현적인 언어 사용에 지장을 나타내게 되며(McFadyen & Kitson, 1996), 주의력결핍과잉행동장애나 반항성장애 등 행동장애를 보인다. 이 같은 행동장애는 영유아의 공격적 행동을 증가시키며, 행동장애가 심해지면 영유아는 장기적으로 폭력적이고 범죄에 빠지기 쉬운 청소년, 성인으로 자라나게 되거나 흡연, 마약, 성적 비행에 빠지거나 자살을 시도할 수 있다(Kaplan et al., 1997).

학대받은 아동은 정상 아동으로 회복되는 데 오랜 시간이 걸린다. 심하면 어른이 되어서도 학대로 입은 상처에서 회복되지 못하고 인생을 비관하고 사회생활을 원만하게 하지 못하는 부적응 증상을 보일 수 있다. 특히 성적 학대는 아동학대의 유형 중 가장 심각하고 만성적인 정신적 후유증을 겪게 하는데, 심리적 고통이 너무 커서 결혼생활을 정상적으로 하지 못하거나 자녀를 갖지 못하는 불행으로 연결되기도 하고 이성 교제를 피하는 극단적인 피해의식을 갖도록 하기도 한다.

Chapter 07

부모교육 프로그램의 개발 배경 및 종류

부모교육 프로그램은 시대에 따라 강조되는 철학적 배경과 실행방법에서 차이가 있으며, 종류도 다양하다. 우선, 본 장에서는 다양한 부모교육 프로그램이 나오게 된 배경을 살펴볼 것이며, 둘째, 부모교육 프로그램 개발에 관한 일반적인 정보를 다루며, 셋째, 부모교육의 종류에 대해 살펴보고자 한다.

Parent Education

1 부모교육 프로그램의 개발 배경

각 시대에 따라 자녀에 대한 부모들의 신념은 다르며, 이에 따른 자녀의 훈련방식이 다르다(Kagan, Powell, Weissbourd, & Zigler, 1987). 부모교육은 그 나라의 정치적·경제적인 상황, 아동발달과 아동심리학에서의 주도적인 생각 그리고 여성과 가족에 대한 현행의 태도를 반영한다고 볼 수 있다(Weissbourd, 1987).

미국의 경우, 초기 부모교육에서는 신앙을 강조하는 도덕적 원칙이 양육에서 강조되었다. 그러나 신앙에 기초하던 부모교육은 2차 세계대전 말경 B. Spoke가 쓴 『아이와 육아』라는 책에 의해 영향을 받고 미국 부모의 양육 방식에 변화를 가져오게 하였다. 특히 1950년대 및 1960년대에는 수많은 학자에 의해 부모양육과 부모교육에 대한 이론들이 나오기 시작하였으며, 1970년대에는 이러한 이론을 토대로 많은 프로그램이 개발되기 시작하였다.

특히 1980년대 이후 부모교육 프로그램은 특정 계층이나 특정 문화를 가진 가족을 위한 부모교육 프로그램으로 다양해졌다. 예를 들어, AVANCE 부모-자녀교육 프로그램, 흑인 아동을 위한 효율적인 부모교육(Effective Black Parenting) 등이 있다. 정부에서도 부모교육을 지원하기 시작하였다. 국가사업으로 1993년 정부의 실행과 결과에 대한 법령(GPRA: Government Performance and Results Act) 및 1996년 개인적 책임과 노동의 조정에 대한 법령(Personal Responsibility and Work Reconciliation Act)을 통과시킴으로써 부모교육 프로그램을 사회복지사업 측면에서 지원하기 시작하였다. 이에 다양한 모형이 나타났다. 그 예로 유아기 가족교육(ECFE), 미주리 부모로서의 교사(Missouri's Parents as Teachers), HIPPY(Home Instruction Program for Preschool Youngsters) 등을 개발하였고, 부모교육의 효과에 대해 기록하였다(Hamner & Turner, 2001).

우리나라의 경우에도 시대에 따른 정치·경제적인 상황, 아동발달의 영향 그리고 여성의 사회적 진출과 가족에 대한 인식에 따라 부모교육의 형태가 다양해졌고 비록 부모교육에 대한 이론이 체계화되지는 않았지만, 전통사회에서부터 전승되어 내려오는 자녀양육을 위한 지침서가 상당수 있다.

우리나라의 부모교육 프로그램 개발은 서구에 비해 다소 늦었다. 초기에는 미국의 프로그램을 그대로 사용하거나 개발과정에서 이들의 이념과 내용을 참고하는 경우가 있었다(예: STEP, PET, APT). 그러나 이러한 프로그램들은 주로 미국의 중류층 백인 부모의 특성을 고려하여 개발된 프로그램이라는 인식과 더불어 최근에는 우리 문화에 맞는 부모교육 프로그램을 개발하고자 하는 시도가 활발하게 이루어지고 있다(이은화 외, 1999). 예를 들어, 총체적 부모교육 프로그램(이은화 외, 1999), 저소득가정 부모교육 프로그램 개발(양미진 외, 2009)이 개발되었다.

또한 우리나라의 부모교육 프로그램은 대상 부모들의 범위, 주최하는 기관, 장소 등에 따라 다양하게 이루어지고 있다. 유아교육기관에서 실시하는 기관 중심의 부모교육 프로그램뿐만 아니라 가정이나 지역사회와 연계하여 이루어지기도 하고, 다양한 형태의 가족을 대상으로 부모교육 프로그램도 이루어지고 있다. 예를 들어, 경기도 위스타트(WE START) 영아 가정방문 프로그램은 교육중재자가 가정에 직접 방문하여 40분간 영아와 놀이를 하는 것을 시범 보이면서, 영아 부모를 대상으로 자녀와 놀이하는 방법을 가르쳐 주고 있다(김명순·황혜정·안효진, 2012). 그리고 한부모 가정의 부모를 위한 부모교육 프로그램, 장애아를 가진 부모들의 부모교육 프로그램, 다문화 가정의 부모를 위한 부모교육 프로그램 등이 개발되어 사회복지관이나 센터에서 이루어지고 있다.

2 부모교육 프로그램의 개발을 위한 정보

부모교육 프로그램을 개발하고 수행하기 위해 필요한 정보를 살펴보면 다음과 같다.

1) 부모교육 프로그램 개발과정

부모교육 프로그램 개발과정은 순환적이고 역동적이고 지속적인 순환체계이다(박성연 외, 2008). 역동적이며 순환적인 부모교육 프로그램을 개발하기 위해 우선, 학습자인 부모의 요구를 분석하는 것이 필요하다. 둘째, 그 요구를 충족시킬 수 있도록 프로그램을 설계하고 실시한다. 마지막으로 부모들의 요구가 얼마나 충족되었는지 평가하는 과정이 필요하다.

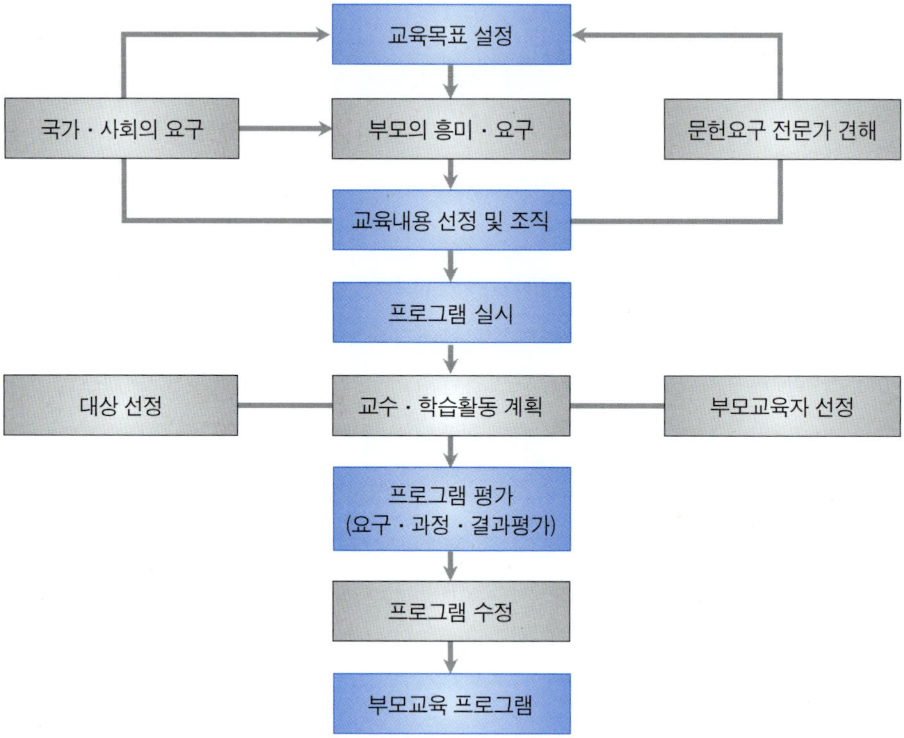

[그림 7-1] 부모교육 프로그램 개발과정 흐름도

출처: 김정원(1999).

(1) **요구도 조사**

① 요구도 조사는 부모교육 프로그램을 개발하기 전 부모가 어떠한 교육적인 욕구를 가지고 있는지 파악하기 위해 필요하다. ② 요구도 조사는 대상자들의 의견과 전문적인 부모교육자의 의견 모두에게 실행해야 한다. ③ 대상 부모들의 요구와 특성, 문화적 배경과 경험 등 요구도 조사의 결과는 프로그램의 목표, 내용, 수행방법(교수-학습 방법, 실시시간, 장소 등)을 구성하는 데 반영할 수 있다.

동시에 전문가인 부모교육자의 의견도 반영되어야 한다. 부모의 요구가 무엇인지 파악하여 교육내용을 구성하는 것도 중요하지만, 프로그램의 내용을 선정할 때 부모들이 미처 인식하지 못하고 있지만 꼭 알아야 하는 내용이 빠지지 않도록 프로그램을 구성하는 것도 필요하다(윤기영·서지영, 2001). 다음은 부모교육 요구도 조사 문항의 예이다.

* 다음은 부모교육에 대한 요구도 조사 문항을 선별한 것이다.

1. 귀 기관에서는 부모교육을 어느 정도 실시하고 있습니까?
   ① 월 2회 이상 ② 월 1회 정도 ③ 한 학기에 2회 정도
   ④ 한 학기에 1회 정도 ⑤ 필요할 때마다 ⑥ 기타( )

2. 귀 기관에서 실시하는 부모교육에 참여하신 적이 있습니까?
   ① 예 ② 아니오

3. 만약 부모교육에 참여한 적이 없다면 그 이유는 무엇입니까?
   ① 참여의 필요성을 느끼지 못하기 때문에
   ② 시간이 없어서(직장, 사업 관계 등)
   ③ 아이의 교육은 유아교육기관에 맡기고 싶어서
   ④ 다른 곳(인터넷)에서 정보를 얻기 때문에

* 다음은 유아교육기관에서의 부모교육에 대한 귀하의 인식을 알아보기 위한 문항입니다. 해당되는 번호에 '✓' 하여 주시기 바랍니다.

4. 유아교육기관에서 부모교육이 필요하다고 생각하십니까?
   ① 매우 필요하다 ② 필요하다 ③ 보통이다
   ④ 필요 없다 ⑤ 전혀 필요 없다

5. 유아교육기관에서 부모교육이 필요하다면 그 이유는 무엇이라고 생각하십니까?
   ① 올바른 유아교육을 인식하기 위해
   ② 유아교육기관과 가정의 연계교육을 위해
   ③ 유아교육기관 운영에 대한 이해를 위해
   ④ 부모의 교양을 증진시키기 위해
   ⑤ 부모와 유아교육기관 간의 신뢰를 형성하기 위해

6. 유아교육기관에서 부모교육은 누가 실시하는 것이 좋다고 생각하십니까?
   ① 유아교육 전문강사 ② 원장 및 교사
   ③ 부모 ④ 외부 교양 및 전문강사

7. 귀하께서 생각하시는 '바람직한 부모교육'의 방법은 어떤 것이라고 생각하십니까?(해당사항에 모두 표해 주십시오)
   ① 부모회 ② 가정방문 ③ 가정통신문
   ④ 상담(면담, 전화) ⑤ 수업참관(참여수업) ⑥ 토론, 좌담회
   ⑦ 강연 및 강습회 ⑧ 부모개별상담 ⑨ 도서대여
   ⑩ 행사 및 수업보조 ⑪ 강사초빙 강연회 ⑫ 워크숍

8. 유아교육기관에서 부모교육을 어느 정도 실시하는 것이 바람직하다고 생각하십니까?
   ① 월 2회 이상 ② 월 1회 정도 ③ 한 학기에 2회 정도
   ④ 한 학기에 1회 정도 ⑤ 필요할 때마다 ⑥ 기타( )

9. 유아교육기관에서 부모교육은 언제 실시하는 것이 좋다고 생각하십니까?
   ① 평일 오전 ② 평일 오후 ③ 평일 저녁시간
   ④ 토요일 오후 ⑤ 일요일(공휴일) ⑥ 기타( )

10. 부모교육을 실시할 때 1회 소요시간은 어느 정도가 적당하다고 생각하십니까?
   ① 1시간 ② 2시간
   ③ 3시간 ④ 기타( )

＊ 다음은 유아교육기관에서 부모교육에 대한 귀하의 요구 정도를 알아보기 위한 문항입니다. 해당되는 번호에 '✓'하여 주시기 바랍니다.

11. 다음은 유아교육기관에서 실시하고 있는 부모교육의 방법입니다. 귀하께서 요구하시는 문항에 '✓'하여 주시기 바랍니다.

요구도 / 교육내용	실시할 필요가 없다	드물게 (1~2회/년)	가끔 (3~5회/년)	정기적 (1회/월)
1. 부모회				
2. 가정방문				
3. 가정통신문				
4. 상담(개별상담, 전화)				
5. 수업참관/참여수업				
6. 토론, 좌담회				
7. 강연 및 강습회				
8. 부모개별상담				
9. 도서대여/교구대출				
10. 행사 및 수업보조				
11. 강사초빙 강연회				
12. 워크숍				

출처: McBride(1990), 고미아 역(2001).

(2) 교육목표 및 내용의 선정

부모교육 프로그램의 목적과 목표는 궁극적으로 학습자 행동에 의미 있는 변화가 나타날 수 있도록 정한다. 교육목표와 교육성과가 가능한 한 일치될 수 있도록 하기 위해서 교육목표, 내용, 방법을 포함하는 교육과정 그리고 교육의 성과를 평가하는 평가과정에 일관성이 있어야 한다.

프로그램의 목표를 선정할 때 프로그램 개발자의 교육철학, 전문가의 전문적인 견해, 학습자인 부모의 특성과 그들이 요구하는 주제, 사회적 요구를 반영해야 한다. 이러한 목표는 새로운 지식을 참고하여 교육내용을 선정하게 된다. 특수한 지식이나 기술 등의 지적 능력을 제공하는 것과 동시에 부모의 태도와 인식 등을 변화시킬 수 있도록 교육내용을 선정해야 한다. 또한 학습자인 부모의 실생활과 관련시켜 볼 때, 프로그램을 실시한 후 즉각적이고 실제적으로 적용할 수 있는 내용을 선정하는 것이 필요하다.

(3) 프로그램의 수행

프로그램을 실제로 실행하는 데 있어서 다양한 기법과 전략이 요구된다. 효과적으로 프로그램이 진행되게 하기 위해 인적, 물적, 환경 자원을 확인하고 이용하는 것이 필요하며, 이러한 활동을 진행하는 과정에서 적극적으로 자원을 조정, 통제를 할 수 있어야 한다. 프로그램을 지도해 나가면서 교육자는 계속적인 참여를 위한 강화 요인을 제공해야 한다. 학습내용과 자료, 부모교육 참여자의 특성(학습 경험과 준비도, 부모의 흥미와 연령, 직업적 요인 등), 물리적 조건을 고려해야 하며 구체적인 교수-학습방법, 교육매체 등이 조화를 이룰 때 교육의 효과를 높일 수 있다.

① 교수학습 방법

부모교육 프로그램의 진행방법으로 강의와 토론을 병행하는 방법이 가장 효과적이다. 강의와 토론은 동료집단과의 의미 있는 상호작용이 부모역할에서 야기되는 문제들에 대처하게 하고, 개인적인 가치와 행동을 변화시키는 과정에 도움이 될 수 있기 때문이다. 그러나 대상 부모들의 사회적·문화적 배경이 어떠한가에 따라 그 방법을 고려해야 한다.

② 대상모집과 실시기간, 시간, 장소

프로그램 대상 모집은 프로그램의 주제, 기간, 시간 및 장소와 밀접한 관계를 갖고 있다. 지금까지 실시된 프로그램의 시간과 기간을 살펴보면, 우선 AP(Active Parenting)는 1주 1회, 2시간 모임을 평균 6주에 걸쳐 실시를 하였으며(Popkin, 1983), PET는 1주 1회, 3시간 모임을 8주에 걸쳐 실시를 하였다(Gordon, 1975). STEP은 1주 1회, 1시간 30분에서 2시간 모임을 9주간 실시하였다(Dinkmeyer & MaKay, 1989).

특히 부모가 여러 주 동안 교육을 받는 것이 어렵다면 짧은 회기로 부모교육을 실시하는 것도 바람직하며, 부모들의 요구에 따라 다르게 실시하여 부모들의 참여를 유도할 수 있다. 즉, 각 부모집단의 특수성에 따라 실시기간과 요일, 시간 등을 조절하여 다르게 적용할 수 있다.

③ 진행과정

도입단계에서는 프로그램에 대한 오리엔테이션은 물론 부모들의 프로그램 참여에 대한 동기를 유발하는 준비가 필요하다.

강의 및 활동의 단계에서는 각 준비된 단계에 따라 중점적인 내용들을 순서대로 진행하도록 하고, 전체 참여자가 고루 활동을 할 수 있도록 하는 것이 필요하다.

마지막 종결단계에서는 전달한 내용을 종합적으로 정리하고 서로의 경험을 상호교환하며 이해하고 수용하는 적극적인 활동단계로, 프로그램의 내용이 각 대상자에게 잘 전달되었는지 객관적인 평가자료를 구할 수 있다.

〈프로그램 진행표〉

목 표				
프로그램		내 용	시 간	준비물
	도 입			
	강의 및 활동			
	종 결			

(4) 프로그램의 평가

프로그램의 평가는 학습의 결과를 확인하기 위한 것뿐만 아니라 부모교육 프로그램 개발과정에서의 정책을 결정하고, 부모교육 프로그램을 개정하며 프로그램의 정당성 및 책무성을 확인하는 등 다양한 기능을 수행하기 때문에 본질적이고 필수적인 과정이다(한국교육개발원, 1984). 프로그램의 교육적 평가를 효과적으로 시행하기 위해서는 먼저 성취하고자 한 프로그램의 목표를 분명히 하고 구체적이고 상세한 목표로 재진술한다. 프로그램은 일반적으로 양적인 방법과 질적인 방법을 사용하기도 하고, 이 2가지를 혼합하여 사용한다. 다음은 프로그램 평가의 예이다.

1-1. 총체적 부모교육 프로그램에 대하여 만족하십니까?

매우 만족한다 (　　　)　　대체로 만족한다 (　　　)

조금 만족한다 (　　　)　　전혀 만족하지 못한다 (　　　)

1-2. 프로그램의 질적 수준에 대하여 어떻게 생각하십니까?

매우 우수하다 (　　　)　　우수하다 (　　　)

보통이다 (　　　)　　빈약하다 (　　　)

1-3. 만약 만족하지 못하셨다면 그 이유는 무엇이라고 생각하십니까?

____

____

2. 프로그램의 전달방법 중에서 가장 도움이 되었다고 생각되는 방법을 순서대로 번호를 기입하여 주십시오.

강의 (　　　)　　토론 (　　　)

핸드북 읽기 (　　　)　　활동 (　　　)

비디오테이프 시청 (　　　)　　평가기록지 작성 (　　　)

3. 프로그램 실시 기간 및 시간에 대하여 답해 주십시오.

3-1. 프로그램의 실시 기간으로 6주 동안의 기간은?

길다 (　　　)　　적당하다 (　　　)

짧다 (　　　)

3-2. 프로그램의 1회 진행 시간으로 가장 적당한 시간은?
1시간 30분 (   )　　2시간 (   )
2시간 30분 (   )　　3시간 (   )

4-1. 어머님이 평소 유아문제로 갈등하고 계신 부분에 대해 원하시는 도움을 받으셨습니까?
아주 많이 받았다 (   )　　대체로 받았다 (   )
약간 받았다 (   )　　전혀 받지 못했다 (   )

4-2. 만약 도움을 받지 못하셨다면 갈등하셨던 문제를 기록해 주시기 바랍니다.
____
____

5. 프로그램을 친구에게 추천하시겠습니까?
적극 추천하겠다 (   )　　추천하겠다 (   )
추천하지 않겠다 (   )

6-1. 프로그램의 재교육 필요에 대하여 어떻게 생각하십니까?
꼭 필요하다 (   )　　필요하다 (   )
필요하지 않다 (   )

6-2. 6-1번의 "꼭 필요하다"와 "필요하다"에 응답하신 분만 답해 주십시오. 프로그램의 재교육은 몇 회 하는 것이 좋겠습니까?
1회 (   )　　2회 (   )
3회 이상 (   )

6-3. 얼마 후에 재교육을 받는 것이 효과적이라고 생각하십니까?
끝난 즉시(다음 주부터) (   )　　1개월 후 (   )
6개월 후 (   )　　1년 후 (   )
기타 (   )

7. [6-1]과 [6-2]를 응답하신 분만 답해 주십시오. 재교육은 누가 참여하는 것이 효과적이라고 생각하십니까?
부모 (   )　　어머니만 (   )
아버지만 (   )　　자녀에게 영향을 미칠 수 있는 성인 (   )

출처: 김정원(1999).

3 부모교육 프로그램의 종류

부모교육의 프로그램을 분류하는 방법은 매우 다양하다. 부모교육 프로그램은 이론적 근거에 의해 또는 프로그램의 변화 주체와 대상을 기준으로 부모교육 프로그램을 나눌 수 있다. 이론적 근거에 따라 구분되는 프로그램을 살펴보면 우선, Rogers의 철학에 근거한 부모교육 프로그램, 둘째, Adler의 이론에 근거한 부모교육 프로그램, 셋째, 행동주의 이론에 근거한 부모교육 프로그램이 있다. 부모교육 프로그램은 변화의 주체와 변화의 대상을 기준으로 구분할 수 있다. Gordon(1975)은 가족과 그를 둘러싼 생태적 환경 간의 관계를 고려하여 가족영향 모형(Family Impact Model), 학교/기관영향 모형(Schlli/Impact Model), 지역사회영향 모형(Community Impact Model)으로 분류하였다.

국내·외에서 이루어지고 있는 부모교육 프로그램을 가정 중심 그리고 학교/기관, 지역사회 중심의 부모교육 프로그램으로 살펴보고자 한다.

1) 가정 중심의 부모교육 프로그램

가정 중심 교육 프로그램이라는 유아교육의 유형이 나타나고 강화된 것은 Head Start 프로젝트에 대한 평가로 널리 알려진 Westinghouse 보고서(1969)가 발표된 후이다. 이 보고서에 따르면, Head Start 프로그램에 참여한 아동과 참여하지 않은 아동 간의 IQ가 장기적으로 차이는 없으나 부모들의 참여와 인정을 얻는 데는 성공적이었다고 밝혔다(Condry, 1983). 그 외에 '루이빌 실험: 네 프로그램의 비교(1975)'와 1975년에 결성된 종단적 연구협회에 의해 시도된 프로그램 평가에 대한 장기 연구들은 프로그램의 질적 효과를 결정하는 요인 중 교사 변인과 함께 부모의 능동적인 참여를 한결같이 강조하고 있다(Condry, 1983; Decker & Decker, 1984). 또한 저소득층 아동의 교육기회 균등에 관한 Coleman 보고서(1966)에서도 교육적 성취에 관련된 요인으로서 가정의 사회·경제적 지위나 부모의 교육 수준과 같은 가정 배경 변인의 중요성이 강조되어 가정에서의 부모교육이 강화되기 시작하였다(Condry, 1983).

(1) 최초의 교사로서의 부모교육 프로그램(Parents as First Teachers)

① 일반적인 특징

부모를 유아의 생애 최초 교사로 인식하고 부모의 영향을 강조하는 개념을 중심으로 White(1980)가 개발한 부모교육 프로그램이다. 그는 가정은 사회의 첫 기관으로 유아들에게 교육적 기반을 마련해 주기 위해 교육자들이 학교와 가정이 협동적 관계를 맺도록 도와주어야 한다고 강조하고 있다.

이 프로그램은 특히 저소득층 부모들을 비롯한 위기상태의 부모와 가족을 대상으로 사전에 실시하는 예방 차원의 프로그램을 제안하고 있다. 즉, 대부분의 부모교육 프로그램은 4~5세 유아들의 부모를 대상으로 실시되지만, 부모교육의 효과를 더 높이기 위해 보다 어렸을 때, 즉 2세 이전부터 프로그램을 실시해야 한다고 강조한다. 부모가 유아에게 제공하는 비형식적 교육은 유아의 전반적인 교육과 발달에 있어서 형식적인 교육체제보다 더 많은 영향을 주기 때문이다(White, 1980).

② 교육내용과 특성

이 프로그램은 가정방문, 집단모임, 진단 검사, 자료센터로 구성되어 있다. 가정방문은 8~36개월에 해당하는 영유아의 가족을 부모교육자가 직접 방문하여, 영아와 주양육자에게 교육을 한다. 전문가로서 부모-자녀 간의 상호작용을 가정 속에서 관찰하고, 관찰한 내용에 대해 의견과 조언을 제공할 뿐만 아니라 객관적인 정보를 제공한다. 초기 가정방문에 부모교육자는 부모에게 프로그램의 목적을 소개하며 자녀양육의 실제에 관하여 조언을 한다. 초기에는 영유아의 발달속도가 매우 빠르고 부모교육자와 가정 간의 라포르가 형성되어야 하므로 일정 기간은 방문 횟수를 많이 갖는다. 이후 영유아의 발달속도가 완만해지면 점차 방문의 빈도는 줄어들게 된다.

교육 프로그램은 부모가 영아의 호기심을 길러 주고, 자극하며, 탐색의 기회를 허용하고, 영유아의 사회적, 언어적, 인지적 발달을 촉진할 수 있는 내용으로 구성되어 있다. 이 밖에도 영유아의 안전에 관한 문제, 배변훈련 등 실용적인 영유아양육 실제와 유아교육기관을 선정하는 기준에 관한 내용이 교육과정에 포함되어 있다.

이러한 교육과정을 통해 부모는 자녀교육의 첫 번째 교사로서의 역할을 배우며, 훈육자로서의 부모역할을 습득할 수 있다. 자녀의 교육문제를 주관하는 관리자로서 부모 자신의 능력에 대해 자신감을 가지고 효과적인 부모역할을 하도록 도와주는 것이다.

집단모임은 비슷한 연령의 자녀를 가진 부모들이 모여 자녀의 행동에 관해 공통의 관심을 나눌 수 있는 부모교육 프로그램으로, 20명 정도의 부모를 모아서 프로그램을 진행한다. 이때 함께 모이는 부모들의 요구와 특성을 고려하는 것이 중요한데, 어머니들이 많이 참여할 수 있는 시간대인 저녁이나 주말에 주로 모인다. 임신기에서 18개월까지는 자주 만나며, 그 이후에는 모임의 시간을 줄여 나간다. 집단 부모교육 프로그램은 주로 자녀들의 최근 성장과정에 관한 내용이 주가 되며 비형식적인 강연이나 영화 등을 보고 그에 관하여 토론을 하기도 한다.

진단검사는 시각 검사, 청각 검사, 언어 능력 검사 그리고 사회적 기술 등의 진단검사를 유아에게 실시할 수 있다. 부모와 부모교육자들은 자녀의 발달에 대한 검사결과를 통해 특별한 도움이나 추가적인 처치가 필요한 경우에는 그 도움을 제공해 준다.

자료센터는 부모와 자녀들이 사용할 수 있는 놀잇감, 도서, 비디오 자료를 대여할 수 있도록 한다. 각 연령 수준에 적합한 놀잇감이 제공되며, 각 가정에 대여될 수 있는 도서와 집단 부모교육에 사용될 수 있는 비디오 자료들을 갖추고 있다. 또한 영유아들이 놀이를 할 수 있는 놀이실이 설치되어 있어, 부모들이 집단모임을 하거나 도서관을 이용할 때 유아들을 돌보아 주기도 한다. 주로 지역사회의 자원 봉사자들이 유아를 돌보아 주게 함으로써 지역의 자원들을 이용하기도 한다.

(2) HIPPY(Home Instruction Program for Preschool Youngsters)

① 일반적인 특징

이스라엘 교수 Lombard가 개발한 프로그램으로 1948년 신생국가로 독립한 이스라엘에 각국에서 이민 생활을 하다 이스라엘로 돌아온 사람들의 자녀를 위해 만들어진 교육이다. 이민생활을 하다 돌아온 사람들은 살던 지역의 사회적, 경제적, 문화적 유산을 가져왔으며, 타문화에서 이주한 유대인 자녀들이 문화 실조를 경험하는 것을 발견하게 되었다. 이에 모든 이스라엘 아이에게 균등한 교육의 기회를 주기 위해 1969년부터 부모교육 프로그램을 지원하였다(www.hippy.org.il).

② 교육내용과 방법

본 프로그램은 언어, 판단력, 문제해결력의 3가지 인지적 영역으로 구성된다. 언어 영역은 듣기, 질문에 대답하기, 교재를 보고 이야기하기, 그림 읽기, 이야기 꾸미기, 계열성, 어휘력으로 구성되어 있다. 판단력 영역은 시각, 청각, 촉각적 기술로 구성되어 있으며, 문제해결력은 적절한 설명과 짝짓기, 분류활동으로 구성되어 있다. 이를 통해 유아들의 인지적인 능력을 증진시키도록 되어 있다.

어머니와 유아가 함께 날마다 일정한 시간에 개별적인 모임을 조금씩 갖고, 어머니들끼리는 격주로 집단모임을 갖는다. 모임을 할 때 어머니들은 교육 조정자로부터 건강, 위생, 유아 도서와 게임에 관한 교육과 더불어 학교제도, 가정 수예, 가정 경제, 휴일을 위한 준비와 같은 내용에 대해 교육받는다. 어머니는 지난주에 유아와 함께한 활동을 복습하고, 더불어 2주 동안 할 활동자료를 받는다.

(3) 부모-자녀 가정방문 프로그램
(P. C. H. P: The Parent-Child Home Program: Verbal Interaction Project)

① 일반적인 특징

부모-자녀 가정방문 프로그램은 Levenstein과 그의 동료들이 함께 개발한 아동-가정방문 프로그램을 토대로 더욱 발전시킨 프로그램으로 저소득층 1세에서 3세 아동의 언어적인 능력을 증진시키기 위해 개발된 프로그램이다(Levenstein, 1977). 부모와 자녀의 언어적 상호작용을 증진시키기 위해 가정방문자가 주 2회 장난감을 갖고 직접 가정을 방문하여 어머니나 가족들 앞에서 모델을 제시하고 시범을 보여 줌으로써 상호작용하는 방식을 알려 준다.

이 프로그램에서 유아의 가정은 프로그램을 수행하는 데 가장 좋은 장소라는 기본 전제를 가지고 있다. 유아의 발달 수준에 따라 단계적으로 자료를 제공함으로써 자녀의 인지적 발달을 촉진하는 프로그램으로 어머니와 유아 간의 언어적 상호작용을 자극하여 아동의 지적 및 정서적 성장을 도모한다.

② 교육내용과 방법

인지발달, 감각운동, 기술발달, 개념발달, 언어발달, 사회정서발달을 위한 프로그램으로 구성되어 있다. 프로그램의 내용은 다음과 같다.

〈표 7-1〉 부모-자녀 가정방문 프로그램 내용

교육과정	영 역	내 용
인지적 교육과정	감각운동	•집짓기, 맞추기, 짝짓기 등의 소근육 발달에 도움
	기술발달	•감각교구, 변별, 색, 모양, 크기의 지각 발달 촉진 활동
	개념발달	•감각, 운동, 지각, 정서의 모든 수준의 경험을 통하여 개념과 개념과의 관계를 접하면서, 개념 구성을 연습하는 활동
	언어발달	•또래와의 언어적 상호작용 •흥미로운 주위 환경을 형성하여 언어발달을 촉진하는 활동
	사회정서적 발달	•독립심, 사회적 책임감, 정서적 안정감, 과제 지향적 행동과제의 계열적, 논리적 조직, 상상, 호기심 등의 인지와 관련된 기술
정의적 교육과정	어머니의 기술	•아동과의 언어적 상호작용, 아동의 자율성 격려, 애정적 태도, 부모의 통제를 위한 것으로 내용이 연령과 흥미에 맞는 기술 •문화적인 가치가 있으며, 언어가 간단하고 음률적이고 반복적인 내용 •모든 어머니의 독서 수준에 맞는 기술 •내용의 형태가 남녀 모든 자녀에게 적합한 내용 •그림이 다채롭고, 풍부한 자원이 되는 내용 •불만 수준이 낮은 내용

교육방법을 살펴보면, 46주 동안 격주로 30분씩 가정방문자가 직접 유아들의 가정을 방문해서 인지적 교육과정, 사회감정적인 교육과정, 부모교육과정, 발달에 적합한 책 및 장난감 책(VISM: 언어적 상호작용 자극 자료)을 이용하여 놀이하는 방법을 알려준다. 가정방문자는 아동과 어머니들에 대한 애정이 있는 자로 모집하여 훈련 워크숍을 통해 교육을 시킨다.

(4) 부모-자녀 장난감 도서관 프로그램(Parent-Child Toy Library Program)

① 일반적인 특성

Nimnicht와 그의 동료들이 개발한 부모-자녀 장난감 도서관 프로그램은 3~8세 아동을 가진 부모를 대상으로 이루어진다. 부모가 자녀의 건전한 자아개념을 길러 주고 자녀의 지적 발달을 도모할 수 있는 최적의 환경을 제공하는 것을 목표로 한다. 자녀는 부모들과의 상호작용을 통해 구체적인 개념과 기술을 학습하며, 부모는 장난감 도서관에서 대여한 게임과 놀잇감을 자녀들과 함께 함으로서 의미 있는 학습 경험을 할 수 있다(Nimnicht, 1972).

② 교육내용과 방법

프로그램은 3~8세 자녀를 가진 부모를 대상으로 8주 동안 기본 교구 8세트와 그 교구를 가지고 활동을 할 수 있는 42가지 활동을 가르쳐 준다. 프로그램을 진행하기 위해, 기본 교구에 대한 부모 지침서, 대여할 수 있는 교구 활동 안내서, 20가지 활동을 소개한 8개의 비디오 자료, 교사용 훈련을 위한 책자, 그리고 부모-자녀 놀잇감 도서관 프로그램 활용을 위한 안내 책자가 필요하다. 이러한 자료를 활용해서 우선, 부모가 자녀의 신체적, 정서적, 지적 발달을 도울 수 있는 행동을 연습한 후, 자녀의 개념 및 기능 발달을 도울 수 있는 교구와 게임 활동의 시범을 보고 익힌다. 둘째, 다른 성인과의 역할놀이를 통해 교구의 게임사용법을 익히고, 부모는 자녀와 놀잇감을 사용하기 위해 가정으로 빌려간다. 마지막으로 자녀의 교육 문제와 관련된 것들을 토론한다.

본 프로그램은 유아들에게 다양한 경험을 점진적으로 제공함으로써 이들이 적합한 언어 자극을 받을 수 있도록 한다. 자료나 활동은 사전에 구조화되어 있지 않기 때문에, 다양한 활동 중에서 유아들의 욕구, 흥미, 자발성을 반영하여 방문자가 선택하여 가르치게 한다.

(5) Gordon의 플로리다 부모교육 프로그램 (Florida Parent Education Infant and Toddler Programs)

① 일반적인 특성

Gordon의 이론을 중심으로 1966년 시작되었다. 가정은 유아의 지적, 성격발달에 영향을 주며, 유아의 학습을 위한 중요한 장소로, 부모가 가장 영향력이 있는 교사라고 정의하였다. 또한 부모교육이 필요한 개입의 시점을 부모의 행동 유형이 고정되기 이전의 초기 유아기로 보았다. 본 프로그램의 목표는 부모의 자아존중감을 증진시키고 내적 통제감을 향상시켜, 유아의 발달에 영향을 미치도록 하는 데 있었다. 또한 유아에게는 폭넓은 경험, 특히 언어적 상호작용의 맥락에서 사물을 탐구하는 기회를 주어 발달을 촉진시키도록 하는 데 있었다(Gordon, 1975).

② 교육내용과 방법

어머니를 교육시키기 위한 가정방문자는 대상 어머니와 같은 문화적 배경을 가진 준전문가를 활용했다. 가정방문은 유아가 3개월이 되었을 때 시작해서 3세가 될 때까지 계속되었고, 교육내용은 Piaget의 인지발달이론, 유아에 대한 심리학적 실험들, 영아발달척도 등을 연구하여 학습활동에 적용하였으며, 언어발달은 직접적으로 얼굴을 맞대고 상호작용을 함으로써 길러진다는 생각에 근거하여 교육과정을 제공한다.

(6) 행동과학 연구소의 가정 중심 프로그램

① 일반적인 특성

한국행동과학연구소(KIRBS)는 국제연합아동기금(UNICEF)의 후원으로 Levenstein과 Gordon의 플로리다 부모교육 프로그램을 기초하여 가정 중심의 부모교육 및 부모참여 프로그램을 개발하였다. 기존의 유아-교사 간의 상호작용에 초점을 두었던 기관중심의 교육에서 보다 효과적이고 지속적인 교육성과를 거두기 위하여 부모 및 가정의 역할이 강조된 프로그램에 대한 요구가 반영되었다. 특히 저소득층 가정의 부모들에게 자녀교육 및 양육에 필요한 지식과 기술, 부모로서의 역할에 대한 자신감과 긍정적인 자아개념을 증진시켰으며, 이러한 부모에 대한 교육 효과가 중개역할을 하여 유아의 성장과 발달을 촉진시키는 데 도움을 주었다. 1984년에 소규모의 현장실험을 거쳐 개발되어, 1985년부터 1986년까지 2년간 도시 저소득층 지역과 농촌, 산촌 벽지의 1.5세에서 3세 사이의 유아가 있는 180가정을 대상으로 하여 시범 실시되었다.

② 교육내용과 방법

저소득층 가정 부모들에게 자녀양육에 필요한 지식과 기술을 습득하도록 도와줌으로써 부모역할에 대한 자신감과 긍정적인 자아개념을 증진시키고, 유아들의 성장과 발달에 지속적인 도움을 주는 것을 목표로 교육내용과 방법이 구성되었다. 유아가 신체, 언어, 인지, 사회, 정서적으로 균형 잡힌 발달을 할 수 있도록 돕기 위해 교육내용은 유아발달과 교육에 대한 지식 및 놀이의 학습방법 등으로 구성되어 있다.

프로그램은 부모용 책자와 놀이활동 자료, 가정방문자용 지침서로 구성되어 있다. 부모용 소책자는 유아의 월령에 따라 5단계로 나누어 60종이 개발되었다. 이 소책자는 5개 월령 단위, 즉 1~6개월, 7~12개월, 13~18개월, 19~24개월, 25~36개월의 월령 단계로 나누어 대상 가정에 전달된다. 부모용 소책자는 가정방문교사가 방문할 때마다 전달하며, 5단계에서는 1개의 소책자를 2주에 걸쳐 교육하므로 격주로 전달된다.

놀이 활동자료는 종류에 따라 부모가 준비할 수 있는 것은 가정에서 준비하고, 가정에서 준비하기 어려운 자료는 가정방문자가 준비하여 전달하게 된다. 특히 유아용 놀이 활동자료는 적합성, 다양성, 변화성, 안전성, 견고성을 고려하여 필요한 놀잇감을 구입하여 전달한다. 가정방문자용 지침서에는 부모용 교육소책자의 내용을 자세히 설명하고 있다.

프로그램의 진행은 1년을 3분기로 나누어 각 분기당 매주 1회씩 8회의 가정방문교육을 실시하고, 총 24회의 교육이 이루어진다. 진행을 위해 전국적 실시 관리를 맡는 전국조정자와 각 시·도 수준의 지역실시를 맡는 지역조정자, 각 구나 동 단위의 실시를 맡는 현장조정자와 대상 부모에게 교육내용을 전달하는 가정방문자 및 프로그램에 직접 참여하는 교육을 받는 대상 부모가 필요하다. 이 중 가정방문자는 유아교육에 관한 준전문가로서 프로그램에 대한 적절한 훈련과정을 거쳐, 부모에게 유아교육 및 양육에 대한 관한 지식과 기능을 전달하고 실천적으로 시범을 보이는 교육전달자 역할을 담당한다.

(7) 경기도 위스타트 영아 가정방문 프로그램

① 일반적인 특성

경기도 위스타트 영아 프로그램(경기도, 2006)은 가난의 대물림이라는 사회문제 대두와 더불어 정부와 지역사회가 함께 빈곤아동에 대한 사회적 책임을 지기 위해 가정과 지역사회가 연합하여 빈곤아동의 건강하고 건전한 발달을 도모하고자 시행되었다. 경기도 위스타트 시범 마을에 있는 저소득계층 영아(출생~만 2세까지)에게 교육적 중재 프로그램을 제공함으로써 이들이 건강하고 건전하게 발달하도록 돕는 것이 목표이다.

이 프로그램은 생애 초기 발달적 특성과 관련된 교육중재 연구결과를 최대한 반영하여 가정에서 부모가 손쉽게 직접 할 수 있는 놀이활동을 개발한 연간 부모교육 프로그램이다.

② 교육내용과 방법

교육내용은 저소득층 영아의 발달을 지원하기 위해 신체, 기본생활습관, 언어, 인지, 음악, 미술, 사회·정서적 영역의 놀이활동을 선정하고, 영아의 발달 수준을 고려하여 수준별 접근을 할 수 있도록 하였다. 1년의 교육기간으로 총 50회의 활동을 제공하며, 각 지역 센터의 지역적 특성과 사정, 영아의 특성을 반영하여 기간 선정 및 활동을 역량과 재량에 따라 융통성 있게 대체 또는 활용할 수 있다.

영아를 위한 교육중재 활동은 매주 활동 자료를 가정으로 가져가서 주양육자가 지켜보는 가운데 방문교사가 다양한 놀이활동을 영아와 함께 하게 된다. 이때 부모나 주양육자는 이를 지켜보고 추후에는 함께 참여하기도 하다. 방문교사는 활동을 마친 후 일주일 동안 부모와 영아가 어떻게 놀이를 할 수 있는가에 대해 안내해 준다. 또한, 가정방문 교육중재 프로그램 수행 후, 기록 및 평가를 한다.

(8) 가정 중심 부모교육 프로그램의 장점

가정 중심 부모교육 프로그램은 학교 중심의 부모교육 및 지역사회 중심의 부모교육과 다른 장점을 가지고 있다. 우선, 유아교육에 대한 친밀감을 형성할 수 있다. 기관에서 운영하는 것과 다르게 일단 가정방문자들이 가정을 방문하기 때문에 부모들이 프로그램을 받으면 학교활동이나 자녀교육에 관심을 많이 갖게 된다. 둘째, 부모들이 활동에 빠짐없이 참여할 가능성이 높다. 학교 중심 부모교육 프로그램은 여러 사람의 시간 사정을 고려해야 하기 때문에 일단 정해진 시간표를 바꿀 수 없으나 가정방문자는 어머니의 사정에 따라 시간을 조정할 수 있기 때문에 활동을 놓치지 않고 할 수 있다. 셋째, 각 가정의 영유아의 수준에 맞게 개별적으로 프로그램을 운영할 수 있다. 마지막으로 어머니들은 영양, 건강, 가정관리 기술 등 각 영역에 해당하는 지식을 높이게 됨으로써 가족 모두가 행복한 경험을 하게 될 것이다.

2) 기관/학교/지역사회 중심의 부모교육 프로그램

자녀교육이 이루어지는 교육현장에서 부모들을 자녀교육에 참여시키기 위해 다양한 프로그램이 개발되었다. 교육에 상대적으로 관심이 많은 중산층 부모뿐만 아니라 저소득층의 부모들의 참여를 유도하는 활동을 강조하게 되었다.

(1) Brooklin Early Education Project(BEEP)

① 일반적인 특성

Brooklin 프로젝트는 1973년 유아원에 다니는 유아와 그 가족들을 도우려는 취지로 미국에서 만들어진 프로그램으로 보스턴에 있던 아동병원과 학교가 서로 협력하여 만든 연계 프로그램이다. 학교 프로그램과 신체 건강검진과 교육 프로그램이 병행되는 성공적인 프로그램으로 학교 프로그램뿐만 아니라 가족구성원에게 교육, 건강, 가족 성장을 지원하는 포괄적인 프로그램으로서 학교와 병원이 공조하는 특성을 가진다(www.bc.edu/bc_org/avp/soe/beep).

② 교육내용과 방법

이 프로그램은 3가지의 서비스가 제공된다. 우선, 출생 직후부터 영유아의 신체와 발달에 대한 진단과 평가를 해 줌으로써 유아들이 학업문제로 유급을 당하지 않도록 지속적인 관심을 기울인다. 둘째, 자녀양육에 필요한 정보와 활용할 자원을 부모들에게 제공해 준다. 마지막으로, 생후 24개월 이후의 유아들에게 주 1회 이루어지는 운동장 놀이 프로그램에 참여하도록 한다. 자녀가 프로그램에 참여하는 동안 부모들은 유아들을 관찰하거나 소집단으로 모여 아동발달과 부모의 관심사에 대해 토의할 기회를 갖는다.

또한 다양한 부대서비스를 제공한다. 예를 들어, 가족센터, 상담 등의 컨설턴트, 도서, 장난감 대여, 아동발달에 대한 필름과 비디오를 제공하고, 워크숍, 강의와 같은 이벤트를 제공해 준다. 특히 부모들이 프로그램에 참여할 수 있도록 교통편을 제공해 준다.

(2) 라틴계 아동을 위한 AVANCE 부모교육 프로그램

① 일반적인 특성

스페인어로 '전진한다'는 의미의 AVANCE는 1973년에 설치된 비영리단체로 소외되고 가난한 라틴 아메리카 가족을 위한 부모교육 프로그램을 운영하고 있다. AVANCE는 부모가 그들의 아이들을 위한 옹호자며, 역할 모델자라는 것을 가르침으로써 한 명의 유아, 하나의 가족 혹은 하나의 지역사회가 점차적으로 미국 내에서 살아갈 수 있는 능력을 획득하도록 한다. 매년 텍사스, 로스앤젤레스 지역의 2만 명 이상의 개인이 AVANCE 프로그램에 참여한다.

② 교육내용과 방법

이 프로그램에서는 부모가 가장 영향력이 있는 모델로서 그들의 아이들을 위한 첫 번째 중요한 교사라는 개념을 토대로 0~3세 자녀를 가진 부모들에게 9개월 동안 프로그램을 제공한다. AVANCE 강사는 부모들에게 읽기의 중요성과 효과적인 훈육에서부터 영양에 이르는 다양한 주제를 가지고 그들의 자녀가 정서적, 신체적, 사회인지적인 발달을 할 수 있도록 도와준다. 또한 히스패닉 저소득층 아동들이 기초 학업 기술을 갖고 유아원이나 초등학교에 입학하여 성공할 수 있도록 도와준다. 즉, 그들에게 충분하게 말하는 기회, 읽기 활동 기회를 주고, 또래나 성인들과 온전한 사회적 관계를 맺고 연령에 적절한 인지적인 자극을 받을 수 있도록 프로그램을 제공한다. 그뿐만 아니라 영어를 잘하지 못하는 부모에게는 읽기, 영어, 일반교육을 배울 수 있도록 프로그램을 제공한다(www.avance.org).

(3) ECFE(Early Childhood Family Education)

① 일반적인 특성

출생에서 유치원에 들어가기 전의 연령에 해당하는 자녀와 그 가족을 위한 ECFE 프로그램은 1975년에 시작하여 지금 현재 대부분의 미네소타 주 학교행정지구(school district)에서 진행되고 있다. 본 프로그램은 가족이 유아의 가장 중요한 첫 번째 학습 환경을 제공하며, 부모가 자녀의 가장 중요한 첫 번째 교사라는 생각을 바탕으로 만들어졌다. 프로그램의 목적은 가능하면 모든 부모가 자녀의 학습과 발달이 일어날 수 있는 최고의 환경을 제공하도록 그 능력을 강화시키는 것이다. 이 프로그램은 0~3세까지가 영유아의 발달, 특히 영아의 언어, 사회적 기술 그리고 지능발달에 결정적 시기이며, 매일 이루어지는 주양육자와의 상호작용이 실제 두뇌의 구조를 결정한다고 하여 두뇌연구를 기초로 만들어졌다(http://ecfe.mpls.k12.mn.us).

② 교육내용과 방법

본 프로그램의 특징은 다양한 욕구를 가진 가족들을 대상으로 하기 때문에 하나의 정형화된 교육과정을 제공하기보다는 이들 가족에게 필요하고 적합한 구체적인 주제를 중심으로 교육활동을 제공한다. 비록 하나의 정형화된 교육과정이 없지만, 그 활동은 NAEYC(National Association for the Education of Young Children)에서 강조한 교육과정의 신념을 토대로 조직된다.

각 지역사회에 있는 가족의 필요를 충족시키기 때문에 그 내용이나 방법에 차이가 있다. 프로그램은 부모토의집단, 아이들을 위한 놀이와 학습활동, 부모-자녀 간 활동, 전체 가족을 위한 특별 이벤트, 가정방문, 잠재적인 아동건강 및 개발문제를 위한 조기검사, 가족과 유아를 위한 지역사회의 정보에 대한 자원, 도서관의 책이나 장난감 대여 등의 방식으로 이루어진다. 이 프로그램은 Head Start, 조기 Head Start, 유아특수교육, 조기 중재위원회, 아동보호, 공중보건, 사회복지 등 다양한 지역사회 파트너와 함께 부모와 유아를 위해 다양한 형태의 서비스를 제공한다.

(4) 유아의 도덕성 함양을 위한 부모교육 프로그램

① 일반적인 특성

교육부에서 1994년에 발간한 「유아의 도덕성 함양을 위한 부모교육 프로그램」 자료로 유아교육기관에서 소집단의 부모를 대상으로 유아의 도덕성 함양을 하는 데 필요한 부모의 역할을 소개하고 있다. 각 주제별로 일상생활에서 관찰되는 사례를 소개하고, 사례에 대한 부모의 의견을 토론하고, 이론적 측면에서 사례를 분석하고, 연습문제를 해결하는 순서로 진행되고 있다.

② 교육내용과 방법

이 프로그램은 9개의 주제로 구성되어 있으며, 각 주제의 제목과 내용은 다음과 같다.

〈표 7-2〉 유아의 도덕성 함양을 위한 부모교육의 주제별 활동 내용

장	주 제	내용 개요
1	옳고 그름을 배우는 시기	도덕적 인간이란? 도덕성 발달단계
2	옳고 그름에 대한 교육방법	도덕교육 방법
3	본 대로 들은 대로	유아의 도덕성 함양에 있어서 부모역할의 중요성
4	남에게 비친 우리나라, 우리 사회, 우리 집	우리나라와 다른 나라의 예의범절, 사회의 모습, 부모의 교육열에 대한 비교
5	내 탓과 남의 탓	반성적 사고와 긍정적 사고의 중요성
6	야단칠 때와 격려할 때	방임적 방법, 권위적 방법이 바람직하지 않은 이유, 칭찬과 벌에 대한 대안으로서 '격려하기'
7	내 생각 전하기	자녀와의 의사소통 방법
8	자녀의 말 진지하게 듣기	자녀와의 의사소통 방법: 자녀의 말 진지하게 듣기, 부모-자녀 간 대화의 벽을 없애는 방법
9	가족회의 실천	가족회의의 중요성 가족회의 방법

출처: 김희진(2006).

프로그램의 진행과정을 보면, 우선 모임을 구성하기 위해 부모들의 관심과 프로그램에 대한 정보를 얻을 수 있도록 제작한 초청장을 보낸다. 12명 내외의 소집단으로 구성하여 활발하게 토의가 일어날 수 있도록 한다. 9주 동안 주 1회 120~150분을 실시하며 모임을 한다. 처음에는 원장 또는 학급 교사가 담당하는 것이 바람직하지만, 점차 익숙해지면 부모들이나 자원인사가 모임을 이끌 수 있도록 한다. 이때 부모나 자원인사는 원장이나 교사가 이끄는 모임에 보조자로 참여하여 프로그램의 훈련과정을 거친 후, 점차 지도자 역할을 담당하는 것이 바람직하다. 이 프로그램을 진행하기 위해 토론, 역할놀이, 극놀이, 강연, 공개 토론회 등의 다양한 방법을 사용한다.

(5) 유아기 자녀를 위한 총체적 부모교육 프로그램(이은화 외, 1999)

① 일반적인 특징

총체적 부모교육 프로그램은 영유아기 자녀를 둔 부모들의 특성과 교육적 요구에 부합하는 프로그램으로 전문적인 연구 자료 그리고 교육전문가들의 의견을 총체적으로 고려하여 개발되었다. 이는 다양한 형태의 유아교육기관에서 활용될 수 있다. 부모가 민주적인 방식으로 양육할 수 있도록 부모의 태도, 기술, 지식, 행동 형성에 초점을 두고, 부모들에게 바람직한 부모의 역할을 위한 지식과 정보, 자녀양육기술이나 문제해결 능력을 총체적으로 제공한다.

② 교육내용과 방법

총체적 부모교육 프로그램은 우선 부모교육 대상을 선정한 후 유아기 자녀를 둔 부모의 학습 특성과 교육적 욕구와 이론적 탐색을 조사하였다. 그 후 부모교육자 특성을 연구하고 그 내용을 선정하여 목표를 설정하고 그에 따른 내용을 선정하였다.

내용은 부모들이 자녀를 양육하면서 가장 어려움을 느끼는 문제를 중심으로 13개의 주제를 선택하였으며, 주제는 다음의 표와 같다. 프로그램은 먼저 안내문을 통해 홍보를 하고, 15명씩 2집단을 구성하여 13주 동안 주 1회 2시간 모임을 갖는다. 강의, 토론, 역할놀이, 현장학습 등의 교수방법을 통해 교육이 이루어지며, 동기유발과 소속감 형성을 위해 부모에게 최소한의 비용을 지불한다. 각 내용은 사전 활동, 수업 중 활동, 사후 활동으로 구별되어 있으며, 사전 활동은 주제와 관련된 부모님의 현재 생각이나 상황을 토론하는 것으로 주제가 시작된다. 수업 중 활동은 각 주제와 연관시켜 프로그램을 진행하며 그 자리에서 할 수 있는 활동들을 중심으로 한다. 활동 내용은 자녀양육과 교육, 그리고 이것이 자녀의 미래에 왜 중요한지, 어떻게 부모가 도와줄 수 있는지 등에 초점을 맞춰 기술되어 있다.

〈표 7-3〉 총체적 부모교육 프로그램의 주제별 활동 내용

장	주제	내용 개요
1	우리 자녀가 살아갈 미래사회는?	• 미래사회는 어떤 모습일까? • 어떤 인재를 원할까? • 미래사회를 살아갈 우리의 자녀! 부모의 책임은?
2	엄마, 아빠 내가 크는 소리를 듣고 있나요?	• 왜 이런 행동이나 말을 할까요? • 3~5세 어린이들의 발달을 살펴볼까요?
3	놀면서 자라는 것 아세요?	• 엄마 저에게 놀 시간을 주세요. • 놀이에도 수준이 있다고요. • 어떤 장난감을 골라 주어야 할까요? • 엄마, 함께 놀아요.
4	친구가 좋아요	• 또래관계가 어린이들의 삶에서 중요한 이유는 무엇일까요? • 친구들에게 환영받는 어린이는 어떤 어린이일까요? • 친구들에게 환영받는 어린이로 키우는 방법은 무엇일까요?
5	그림책, 신나고 멋진 경험	• 그림책은 어떻게 구성되어 있나요? • 그림책은 어떻게 고를까요? • 그림책! 왜, 그리고 어떻게 읽어 주어야 할까요? • 그림책을 읽어 주고 난 후 어떻게 할까요?
6	읽기, 쓰기 문제없어요	• 유아 언어의 특성은 무엇일까요? • 유아의 읽기, 쓰기 어떻게 가르쳐야 할까요?
7	[유아 미술] 아름답고도 독특한 상상과 표현의 세계	• 유아 미술, 생각해 봅시다. • 유아 미술, 왜 중요할까요? • 그림에도 발달단계가 있다고요? • 유아 그림, 어떤 특징이 있을까요? • 엄마, 아빠 이렇게 도와주세요.
8	[유아 음악] 감미롭고도 활기찬 소리의 세계	• 유아 음악에 대한 이해 • 유아 음악의 중요성 • 유아 음악의 발달 • 유아 음악 교육
9	창의성을 이끌어 내고 키워 주세요	• 창의성이란 무엇일까요? • 창의성은 어떤 요소로 구성되어 있을까요? • 창의성 발휘! 이렇게 이루어집니다. • 창의성 계발! 이렇게 지도해 보세요.

장	주제	내용 개요
10	정서적으로 안정된 어린이로 키우세요	• 어린이의 정서 발달 • 정서적으로 안정된 어린이로 키우기 위해서는 어떻게 해야 할까요? • 어린이의 스트레스 • 스트레스에 강한 어린이로 키우기 위해서는?
11	엄마, 저는 궁금한 것이 너무 많아요	• 유아기의 성교육은 무엇을 의미하나요? • 유아기 성교육에 대한 올바른 태도는 무엇일까요? • 유아의 성 발달에 영향을 주는 요인은 무엇일까요? • 무엇을 가르쳐야 할까요? • 어떻게 가르쳐야 할까요? • 이럴 때는 이렇게 해 보세요.
12	평화로운 나날을 위하여	• 자녀와의 문제해결: 어떤 전략을 사용하십니까? • 이렇게 하면 더욱 확실! • 자녀들의 생활지도, 이렇게 해 보세요.
13	엄마, 아빠와 함께 하는 컴퓨터	• 컴퓨터란 무엇일까요? • 유아기 컴퓨터 교육에 대한 학자들의 생각은 어떠할까요? • 컴퓨터 활동은 어떤 교육적 효과가 있을까요? • 컴퓨터는 어떻게 가르쳐야 할까요? • 무엇을 가르쳐야 할까요? • 소프트웨어 • 인터넷

출처: 이은화 외(1999).

(6) 시소와 그네 부모교육 프로그램(공동모금회, 2010)

① 일반적 특성

사회복지재단 '사랑의 열매'에서 저소득 유아와 부모가 함께 할 수 있는 교육중재 프로그램을 개발하였으며, '시소와 그네 센터'를 통해 문화적으로 결손된 저소득층 부모와 유아들에게 중재 교육이 제공되었다. 이 프로그램의 목적은 저소득층 유아와 부모를 대상으로 다양한 교육중재 활동을 실시함으로써 부모에게는 바람직한 상호작용을 통한 자녀양육 방법을 가르쳐 주고, 유아에게는 신체발달, 인지발달, 언어발달, 사회성발달, 정서발달, 기본생활습관 등 전반적인 발달을 도와주는 교육을 제공한다.

② 교육방법 및 내용

유아의 전반적인 발달(신체, 인지, 언어, 사회성, 정서, 기본생활습관)을 향상시키기 위해 시소와 그네 부모교육 프로그램은 총 12주제를 선별하였고, 한 주제당 4주의 활동을 묶어 총 48주의 활동으로 구성되었다. 한 주제로 묶인 4주의 활동은 다음과 같이 4가지의 다른 형식으로 구성되어 반복적으로 이루어진다. 첫째, 부모만을 위해 센터에서 부모교육이 진행되고, 둘째, 중재교사가 가정을 방문하여 부모와 유아에게 교육활동을 지도한다. 셋째, 부모와 유아가 함께 센터에 와서 소집단으로 교육활동을 하며, 넷째, 중재교사가 가정을 방문하여 제공 자료를 전달하고 며칠 후 가정에 전화하여 활동수행 여부를 확인한다. 제공되는 프로그램의 내용의 주제를 보면 다음과 같다.

〈표 7-4〉 시소와 그네 부모교육 프로그램 주제별 활동 내용

주	주제	방법	활동 명
1	글자와 책	센터교육	책 읽는 나, 책 읽는 우리 가족
		가정방문	자석글자를 만들어요
		센터방문	글자 싣는 기차
		자료전달	책 읽기가 좋아요
2	숫자	센터교육	일상생활 속에서 배우는 수 놀이
		가정방문	생일을 축하해!
		센터방문	얌얌~ 맛있는 과자샌드
		자료전달	산가지 놀이
3	깨끗한 나	센터교육	깨끗한 나
		가정방문	정리함 만들기
		센터방문	내가 만드는 비누
		자료전달	이 닦기 좋아!
4	꽃과 나무	센터교육	몸으로 느끼는 자연
		가정방문	향기 솔솔~ 포푸리 주머니
		센터방문	화분 꾸미기
		자료전달	콩나물 키우기

주	주제	방법	활동 명
5	기분	센터교육	마음이 더 아픈 회초리
		가정방문	꽃 같은 말, 돌 같은 말
		센터방문	블록 UP! 기분 UP!
		자료전달	소피가 화나면, 내가 화나면
6	색과 모양	센터교육	텔레비전 없인 못 살아!?
		가정방문	재미있는 모양놀이
		센터방문	색색 주먹밥
		자료전달	주무르고, 찍고!
7	즐거운 나	센터교육	즐거운 나
		가정방문	리듬악기놀이
		센터방문	신문지로 놀아요
		자료전달	Hello! 영어동요
8	도서관	센터교육	도서관에 가면
		가정방문	나의 책 만들기
		센터방문	함께 도서관에 가요
		자료전달	도서관에 간 사자
9	자랑스러운 나	센터교육	내 아이 자신감 키워 주기
		가정방문	우린 잘하는 게 많아요
		센터방문	사랑해? 사랑해!
		자료전달	외톨이 사자는 친구가 없대요
10	친구	센터교육	엄마, 아빠 도와주세요
		가정방문	친절한 친구들
		센터방문	새파란 바다를 건너서
		자료전달	내 귀는 짝짝이
11	안전	센터교육	안전한 환경에서 자라는 아이
		가정방문	내가 할 수 있는 응급처치
		센터방문	체험! 안전생활
		자료전달	앗, 위험해! 아이, 더러워
12	소중한 나	센터교육	성교육은 부모가 최고의 선생님
		가정방문	소중한 나의 몸
		센터방문	내 몸을 그려요
		자료전달	내 몸, 네 몸

3) 기타 부모교육 방법

최근 전 세계적인 인터넷 망의 보급으로 인해 다양한 인터넷 사이트를 통해 많은 부모교육의 정보를 얻을 수 있게 되었다. 인터넷 상담실을 통하여 직접 부모의 문제와 자녀의 교육에 관련된 상담을 할 수 있게 되었고, 다양한 정보를 손쉽게 획득하게 되었다.

이러한 변화는 폭넓은 자료에 대한 접근성이라는 측면에서 획기적으로 기여할 수 있다. 따라서 쏟아지는 정보의 홍수 속에서 이를 적절히 선택하고 여과하여 사용할 수 있는 시각을 부모들에게 키워 주는 홍보와 교육이 아울러 이루어져야 할 것이다.

Chapter 08

부모교육 프로그램 운영

현대 부모교육은 부모역할 및 자녀양육에 필요한 지식이나 정보를 제공하는 차원을 넘어서 유아교육기관과 부모가 협력하고 연계활동을 통해 유아교육에 대한 올바른 이해와 태도를 갖도록 부모교육 프로그램을 계획하고 운영해야 한다. 본 장에서는 유아교육현장에서 운영되고 있는 다양한 부모교육 프로그램들을 구체적으로 살펴보고자 한다.

Parent Education

1 부모교육 프로그램의 분류방법

유아교육기관에서 실시되는 부모교육 프로그램들은 다양한 방법으로 분류하여 제시하고 있는데, 분류방법에는 크게 실시되는 방법, 집단의 크기, 부모의 참여 정도 등이 있다.

첫째, 부모교육 프로그램을 준비하고 실시하는 방법에 따라 형식적 부모교육과 비형식적 부모교육으로 나눌 수 있다. 형식적인 부모교육은 특정 목적과 의의를 가지고 구체적인 계획에 따른 프로그램에 의해 진행되는 활동을 의미한다. 예를 들면, 강연회, 부모면담, 부모회, 부모 참여수업 등이 여기에 해당한다. 비형식적 부모교육은 사전 계획이나 준비된 프로그램 없이 영유아의 등·하원 시 부모와 교사 간의 짧은 만남과 메모, 전화, 홈페이지, 키즈노트 등을 이용하여 교류가 이루어지는 활동이라 할 수 있다.

둘째, 집단의 크기에 따라 부모교육 프로그램을 나눌 수도 있다. 대집단 형태로는 학부모 오리엔테이션과 강연회가 있고, 중집단 형태로는 부모면담, 수업참관, 참여수업 등을 들 수 있다. 소집단 형태로는 워크숍과 독서회, 개별 활동으로는 가정통신문과 개별상담 등이 있다.

셋째, 부모의 참여 정도에 따라 적극적 참여에서부터 소극적인 참여 형태로 나눌 수 있다. 강연회, 참관, 가정통신문 등은 가장 소극적인 형태이며, 좀 더 적극적 형태는 부모가 학급보조교사나 자원자로 봉사하는 경우이고, 가장 적극적인 참여 형태로는 유아교육기관 운영에 직접 참여하는 형태를 들 수 있다.

2 부모교육 프로그램의 유형

유아교육기관에서 실시되고 있는 부모교육 프로그램 유형을 세부적으로 살펴보면 다음과 같다.

1) 부모참여

부모를 유아교육기관에 참여시키는 방법에는 유아교육기관 운영에 참여하는 방법, 부모가 보조교사나 행사 프로그램에 참여하는 방법, 부모가 자녀와 함께 수업에 참여하는 방법, 부모가 단순히 수업을 참관하는 방법 등이 있다.

(1) 운영참여

유아교육기관 운영의 자율성과 투명성을 높이고 지역사회와의 연계를 강화하여 지역 실정과 특성에 맞는 교육을 하기 위하여 부모가 기관 운영에 참여한다. 학부모 참여가 적극적으로 활성화되면서 의견이나 요구사항을 제기하기도 하고, 학부모 자격으로 유아교육기관의 행사나 교육 일정에 의결권을 갖도록 법적 근거가 마련되어 시행되고 있다. 운영위원회는 학부모 대표와 교사 대표, 운영자, 지역인사 대표를 중심으로 구성할 수 있다. 운영위원회의 활동은 주로 회의 형태로 이루어진다.

(2) 보조교사(부모 자원 활용)

유아교육은 학부모의 지원이 매우 필요하다. 유아교육과정은 고유의 교과서나 교수자료가 구조화되어 있지 않으므로 주제와 연령별 특성과 유아교육기관의 특성에 따라 교육과정을 조직해야 한다.

특히, 영유아들의 발달과 지역 환경을 고려한 교육과정은 유아교육기관마다 프로그램이 다르므로 다양한 방식의 고유성을 가진다. 교사는 교육과정에 알맞은 주제를 선택하고 연령과 각 프로그램의 특성에 따른 교수자료를 구성해야 한다. 그리고 이 교수자료는 연령과 교사의 교육관에 의해 다르게 적용된다. 즉, 교육기관마다 고유의 교수자료가 필요하며 교수자료의 구성과 제작은 교사의 몫이다. 교사는 교수자료의 제작과 구성에 많은 시간과 능력을 투자하므로 학부모들이 교수자료의 제작 및 보관에 필요한 지원을 함으로써 매우 효과적인 교수방법을 찾을 수 있고 교육연구에 더욱 효율적일 수 있다.

보조교사를 위한 사전교육

보조교사 활동은 부모의 관심이나 흥미, 시간적 여유, 능력 등을 고려하여 부모가 하고 싶은 활동을 결정하도록 하는 것이 바람직하다. 부모를 보조교사로 참여시키기 위해서는 철저한 준비가 있어야 적절한 역할을 할 수 있는데 사전교육 시 유의해야 할 사항은 다음과 같다.

- 교사의 역할과 관련된 지식, 정보 등을 미리 제공하여 보조역할에 필요한 준비를 할 수 있도록 한다.
- 부모로 하여금 자기 자녀와 다른 영유아들을 차별하는 태도를 취하지 않도록 한다.
- 부모가 부분적으로 동화구연과 같은 유아교육·보육 프로그램에 실제로 참여할 때는 사전에 교사와 함께 교육내용을 협의하도록 한다.

(3) 수업참여

수업참여는 학부모가 유아교육기관에 교육활동을 지원하는 방법 중 하나로, 수업을 수행하는 가운데 학부모의 학습 지원은 매우 흥미롭고 교육 효과를 극대화할 수 있다. 수업참여에는 학부모의 일일수업 체험과 학부모의 특기교육활동 등이 있다. 학부모의 일일수업 체험은 '스승의 날' 행사로 많이 이루어진다. 학부모들이 일일교사가 되어 수업과 유아들의 생활지도를 체험해 보면서 교사들의 수고와 감사의 의미를 새길 수 있으며 학부모가 지닌 다양한 수업기술을 교사들이 간접적으로 습득할 수 있는 좋은 프로그램이다.

특히, 학부모가 지닌 재능이나 학습 의욕을 중심으로 특기나 흥미 교육으로 지속해서 진행되는 프로그램도 있으며 현장체험 활동 시 보조교사로서의 자원봉사도 있다. 예를 들어, 간호사인 학부모가 위생교육이나 예방교육 수업을 한다거나 바이올린 등 악기를 다룰 수 있는 학부모가 방과후과정이나 특기교육 교실을 지원할 수 있다.

부모의 수업참여는 유아교육기관에서 실시하는 적극적인 부모교육 프로그램 형태의 하나로 자녀와 함께 하루 수업을 해 보는 것이다. 최근 아버지 참여수업, 어머니 참여수업, 할아버지·할머니 참여수업 등 다양한 참여수업이 이루어지고 있는데, 참여수업은 별도의 특별한 프로그램을 할 수도 있으나 평소의 수업을 부모나 조부모 등과 같이 해 보는 것도 바람직하다.

참여수업 시간은 2시간 정도가 적당하며 가족행사 계획과 중복되지 않도록 미리 날짜를 알려 주어 많은 부모들이 참여할 수 있도록 하는 것이 필요하다. 또한 직장에 다니는 부모가 많은 경우 평일 저녁 시간이나 토요일, 일요일 시간에 실시할 수도 있으며 교실에서 부모와 자녀가 함께 활동을 해야 하므로 참여 부모의 수에 따라 두세 번 정도로 나누어 수업을 할 수 있다.

〈표 8-1〉 참여수업에 대한 부모평가지의 예

참여 수업일:

아동 반 이름: 아동 이름:

학부모 이름:

자녀들과 즐거운 시간을 보내셨는지요?
바쁘신 중에도 자녀(아이)들과 함께 좋은 시간을 가져 주셔서 감사드립니다.
이번 수업을 통해서 자녀들이 원에서 어떻게 생활하는지 알 수 있으셨으리라 생각됩니다. 오늘 실시한 참여수업에 대한 부모님의 생각을 토대로 앞으로 더 좋은 수업이 이루어지도록 하고자 몇 가지 문항을 준비했습니다. 부모님의 의견을 ○로 표해 주시거나 또는 부모님의 생각을 적어 주시기 바랍니다.

1. 어떤 활동이 재미있었나요?
   자유선택활동( ), 이야기 나누기( ), 조형 활동( ), 게임( ), 언어 및 독서영역( ),
   노래 부르기 및 율동( ), 역할놀이( ), 바깥놀이( ), 과학영역( ), 요리하기( ), 적목 영역( )
   수·조작영역( ), 기타( )

2. 오늘 수업이 원의 교육활동과 유아의 발달을 이해하는 데 도움이 되었나요?
   도움이 되었다 ( ) 그저 그렇다 ( ) 도움이 되지 않았다( )

3. 앞으로 부모참여수업에서 이루어졌으면 하는 활동이 있다면 어떤 활동이 첨가되길 원하십니까?

   ____

4. 참여수업 시작시간은 적절하였습니까?
   예 ( ) 아니오 ( )

5. 참여수업 활동시간은 적절하였습니까?
   예 ( ) 아니오 ( )

6. 원에 평소에 건의하고 싶은 사항이 있으시면 기록해 주시기 바랍니다.

   ____

   ____

감사합니다.

① 의의

- 기관에서의 자녀생활에 대해서 이해할 수 있고 더 나아가 자녀의 하루 일과에 대해 좀 더 많은 관심을 가지는 기회가 된다.
- 영유아교육과 영유아의 발달에 대해 이해할 수 있는 기회가 된다.
- 자녀와의 바람직한 상호작용 방법을 알게 되어 부모-자녀 간의 관계 개선에 도움이 된다.

② 준비 및 진행

- 참여수업에 대한 일정을 1개월 전부터 가정에 안내하여 충분한 시간을 갖고 수업에 참여할 수 있도록 한다.
- 가정통신문을 발송하여 부모 등의 참여수업 참석 여부를 표시하여 자녀 편에 보내도록 한다.
- 교사는 참여수업 계획안과 부모 이름표 및 참석을 표시하는 판을 준비한다.
- 아버지(어머니)를 반갑게 맞이한다.
- 참여수업 계획안을 나눠 주고 이름표를 착용하게 한다.
- 준비된 참석표시판에 표시하게 하고 자녀(유아)와 함께 활동에 참여하게 한다.
- 참여수업이 끝난 후 평가시간을 갖는다.

③ 평가

- 참여수업이 끝난 뒤 부모에게 질문지를 사용하여 참여수업에 대해 평가를 하게 하거나 별도의 평가시간을 가져 의문사항이나 건의사항 등에 대해 이야기를 나누도록 한다.
- 교사들에게도 참여수업 내용, 부모들의 반응, 수업준비 및 영유아들의 반응 등에 대해서 평가해 보게 하여 다음번 참여수업을 계획할 때 반영할 수 있게 한다.

(4) 참관수업

유아교육기관에서 실시하는 수업을 지켜보는 것으로 소극적인 형태의 부모참여이다.

① 의의

- 가정이 아닌 다른 상황에서의 자녀행동과 특성을 관찰함으로써 자녀를 좀 더 객관적으로 이해할 수 있으며, 가정과 가정 밖에서의 자녀행동이 다를 수 있음을 알 수 있다.
- 또래 집단에서 자녀의 발달 정도와 개인차를 알아볼 수 있는 기회가 된다.
- 교사의 바람직한 교육방법, 교육환경 등을 배워 가정에서 적용해 봄으로써 부모로서의 역할에 대한 자신감을 가지게 되어 자녀양육에 도움이 된다.

〈표 8-2〉 참관 시 유의사항의 예

부모님들께서 참관하실 때 다음 사항을 주의해 주시기를 부탁드립니다.

1. 부모님께서 오시면 영유아들은 긴장하여 평소와는 다른 행동을 하기도 합니다. 보통 때보다 퇴행된 행동을 보이거나, 숨어 버리거나, 지나치게 공격적인 행동을 하더라도 영유아의 발달상 나타나는 모습이라는 점을 이해하시고, 도와주시지 말고 조용히 앉아서 참관만 해 주시기 바랍니다.
2. 참관하실 때 몇몇 영유아는 부모님께로 가서 매달리거나 함께 있길 원하는 경우가 있는데 이런 경우에 잠깐만 함께 있도록 허락하시고 되도록 바로 활동으로 돌아갈 수 있도록 해 주시기 바랍니다.
3. 교사의 눈이 미치지 못하여 영유아의 건강이나 안전에 크게 해가 될 수 있는 경우를 제외하고 다소 문제가 있는 행동이 일어나더라도 부모님들께서는 조용히 앉아 계셔 주십시오. 어른들이 영유아의 일상생활을 항상 감시하고 도와줄 수 없으므로 영유아 스스로 해결해 보는 힘을 길러 주는 것도 필요합니다.
4. 부모님께서는 자녀를 맡은 교사를 존중해 주시기 바라며, 간혹 의문이 있거나 서운한 점이 있으시면 참관이 끝난 후 면담시간에 말씀해 주시기 바랍니다.
5. 부모님들께서 큰 소리로 이야기하거나 웃는 것은 수업에 방해가 됩니다.

○ ○ ○ (기관명) 장

② 참관활동 계획 시 고려할 점

- 원에 따라 매주 일정한 날을 참관일로 정하여 부모참관을 수시로 실시하는 경우도 있으나 대부분의 원에서는 참관수업일을 1학기에 1~2회로 정하여 실시하고 있다. 그럴 경우 많은 부모가 참여할 수 있는 참관 날짜와 시간을 택해야 한다. 수업참관일 선정에 관한 질문지를 부모들에게 미리 보내어 적절한 날짜를 미리 파악하여 보다 많은 부모가 참여할 수 있도록 한다.
- 참관안내에 대한 통신문은 참관일시, 참관방법, 참관 시 유의사항 및 참관(관찰) 내용에 대한 구체적인 설명을 적어 최소한 일주일 전에 가정에 도착될 수 있도록 한다.
- 모든 부모가 동시에 참관하는 것이 불가능한 경우 2~3일에 나누어 참관할 수 있다. 특히 활동실로 부모들이 직접 들어가서 참관(관찰)하는 경우 두세 집단으로 나누어 실시하는 것이 효과적이다.

③ 수업참관 전 오리엔테이션 및 참관 후 토론

- 참관의 효율성을 높이기 위해 참관 전 오리엔테이션을 하는 것이 좋다. 참관 시 유의사항과 참관기록지 등의 유인물과 필기도구를 나누어 주며 참관의 목적과 참관 시 주의사항 등을 설명한다.
- 설명이 끝나면 관찰실(참관실) 또는 활동실 내에 마련된 자리로 이동하고, 정해진 시간 동안 참관을 한 다음 처음 모였던 장소로 다시 모여 부모들과 평가해 보는 시간을 가지도록 한다. 평가시간에는 주로 부모들이 참관하면서 가졌던 의문점이나 수업 진행 등 전반적인 사항에 관해 토론한다.

〈표 8-3〉 수업참관 기록양식의 예

수업참관 기록			
참관 아동 반 이름: 아동 이름:			
참 관 자: 아동과의 관계:			
참관일시: 년 월 일 시 분 ~ 시 분			
자녀의 모습을 참관하실 때 다음 사항을 관찰하고 기록하시면 도움이 되리라 생각됩니다.			
관찰 내용	예	아니오	관찰 못 함
친구와 함께 노는 것을 좋아합니까?			
놀잇감을 친구들과 나누어 놉니까?			
놀잇감을 함부로 다루지 않습니까?			
친구들과 놀 때, 자녀가 놀이를 주도합니까?			
다른 친구의 말과 행동을 존중합니까?			
일정한 친구하고만 놀지는 않습니까?			
놀이규칙이나 교사가 제시하는 규율을 지킵니까?			
놀면서 문제가 생기면 교사에게 도움을 청합니까?			
새로운 놀이나 활동을 해 보려고 시도합니까?			
집단활동 시 오래 집중합니까?			
다양한 영역의 교구와 활동에 골고루 참여합니까?			
이야기를 듣는 자세는 바릅니까?			
친구들 앞에서 자기의 생각과 느낌을 잘 표현합니까?			
교사의 말을 잘 알아듣고 반응합니까?			
교사의 안내와 지시에 잘 따릅니까?			
활동을 끝까지 마무리하고 정리·정돈을 잘 합니까?			
(의문사항)			

2) 면담

면담은 부모와 교사가 직접 만나 대화를 하는 것으로 교사와 부모 간의 가장 적극적인 의사소통 방법이다. 면담은 흔히 영유아에게 문제가 있을 때 하는 것으로 생각하지만, 면담을 통해 교사와 부모가 영유아를 더 잘 이해하여 그들에게 맞는 교육과 양육을 하기 위해서 필요하다.

(1) 의의

- 교사는 영유아가 자라고 있는 가정환경과 가정에서의 행동 및 습관 등에 대해 알 수 있다.
- 부모는 기관에서 자녀의 행동과 그에 대한 교사의 생각을 알 수 있다.
- 면담을 통해 유아교육기관과 가정이 연계성을 가지고 일관된 교육을 할 수 있게 됨으로써 교육 효과를 높일 수 있다.

(2) 종류

면담은 대상의 크기에 따라 대집단을 대상으로 하는 집단면담과 각각의 부모 한 사람씩을 대상으로 하는 개별면담으로 나눌 수 있고, 프로그램에 미리 계획된 정기적 면담과 사전 계획 없이 이루어지는 비정기적 면담으로도 나눌 수 있다. 일반적으로 유아교육기관에서 정기적으로 대집단을 대상으로 하는 집단면담과 개별면담을 한다. 1년에 2회 이상 주로 학기 초나 학기 말에 부모와의 정기적인 면담시간을 계획한다.

① 집단면담

집단면담을 통해 한 반의 부모들이 함께 모여 서로 인사를 나누며, 부모들이 자녀의 특징에 대해 이야기를 하면서 부모들 간에 정보도 공유할 수 있다. 또한 교사들은 부모로부터 영유아에 대한 정보를 얻어 영유아를 보다 잘 이해하여 효과적으로 교육할 수 있게 되며 아울러 부모들에게 유아교육기관의 교육방침도 설명할 기회가 된다.

특히 학기 초(개원 후 1달 이내)에 실시되는 집단면담 시간에는 부모는 교사로 하여금 자신의 자녀를 좀 더 잘 이해할 수 있도록 정보를 제공해 주는 것이 좋다. 예를 들면,

가정에서 보이는 영유아의 문제 행동, 성격과 기질, 잘 가지고 노는 장난감과 좋아하는 놀이, 편식, 잠자는 습관, 대소변 훈련 정도, 부모가 기관이나 교사에게 바라는 점 등에 대해 이야기한다. 한편 기관에서는 집단면담 시간을 이용하여 유아교육기관의 교육방침을 알려 주어 가정과 기관이 일관성 있는 교육을 할 수 있도록 협조를 구한다. 2학기말(11월 중순~말)에 실시되는 집단면담에서는 그간 이루어진 발달검사나 영유아가 수행한 활동결과(작품 등)에 근거한 발달사항에 관한 정보를 부모와 함께 공유하여 보다 나은 교육이 이루어질 수 있는 방안을 모색한다.

집단면담은 여러 부모가 자녀를 키우면서 겪는 문제들을 함께 이야기하면서 자신과 같은 고민을 가지고 있는 부모들이 있다는 것에 동질감을 느끼고, 그럴 경우 어떻게 해결하는 것이 좋은지 서로 상의할 수 있는 장점이 있다. 그러나 각각의 영유아가 가지고 있는 개별적인 문제에 대해 심도 있게 다루기 어려운 단점도 있다.

집단면담을 하는 데 필요한 준비사항으로 먼저 가정통신문 발송을 들 수 있다. 통신문은 면담이 시작되기 최소 1주일 전에 부모들이 받아 볼 수 있도록 한다. 통신문에는 부모가 준비할 사항, 집단면담 장소, 시간, 면담 내용, 참석 여부 표시란 등을 적어 보낸다. 그리고 집단면담을 실시할 장소(교실)에는 부모들이 서로 얼굴을 마주 볼 수 있도록 영유아용 의자를 원형으로 배치해 놓고, 부모 이름표는 영유아의 이름과 부모 이름을 함께 기재하여 영유아의 개인장이나 준비된 탁자 위에 올려놓는다. 부모 참석 여부를 파악하기 위해 출석확인용 명단(영유아 이름이 적힌 명렬표)도 마련해 부모가 직접 사인하게 한다.

▌집단면담의 진행과정

- 담임교사는 부모를 반갑게 맞이하고 부모에게 간단한 인사를 한 다음 면담의 취지를 설명한다.
- 부모들끼리 서로 인사를 나눈다.
- 교사는 자신에 대해 간단히 소개한 뒤, 반의 집단구성에 대해 설명한다.
- 부모들은 영유아가 가지고 있는 질병, 알레르기 등 양육과정에서 건강문제, 영유아 성격의 장·단점, 가정에서 고치지 못한 습관, 가정에서 기관과 교사에게 기대

하는 교육적 사항 그리고 걱정스러운 부분 등에 대해 정해진 시간을 지켜가며 한 사람씩 말한다.

- 교사는 부모의 이야기를 경청하며 기록한다.
- 교사는 선험자의 경험담을 유도하여 부모들의 고민을 해결하도록 할 수도 있다.
- 교사는 기관과 교사의 입장에서 부모들에게 부탁하고자 하는 말을 한 후 면담을 끝낸다. 특별히 도움을 필요로 하는 부모는 별도로 개별면담을 하거나 차후 면담 일정을 약속한다.

② 개별면담

개별면담은 부모와 교사가 일대일로 만나서 자녀의 발달과정이나 문제 행동 등에 대해 상의하는 방법이다. 면담은 기관에 마련된 상담실이나 활동실 등의 조용하고 방해받지 않으며 편안한 느낌을 주는 곳에서 주로 이루어지게 된다. 정기적으로 실시하는 개별면담의 경우 유아교육기관에 다니면서 영유아가 얼마나 성장하였으며 어떻게 변화되었는지에 관해 이야기를 나누게 되는데, 이때 그동안 실시했던 여러 검사결과나 행동관찰일지, 영유아가 만들고 활동한 자료들로 구성된 포트폴리오 등 자료의 준비가 철저해야 한다.

개별면담은 집단면담과는 달리 영유아가 가지고 있는 문제 행동 및 바람직한 행동조성 방법 그리고 유아교육기관에서 생활하면서 성장하고 변화된 영유아의 행동 양상 등에 대해 좀 더 구체적으로 의논하면서 영유아 각각에 맞는 적합한 양육방안을 구체적으로 생각해 볼 수 있는 장점이 있다. 그러나 교사가 부모를 일대일로 만나야 하므로 시간과 노력이 많이 드는 단점도 있다.

개별면담을 실시하기 전에 면담시간과 장소, 면담할 내용, 면담 시 부모가 준비할 사항, 면담 참석 여부 확인서 등을 기록한 가정통신문을 1~2주 전에 발송해야 하며, 면담 차례를 기다리는 동안 자녀들이 만든 작품과 활동기록들을 볼 수 있도록 해 주는 것도 좋다. 또한 조용한 음악과 간단한 다과를 준비해도 좋다.

(3) 면담 시 고려 사항

- 별도의 상담실이나 활동실에 마련된 탁자를 사이에 두고 교사와 부모가 마주앉거나 교사와 부모가 나란히 같은 방향으로 앉아 자연스러운 분위기 속에서 면담이 이루어질 수 있도록 유도한다.
- 영유아가 기관에 처음 왔을 당시의 모습을 회상하며 그간의 성장과정에 대해 이야기하면서 면담을 전개해 간다.
- 교사는 객관적 사실에 근거하여 설명식으로 이야기하되 부모와 대화할 때는 쉬운 용어로 부모의 반응을 살펴가며 한다.
- 부모가 생각하는 영유아의 변화에 대한 이야기를 들어 보고, 부모들이 걱정하는 부분에 대해 이야기 나누며 영유아의 발전을 위한 최선의 방안을 함께 모색해 본다. 즉, 문제점만 제시하지 말고 그 해결 방안도 함께 제시해 논의해 본다.
- 부모와 함께 나눈 면담 내용이 다른 부모에게 알려지지 않도록 한다.
- 면담 내용이 바깥으로 들리지 않게 한다.
- 면담 중 다른 영유아의 이름은 거론하지 않도록 한다.
- 차후 면담이 필요할 경우 면담 일정과 방법에 대해 논의한다.
- 면담에서 논의되었던 내용은 요약·정리해 놓고 계속 면담이 이루어져야 할 부분에 대해서도 기록해 둔다.

(4) 면담 후 평가

면담이 끝난 후 면담의 준비과정과 결과 등에 대해 교사 스스로 평가해 보고, 부모로부터 면담에 대한 평가도 받아 본다. 평가내용으로는 영유아에 대한 정보를 다양한 방법으로 수집하였는지, 영유아에 대한 분석을 제대로 하였는지, 부모가 편안하게 면담할 수 있도록 하였는지, 부모가 기다리는 동안 볼 수 있도록 영유아가 만든 작품 등을 잘 전시해 두었는지, 부모에게 쉽게 설명하였는지, 부모의 말씀을 경청하였는지, 적절한 발전 방안을 모색하였는지, 제시간 안에 면담을 끝냈는지 등을 들 수 있다.

〈표 8-4〉 면담기록표의 예

면담결과표

원 아 명:

면 담 자:	면담 교사:
면담 장소:	면담 일시:

면담 내용:

교사 의견:

비고(추후 면담일자):

3) 가정방문

가정방문은 영유아가 성장하고 있는 가정환경을 알 수 있는 가장 좋은 방법으로 영유아의 행동을 이해하는 데 도움이 되며, 더 나아가 지도하는 데 필요한 기초자료를 얻어 적합하게 지도할 수 있다. 또한 가정방문을 통해서 부모교육 프로그램도 실시할 수 있다.

가정방문은 바쁘거나 신체적으로 장애가 있어 유아교육기관을 방문하기 힘든 부모들을 만날 수 있는 좋은 기회로, 교사와 친밀감을 형성할 수 있고 영유아의 발달상황에 대한 정보를 얻을 수 있으며, 기관의 교육방향과 운영에 관한 정보와 지식을 전달할 수 있다. 그밖에도 가정이란 장소가 부모에게 편안한 분위기를 주기 때문에 부모 자신의 문제점이나 자녀양육에 대한 상담이 쉽게 전개될 수 있는 장점을 가지고 있다. 그러나 가정방문으로 소요되는 시간이 많아서 교사들의 수업준비에 차질을 줄 수 있으며, 가정을 개방한다는 것에 대해 부모들이 부담을 느낄 수도 있다. 아울러 맞벌이 가정이 많아지면서 가정방문의 시간을 맞추기가 쉽지 않은 단점도 있다.

① 가정방문 시 유의사항

- 가정방문의 목적을 분명히 한다.
- 가정방문을 하기 전에 질문사항을 철저히 준비한다.
- 가정방문의 목적에서 벗어나는 대화는 삼간다.
- 교사 위주의 대화보다는 영유아의 장점을 격려하고 관심을 보이면서 부모의 의견을 경청한다.
- 대화 시 교사는 전문적인 용어보다는 쉽고 일반적인 용어를 사용하여 부모가 위축되거나 거부감을 느끼지 않게 한다.
- 가정방문 시 교사는 겸손하고 예의 바른 태도를 취한다.
- 사전에 부모와 방문일정을 정한다.
- 방문시간은 한 시간 이상이 되지 않도록 한다.
- 가족 전반에 대해 알 수 있도록 다른 가족들을 함께 만날 수 있는 시간대에 방문하는 것이 더 좋다.
- 가정방문이 가정에 경제적, 심리적인 부담이 되게 해서는 안 된다.
- 가정방문 동안 영유아의 행동을 관찰하되 부모와의 대화는 들을 수 없도록 거리를 두는 것이 좋다.

② 가정방문 진행과정

- 가정방문에 대한 목적과 시간을 오리엔테이션이나 가정통신문을 이용하여 부모에게 알린다.
- 가정방문에 대한 희망 여부 및 희망 날짜와 시간 등을 조사하는 가정통신문을 발송한다.
- 가정방문 전 교사는 영유아에 대해 사전 관찰을 한다.
- 가정방문 시 질문할 내용을 작성한다.

- 가정방문 일정을 가정에 알린다.
- 가정방문 후 가정방문에 대해 부모와 교사가 평가를 실시한다. 부모에게는 설문지를 통해 가정방문에 대한 만족도, 교육적 요구 및 개선점 등을 조사한다. 교사는 가정방문 시 수집된 자료를 객관적으로 기록·평가한다. 평가를 통해 얻어진 자료를 참고하여 영유아를 지도하고 프로그램을 계획한다.

〈표 8-5〉 가정방문 통신문의 예

부모님께

저희 기관에서는 다음과 같은 목적을 가지고 교사들이 각 가정을 방문하고자 합니다. 방문이 자녀의 올바른 성장과 발달을 위해 도움이 될 수 있다고 생각되시면 적당한 방문일자와 시간을 표기하여 자녀의 등원 시에 보내 주시기 바랍니다.

– 다 음 –

1) 가정방문의 목적
  - 교사가 영유아의 가정을 이해하게 되어 보다 올바른 지도를 할 수 있습니다.
  - 자녀에 관한 부모님의 기대와 의견을 토대로 가정과 원이 일관성 있는 지도를 할 수 있습니다.

2) 가정방문에 대한 부모님의 의견은 어떠하십니까?
  찬성한다(　　　　　　)　　　　찬성하지 않는다(　　　　　　)

3) 찬성하신다면 방문일자와 시간은 언제가 좋으시겠습니까?
  ________년 ____월 ____일 __________시경

4) 가정방문을 찬성하지 않으시다면 전화통화를 통한 면담은 어떻게 생각하십니까?
  찬성한다(　　　　　　)　　　　찬성하지 않는다(　　　　　　)

○○○○년 ○○월 ○○일

○○○ (기관명) 장

4) 부모회

부모회는 대집단의 부모를 대상으로 실시되는 형태로, 유아교육기관의 운영방침과 교육내용 등에 관한 제반 사항을 소개하는 학부모 오리엔테이션과 부모의 요구에 의해서 선정되었거나 기관에서 선정한 주제를 가지고 그에 적합한 강사를 초청하여 진행하는 강연회, 워크숍, 토론회, 역할극, 비디오 감상회 등이 있다.

(1) 학부모 오리엔테이션

원아모집이 끝나고 개원하기 전에 부모를 대상으로 오리엔테이션을 실시한다. 일반적으로 오리엔테이션을 통해서 유아교육기관의 교육철학, 교육방침, 교육과정, 주요 행사 등 기관의 전반적 운영, 교직원, 시설 등에 대해 소개하며 학부모들의 기관운영방침에 대한 협조를 구한다. 학부모 오리엔테이션 실시 1~2주일 전에 신입 원아의 각 가정에 오리엔테이션을 알리는 가정통신문과 부모들이 기관에 제출해야 할 서류를 함께 보낸다. 즉, 가정통신문을 통해 오리엔테이션 시간, 장소 및 내용, 원아의 해당 반 이름, 담임교사 이름, 반의 위치 등을 미리 알려 주고, 영유아들이 제출해야 할 서류도 함께 보내어 오리엔테이션 당일에 제출할 수 있게 한다.

① 학부모 오리엔테이션 시 전달내용

- 유아교육기관의 교육철학, 교육방침, 교육과정, 주요 행사, 일과 운영, 부모교육, 시설 등에 대해 시청각 자료를 사용하면서 구체적으로 설명한다.
- 반별 담임교사와 다른 교직원들을 소개한다.
- 교육비, 간식비, 교통비, 견학 등을 비롯한 각종 행사비용과 관련된 사항과 납부방법, 납부기일 등을 알려 준다.
- 버스를 운행하는 경우에는 등·하원 버스노선에 대해서도 상세히 설명을 한다.
- 기관과 교사를 대하는 부모의 태도가 영유아에게 영향을 줄 수 있다는 사실을 주지시키며 부모들에게 적극적인 협조를 부탁한다.
- 점심과 간식 등에 관해서도 자세히 설명한다.
- 유아교육기관에 대한 부모들의 질문사항에 성심껏 답변한다.

② 오리엔테이션을 위한 준비사항

- 오리엔테이션을 할 장소에 좌석을 배치하고 적절한 환경구성을 한다.
- 방송 장비 및 시청각 기자재(VTR, OHP, 환등기, 컴퓨터, 스크린, 카메라 등)의 상태도 미리 점검한다.
- 오리엔테이션 관련 인쇄물은 넉넉히 준비해 둔다.
- 오리엔테이션 참석자를 확인하기 위해 반별로 참석표시판을 마련해 둔다.
- 오리엔테이션 당일 신발 정리방법과 안내하는 사람들의 위치에 대해서도 미리 생각해 둔다.

(2) 강연회

선정된 주제를 가지고 한 번에 많은 부모를 대상으로 강사가 일정시간 동안 강의하는 방법으로 어떤 특정 주제에 대한 지식을 전달하는 데 효과적이다. 많은 유아교육기관에서 1년에 1~2회 정도 강연회를 실시하고 있는데 강연은 한 번에 많은 사람을 대상으로 하기 때문에 시간적인 측면에서는 효율적이라 할 수 있으나 각각의 부모가 처한 상황과 요구가 다르기 때문에 사전에 철저하게 준비하지 않은 채 강연이 이루어지면 기대한 만큼의 효과를 얻기 어렵다. 강연회를 하기 위해서는 먼저 강연주제가 선정되어야 하고 주제에 적합한 강사가 선정되어야 한다.

① 강연주제 선정

강연주제 선정은 학부모들이 관심 있는 분야나 알고자 하는 지식에 관해 학기 초에 의견을 조사하여 선정하거나 유아교육기관에서 부모들에게 알려 주고자 하는 지식과 내용으로 선정할 수 있다. 강연주제는 자녀양육과 관련된 내용일 수도 있고 부모의 일상생활에 관련된 내용일 수도 있다. 즉, 부모역할 수행 및 자녀양육과 관련된 내용뿐만 아니라 가정생활 및 부모 자신의 발전과 취미 등에 관한 내용도 주제로 선정될 수 있다. 그러나 강연주제 선정 시 유아교육기관이 추구하는 교육철학과 목표, 교육내용과 맞는지, 시기적으로 적합한지 등을 고려해야 하다.

〈표 8-6〉 선정될 수 있는 강의주제의 예

영유아교육 관련 분야	가정생활 관련 분야
• 영유아교육의 중요성	• 가정교육의 중요성
• 영유아발달 특성	• 핵가족의 문제
• 바람직한 부모역할	• 부부관계와 자녀교육
• 자녀와의 효과적인 대화방법	• 여가선용
• 기본생활습관 지도	• 실내장식
• 영유아 창의성 지도	• 건강관리 및 건강 상식
• 영유아 언어 지도	• 가족건강을 위한 요리 배우기
• 영유아 수 지도	• 생활예절
• 영유아 성교육	• 문화 체험
• 영유아 문제 행동 지도	• 각종 세금에 관한 지식
• 영유아 독서 지도	• 재테크의 전략
• 영유아 안전 지도	• 취업 관련 정보 및 지역사회 자원 활용
• 영유아 컴퓨터 지도	
• 영유아 스트레스	
• 영유아의 질병 및 영양 관리	
• 예방접종 및 응급처치	
• 초등학교 입학 전 알아 두어야 할 일	

② 강사 선정

강사는 선정된 분야의 전문가가 될 수도 있고 기관장이나 교사가 될 수도 있으며 그 분야에 대한 지식과 경험이 있는 부모가 될 수도 있다. 강사 선정에서 중요한 점은 강사가 강연주제를 가장 잘 알고, 강연을 듣는 부모들의 눈높이에서 설명할 수 있는가이다. 만약 외부의 전문가를 강사로 선정한다면 강연을 듣는 부모들에 관한 배경지식(사회적·경제적·교육적 수준, 그동안 원에서 실시했던 강연과 관련된 내용, 부모들의 주요 관심 분야 등)을 미리 알려 주는 것이 필요하다. 강사가 기관장이나 교사인 경우에는 영유아들과의 실제적 경험을 중심으로 하여 구체적으로 설명할 수 있는 장점이 있으며, 강사가 전문적 지식과 경험을 가진 학부모인 경우에는 외부에서 초빙된 전문가보다 기관의 사정과 부모들에 대해 잘 알고 있으므로 강의주제를 더욱 적절하게 설명할 수 있는 장점이 있다.

③ 강연시간

강연시간은 일반적으로 1시간~1시간 30분 정도인데 강연 실시 전과 후에 다양한 활동을 포함시켜 강연에 대한 호기심을 유발시키고 지루함을 느끼지 않게 하는 것도 좋다. 예를 들면, 영유아들이 원에서 부르는 노래와 손유희 해 보기, 퀴즈 맞히기, 강연과 관련된 비디오 보기 등이 있다. 강연시간은 영유아들이 기관에서 활동하는 시간에 시작할 수도 있고, 영유아들이 귀가한 후 실시할 수도 있으며, 직장에 다니는 부모가 많을 경우 저녁시간에 실시할 수도 있다. 강연시간도 강의주제를 조사할 때 함께 파악하는 것이 좋다.

④ 강연에 대한 평가

강연내용과 강사에 대한 평가는 강연이 끝난 뒤 부모용과 교사용 설문지를 준비하여 실시한다. 평가에서 나온 결과는 정리하여 다음번 강연주제 및 강사 선정, 강연시간 등을 결정할 때 반영한다.

〈표 8-7〉 **강의평가지(부모용)의 예**

이번에 실시한 강연에 대한 부모님의 소감을 알아보고 다음번 강연회를 준비할 때 부모님의 의견을 반영하려고 합니다. 문항을 읽고 부모님의 생각을 적어 주시기 바랍니다.

문항	예	아니오	잘 모르겠다
강연내용이 여러분에게 도움이 되었습니까?			
강연내용은 재미있었습니까?			
강사는 이해하기 쉽게 설명했습니까?			
강연의 진행시간은 적절했습니까?			
강연이 시작된 시간은 적절했습니까?			
강연을 준비하는 과정에 만족하십니까?			
강연을 실시하는 과정에 만족하십니까?			

♣ 강연회 준비 및 실시에서 부족하다고 느끼신 부분이 있다면 말씀해 주시기 바랍니다.

____

____

응답해 주셔서 감사합니다.

⑤ 기타 주의할 사항

- 강사 섭외 시 적어도 한 달 전에 약속을 하여 강사로 하여금 충분히 강의주제에 대해 생각해 보고 준비할 시간을 준다.
- 강의초청 통신문은 각 가정으로 2~3주 전에 보내어 미리 계획을 잡을 수 있게 하며, 편지의 하단부에 절취선을 넣어서 강연회 참석 여부를 사전에 파악할 수 있게 한다.
- 강연 1주일 전에 다시 한번 강연에 대한 소개의 통신문을 보내어 강연회를 상기시킨다.
- 참석하는 부모가 파악된 후 강연장의 좌석배치를 계획하고 참석하는 부모들의 이름표와 참석표시판을 준비한다.
- 부모들이 동반한 자녀들을 돌볼 수 있는 공간을 마련한다.
- 강연에 앞서 기관장의 강연에 대한 간단한 소개와 기관에서 알리고자 하는 공지사항을 전달하는 시간을 가질 수 있다.
- 강연은 되도록 약속한 시간에 실시한다.

(3) **워크숍**(workshop)

워크숍은 흔히 영유아들의 교육활동에 필요한 자료나 교구 등을 부모들이 직접 참여하여 만드는 모임으로 생각한다. 그러나 한 가지 주제를 가지고 소집단을 대상으로 심도 있게 경험하는 활동도 워크숍이다. 다시 말하면, 제작을 목적으로 하는 워크숍에서는 영유아를 위한 교재·교구 제작, 간식 만들기, 가정에서 할 수 있는 놀이활동 자료 만들기 등 다양한 주제를 선정하여 진행할 수 있으며, 좋은 부모가 되기 위해 필요한 대화법을 배우는 활동도 워크숍이 될 수 있다.

워크숍은 소집단을 대상으로 하기 때문에 부모들의 참여율과 호응도가 높으나 자료준비 등의 많은 준비가 필요하다. 또한 단순히 지식 전달이나 자료 제작으로 끝나는 것이 아니라, 만든 자료를 가정에서 직접 실습해 보거나 다양하게 응용할 수 있는 방안을 모색해 보는 것도 필요하다. 워크숍을 마친 뒤에는 워크숍의 주제 선정, 자료준비 및 부모참여 과정 등의 전반적인 진행에 있어서 잘된 점과 부족한 점에 대한 평가가 이루어져야 한다.

〈표 8-8〉 워크숍 활동의 예

- 영유아 교재·교구 수선하기
- 영유아 교재·교구 만들기
- 영유아를 위한 노래 및 율동 배우기
- 구연동화 기술 익히기
- 동화 읽어 주는 기술 익히기
- 취미활동(영유아 간식 만들기, 영유아 건강을 위한 신체 마사지 배우기 등)
- 교양활동(독서모임, 박물관 견학 등)
- 부모-자녀 상호작용 훈련(PET, STEP 등)

(4) 역할놀이(역할극)

역할놀이(role play)는 심리극(psycho-drama)의 일종으로, 부모교육현장에는 좌담회나 토론회 등을 하기에 앞서 간단한 즉흥극을 하는 형태로 많이 사용되고 있다. 역할극의 주제는 부모나 교사 등이 다루고자 하는 내용을 소재로 하며 부모들에게 주제를 쉽게 이해할 수 있게 해 준다. 또한 부모와 자녀 간의 또는 부부간의 역할에 대한 이해를 돕기 위해 서로의 역할을 바꾸어 하는 경우도 있다. 이를 통해 상대방의 생각과 느낌을 이해할 수 있게 된다.

(5) 토론회

토론회는 일반적으로 주제에 대하여 서로 상반되는 의견을 논의하되 전문가를 초대하지 않는 점이 심포지엄과 다른 점이다. 토론은 논란이 되는 문제에 대하여 찬·반의 의견을 들을 수 있는 효과적인 방법이다. 일반적으로 유아교육기관에서 실시하는 토론회는 자녀양육 및 교육의 특정 문제를 주제로 그 분야에 관심이 있는 부모들이 모여서 자신의 문제나 경험을 서로 토론하는 경우도 있고, 때로는 부모들이 관심이 있어 하는 분야의 책을 읽고 그 내용에 대해 토론을 하기도 한다. 이런 경우 유아교육기관이나 교사는 부모들 가운데 서로 관심이 비슷하거나 같은 문제점을 가지고 있는 부모들을 연결해 주어, 자발적으로 운영될 수 있도록 지원하는 것이 효과적이다(교육인적자원부, 2002). 즉, 유아교육기관에서는 많은 부모가 관심을 가지고 있는 주제를 선정하여 부모들이 토의할 수 있도록 비형식적 모임을 구성하고, 구성원 간의 상호작용이 촉진될 수 있게 도와주는 것이 필요하다. 그러나 때로는 유아교육기관과 직접 관련된 문제이거나 지역사회와 관련된 문제일 경우 부모들이 토론을 통해서 결정해야 하는데, 이 경우에는 공개적인 모임을 형성하여 부모들이 토론을 통해 적절한 대안을 찾는 것이 바람직하다.

토론회는 한 가지 주제에 대해 깊이 있게 생각해 보고 바람직한 대안을 모색해 볼 수 있는 좋은 기회를 제공해 주는 장점이 있는 반면, 많은 부모가 참여하기보다는 소수가 중심이 되어 진행되는 경우가 많아 부모의 참여율이 낮을 수 있다는 단점이 있다. 특히 토론의 흐름을 잘 조절해 주고 자유로운 분위기를 조성하기 위해 사회자의 풍부한 지식, 순발력 및 진행 능력 등이 요구된다.

(6) 영화(동영상) 감상회

유아교육기관에서 강연회를 할 때 주제와 관련된 내용의 영화나 동영상을 함께 시청하는 경우도 있다. 즉, 부모교육을 실시하는 보조적인 수단으로 영화 감상을 활용하기도 한다. 그러나 때로는 부모교육 방법의 하나로 영화감상회를 하기도 한다. 부모교육을 위한 별도의 전문적인 영화나 동영상이 많지는 않으나 영유아의 발달상 일어나는 주제나 부모-자녀 관계, 장애영유아 및 가정문제 등을 주제로 한 영화(동영상)를 부모들이 함께 보고 그 내용을 중심으로 감상회를 할 수도 있다.

5) 통신

통신의 종류에는 가정통신문, 뉴스레터, 소책자, 인터넷(홈페이지, 메일), 전화, 휴대전화 등을 이용한 다양한 방법이 있다.

(1) 가정통신문

유아교육기관에서 부모들에게 여러 가지 전달하고자 하는 사항을 알리기 위해 가장 많이 사용하는 방법으로 주로 교육 프로그램, 기관행사, 가정의 협조 및 전달사항, 부모에게 유익한 정보 제공 시에 사용된다. 주간 계획안과 같이 1주일 1회씩 정기적으로 보내는 것도 있고, 특별한 행사나 부득이 갑작스럽게 알려야 하는 사항을 전달하기 위해 비정기적으로 보내는 경우도 있다.

① 의의

- 유아교육기관에서 실시하는 활동에 대한 부모들의 이해를 높인다.
- 유아교육기관과 가정 간의 지속적인 관계 유지 및 긍정적 상호작용을 도모한다.

② 내용

- 유아교육기관에서 실시하는 교육내용의 소개
  - 원에서 앞으로 교육할 내용과 활용들을 소개하여 각 가정에서 자녀의 학습내용을 이해하고 재학습할 수 있는 기회를 제공하게 한다.
- 유아교육기관의 특별활동 및 지역사회의 부모 관련 행사
  - 원에서 실시하는 특별활동이나 각종 행사에 대해 알려 준다. 예를 들어, 견학이나 소풍, 참관 및 참여수업, 운동회, 부모면담 등의 날짜, 시간, 장소, 경비, 준비물, 활동 내용 등을 구체적으로 알려 준다.
- 유아교육 관련 정보
  - 자녀양육과 지도에 도움이 될 수 있는 지식이나 각종 정보를 제공해 준다. 영유아의 발달특징과 발달에 영향을 미치는 요인, 발달특성에 따른 지도법 등을 알려 주고 자녀양육에 도움이 되는 인터넷 사이트도 알려 준다.
- 부모 및 가정생활의 향상을 위한 정보 제공
  - 부모 및 가족을 위한 정보, 가정생활에 관련된 정보 및 도움이 되는 인터넷 사이트를 알려 준다.

③ 가정통신문 작성 및 발송 시 고려해야 할 사항

- 통신문의 목적이 분명히 드러나게 쓴다.
- 관련 내용을 쉬운 용어로 상세히 설명한다.
- 글씨체, 글씨 크기, 내용의 조직 등을 고려하여 작성한다.
- 최소한 1주일 전에 통신문을 각 가정에서 받을 수 있도록 발송한다.

- 통신문이 잘 전달되었는지 알아보기 위해 영유아의 가방 속에 통신문이 그대로 남아 있지는 않은지 살펴본다.

〈표 8-9〉 교육활동 및 견학 관련 가정통신문

가 정 통 신 문

부모님께

그토록 기다리던 하얀 눈이 내렸습니다. 겨울이 깊어가고 있다는 것을 실감하게 됩니다. 11월 마지막 주에 아이들과 겨울 채비인 김장을 하고 김치박물관도 견학하려고 합니다.

1. 4, 5세 요리활동에 대한 안내

4, 5세반이 김장을 하려 합니다. 김장할 때 입을 영유아용 앞치마에 이름을 적어 보내 주시기 바랍니다.

반명	날짜	요리명
5세(사랑반, 소망반, 믿음반)	11월 28일(화)	김장하기
4세(희망반, 기쁨반)	11월 29일(수)	

2. 견학활동에 대한 안내

교육활동 계획에 따라 견학활동이 있으며, 가정에서 특별히 준비하실 것은 없습니다.

반명	날짜	장소
5세(사랑반, 소망반, 믿음반)	11월 27일(월)	○○ 김치박물관
4세(희망반, 기쁨반)	11월 28일(화)	

○○○○년 ○○월 ○○일

○ ○ ○ (기관명) 장

〈표 8-10〉 지역사회 연계 부모교육 프로그램 관련 가정통신문

가 정 통 신 문

부모님께

안녕하십니까?

어느덧 단풍이 가득한 가을이 되었습니다.

높고 푸른 하늘과 산산한 바람이 좋은 이 계절에 저희 지역에 있는 ○○구 보건소에서 건강한 가정생활을 위한 유익한 강좌를 개최하오니 시간이 허락하시는 학부모님들께서는 참석 부탁드립니다.

○○구 보건소의 건강한 가정생활을 위한 부부강좌에 대한 안내

행복한 가정생활을 위해서는 무엇보다도 부부관계가 중요합니다.
그러나 부부가 살다 보면 많은 갈등이 생기기 마련입니다.
이런 부부간의 갈등을 원만하게 해결할 수 있도록 도와드리기 위해
다음과 같은 강좌를 개최합니다.

일시	○○○○년 ○월 ○일(○요일) 오후 ○시 ~ ○시
장소	○○구 보건소 강당
주제	부부 갈등 해결을 위한 바람직한 대화법
강사	○○대학교 ○○○의료원 ○○과 ○○○교수(정신과 전문의)

○○○○년 ○○월 ○○일

○ ○ ○ (기관명) 장

(2) 홈페이지

최근 많은 유아교육기관에서 인터넷을 이용하여 부모와 의사소통을 하고 대외적으로 기관을 홍보하기도 한다. 부모들은 기관을 직접 방문하지 않고도 홈페이지를 이용하여 유아교육기관에서 실시하고 있는 프로그램 및 운영에 관련된 사항을 쉽게 알 수 있다. 예를 들어, 유아교육기관의 소개, 교육 프로그램, 주요 행사, 가정통신문, 부모교육 등의 정보를 얻을 수 있으며, 영유아의 원내 생활 모습, 부모 및 영유아 상담, 지역사회와의 연계 프로그램 등 다양한 내용을 신속하게 알 수 있다. 홈페이지는 부모들이 기관을 직접 방문하지 않고도 언제라도 정보를 얻을 수 있어 경제적이지만 바쁜 교사들이 홈페이지를 지속적으로 관리하기가 다소 어렵다.

(3) 소책자 및 뉴스레터(신문)

부모들에게 알고자 하는 내용을 책이나 신문과 같은 형태로 만들어 제공하는 것으로 원내 부모교육행사에 직접 참여하기 어려운 경우나 지속적으로 제공하고자 하는 부모교육내용을 싣거나, 영유아들이 그간 했던 활동에 관한 소개 및 활동에 대한 영유아와 부모들의 소감 등을 실을 수 있다.

그 밖에도 통신의 형태에는 비형식적 형태인 전화상담, 휴대전화를 이용한 문자메시지, 메일, 편지 등이 있다. 전화상담은 일반적으로 원의 활동이 끝난 후 하는데 전화상담으로는 전반적인 내용을 충분히 이야기할 시간이 적기 때문에 상담이 더 필요하다고 판단되면 추후 면담을 약속한다. 휴대전화를 이용한 문자메시지나 편지의 경우는 가정에서 원으로 또는 원에서 가정으로 급히 알려야 할 사항이 있을 때, 예를 들면 아이가 몸이 아픈 상태로 원에 가게 되었다거나 약을 먹여 달라고 부탁을 하는 경우 또는 원의 생활에 문제가 있다고 느껴 면담을 원할 때 이용한다.

6) 도서 및 장난감 대여 프로그램

원에 있는 책이나 장난감을 대여해 주는 것으로 영유아가 원하는 책이나 장난감을 가정으로 가져가서 놀고 다시 원으로 가져오는 것이다. 도서 및 장난감 대여 프로그램은 영유아들이 많은 책과 다양한 놀잇감을 가지고 놀 수 있는 기회를 제공해 주고 부모들에게는 자녀에게 적절한 책과 놀잇감의 선택 그리고 사용법을 익히게 해 주며 나아가 가정에서의 학습을 보다 강화시켜 줄 수 있다. 그러나 이 프로그램을 운영하기 위해서는 몇 가지 준비가 필요하다.

- 다양한 책과 장난감이 풍부하게 있어야 한다. 책이나 장난감을 원에서 다 마련하기 힘든 경우 가정에서 사용하지 않는 것들을 협조받아 활용할 수 있다.
- 대여할 책이나 장난감들을 체계적으로 분류하여 분류목록카드를 작성해 두어야 한다.
- 관리책임자를 두어 관리를 철저히 하도록 한다.
- 자료의 분실이나 파손에 관한 규정을 만들고 영유아와 부모에게 규정에 대해 충분히 설명해 준다.
- 영유아들과 합의하여 대여기간을 정하여 많은 영유아가 고루 활용할 수 있게 한다.

Chapter 09

부모교육 프로그램 운영의 실제

부모-자녀를 대상으로 하는 부모교육 프로그램을 계획, 실시함에 있어 그 교육의 장은 다양하다. 즉, 취학 전 자녀를 둔 부모-자녀를 대상으로 가정을 중심으로 이루어지는 교육을 가정 중심 프로그램(home-based program), 유치원이나 어린이집 등을 중심으로 이루어지는 교육을 기관(학교) 중심 프로그램(school or center/agency based program), 지역사회를 중심으로 이루어지는 교육을 지역사회 중심 프로그램(community based program)이라고 한다. 본 장에서는 이 중 유아교육기관을 중심으로 이루어지는 부모교육을 알아보기 위하여 유아교육기관과 부모와의 관계, 유아교육기관에서의 부모교육의 방향, 내용, 운영 전략 그리고 연간 부모교육 계획에 대하여 살펴보고자 한다.

1 유아교육기관과 부모와의 관계

유아교육기관과 부모는 영유아의 발달과 교육에 지대한 영향을 미치는 중요한 요소이다(Epstein, 1995). 그러나 학교교육이 아무리 좋아도 가정에서 부모들과 연계되어 조화되지 않으면 일관성 있는 교육을 기대할 수 없게 되며 교육의 효과를 극대화시키기 어렵다.

Powell(1989)에 의하면, 교육을 위한 연계성은 두 집단 간의 연결과 일치의 정도를 의미한다. 즉, 가정과 유아교육기관과의 연결은 두 집단 간 의사소통의 빈도를 말하며, 의사소통의 횟수가 증가하면 영유아들이 경험하는 교육의 지속성 또한 증가한다. 일치의 정도는 가정과 유아교육기관이 자녀에 대한 가치관과 교육의 목적, 언어의 사용, 그리고 성인-영유아 간 상호작용의 유형에서 어느 정도 일치가 되는지의 여부를 의미한다(김진영 외, 2006). 가정과 유아교육기관에서의 교육의 연계성과 지속성은 형식적인 교육을 시작하는 영유아의 적응을 도울 뿐만 아니라 영유아의 발달에 중요한 영향을 미친다. 따라서 유아교육기관은 일관된 교육을 영유아에게 제공할 때 교육효과가 상승되는 점을 부모에게 인식시키고 부모와의 연계성을 높이기 위한 다양한 시도를 지속적으로 해야 한다.

최근 부모교육은 부모를 학교교육에 적극적으로 참여하게 하는 추세이다. 1960년 이후 부모교육의 개념은 교사, 전문가와 가정의 부모가 동반자로 동등한 입장에서 상호작용할 때 바람직한 교육이 이루어진다고 보고 있다. 대통령자문교육위원회가 1995년에 발표한 5·31 교육개혁안(교육개혁위원회, 1995)에서도 중점 사항의 하나로 발표된 수요자 중심의 교육은 과거 공급자 위주의 교육에서 벗어나 교사와 부모가 서로 협력하여 동반자적 관계에서(family-school partnership) 영유아의 바람직한 교육성취를 위해 함께 노력해야 한다고 하였다(이수남, 2001).

동반자적인 관계에서 부모교육을 수행하는 데 있어 가장 필요한 것은 부모와 유아교육기관 간에 상호 신뢰와 존중이 바탕이 된 긍정적인 관계를 형성하고 서로에게 필요한 정보와 도움을 제공하는 것이며, 진솔한 대화를 통해 동반자적인 관계가 이루어질 수 있다는 것이 몇몇 현장 연구를 통해서 밝혀지고 있다(Brand, 1996; Gorham & Nason, 1997).

부모와 유아교육기관이 긍정적이고 동반자적인 관계를 유지함으로써 형식적인 교육에 대한 부모의 참여를 높이고, 부모 스스로 자신의 역할에 대해 자긍심을 갖게 하며, 자녀에 대한 이해와 지식을 증진시켜 부모로서의 역량을 키우고 효과적인 자녀양육 능력을 갖는 데 영향을 미치게 된다.

따라서 유아교육기관은 부모를 동등한 위치의 동반자로서 이해하고, 부모나 그 가족을 영유아의 성장과 발달을 위해 노력하는 모든 과정에서 영유아의 발달에 도움을 주는 지원자로서 지속적으로 영향을 미치는 교육 자원이라는 관점을 갖고 부모와 함께 최선의 방향으로 영유아를 보호·교육한다는 공동의 목표를 가져야 한다. 유아교육기관은 이러한 공동의 목표를 달성하기 위해 영유아는 물론 부모에게도 서비스를 제공해야 한다는 책임감을 인식하고 부모와 끊임없이 의견을 교환함으로써 부모가 적극적으로 부모역할을 수행할 수 있도록 상호관계 속에서 서로 향상되기 위해 노력해야 한다. 부모 또한 유아교육기관과의 긴밀한 협조를 유지하기 위하여 노력해야 한다. 자녀의 교육은 유아교육기관에서 담당해야 한다는 인식을 버리고 유아교육기관과 함께 자녀를 최상의 발달로 이끈다는 공동의 목표를 갖고 교육방향을 협의하여 결정하여야 한다. 유아교육기관에서 자녀가 무엇을, 어떻게, 왜 배우는가에 대하여 끊임없이 관심을 가지며 유아교육기관에서 가르칠 수 없는 부분에 대해서는 부모가 가정에서 보충해 주어야 한다. 또한 교사 혼자만의 지도로 할 수 없는 사항들을 부모가 협조해 주고 상황에 따라서는 보조교사로서의 역할까지도 담당해야 한다. 즉, 영유아기의 교육을 교사에게만 전적으로 일임할 것이 아니라 부모도 이에 적극적으로 참여해야 한다.

부모는 경계하고 불편해할 대상이 아니라 영유아의 발달과 학습을 최적화하기 위해 협동해야 할 대상이다. 따라서 부모를 교육하고 지원하고, 자녀의 교육활동에 적극적으로 참여하게 하고, 협력적 관계 속에서 다양한 활동을 진행하는 것이 바람직한 부모와 유아교육기관과의 관계이다.

2 유아교육기관에서의 부모교육 방향

유아교육기관에서 운영하는 부모교육의 목적은 21세기를 살아갈 자녀의 양육 및 교육을 보다 잘 해내려는 부모들의 필요를 충족시켜 주어 부모들이 자신감을 갖고 적극적이고 유능한 부모역할을 수행할 수 있도록 돕는 것이다.

이를 위해 유아교육기관은 [그림 9-1]과 같은 목표를 세우고 구체적인 실천방안을 마련하여 책임감을 갖고 적극적으로 실천하려는 노력을 기울여야 한다.

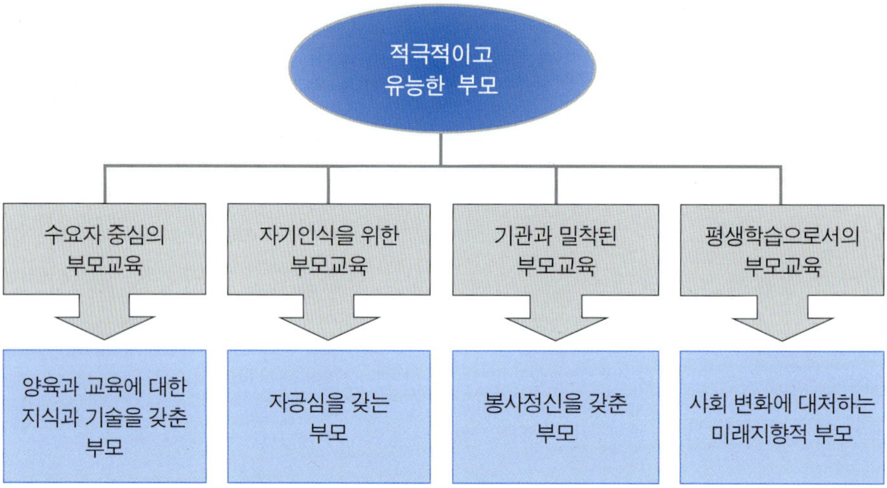

[그림 9-1] 유아교육기관에서의 부모교육 방향

부모교육의 방향을 구체적으로 살펴보면 다음과 같다.

첫째, 수요자 중심의 부모교육을 통하여 자녀양육 및 교육에 대한 지식, 기술 및 전략을 지니게 함으로써 부모역할 수행 능력을 강화시킨다.

수요자 중심의 부모교육은 유아교육기관의 교육 수요자인 부모들의 직업, 가족 형태, 영유아의 연령, 기관과 관련을 맺은 기간, 시간적 여건 등 그들의 조건과 요구를 고려한 부모교육을 의미한다. 그동안 많은 유아교육기관에서는 기관 중심의 결정으로 진행되는 공급자 중심의 부모교육을 형식적이거나 의례적으로 실시해 왔다. 영유아의 연령이 고려되지 않은 일률적인 내용, 해마다 중복되는 내용, 전문가의 초빙보다는 원장 중심으로 이루어지는 부모교육 등 부모들의 조건과 요구를 고려하지 못한 운영 방식 등은 부모들의 기대와 욕구에 부응하지 못함으로써 유아교육기관에서 이루어지는 부모교육에 대한 인식을 낮추어 부모들의 참여율을 감소시키는 요인으로 작용하여 왔다.

따라서 유아교육기관은 부모가 초기 경험의 양적, 질적인 측면에서 중요한 역할을 담당하고 계획하는 조정자로서 보호적인 기능과 함께 교육적인 기능이 조화를 이루도록 부모들의 조건과 요구를 고려한 적극적인 지원을 해야 한다. 이를 위해 부모와 유아교육기관의 현재 상황을 평가하고 기존에 실시하고 있는 부모교육에 대한 질 제고와 부모교육 프로그램의 개발과 함께 부모가 원하는 것이 무엇인지를 파악하여 그 준거에 따라 부모교육의 내용과 방법을 다양화하고 특성화해야 한다. 부모들의 요구와 개인적 특성이 고려된 적극적인 지원은 유아교육기관에서 실시하는 다양한 형태의 부모교육에 대한 참여 동기를 높이게 되어 많은 부모가 자녀양육과 교육에 대한 지식, 기술 및 전략을 습득할 수 있게 된다.

둘째, 자기인식을 위한 부모교육을 통해 부모역할에 대한 바람직한 신념을 형성하고 자신의 역할과 능력에 대한 자긍심을 고취시킨다.

자기인식을 위한 부모교육은 부모로 하여금 자녀가 이 세상에서 살아갈 수 있도록 자녀를 보호하고 준비시킬 의무가 있음을 인식하게 하고, 이러한 부모역할을 성공적으로 수행할 수 있다는 확신과 자신감을 증진시키기 위한 교육을 의미한다. 부모의 이러한 확신과 자신감은 자녀양육의 질에 영향을 미치고, 가족관계에서의 적응력과 스트레스 대처에 많은 영향을 미친다(이현, 2001; 최선남, 1996).

현대사회의 가족구조가 핵가족화, 소규모화, 다양화되고 있고 사회가 급속하게 변화함에 따라 부모는 자녀양육 및 교육에 대한 자신감이 부족하며, 적절한 자녀양육에 대한 지식과 자녀에 대한 이해 부족으로 인해 많은 어려움을 호소하고 있다. 특히 부모들은 자녀의 성장, 발달을 위한 역할 수행에 어려움을 많이 겪고 있으며, 사회규범과 가치관, 바른 생활습관 형성과 같은 훈육 및 생활지도가 중요하다는 점을 높이 인식하고 있다(박성옥·강영자, 1997). 따라서 부모로서의 역할 수행에 자신감을 갖도록 하기 위해서는 무엇보다 자녀양육 및 교육에 대한 전문적인 지식과 구체적이고 실제적인 자녀양육 기술과 의사소통 훈련이 필요하다(신용주 외, 2002).

또한 유아교육기관은 부모들이 부모로서 성장할 기회를 얻는 동시에 인간으로서 부모 자신의 가능성을 실현시킬 수 있는 기회를 얻고, 직면하고 있는 많은 스트레스와 다양한 문제를 해결해 나갈 수 있도록 그들이 가지고 있는 능력을 인정하고 강조하는 관점을 가지고 부모교육을 실시해야 한다. 즉, 부모가 자녀에게 미치는 부모역할의 영향을 인식하는 데 도움을 주기 위해서 자신의 내적 기능에 대한 자아인식을 돕는, 즉 통찰력을 키울 수 있는 방법을 사용하여야 한다.

셋째, 기관과 밀착된 부모교육을 통해 일관성 있는 자녀교육 및 봉사에 대한 가치를 인식하게 함으로써 유아교육기관의 모든 부모 관련 활동에 적극적으로 참여하려는 협력적인 태도를 증진시킨다.

기관과 밀착된 부모교육은 부모들이 공동체 의식을 갖고 자발적이고 지속적으로 유아교육기관의 다양한 활동에 적극적으로 참여하는 것을 의미한다. 이러한 참여를 통해 기관과 가정 간 일관성 있는 교육실천 능력을 기를 뿐만 아니라, 참여와 봉사의 의미와 가치에 대한 올바른 인식과 태도를 기를 수 있다. 참관 및 참여수업, 강연회, 행사 참여 등은 물론 운영위원회 위원, 자원인사, 학급도우미 교사, 자원봉사활동 등에 자발적이고 적극적으로 참여함으로써 부모나 영유아 그리고 교사의 입장에서 긍정적인 효과를 가져올 수 있다. 즉, 가정과 유아교육기관 간에 일관성 있는 교육을 기대할 수 있으며, 부모로 하여금 주어진 목표를 달성하는 데서 오는 성취감과 능력 향상 및 인격의 성숙을 돕는다. 또한 교직원과의 좋은 인간관계 형성과 교직원들의 심리적·육체적 노동량을 덜어 주며, 기관에 대한 인식을 넓히고 문제의 해결 및 제도의 개선을 위한 계획과 활동에 직접 참여함으로써 기관에 대한 소속감을 갖고 구성원으로 참여하게 도와준다. 아울러 봉사활동을 통해 인간성 회복과 변화하고 있는 가정의 기능 및 영유아의 발달적 특성을 이해함으로써 그들에게 필요한 것을 지원하게 되고 가족에 대한 애정이 강해지게 되므로 가정에 대한 서비스 기능이 향상된다(이영춘 외, 1998). 특히 부모들을 명예교사나 학급도우미 교사로 위촉하여 학습활동이나 현장학습을 지원하게 하거나 특정한 직업에 종사하거나 기능을 가진 부모들을 부모교육 강사 및 특별활동지도 등을 담당하도록 하는 것은 영유아교육에 대한 체험적 이해를 돕는 좋은 프로그램의 예이다. 학급도우미 교사의 경우 교육인적자원부의 지원을 통해 연수를 받은 후 등·하원 지도, 놀잇감 보수 및 제작, 급·간식 도우미, 각종 행사 및 현장학습 도우미, 놀이지도, 보조교사 등의 역할을 수행한다(경기도 교육청, 2006).

운영위원회의 참여는 부모의 권한을 최대로 인정함으로써 유아교육기관의 운영에 직접 참여하려는 부모의 요구를 존중하는 가장 진보적인 참여 형태이다. 영유아교육에 관심이 많은 부모가 최근 국가 정책의 일환으로 유아교육기관에 설치된 운영위원회에 참여해서 부모들의 의견을 수렴하여 교육과정의 방향이나 교육환경, 교사문제 등에 관한 의견 제시 및 상호 협의를 통하여 영유아를 위한 최적의 환경과 교육을 조성할 수 있는 동반자의 역할을 수행하는 것이다. 이런 형태의 참여는 부모가 단순히 봉사를 하는 사람이 아닌 기관의 여러 가지 문제를 결정하는 주요 세력이 되는 것이다.

기관과 밀착된 부모교육을 위하여 유아교육기관은 부모들이 참여할 수 있는 다양한 유형의 부모교육 프로그램을 개발하고, 다양한 홍보 전략을 세워 부모들의 자발적이고 적극적인 참여를 유도하여야 한다.

넷째, 평생학습으로서의 부모교육을 통하여 미래의 사회 변화에 대해 인식하게 함으로써 급변하는 사회 변화에 대처하는 미래지향적인 태도와 능력을 강화시킨다.

평생학습으로서의 부모교육은 유아교육기관을 평생학습의 장으로 제공하여 부모의 삶의 질을 향상시키고 사회 변화에 대처하는 미래지향적 부모를 지양하는 교육을 의미한다. 1970년대 이후 유아교육의 필요성에 대한 인식이 일반화되면서 부모교육의 영역이 평생교육 차원에서 강조되기 시작하였다. 인간 발달의 기초가 확립되는 시기로서 영유아기가 갖는 의의를 중시하고 유아교육의 효율성에 절대적으로 필요한 부모에 대한 문제를 고려해 본다면, 가정의 평생교육적 기능을 극대화하기 위해 교육계획에 부모참여를 제도화하고 부모의 교육적 기능 향상을 위한 프로그램을 개발해야 한다.

Fine(1980)은 부모는 과거의 세계에서 양육되었기 때문에 과거의 가치가 내면화되어 있고 자녀는 미지의 세계인 내일을 향해서 오늘을 살아가고 있으므로, 부모는 이미 학습한 가치를 버리거나 수정하여 새로운 가치를 학습해야 하는 재사회화(resocialization) 과정이 필요하다고 하였다. 특히 과거와 달리 현대사회의 여러 가지 양상은 빠르게 변화하고 있으며 자녀들이 앞으로 주체가 되어서 활동하게 될 미래사회는 현재보다 모든 것이 더 급속히 변화될 것이다. 따라서 부모는 자녀의 미래를 준비시키기 위하여 부모 자신이 먼저 미래지향적인 사고를 갖고, 변화하는 미래사회를 이해하고 대처할 수 있도록 끊임없이 노력해야 한다. 이를 위해 미래사회에 적절한 사고방식과 능력이 무엇인지 부모교육을 통해 배울 필요가 있다. 그러므로 평생교육 프로그램의 일환으로 부모교육을 더욱 활성화시켜야 한다.

미래지향적 자녀교육을 실천하기 위해서는 부모가 먼저 새로운 지식 및 교양을 습득하고 봉사활동에 참여함으로써 삶의 기쁨을 발견하여야 한다. 이에 유아교육기관에서는 미래사회에서 요구하는 지식, 기능, 문화 등의 사회적 요청을 충족시킬 수 있는 평생학습으로서의 부모교육을 위하여, 세계적 변화 추세와 문제점에 대해 부모들과 함께 토의하고 부모교육 계획에 반영하도록 한다.

3 유아교육기관에서의 부모교육 내용

유아교육기관 중심 부모교육의 내용은 목적과 대상에 따라 달라질 수 있으나 원장이나 시설장의 교육이념, 부모의 요구, 국가·사회의 요구, 부모교육 전문자료 등의 요인을 고려하여 선정하여야 한다. 즉, 유아교육기관이 추구하는 인간상과 교육방침에 대한 이해를 도모하여 교육의 효과를 증진시킬 수 있도록 기관을 총괄하는 원장이나 시설장의 교육이념을 반영한다. 또한 부모교육에 대한 부모들의 의견이나 요구, 흥미 등을 반영하여 적극적인 참여를 유도할 수 있어야 하겠다. 이를 위해 학기 시작 전인 오리엔테이션 기간이나 학기 초에 부모들의 요구를 조사하여 반영하거나 운영위원회의 의견을 반영한다. 인간은 사회적인 존재로서, 그 사회의 일원으로서 획득해야 할 개념과 태도 등을 배워야 한다. 사회적 요구와 합치된 교육내용을 선정하는 것은 그 사회에 소속된 기관으로서 기본적으로 반영해야 할 내용이다. 급변하는 사회 변화에 적응하기 위해서도 국가와 사회에서 요구하는 부모의 역할과 생활의 지혜, 사회정보 등의 내용을 선정하여야 한다.

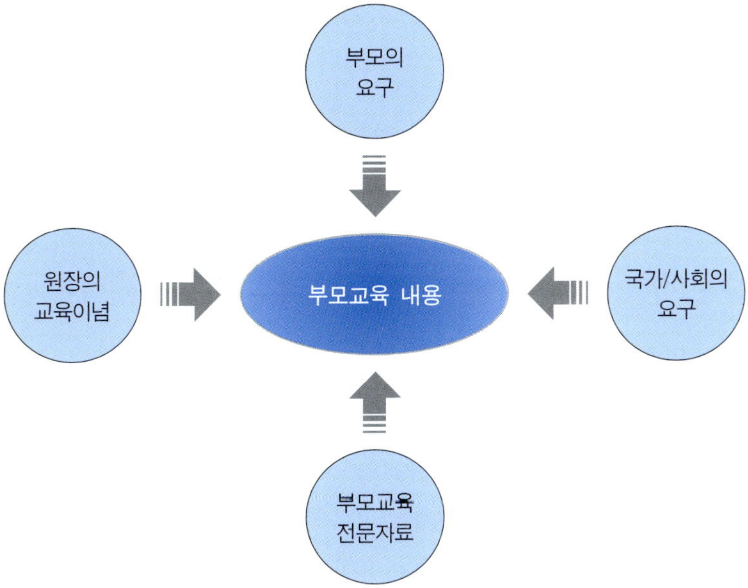

[그림 9-2] 부모교육의 내용 선정 시 고려해야 하는 요인

최근 부모들은 인터넷이나 상업적 광고 등을 통해 다양한 정보를 접할 수 있으나 과다한 정보, 상충된 정보로 인해 교육의 일관성을 잃게 되고, 오히려 혼란에 빠질 수 있다. 따라서 유아교육기관은 부모로서의 유능성을 높여 줄 질 좋은 정보를 제공해야 하는 역할을 요청받고 있다(이현진, 1994). 차별화된 부모교육을 위해서도 영유아교육에 대한 전문성과 정체성을 확립할 수 있는 자료를 선정하여 반영하여야 한다.

위의 요인을 고려하여 다루어질 수 있는 내용영역은 유아교육기관에 대한 이해 도모와 관련된 영역, 영유아발달과 그에 따른 양육 및 교육과 관련된 영역, 부모 자신의 발전과 향상을 통해 자기를 실현해 보는 기회를 제공하는 데 필요한 영역, 미래사회의 변화에 대한 내용을 다루는 영역 및 전반적인 가정생활을 운영하는 데 필요한 지식과 관련 정보를 내용으로 다루는 영역으로 나누어 볼 수 있다. 이러한 영역을 좀 더 세분화하여 그 내용을 구체적으로 살펴보면 다음과 같다.

① 유아교육기관에 대한 운영안내

유아교육기관의 교육철학 및 교육방침, 교육 및 보육 프로그램, 통합 프로그램, 연간 행사 및 부모교육, 특별활동 등 유아교육기관에 대한 이해를 도모하는 데 관련된 내용들이 다루어진다.

② 아동관 및 아동권리

시대가 요구하는 아동관을 갖고, 국가에서 사회복지정책으로 제시하고 있는 아동의 생존, 보호, 발달, 참여의 권리에 대해 인식하고, 가정과 유아교육기관의 책임과 역할에 대해 분석하며, '아동권리'를 보호하고 실현시킬 수 있는 방법에 대한 내용이 다루어진다.

③ 영유아기 발달 및 교육의 중요성

영유아기는 여러 발달의 기초를 세우는 시기이며, 발달의 민감기로서 큰 발달적 변화를 보이는 시기이다. 영유아교육은 영재교육이나 특기교육이 아니며 본질적으로 기초생활교육, 아동중심교육, 전인교육 및 통합교육임을 인식하도록 한다. 이러한 영유아기에 대한 이해를 도모하는 데 관련된 내용과 유아기 교육의 중요성에 대한 내용을 다룬다.

④ 영유아발달과 그에 따른 양육 및 교육방법

자녀의 성장·발달에 따른 부모-자녀 관계의 변화와 함께 부모역할의 변화도 수반된다. 따라서 영유아의 성장·발달과 기본생활습관 형성을 위한 바람직한 부모역할 수행을 돕기 위해 영유아의 연령별 신체, 언어, 사회, 정서, 인지 발달 특성과 그에 따른 양육 및 교육방법에 대한 내용들을 다룬다.

⑤ 자녀의 문제 행동과 지도방법

부모들은 자녀를 양육하면서 영유아의 연령이나 발달적 특성, 개인적인 성향 때문에 일시적으로든 장기적으로든 크고 작은 문제를 경험하게 되며 이러한 문제에 대한 원인과 실제적인 지도방법에 대한 정보를 요구한다. 특히 영유아를 효과적으로 관찰하고 지도하는 기술이 다루어진다.

⑥ 부모-자녀 간의 효율적인 대화기술

부모는 자녀양육을 하는 동안 효과적인 의사소통에 어려움을 느낀다. 부모-자녀 간의 대화문제는 바로 양육문제와 직결된다. 부모-자녀 간의 효율적인 의사소통이 가능해지면 부모와 자녀 간의 갈등이 상당 부분 해소되며 문제에 대한 대안을 찾기가 쉬워진다. 따라서 부모와 자녀 간 효과적인 대화기술에 관한 내용이 다루어진다.

⑦ 발달을 자극하는 학습환경

영유아에게 있어 가정환경은 전인적인 발달과 다양한 기술을 습득하는 데 중요한 자극제이다. 바람직한 가정환경이란 비싼 장난감이나 장난감의 수가 많음을 뜻하는 것이 아니다. 주어진 환경을 교육적으로 어떻게 활용하느냐에 따라 영유아에게 얼마든지 바람직한 환경이 될 수 있다. 가정환경을 이용하여 영유아의 성장·발달을 촉진시키기 위해 성장 시기별로 학습경험의 기회를 어떻게 마련해 줄 것인가에 대해 다룬다.

⑧ 유아교육기관에의 부모참여

부모가 유아교육기관의 다양한 프로그램에 적극적으로 참여하는 것은 교육의 연속성과 지속성 그리고 효율성에 영향을 미친다. 자발적이고 적극적인 부모참여의 중요성과 참여방법 등의 내용이 다루어진다.

⑨ 부모 자신의 발전을 위한 취미활동

부모로서의 역할뿐 아니라 자기발전을 통한 자기 성취 욕구와 삶의 질 향상에 대한 부모들의 욕구는 건강, 요리, 인테리어, 원예 등 생활 관련의 취미와 가족과 함께 할 수 있는 여가생활을 위한 정보를 필요로 한다. 따라서 부모의 다양한 소질과 능력을 개발할 수 있는 취미활동과 전문지식 및 자격증 취득을 도울 수 있는 내용이 다루어진다.

⑩ 미래사회의 변화

현대사회의 급속한 변화 속도로 보아 미래사회의 변화는 더욱 가속화될 전망이다. 따라서 부모에게 미래사회의 변화에 대한 다양한 정보를 제공하여 자녀가 미래사회에 적응할 수 있는 인성과 능력을 갖추도록 도와야 한다. 즉, 미래사회의 특징과 미래사회를 살아가는 데 필요한 가치, 태도, 기술, 능력 등을 제시해 주어 미래지향적인 부모의 역할을 수행할 수 있도록 돕는다.

⑪ 부모를 위한 일반상식

부모는 자녀교육 이외에 가정의 관리 및 운영, 나아가 지역사회 발전에 참여하기 위해 최소한의 상식 수준에서 여러 가지 정보를 필요로 한다. 부모의 일반상식으로 지적할 수 있는 내용은 다양하므로 가정과 부모에 따라 필요로 하는 상식이 다루어질 수 있다. 현대사회에서 필요로 하는 상식의 내용은 다음과 같다. 즉, 의식주, 보험·재테크, 보건·위생, 컴퓨터·인터넷, 건강 및 스트레스, 재활용, 정치·외교, 스포츠, 과학, 사회·환경, 생활과 법률, 문화·예술 및 여행 등이다.

4 유아교육기관에서의 부모교육 운영 전략

유아교육기관은 부모교육의 효과를 위하여 기관과 부모, 지역사회의 특성에 따라 적합한 부모교육 운영 전략을 세워야 한다. 여기서는 바람직한 부모교육의 운영을 돕기 위해서 기본 전략, 사회 변화에 따른 전략 및 부모의 참여율을 높이는 실천 전략을 살펴보고자 한다.

1) 기본 전략

(1) 확고한 신념 확립하기

유아교육기관 중심의 부모교육이 효과를 얻기 위해서는 원장이나 시설장의 부모교육에 대한 확고한 신념과 사명감 그리고 높은 실천력이 요구된다. 기관 운영에 대한 기관장의 교육철학과 부모교육에 대한 인식은 부모교육의 방향에 결정적인 영향을 미치기 때문에 그들의 교육철학과 부모교육에 대한 신념은 매우 중요하다. 현대사회 변화에 따라 요구되는 부모교육에 대한 인식과 부모교육의 효율화를 위해 전문적인 접근이 요구되고 있으며, 지속적인 관심과 열정을 갖고 실천하고자 노력하여야 할 것이다.

(2) 부모에게 정보 제공하기

유아교육기관에서는 학부모에게 자녀 및 영유아의 발달에 대한 정보를 수시로 전해주어야 하며, 유아교육기관에 대해 알 권리를 충족시켜 주어야 한다. 이를 위해 부모들이 요구하는 정보의 내용을 민감하게 조사하고 효과적인 방법을 사용하여 부모들에게 필요한 정보를 제공하여야 한다.

부모에게 정보를 제공하는 방법은 강연회, 참관 및 참여수업, 워크숍, 부모교육 훈련 프로그램, 소집단면담, 취미활동, 운영위원회 등과 같이 대·소집단 형태나 개인면담, 가정방문, 일일교사, 보조교사 등과 같이 개인별 만남 형태, 가정통신, 전화, 인터넷 홈페이지, 전자메일, 문자메시지, 뉴스레터, 교육회보, 소책자 등과 같이 시간과 장소에 제약이 없는 통신 형태가 있다.

(3) 부모로부터 정보 수집하기

교사는 영유아가 가정에서 실제로 어떠한 경험을 하는지 잘 알지 못하기 때문에 교사가 알고 있는 영유아의 모습은 제한적인 경우가 많다. 따라서 영유아와 관련되어 부모로부터 수집하는 정보를 통해 교사는 자신이 가르치고 있는 영유아와 그들의 가정을 보다 더 이해하게 됨으로써 영유아에게 적절한 학습 경험을 제공하고 부모와 효율적인 협력을 할 수 있으며 부모의 지원을 받을 수 있게 된다. 개인면담, 소집단면담, 가정방문, 인터넷의 게시판이나 상담코너, 부모와의 주기적인 연락장 주고받기, 입학 전 제출하는 자녀 신상기록, 가정용 관찰 체크리스트 등에 의해 정보 수집이 가능하다.

(4) 다양한 훈련 프로그램 제공하기

최근 우리나라에도 APT(Active Parenting Today), PET(Parents Effectiveness Training), STEP(Systematic Training for Effective Parenting) 등 다양한 부모교육 프로그램이 소개되고 있다. 이 프로그램들은 6~8주 정도 주 1회씩 지속적으로 15명 내외의 소집단 부모에게 준비된 교육자료를 활용하여 VTR 시청, 토의, 역할극 시범을 보이면서 부모역할에 대한 지식과 기술을 훈련하게 한다. 특히 이 프로그램들은 강연회 같은 단발성 교육에서 벗어나 체계적이고 실효성 있는 프로그램으로 자녀에 대한 이해는 물론 자녀와 상호작용하거나 의사소통하는 기술을 훈련시켜 부모-자녀 간 관계를 개선하거나 자녀들이 민주사회에서 살아가는 데 필요한 자질을 길러 주는 데 많은 도움이 되고 있다.

이런 프로그램들은 일정 기간 동안 지속적으로 참여해야 하므로 원장이나 시설장의 부모교육에 대한 확고한 의지가 요구되고, 모든 부모에게 실시하기 어렵기 때문에 학기 초에 부모들의 신청을 받은 후 영유아들의 보육 및 교육활동에 지장을 주지 않는 범위 내에서 실시 시기나 횟수, 시간, 장소 등에 관해 부모들과 협의를 거쳐 진행한다. 기관에서는 6~8주의 교육이 끝나면 기관이나 부모의 사정에 따라 다시 신청자를 받아 지속적으로 프로그램을 제공한다.

(5) 다양한 의사교환 방법 활용하기

유아교육기관과 부모 간의 의사교환에 대한 계획과 조직은 교사와 부모 간의 긴밀하고 우호적인 협력관계 정립에 효과적이므로 다양한 의사교환 방법을 활용하여야 한다. 의사교환은 일방적으로 이루어질 수도 있고 쌍방 간에 이루어질 수도 있다. 유아교육기관에서의 일방적인 의사교환 방법은 영유아를 교육하는 의도나 계획, 사건, 행사에 대해 부모에게 정보를 주는 것이다. 이 방법은 많은 유아교육기관이 사용해 오던 전통적인 방법으로 부모가 기관의 운영이 어떻게 이루어지는지는 알 수 있으나, 부모의 의견이나 요구를 반영하기는 어렵다. 반면, 부모가 적극적으로 반응하게 하고 진실한 대화를 할 수 있도록 고무하는 쌍방 간의 의사교환 방법은 부모의 의견이나 요구를 반영해 부모를 적극적으로 참여하게 하며, 부모 역시 존중받는다고 인식하고, 영유아를 중심에 두고 부모-기관, 부모-교사 간 신뢰와 협력을 하게 한다. 따라서 기관에서는 부모와 기관의 실정을 고려하여 쌍방 간 의사교환을 할 수 있는 부모교육 방법을 찾아 실행에 옮기고, 부모가 적극적으로 기관의 운영에 참여할 수 있도록 수용적인 태도를 가져야 한다. 또한 다양한 의사교환을 통하여 부모가 제시한 의견이나 요구를 적극 운영에 반영하여야 한다.

의사교환 방법으로는 면담, 전화상담, 운영위원회 참여, 통신, 교육활동 평가보고서, 부모회 등이 있다. 최근에는 시대의 흐름과 부모의 요구에 따라 홈페이지를 구축하여 장소, 시간 등의 제약 없이 부모에게 기관 소개, 운영방침 및 교사 소개, 인터넷 앨범을 통한 홍보적 기능, 교육과정, 학습활동, 자료실, 실시간 관찰 시스템을 이용한 교육적 기능 및 게시판, 사랑의 편지, 상담실, 이야기방 등을 통한 상호교류 기능을 활발히 활용함으로써 정보화 시대에 적합한 새로운 의사교환 방법으로 자리 잡아가고 있다.

(6) 프로그램에 부모 참여시키기

부모가 유아교육기관의 프로그램에 관심을 갖고 적극적으로 참여하는 것은 유아교육의 연계성, 지속성, 효율성에 크게 도움이 된다. 학급도우미 교사나 자원봉사, 운영위원회 참여, 특강 강사 등의 참여를 통해 부모는 자녀교육에 대한 동반자라는 인식과 자긍심을 갖고, 봉사의 가치를 인식하고 봉사정신을 기를 수 있다. 부모참여의 범위와 유형에 대해서는 학자마다 조금씩 견해 차이가 있다. Almy(1975)는 부모참여의 범위를 교육과정의 계획, 수행, 평가에 이르기까지 넓게 보고 있으며, Evans(1975)도 교육과정의 계획과 실천, 평가와 수정 등에 부모가 참여할 것을 강조한다. Schickendanz(1977) 역시 예산안 심의 및 교육과정 계획과 같은 학교 행정의 참여를 주장함으로써 부모의 교육전문가나 정책결정자로서의 권한을 강조하고 있다(양옥승, 1985). 최근에는 급변하는 가족구조와 맞벌이 가정, 장애영유아 가정 등 새로운 환경 변화를 고려한 부모참여 형태가 요구되며, 인터넷의 발달로 학부모가 부모교육에 참여할 수 있는 장이 더욱 넓어지고 있다.

(7) 부모교육에 대한 홍보하기

유아교육의 성공과 효과의 지속은 물론 유아교육기관의 위상과 이미지를 높이기 위해서도 부모교육을 적극 활용해야 한다. 부모교육을 아무리 잘 계획하더라도 영유아의 보호와 교육에 대한 의사결정 과정에서 일차적인 권리와 책임을 갖는 부모의 참여가 저조할 경우 그 효과를 기대할 수 없게 된다. 따라서 유아교육기관에서는 부모의 참여를 높이기 위해 노력해야 한다. 참여율을 높이려면 단순히 가정통신을 통해 부모교육을 알리는 것 이외에 다양한 전략을 활용하여 홍보하여야 한다.

2) 사회 변화에 따른 전략

현대 우리 사회의 가족들은 내·외적으로 감당하기 어려운 여러 가지 급속한 변화를 겪고 있다. 산업화, 도시화에 따른 급속한 변화와 더불어 전통적인 가족의 구조와 기능이 달라지고 부모역할 또한 변화하고 있다. 즉, 핵가족화와 출산율 저하에 따른 가족규모의 축소, 이혼율의 증가로 인한 가족해체의 가속화 및 재혼의 증가, 여성 취업의 증가 및 고령인구의 증가 등 가족과 관련된 많은 인구사회학적 변화들이 발생하고 있다. 여기에서는 가족구조의 변화에 따른 부모교육 전략, 여성의 사회진출 증가에 따른 부모교육 전략과 장애아 통합교육 강조에 따른 부모교육 전략을 살펴보고자 한다.

(1) 가족구조의 변화에 따른 부모교육 전략

핵가족화와 가족 수의 감소로 자녀교육과 양육에 대한 지식과 정보의 공급원이 없는 젊은 부모들과 다양한 가족구조로 인해 손자들을 부모 대신 양육하며 대리부모로서의 역할을 담당해야 하는 조부모들에게 도움을 주기 위한 전략이다.

① 주 1회 정기적으로 통신을 통하여 정보 제공하기

부부가 자녀양육의 책임을 지는 핵가족 부모에게 부모역할의 유능성을 높여 줄 각종 정보를 제공한다. 이를 위해 자녀양육 및 교육에 대한 지식과 정보를 정기적으로 제공하기 위한 연간계획을 수립하고, 주 1회씩 정보 제공을 한다고 부모에게 알린다. 부모교육은 특정한 행사만을 말하는 것이 아니며, 통신을 통해서도 부모교육이 연중 계속된다는 것을 인식시켜 기관에서 제공하는 각종 부모교육 정보를 올바르게 활용할 수 있도록 도와야 한다.

② 조부모역할에 대한 전문적 교육 및 참여 유도하기

여성의 사회적 진출 증가, 영유아 대리부모로서 조부모 선호현상 및 노후 자아실현이라는 측면에서 조부모는 영유아 자녀돌보기의 좋은 인적 자원이다. 그러나 젊은 부부는 육아에 대한 현대적인 지식을 습득하고 있고, 빠르게 변화하는 사회 속에서 조부모의 전통적인 육아 방법에 대해 자녀교육상 옳지 않으며, 나이가 들면서 모든 일에 지나치게 세심해지는 조부모의 태도가 자녀들의 자립심을 약화시키고 의존심만 조장하게 된다고 생각한다. 조부모도 손자녀를 돌보기 위한 경험적인 지식이 풍부하지만 사회가 변하였으므로 현대적 지식을 거부하지 말고 이를 수용하는 태도를 지녀야 한다.

따라서 조부모의 원만한 역할 수행, 문제해결, 손자녀의 건강한 성장·발달을 돕기 위해 조부모를 대상으로 한 교육이 개발·적용되어야 할 것이다. 조부모를 위한 강연회, 조부모 참여의 날, 가정방문, 안내지 등을 계획하여 손자녀를 돌보는 데 필요한 전문적인 정보와 기술을 제공하여야 한다. 또한 조부모가 가진 풍부한 인생 경험을 바탕으로 조부모가 들려주는 옛날이야기, 능력 있는 조부모를 활용한 영유아 특별활동 지도, 가족구성원의 정체감을 확립하고 조상과 집안 역사를 가르치며 가족 문화를 전수하는 역사가로서의 역할을 반영할 수 있는 조부모 참여 프로그램도 계획할 수 있다.

(2) 여성의 사회진출 증가에 따른 전략

사회 변화에 따라 계속 증가하고 있는 맞벌이 부부의 최대 고민이자 관심사는 바로 자녀양육이다. 핵가족하의 맞벌이 가정은 자녀양육에 있어 아내뿐만 아니라 남편의 참여가 요구되는 부부 공동의 역할이 강조되고 있다. 이를 위해 유아교육기관에서는 취업모와 함께 아버지를 위한 부모교육 프로그램을 계획·실시하여 부모가 적극적으로 참여하는 방안을 강구해야 하며, 그들의 부모역할 수행을 돕는 지원을 해야 한다. 다음은 맞벌이 가정 부모의 적극적인 참여와 역할 수행을 독려하기 위한 전략이다.

① 관심 있는 분야의 부모교육 내용 조사하기

시간 제약을 받는 취업모가 부모교육 참석 여부를 결정할 때 가장 많이 고려하는 점이 강의 및 토론 주제라는 점을 감안하여(이재옥, 2005) 사전에 관심 분야에 대한 욕구조사를 실시하여 그들의 욕구를 반영함으로써 적극적인 참여를 유도하여야 한다.

② 주 5일 근무제를 활용하여 토요일 오전이나 개방일을 통해 시행하기

맞벌이 부모의 경우 부모의 편의를 고려한 날짜와 시간 선정이 매우 중요하다. 사전조사를 통하여 가장 많이 선호하는 요일과 시간을 고려하여 시행하도록 한다. 최근에는 주 5일 근무제 시행으로 토요일 오전 시간의 활용이 가능하므로 토요일 오전이나 평일 퇴근 이후 참석할 수 있는 저녁시간에 프로그램을 시행할 수 있다. 참관 및 참여수업의 경우 주 중의 하루를 개방일(open house)로 정하여 시간을 제한하지 않고 부모가 원하는 시간에 언제든지 자녀와 참석할 수 있도록 계획할 수 있다.

③ 시간, 장소의 제약 없이 부모교육의 기회를 골고루 제공하기

취업모는 직장으로 인해 시간이 부족하면서도 자녀에 대한 관심이 높기 때문에 부모교육에 참여하려 노력하나 여의치 않은 실정이다. 취업모의 여건이나 상황을 배려하여 시간과 장소의 제약 없이 취업모라는 구체적 집단을 위한 부모교육 프로그램과 서비스를 개발하고 보급하여야 한다. 21세기 정보화 시대에 인터넷이 활성화되고 있으므로 유아교육기관의 홈페이지를 이용하여 그들이 필요로 하는 정보를 시간과 장소에 제약받지 않고 제공해야 하겠다. 일방적인 정보 제공보다는 부모를 대상으로 설문조사를 주기적으로 실시하여 그들의 요구에 따른 내용을 선정하도록 한다. 교사와 학부모 간의 소집단 토의, 워크숍, 토론 등이 화상채팅을 통해 가능할 수 있다면 더욱 활발한 부모-교사 간 상호교류의 장으로 활발히 활용될 수 있을 것이다.

④ 가족이 함께 참여할 수 있는 프로그램을 개발하기

주 5일 근무제가 실시되면서 가정에서는 새로 생긴 휴일에 가족과 함께하는 시간을 가지고자 한다. 이러한 사회 변화에 맞추어 부모-자녀 간의 관계 개선을 도모할 수 있는 휴일 활용의 가족활동을 계획하고 제공한다. 평상시 자녀와 같이 있는 시간이 부족한 맞벌이 가정에게 가족 캠프, 가족 등산, 가족 체험 프로그램, 운동회 등과 같이 온 가족이 가정에서 경험하기 어려운 프로그램을 경험하게 할 수 있다. 또한 수시로 공공기관이나 문화센터에서 제시하는 가족을 위한 프로그램이나 부모역할 훈련 프로그램 등에 대한 안내를 해 준다.

⑤ 아버지에게 집단 부모교육, 자원봉사 등의 참여 기회 제공하기

아버지는 어머니 못지않게 자녀에 대하여 애정을 지니고 있으며 자녀의 성장과 발달에 영향을 미치는 존재이므로 역할 수행을 지원하는 프로그램은 자녀에 대한 이해 및 양육실제의 질적 수준을 높이는 데 큰 역할을 한다. 자녀양육이 부부의 공동역할로 부각되고 있는 현대사회에서 아버지로서의 적극적인 역할 수행에 도움이 될 수 있도록 아버지를 대상으로 하는 강연회, 아버지 참여수업, 전문인으로서 특별 자원봉사를 할 수 있는 프로그램 등 다양한 부모교육 프로그램을 활성화하여야 한다.

(3) 장애영유아 통합교육 강조에 따른 전략

최근 국가적인 차원에서 유아교육기관에서의 장애영유아 통합교육이 강조되고 있다. 유아교육기관에서의 통합교육은 특수한 요구를 가진 유아가 일반 유아와 같이 활동하며 학습할 수 있도록 그들을 유아교육기관의 일반 학급에 배치하고 그들에게 알맞게 일반적인 교육과정을 조정하여 운영하는 교육이다(김승국, 1999). 유아교육기관에서는 이러한 통합교육의 강조에 따라 일반영유아의 부모와 장애영유아의 부모에게 각각 그리고 함께 관련된 내용의 이해를 위한 부모교육을 실시하여야 한다. 장애영유아 통합교육 강조에 따른 전략을 살펴보면 다음과 같다.

① 일반영유아의 부모에게 장애영유아 통합교육 이해시키기

일반영유아의 부모에게 입학 전 상담부터 장애영유아 통합반을 운영하는 통합교육 실시 기관임을 알려야 한다. 또한 입학 후에도 장애영유아 통합교육의 연령, 통합교육의 의의, 통합교육 방법 등에 대하여 부모교육을 통하여 이해시킴으로써 일반영유아의 부모로 하여금 협력과 지원을 할 수 있도록 노력해야 한다.

② 장애의 유형에 따른 특성 및 교육 정보 제공하기

장애영유아 부모에게 입학 전 상담부터 자녀의 장애 특성과 기관에서 실시되는 장애영유아 통합교육의 내용을 구체적으로 제시하여 각 부모가 필요로 하는 교육내용과 환경을 적절히 선택할 수 있도록 정보를 제공해야 한다. 영유아의 성장을 저해하는 부모의 감정이나 태도를 극복하는 방법, 자녀의 발달을 도모할 수 있는 정보와 그러한 정보를 적용하는 방법, 장애영유아와의 효과적인 의사소통 방법 등이 포함된다(이용교 외, 2000).

③ 상담 및 활동에 가족을 함께 참여시키기

가족 기능의 활성화를 돕기 위해 어머니와 함께 아버지도 자녀의 현 상태에 대한 정보와 자녀의 발달을 도와줄 수 있는 정보를 제공받을 수 있도록 부모상담에 함께 참여시킨다. 또한 장애영유아로 인한 가족들의 심리적 갈등을 해결하기 위한 가족참여 프로그램의 운영이 요구된다.

④ 학급에서 직접 자녀 관찰하기

교실에서 직접 자녀를 관찰하고 참여해 보는 기회를 통해 부모들은 영유아와 함께 하는 교사의 교육내용이나 행동지도방법과 장애 자녀의 기능과 능력에 대한 직접적 지식을 접하게 된다. 예를 들면, 부모가 매주 1시간 동안 학급을 방문하여 자녀의 활동을 관찰할 수 있는 기회를 갖고 이를 통해 교사들의 행동지도기법의 사용에 대해 설명을 들을 수 있다면, 부모는 자녀의 상태를 더 잘 알 수 있게 되고 자녀지도에 대한 실질적인 적용방법을 습득할 수 있어 효과적일 것이다.

⑤ 기관의 활동과 연계되는 추후활동 제공하기

유아교육기관에서의 장애영유아 교육활동을 가정에서도 계속해서 실시할 수 있도록 추후활동을 제공한다.

⑥ 유사한 장애영유아를 양육하고 있는 다른 부모들과의 모임 주선하기

장애영유아 부모들이 느끼는 감정에 대해 동감할 수 있고 서로 간에 의논할 수 있으며 우정을 나눌 수 있는 모임을 마련해 주어야 한다. 이러한 모임을 통해 정보를 나누며 장애영유아 가정에서 겪는 고충이 자신만의 문제가 아니라는 것을 공감하며 공동체 의식을 조장하여 부모들의 죄책감과 소외감을 줄이는 효과를 거둘 수 있다.

3) 부모의 참여율을 높이기 위한 실천 전략

(1) 계획단계에서부터 부모 참여시키기

유아교육기관 중심의 부모교육을 실시함에 있어 부모의 낮은 참여율과 중간 탈락률은 기관에서 실시되는 부모교육 프로그램 운영에 있어 어려운 점으로 지적되고 있다. Foster(1994)는 부모참여의 성공에는 계획단계도 중요하기 때문에 준비단계에서부터 부모들의 참여를 이끄는 것을 강조하고 있다. 처음부터 참여하게 될 때 부모들은 자신이 손님이 아닌 주인으로 인식하게 되며 참여가 더 잘 이루어진다고 하였다. 부모의 참여를 유도하기 위해 계획하고 진행하는 매 단계에서 부모의 욕구와 프로그램이 서로 조화를 이루는지 검토해야 한다. 이는 부모가 기대하는 것을 프로그램에서 얻지 못하거나 기대한 변화와 진전이 없을 경우 좌절하여 포기하기 쉽기 때문이다.

(2) 지속적인 홍보하기

부모교육을 위한 홍보는 대부분 통신문을 통해 알리는 방법을 사용한다. 그러나 통신문의 형식에서 벗어나 때로는 영유아가 그린 그림을 이용하여 제작한 초청장의 형식이나 자녀가 그림을 그리고 글을 써서 만든 초청장을 보내 부모가 더욱 관심을 갖게 하는 홍보방법이 있다. 또한 2~3회의 통신문을 발송하고 당일에 휴대전화 문자서비스를 보내거나 영유아의 개별적인 전달사항을 위해 전화 접촉이 이루어질 때 다시 한번 모임에 대한 안내와 참여를 독려하거나, 유아교육기관의 홈페이지, 부모의 메일 등을 통해 적극적인 홍보를 해야 한다. 아울러 참여에 영향을 미치는 요인을 파악한 후 해결방안을 마련하여 홍보해 주어야 한다. 예를 들면, 불참 요인 중 하나인 어린 자녀를 위한 별도의 공간과 프로그램을 안내하고 부모참여의 저해요인을 최대한 해결하려는 노력을 보임으로써 부모들이 더 호응할 수 있도록 노력한다.

(3) 프로그램 시작 전·후 시간 운영하기

유아교육기관을 방문하는 것에 부담을 가지고 참석하는 부모들을 위해 무거운 심리적 압박 대신 즐기고 그 속에 몰입하게 하여 긴상을 풀고 학습에 임하도록 돕는 것이 효과적일 것이다. 따라서 프로그램을 시작하기 전 영유아들이 배우는 노래 부르기, 가요를 자녀교육 관련 내용으로 개사하여 부르기, 간단한 게임이나 퀴스, 레크리에이션의 오락적인 요소가 가미되면 편안한 분위기가 조성되어 긴장을 풀도록 배려할 수 있다.

Powell(1990)은 프로그램 진행 효과에 긍정적 영향을 주는 요인으로 사적인 대화를 나누는 시간을 제안하였다. 즉, 프로그램 중간의 휴식시간 또는 프로그램 후의 간식시간 등에 참석자들이 사적인 이야기를 나누는 시간을 마련하여 친해질 수 있는 기회를 제공한다면 이후 모임이 거듭될수록 공감대가 형성되어 프로그램의 목표를 달성하는 데 유익할 수 있다.

(4) 다양한 교수 - 학습 전략과 매체 사용하기

부모교육 프로그램의 목적과 내용에 따라 다양한 교수-학습 전략과 매체가 적절히 사용되어야 한다. 보통 강의나 집단 토론 등의 교수-학습 방법을 사용하고 있으나 보다 효율적인 부모교육을 위해 대상 및 내용에 따라 강의와 토론, 역할놀이, 워크숍, 관찰 및 현장학습 등의 효과적인 방법을 총체적으로 활용하고, 적절한 시간 계획을 하여야 한다. 또한 진행과정 중에 참여자의 관심과 주의를 지속적으로 유지하기 위해 다양한 교수매체를 사용하는 것이 효과적이다. 즉, 빔프로젝터, 오디오, 비디오, 그림, 실물, OHP 등 학습내용 및 물리적 환경에 따라 적절한 매체를 선정하여 사용한다.

(5) 자녀들의 학습 결과물이나 검사결과를 부모교육과 연결하기

부모들은 자녀의 능력이나 발달에 대한 관심이 많다. 이러한 특성을 이용하여 자녀들의 학습 결과물들을 반별로 전시하고 부모 모임이 시작되기 전이나 모임이 끝난 후에 돌아볼 수 있도록 준비한다. 또한 창의성이나 지능 검사, 학습준비도 검사 등을 실시하고 결과에 대한 면담을 계획하면서 관련 주제에 대한 강연회를 계획할 수도 있다.

(6) 프로그램 실행 후 평가하기

부모를 위한 프로그램이 진행된 이후 관련 질의 응답시간을 포함하여 참여자들이 프로그램을 평가하는 시간을 갖도록 한다. 평가결과를 통해 프로그램의 목표가 달성되었는지와 진행에 대한 개선점 등을 평가하고 다음 모임에 반영하여 더 향상된 프로그램이 진행되도록 한다. 평가내용으로는 결과와 과정에 대한 평가가 이루어질 수 있는데, 참석한 부모 외에 프로그램의 계획자, 진행자, 외부인사, 기관장 등 다양한 관점에서의 평가를 통해 더욱 효과적이며 공정한 평가가 이루어질 수 있도록 한다. 프로그램 참여율에 대한 평가로 출석률, 지각률, 중간에 간 사람의 수 등은 공식적인 기록을 통해 할 수 있다. 프로그램 내용 및 방법에 대한 형식적인 평가는 체크리스트나 주관식 질문지 그리고 비형식적인 평가는 관찰, 대화, 면담 등의 방법을 활용한다. 평가 시기는 연간 부모교육 계획에 대한 평가는 1년이 끝난 이후 실시하고, 개별 프로그램에 대한 평가는 각 프로그램이 끝난 직후 실시한다(김희진, 2006).

(7) 결석한 부모에게 관심 가지기

부모 모임이 끝나고 결석한 부모에게 가정통신을 통하여 프로그램의 내용과 참여부모의 반응을 알려 주거나, 프로그램에서 나누어 준 자료를 가정으로 보내 주거나, 참여했던 부모들이 인터넷 자유게시판에 참여 소감을 게시하게 하는 등 결석한 것에 대해 아쉬움을 느끼도록 하면 다음에 참여하고자 하는 마음을 갖게 할 수 있다.

5 유아교육기관에서의 부모교육 운영 계획

유치원의 경우 1~3년간, 어린이집의 경우 1~7년간 한 기관에서 보내게 된다. 따라서 그 부모들을 위하여 유아교육기관은 부모교육 운영에 대한 장·단기 목표를 설정하고 그에 따른 구체적인 실천방안을 마련하여 단계적이고 일관성 있게 추진될 수 있도록 연간 부모교육 운영 계획을 수립하여야 한다. 여기서는 연간 부모교육 계획을 수립하고자 할 때 고려해야 할 사항과 연간 부모교육 운영 계획 사례를 살펴보고자 한다.

1) 연간 부모교육 계획 수립 시 고려할 사항

연간 부모교육을 계획하고 실행하고자 할 때 앞서 제시한 기본적인 전략을 충분히 반영하되 다음의 사항을 고려한다.

- 교육내용(주제), 교육대상, 교육유형, 실시 시기 등을 계획한다.
- 부모교육 계획은 유아교육기관 전체 운영 계획의 한 부분으로 영유아의 교육과정에 도움을 줄 수 있는 방향으로 수립한다.
- 유아교육기관의 사정과 부모의 요구, 지역사회의 특수성을 고려하여 실천 가능성이 높은 구체적이고 쉬운 일부터 시작하여 점차 교육의 폭을 확대해 나간다.
- 부모교육 활동은 부모들의 가정생활에 피해를 주거나 경제적인 부담을 주지 않는 범위에서 계획한다.
- 부모교육 활동의 시기 및 시간은 영유아의 학습활동에 지장을 주지 않는 범위 내에서 계획하고, 부모의 참여를 높일 수 있도록 지역이나 부모의 실정에 맞추어 계

획한다. 초등학교 행사와 겹치는 시기 등은 피하는 것이 좋다.

- 유아교육 전문가나 지역사회 인사들을 초빙하거나 협조를 받는 것이 바람직하다.
- 부모의 흥미, 욕구 및 성장에 도움이 될 수 있는 것을 포함하여 부모 스스로 흥미와 관심을 갖고 참여하도록 계획한다.

2) 연간 부모교육 계획 사례

다음은 유아교육기관에서 계획하여 실시하고 있는 연간 부모교육 계획안의 사례이다.

〈표 9-1〉 **연간 부모교육 계획안의 예**

기관명	유형	내용
이화여자 대학교 부속 유치원	부모교육 및 수업참관	•매월 수업을 관찰할 수 있는 기회 제공 및 자녀교육에 도움이 될 수 있는 내용의 강연회를 통한 교육의 연계 강화
	참여 프로그램	•자녀와 함께 직접 참여하여 일과를 보내는 참여 프로그램(할아버지·할머니 초청일, 아버지 참여, 어머니 참여)
	조력활동	•교실활동 돕기, 강의, 바느질, 유아도서 번역 등
	상담	•학년 초 집단상담과 학년 말 개인상담, 수시상담
홍익대학교 부속 유치원	오리엔테이션	•신학년도 입학일로부터 1주일 전 실시 - 원의 교육이념 및 목표, 연혁, 운영방침, 연중행사, 하루 일과, 교사 및 직원, 실내·외 환경 소개 - 유치원 생활을 위한 안내, 질의응답 및 건의사항
	특강	•학기별 1회 이상 실시 - 유아기 자녀교육 관련 전문가 강의 - 유아 및 부모 관련 심리상담 전문가 강의 - 건강, 취미, 미용 등 생활 관련 전문가 강의
	자원봉사	•학기별, 행사별로 모집하여 훈련을 통해 활동 - 유치원 행사에 보조교사로 자원봉사 - 전문인으로서 교육 프로그램을 주관하는 자원봉사 - '학부모 급식위원' 자원봉사
	참여수업	•아버지 참여수업, 어머니 참여수업 •운동회
	상담	•개인상담: 학기 초 •집단상담: 2학기 후반
	학부모 인형극 공연	•2학기(12월 초)

기관명	유형	내용
신구대학교 부속 유치원	오리엔테이션	• 신입학부모 오리엔테이션 • 재원학부모 오리엔테이션
	강연회 및 워크숍	• 아버지 대상 강연회(연 1회) • 어머니 대상 강연회(연 2회) • 어머니 대상 워크숍(연 1회)
	참여수업	• 아버지 참여수업, 어머니 참여수업(연 1회) • 가족 참여수업(연 1회, 신구대학교 식물원) • 종일반 가족 참여수업(연 1회) • 운동회 • 콘서트
	상담	• 개인상담: 3월, 11월
	참관수업	• 겨울축제
	도서발간	• 「신구동산」 발간(연 1회)
연세대학교 어린이 생활지도 연구원	부모통신 운영안내 소책자	• 아동발달에 대한 정보와 지식 제공 - 부모통신: 학사일정 및 교육행사에 관한 내용 - 운영안내: 교육 프로그램과 운영방침에 대한 소책자 - 부모게시판: 프로그램 전달, 간식식단, 양육 관련 자료 - 소책자: 부모의 관심 분야 중심의 내용을 다룬 간행물
	아동관찰	• 주 1회 관찰 또는 필요에 따라 수시 관찰
	부모교육	• 한 학기 1~2회 실시 - 오리엔테이션 및 운영안내 - 강연회: 부모들의 관심 주제로 전문 강사 초빙 - 워크숍: 놀잇감 제작과 활용 - 부모 효율성 훈련(PET)
	상담	• 개인 상담: 한 학기 1~2회 • 부모 간담회: 한 학기에 1~2회 대·소집단 간담회
	자원봉사	• 특별 행사와 정기적인 행사별 자원봉사자 모집 - 특별 자원봉사: 특별 자원 활용을 통해 교육적 도움받음 - 어린이 도서실 사서 - 인형 제작 및 인형극 공연 - 부모 직장 개방 - 교실 내 활동 보조
	참여수업	• 가족 참여수업, 아버지 참여수업, 어머니 참여수업

기관명	유형	내용
곡교 어린이집	오리엔테이션	•입소 직후 실시 -어린이집 운영 및 교육 안내
	부모교육	•연 2회 실시
	상담	•연 2회
	Open House	•학부모 및 지역사회 주민대상
	소식지	•「소식지」 발간(연 2회)
	자원봉사활동	•다양한 형태의 부모자원봉사활동 실시
	참여 프로그램	•가족 참여 프로그램 •현장학습, 축제

출처: 이화여자대학교 부속유치원 홈페이지(http://www.ewha-kids.com); 홍익대학교 부속유치원 홈페이지(http://hiuk.kg.kr); 신구대학교 부속유치원 홈페이지(http://kinder.shingu.ac.kr); 연세대학교 어린이생활지도연구원 홈페이지(http://cdri.x-y.net/v2); 곡교어린이집 홈페이지(http://www.gokgyo.co.kr).

Chapter 10

특별한 욕구를 지닌 영유아의 부모 지원과 교육

유아교육현장에는 2007년 5월 개정 통과된 「장애인 등에 대한 특수교육법」에 의해 무상교육과 의무교육의 대상이 된 장애영유아와 함께 일시적인 부적응 행동을 보이는 영유아 등, 특별한 욕구를 지닌 영유아들이 일반영유아들과 함께 생활하고 있다. 이들의 장애별 특징과 부적응 행동, 가족의 어려움과 반응에 대해 알아보고 특별한 욕구를 지닌 영유아의 부모가 유아교육기관에 대해 가지는 기대와 욕구를 영유아의 적응, 교육 및 부모에 대한 지원 측면에서 살펴본다. 또한 이러한 요구와 기대에 따라 부모를 지원하고 교육하기 위하여 유아교육기관에서는 어떠한 노력이 필요하며 부모교육 프로그램은 어떻게 실시할 수 있는지에 대하여 알아보고자 한다.

Parent Education

1 특별한 욕구를 지닌 영유아와 가족 이해

1) 특별한 욕구를 지닌 영유아

최근 유아교육현장에는 조기 인지교육의 과열, 영아기부터 시작되는 집단생활로 인한 정서적 안정 결여, 소수 자녀에 대한 과잉기대 및 익애, 경쟁 사회에서의 성공과 물질 중심 가치관 및 장애아 통합교육의 추세 등으로 인해 일시적인 부적응 행동 또는 문제 행동을 보이는 영유아부터 발달이 지체된 영유아와 이미 진단된 장애를 지닌 영유아까지 다양하게 포함되어 있다.

특별한 욕구를 지닌 영유아란 일시적인 부적응 행동 또는 문제 행동 및 발달 문제로 일반적인 경우와 달리 그 지도나 교육과 관련하여 특별한 관심이 필요한 영유아들을 말한다. 발달지체를 보이거나 특정 장애가 있는 영유아 등 발달이상을 보이는 영유아가 전형적인 경우이다. 여기에서는 영유아의 발달적 특징을 고려하여 일시적인 발달 및 적응상의 어려움으로 문제 행동 또는 부적응 행동을 보이는 영유아를 포함하는 의미로 사용하고자 한다.

(1) 발달지체 및 장애유아

① 개념 정의

발달지체(developmental delays)란 발달에 있어서의 일탈적 특성이나 지체를 의미하는데, 신체, 인지, 의사소통, 사회정서, 적응 행동 중 하나 이상의 발달이 생활연령에 비해 1~2년 이상 뒤쳐진 발달 수준 또는 생활연령의 평균 발달치로부터 1.5~2 표준편차 이상 늦은 발달을 보이는 경우로서, 「장애인 등에 대한 특수교육법」에 의하면 영유아 및 9세 미만에 한정하여 사용하는 용어이다. 이미 형성된 어떤 유형의 장애를 지닌 영유아들은 장애영유아(young children with disabilities)라 부른다.

영유아기는 발달적 변화가 많은 시기이므로 감각장애(시각, 청각)나 지체장애(뇌성마비), 뇌손상 등 조기진단이 가능한 장애를 제외하고는 장애 표찰(labeling)의 부정적 영향을 고려하여 발달지체 영유아로 부르는 것이 바람직한 것으로 인식되고 있다. 이러한 맥락에서 영유아기에는 장애라는 표현보다는 발달이상, 즉 정상적 발달에서 벗어난 발달이라는 표현을 더 선호하는 학자들도 있다. 그러므로 발달지체 영유아들은 특정 장애나 식별된 문제를 지니기도 한다.

② 장애별 특징 이해

영유아기의 발달지체는 감각장애나 학령기 이후 진단되는 특정 장애와 연결될 수 있기 때문에 장애 범주별 이해가 필요하다. 여기에서는 영유아기에도 흔히 발견되는 주요 장애에 대하여 간단히 그 특징(이소현, 2004; 김춘경 외, 2002; 정대영, 2016)과 함께 발달적, 행동적 문제를 살펴본다.

가. 청각장애

청각장애는 시각장애와 함께 감각장애이다. 청각장애도 농(deaf)과 난청으로 구분하여 90데시벨(dB) 이상의 청력 손실을 농이라 한다. 청력 손상 시기에 따라 선천성(언어 전)과 후천성(언어 후) 농으로 분류된다. 난청은 청력 손실이 심각하여 의미 있는 음의 전달에 한계가 있으나 보청기 사용 여부와 무관하게 잔존청력을 사용하여 의사소통을 할 수 있는 상태를 말한다. 농과 10~15데시벨(dB)까지의 정상 청력 사이에는 총 7단계의 청각장애 단계가 포함된다.

청각장애아는 잔존청력 정도에 따라 수화체계나 구화체계를 사용하는 방법을 배울 수 있으나, 일반적인 언어소통 수단에 의해 충분한 의사소통을 하지 못하므로 사회적 관계, 지적 발달 및 학업 성취에 어려움을 겪게 된다. 상대의 의사소통 시도와 내용을 잘 파악하지 못하며, 특히 등 뒤에서 부르는 소리는 더욱 인식하기 어렵다. 다른 사람과 대화할 때 비일상적인 큰 소리로 말하여 상대에게 시끄러운 느낌을 준다.

나. 시각장애

시각장애는 시력장애와 시야결손장애로 구분되는데, 전자는 모든 시력 교정법을 이용하여 교정된 시력을 기준으로 하고 후자는 시각로가 차단되어 볼 수 없게 되는 경우를 말한다. 정상시력은 20/20이며 교정시력이 20/200 이하이거나 시야가 20 미만인 경우 맹이라 한다. 정상인이 200피트에서 볼 수 있는 것을 20피트에서 볼 수 있고 주변

시력이 약해서 시야가 20°인 것을 말한다. 시각장애는 주로 성인에게 많이 나타나므로 영유아기에 출현하는 장애로는 가장 낮은 출현율을 보인다.

시각장애아는 운동성 발달, 호기심 발달, 인지적 발달이 지체되며 특히 선천성이거나 영아기에 발병 시 개념 형성에 큰 지장이 있다. 또한 자신이 경험하는 모든 세부적인 일을 불완전하게 인식하므로 구어로 자신을 표현하는 데 특히 어려움을 겪는다. 사회적 자극을 잘 인식할 수 없으며 동기가 부족하여 또래의 행동을 관찰하고 모방하기 어려우므로 집단에서 눈에 띄는 행동을 하고, 자신을 볼 수 없어 자아에 대한 왜곡된 태도를 형성하게 되어 사회적 발달에도 부정적인 영향을 준다.

다. 지체장애

신경계 이상과 근골격계 이상으로 인한 장애 및 선천적 기형으로 분류된다. 신경계 이상으로 뇌성마비와 간질이 있고, 근골격계 이상에는 소아 류머티즘 관절염과 진행성 근육위축증 등이 있다. 선천적 기형으로는 골반 탈구와 이분척추 등이 포함된다. 이들은 이동성에 어려움이 있고 정상적인 운동발달을 이루기 어렵다. 그러나 지체장애아들 중 신체 능력에만 결함이 있는 경우 인지 능력이 평균 이상인 경우도 있다.

지체장애아들은 수술이나 입원 등으로 결석이 잦기 때문에 정상 지능에도 불구하고 학업은 뒤처지는 경우가 많다. 성장기에 장애로 인해 정서적 어려움을 겪거나 타인에게 신체적으로 많이 의존하면서 학습된 무력감을 느끼기도 한다. 또한 구강 주변의 근육 조절과 협응에 문제가 있으면 언어발달에도 결함이 생길 수 있다. 여러 가지 장애 중 또래들이 가장 쉽게 인지하게 되는 장애 유형이므로 장애 표찰의 부정적인 결과를 가장 많이 경험할 수 있다.

라. 지적장애

영유아들에게 사용하기에 부적절한 표현이지만 영유아기 이후 정신지체로 판별되는 경우가 있으므로 이해가 필요하다. 평균 이하의 지적 기능과 함께 적응 행동상의 장애가 동시에 나타나야 정신지체로 진단된다. 지적장애는 18세 이전에 시작되어야 하며 지능지수에 의하여 그 정도를 경도, 중등도, 중도 및 최중도의 4단계로 나눈다.

느린 학습 속도에 의하여 발달 성취가 매우 느리며 정상적인 발달 기술의 습득이 지체된다. 연령이 증가할수록 발달이 지체되는 정도는 커진다. 학습과정에도 영향을 주어 주의집중, 기억력, 언어발달 등의 결함과 함께 결과적으로 낮은 학습동기 문제를 초래하여 학습된 무력감을 경험하게 된다. 모방학습, 우발학습의 능력도 부족하므로 아주 단순한 것도 직접적이고 세부적이며 단계적인 교수 및 반복 지도가 필요하다. 대부분의 상황에서 반응 속도가 늦어 또래와의 놀이와 집단생활에서 소외되기 쉬우므로 사회적 관계를 통한 정서교류와 사회성 발달의 성취에도 어려움이 있다.

마. 의사소통장애

언어장애(language disorder)와 말장애(speech disorder)가 있는데, 언어장애는 말장애보다 현재 더 많은 관심을 받고 있다. 언어는 내용의 형성과 해석 모두와 관련되므로 듣기와 말하기, 읽기와 쓰기, 기술적 대화 및 사회적 상호작용에 모두 영향을 주기 때문이다. 말/언어장애는 영유아들이 가장 흔하게 조기교육 서비스를 받게 되는 장애이다.

영유아기에 의사소통장애가 있으면 어휘습득 속도가 늦고 어휘가 다양하지 못하고 제한되며 음운론 발달이 느리고 문법적 오류를 범하는 일이 잦다. 구문의 길이와 복잡성이 제한되고 동사와 명사 사용이 부정확하다. 적절한 의사소통 체계의 결여로 표현력이 제한되어 자주 의사소통에 실패함으로써 원만한 사회적 상호작용에 방해를 받고 부정적 자아개념이 형성되기 쉽다. 의사소통장애는 인지학습에 필요한 기술 습득에 방해가 된다. 이로 인해 낮은 학업 관련 자존감을 형성하게 되고, 부정적인 학습 경험으로 분노와 좌절감을 느끼거나 위축되기도 한다.

바. 자폐스펙트럼장애

자폐스펙트럼장애는 「특수교육법」(2007)의 개정으로 정서행동장애 영역에서 독립되어 장애영역으로 분리되었다. 이 장애는 유사한 하위 유형의 장애들을 포함하는 장애군으로 자폐스펙트럼장애, 아동기 붕괴성 장애, 아스퍼거장애, 달리 분류되지 않는 전반적 발달장애를 포함하나 구체적인 하위 장애를 분류하지는 않는다.

자폐스펙트럼장애의 가장 핵심적 병리증상은 의사소통과 언어 결함 및 사회적 상호작용이 심각하게 결여되는 것이다. 이 장애를 지닌 아동의 절반 정도가 말을 하지 않는데, 2살이 넘도록 원하는 것을 행동이나 몸짓으로 표현한다. 소리를 내더라도 반향어를 사용하며 억양, 장단, 강세 없이 기계적으로 표현하며 화용론적 측면의 결함을 보인다. 눈 맞춤이 없고 타인의 정서 상태를 지각하거나 자기 정서표현 및 공동의 관심 결여 등, 초기 사회적 의사소통 기술 결함으로 다른 사람과의 관계형성이 어렵다. 동일함에 대한 집착으로 같은 행동을 반복하거나 특정 사물에 아주 제한된 관심을 가지며 환경의 변화를 매우 싫어한다. 고차적 사고체계의 결함으로 정보를 과거 경험과 연결 짓지 못하며 추상적인 사고가 어렵고 자극을 부호화, 체계화하는 능력에도 결함을 가진다. 이들은 공통적으로 발달이 고르지 못하고 소수의 경우는 단편적인 기술을 지니기도 한다. 감각자극에 대한 과잉반응 또는 과소반응을 보이며 몸 비꼬기, 흔들기, 손 때리기 등 같은 행동을 반복하는 상동행동을 할 수 있다. 자폐스펙트럼장애의 특성은 영유아에 따라 또는 동일한 영유아에게서도 시간이 지남에 따라 다양하게 나타난다.

사. 정서행동장애

정서행동장애는 사회장애, 정서장애 및 행동장애 등으로 분류될 수 있다. 사회 및 불안장애는 애착, 분리 및 사회적 상황과 관련된 문제, 정서장애는 기분장애 그리고 행동장애는 분열적 행동에 초점을 맞춘다. 정서행동문제와 장애의 구분 기준은 분열적 행동의 수준과 기간이다. 다음에서는 이 장애 유형에 포함되는 유아기 출현 장애 유형과 특징을 살펴본다.

• 주의력결핍과잉행동장애(ADHD)

특정 과제에 주의 집중하는 능력에 결함이 있어 산만하고 과잉행동이 초래된다. 우리나라에서 2015년에 실시된 서울시와 서울대 병원 소아정신과의 역학조사 결과 유병률이 6~8%로 나타났다. 2014년 미국 소아정신과학회 통계에 따르면, 평균 학령기 소아의 ADHD 유병률은 약 3~8%이며 남아가 여아에 비해 3배 정도 높다. 남아의 경우 높은 활동성에 의해 긍정적인 행동으로 잘못 이해되기도 하여 조기진단이 어려우며 대개 초등학교 진학 후에 집단생활의 부적응으로 인해 발견된다.

지시에 귀 기울이지 않고 산만하며, 잘 잊어버리며 과제를 완성하기 어렵고 구조적인 활동에 참여하기 어려우므로 수업 중에 돌아다니거나 멍하게 백일몽을 꾸는 행동이 교사와 부모의 주 호소이다. 간혹 자신이 좋아하는 일에는 주의를 집중하지만 그렇지 않은 일에는 집중이 매우 어렵다. 충동성이 높아 너무 빨리 또는 너무 자주 반응하고 차례를 기다리기가 매우 어렵고 만족 지연도 어렵다. 학습문제와 사회적 관계에서의 어려움은 무능감, 좌절감, 낮은 자아존중감 및 고립감으로 이어져서 이후 우울증이나 반항성장애, 품행장애, 불안장애와 같은 장애를 수반하기 쉽다.

- 반항성장애

권위에 대한 도전, 거부, 불복종 또는 적대적 행동과 관련된다. 반항성장애는 8살 이전에 나타나는데 낯선 대상과 있을 때는 잘 발견되지 않을 수도 있다. 외동아이가 많은 사회에서는 익애와 과잉보호의 결과로 잘못 해석되기도 한다.

버럭 화를 내거나 누구에게든 말대꾸를 하며 규칙을 따르지 않고 고의적으로 남을 귀찮게 하며 신경질을 잘 내고 원망과 앙심을 품기도 한다. 고집이 세고 양보나 타협이 잘 안 되는 영유아로 평가되며, 어른이 매우 위협적일 때는 못 들은 척하거나 꾸물거리고 무관심한 척하는 수동적인 형태의 거부를 보이기도 한다.

- 품행장애

5~6세경에도 나타날 수 있으나 주로 학령 후기에 많이 나타나는 장애로, 신체적 또는 언어적으로 타인을 공격하거나 재산을 파괴함으로써 규범을 위반하는 것이 특징이다. 여아보다 남아에게 더 많이 나타난다. 공격 행동, 욕설 및 침 뱉기 등의 반사회적 행동과 사회적 기술의 결여로 따돌림을 당하는 경우가 많다.

- 반응성애착장애

자폐스펙트럼장애 아동과 유사한 행동 특징을 보이는데, 자폐성장애가 선천적 뇌기능 손상 또는 최근에 주장되는 유전자 결함 때문이라면 반응성애착장애는 부적절한 양육환경이 문제이다. 양육과정에서 양육자의 애정 부족, 무관심 및 잦은 양육자 교체 등에 의해 애착 발달에 심각한 일탈을 보인다. 언어, 인지, 정서 및 사회성 발달에 걸쳐 다양한 지체를 보일 수 있다.

- 분리불안장애/학교공포증

영유아들에게서 많이 발견되는 것으로, 3세 이후에도 1세경에 많이 보이는 분리불안이 지속되면 분리불안장애로 진단된다. 애착문제 등과 함께 영유아들이 너무 이른 시기부터 부모와 떨어져 장시간 유아교육기관에서 생활하게 되는 육아환경은 주요 위험요인이 된다. 유치원이나 어린이집 또는 학교에 가지 않으려 하고, 이를 말로 표현하기보다는 복통과 두통 등 신체화 증상을 호소하거나 기관, 교사 및 친구에 대한 불평불만으로 표현한다. 주말을 지낸 후 등교일 아침에 더 심하게 나타난다. 학교공포증은 분리불안 때문일 수도 있으나 또래관계, 학업에 대한 부담 등에 의해 발생하기도 한다. 이는 사회공포증과도 관련이 있어 또래집단 앞에서 말하는 것에 대한 두려움, 비난, 모욕에 대한 두려움에서 비롯되기도 한다. 학교공포증을 보이는 아동의 어머니는 자신도 학교공포증을 경험한 경우가 많다.

• 선택적 함구증

사회생활을 시작하는 3~4세경부터 나타나기 시작한다. 말을 할 수 있으면서도 특정 장소에서나 사람에게 말을 하지 않는 경우로 이러한 증상이 한 달 이상 지속되어 학업이나 의사소통에 지장이 생길 때 진단된다. 여아에게 더 많이 나타난다. 특히, 가족 외의 다른 사람들 앞에서와 같이 어떤 사회적 상황에서 말하기를 꺼리는 특징이 있어 사회적 불안증의 하나로 간주되기도 한다. 말을 꺼릴 뿐만 아니라 사회적으로 위축되거나 대인관계를 기피하는 행동이 동반되는 경우가 많다.

(2) 특별한 욕구를 지닌 영유아와 부적응 행동

교사는 일시적인 적응 문제를 보이는 영유아는 물론 발달이상을 보이는 영유아의 지도를 위해, 발달과정상의 일시적 부적응 행동과 발달이상으로 인한 부적응 행동을 정확히 구별해야 한다.

부적응 행동의 판단에 있어 행동의 '정상'과 '비정상' 여부는 빈도, 강도, 만성성, 연합성(constellation) 및 사회적 맥락을 고려하여 판단해야 하며(Campbell, 2006), 발달적 규준에 의한 전형적인 성장·발달의 속도와 순서도 고려해야 한다. 대체로 발달이상으로 인한 부적응 행동은 보다 장기적으로 지속되고 행동의 강도, 빈도 및 심각성이 높은 편이며 발달지체 등의 다른 발달 문제를 동반하는 경우가 많다.

부적응 행동의 이론적 관점, 원인, 영향 및 유아교육기관에서 발견되는 부적응 행동의 유형에 대하여 알아본다.

① 부적응 행동에 대한 이론적 관점

영유아의 부적응 행동 또는 문제 행동을 설명하는 이론적 관점은 크게 5가지로 나누어 볼 수 있다.

첫째, 생물학적 접근에는 인간 행동의 문제가 생물학적 체계의 결함에서 기인되는 것으로 보는 이론과 발달지체가 부적응 행동을 야기한다는 이론이 있다. 전자는 뇌손상, 기질, 신경계와 생화학적 기능, 유전 및 영양장애의 영향에 대해 연구하며, 다이어트, 바이오피드백 같은 생리학적 중재가 사용된다. 후자는 신경, 감각, 운동 및 지적 능력 등 발달상의 결함은 특수교육을 통하여 치료될 수 있다고 본다.

둘째, 정신역동적 접근은 정신분석이론에 기초하여 문제 행동은 무의식적 갈등과 동기에 의한, 즉 개인의 성격적인 병리에 기인하는 것으로 보고 있다. 놀이치료나 미술치료와 같은 심리치료가 적용된다.

셋째, 행동주의적 접근에서는 일반적인 행동과 같이 문제 행동도 특정 자극에 대한 반응의 조건화로 보며 행동수정 방법으로 중재한다.

넷째, 인지적 접근에서는 문제 행동과 관련된 부적절한 인지과정에 초점을 두어 부정적 사고, 부적절한 사회적 단서 해석 및 인과관계에 대한 부적절한 귀인과 문제해결에 대하여 연구한다. 치료를 위해 행동, 인지, 정서 및 사회적 요인을 통합하여 접근한다.

다섯째, 생태체계적 접근에서는 영유아의 문제 행동은 영유아와 가족, 유아교육기관 및 지역사회와의 상호작용의 결과로 체계들 간의 관계의 문제라고 본다. 부적응 행동을 해결하기 위해 이와 관련된 체계에 대한 중재에 관심을 두는데, 가족체계이론에서는 가족 간 의사소통의 주제와 방법을 개선하는 데 초점을 둔다.

그 외 영유아의 부적응 행동은 카오스이론으로 접근할 수 있다(고희선·정계숙, 2015). 이 관점에서 영유아의 부적응은 정서적 혼란이며 불안정한 상태이지만 병리적, 역기능적이기보다 고유의 성장과 변화를 위한 과도적 과정이다. 영유아는 내부의 힘으로 스스로 성장하는 자기조직화의 존재이며 작은 차이에도 민감하고 현재 드러나는 행동으로 쉽게 단언할 수 없는 변화하는 존재로, 관계의 연계 구조 속에서 자란다. 그러므로 다양한 심리적·맥락적 변인을 고려하고 가정-교육기관-지역사회 간 협력체계를 구축하여 접근하면, 작은 개입과 예방이 큰 변화를 가져올 수 있다고 본다.

② 부적응 행동의 원인

여러 부적응 행동에 대한 이론적 관점에 의하면 부적응 행동의 원인은 크게 2가지로 나눌 수 있다. 먼저 유기체 문제, 즉 출생과 함께 가지고 태어나는 문제이다. 유전적인 요소, 태내 환경의 오염, 태아기 발달과정의 문제, 어머니의 심리적 불안정 및 출산과정에서의 여러 위험 요소들로 인해 까다로운 기질을 가지고 태어나거나 기질적 우울증 또는 장애를 가지고 태어나게 된다.

다음은 성장환경의 문제이다. 초기 양육과정에서 영유아가 부모의 부적절한 양육행동과 부정적인 부모-자녀 관계를 경험하거나 부적절한 교육환경에서 성장하는 경우이다. 영유아 발달에 대한 낮은 민감성, 낮은 자존감과 자기 통제력 및 불안정애착 관계 등과 같은 양육자 개인 내 문제, 그리고 결혼 및 가족관계의 불안과 상호 무관심, 빈약한 사회관계망 등의 양육자 개인 간 문제는 부적절한 성장 환경의 원인이 된다. 부적절한 교육환경의 대표적인 예는 과잉 조기교육이나 TV, 비디오 및 컴퓨터 게임에 영유아를 조기에 과다 노출시키는 문제 등이 있다.

③ 부적응 행동의 영향

문제 행동을 보이는 영유아는 또래와 사회적 관계를 적절하게 형성하고 유지하지 못하며 적절한 심리적, 사회적 지원을 받기가 어려워 자신의 다른 발달과 행동에 부정적인 영향을 미치게 된다. 또래들의 생활과 학습 경험에도 직·간접으로 부정적인 영향을 미쳐 또래들뿐 아니라 교사로부터 부정적인 피드백을 받게 되므로 이차적인 부적응 행동을 초래할 위험이 높다. 이와 같은 위험성이 높은 문제 행동을 보이는 영유아는 학급당 평균 2~3명에 이른다는 보고가 있다(박문성, 2005).

교사 또한 영유아의 문제 행동으로 인해 편안하고 애정적인 관계를 가지기 어려우며, 교수활동에도 지장을 받아 스트레스를 받음으로써 만성적인 부적응 행동을 보이는 경우에는 교수효능감이 떨어지기도 한다. 교사와의 심리적 갈등과 긴장은 부적응 영유아의 긍정적인 발달과 학습의 기회를 더욱 감소시킨다.

영유아의 문제 행동이 해결되지 않을 경우 청소년기의 비행이나 일탈 및 성인기의 반사회적 문제로 연결된다는 것이 밝혀졌다. 따라서 문제 행동을 조기에 진단하고 적절히 중재하는 것은 영유아의 일생을 통한 건강한 발달에 매우 중요하다.

④ 유아교육기관에서 발견되는 부적응 행동

유아교육기관의 일상생활에서 발견되는 일반적인 부적응 행동과 장애로 인한 부적응 행동을 발달 및 학습 경험 유형별로 6가지 범주로 나누어 정리해 본다.

가. 대인관계 관련 행동문제

또래관계 및 교사와의 관계를 어렵게 만드는 영유아의 반항적인 행동, 심한 수줍음과 위축 행동, 공격적인 행동, 독특한 의사소통 행동 또는 말을 하지 않음, 웃기만 하고 반응이 없거나 느림, 칭찬과 인정에 과민함, 다른 사람의 접근 피하기, 지나치게 경쟁적인 행동 등이 포함된다.

나. 학습 관련 행동문제

여러 기초적인 학습에 방해가 되는 산만한 행동, 충동적 행동, 과제 자체에 무관심한 행동을 하는 경우, 주의집중력이 낮아 과제를 완성하는 중에 지속적인 도움과 환기가 필요한 경우, 발달 영역 간의 큰 수준 차이로 특정 영역에서만 높은 관심과 성취를 보이는 경우 등이 있다.

다. 기관 적응 문제

유아교육기관에 오는 것 자체를 두려워하거나 거부하는 행동, 스스로 고립시키는 행동, 규칙 따르기나 학습 수행이 안 되는 행동, 좋아하는 활동만 고집하고 다른 활동에는 무관심한 행동, 분노를 느낄 때 또래를 공격하거나 기물을 파손하는 행동 등이 나타난다.

라. 놀이 행동문제

혼자놀이만 하기, 역할놀이에 관심 없어 하기, 모형 음식물을 먹는 것처럼 빨고 씹기, 한 가지 사물(예: 지하철표)만 가지고 놀기, 선호하는 특정 사물에 관한 암기된 멘트나 노래가사의 일부분만 외워서 또래에게 말하고 그에 관련된 역할에만 참여하기, 울음이나 분노폭발로 이어지는 놀잇감 공유 거부 행동, 새로운 놀이를 배우는 네 관심을 보이지 않는 행동 등을 말한다.

마. 신체건강 · 안전 관련 행동문제

손톱 물어뜯기, 틱 행동, 대소변을 지나치게 참기, 대소변을 혼자 해결하지 못함, 자위행동, 화장실 사용을 무서워하기, 강박적 씻기, 위험에 대한 인식 부족, 두통 및 복통 호소하기, 심한 편식 등의 섭식 관련 문제와 함께 잦은 입원으로 인해 기관생활의 단절을 자주 겪는 경우도 포함된다.

바. 특정 자극 관련 행동문제

큰 소리나 특정한 자극에 과민하거나 둔감한 행동 및 집착하는 행동, 특정 사물의 움직임(선풍기, 메트로놈 등)에만 관심을 보이는 행동, 타인의 신체 접촉에 거부적으로 반응하기, 자기 자극행동, 고정된 방법으로만 놀기를 고집하기 등을 포함한다.

(3) 부적응 행동의 평가와 진단

영유아의 부적응 행동 또는 문제 행동의 평가는 현재 그들이 경험하고 있는 어려움, 장애 및 문제 등을 판별하고 잠재능력을 정확히 파악하여 어떤 교육적 중재, 상담 또는 치료를 조기에 제공해야 할지를 결정하기 위해 필요하다.

문제 행동을 평가하고 분류하기 위하여 많이 사용되는 접근법에는 기술적 접근(descriptive approach)과 진단적 접근(diagnostic approach)이 있다. 기술적 접근은 평가자의 직접적인 관찰과 부모 및 주변인에 대한 면접을 통해 아동의 문제와 현재 처한 상황 및 문제 행동의 배경 등에 대한 다양한 정보를 자세히 기록하여 문제의 본질과 원인에 대한 가설을 세우며 치료 또는 중재를 위한 목표 행동의 결정에 지침을 제공한다. 진단적 접근은 문제 행동이 일련의 신호(sign)와 증후(symptom)로 이루어져 있다고 보고 각 문제 행동에 명칭을 부여하는 방법이다. DSM-5는 대표적인 진단적 접근의 장애 진단용 지침이며, DSM-PC는 발달지체 혹은 총체적인 부적절한 양육 문제를 다루어 영유아 진단에 보다 적합하다(Campbell, 2006).

영유아기 진단 시 고려할 점

〈영유아 문제 행동 또는 부적응 행동 진단 시 유의사항〉

- 영유아는 언어발달의 한계와 상황에 대한 민감성의 가변적인 특성으로 인해 자신의 심리 상태나 환경적인 문제에 대하여 적절하게 표현할 수 있는 능력이 부족하므로 진단이 어렵다.
- 영유아는 상대적으로 급격한 변화를 보이는 발달과정에 있으므로 한 시점에서의 진단은 위험할 수 있다. 지속적인 변화 관찰 및 진단이 필요하다.
- 영유아기의 장애 진단은 장애 표찰을 붙여 부모를 비롯한 주위 사람들의 편견에 영유아를 노출시킬 위험이 크다.
- 적절한 평가 및 진단도구가 나이 든 아동에 비해 상대적으로 적다.
- 행동 관찰과 부모의 보고에 의해 진단되는 경우가 많으므로 평가자 및 보고자의 주관성이 많이 개입된다.

따라서 다양한 방법에 의한 다양한 평가자의 평가 자료를 참조할 필요가 있다.

〈영유아기 진단의 장애요인〉

- '정상성'에 대한 개념 정의가 부모마다 다르다.
- '기다리기' 및 '대기만성'의 함정에 빠지기 쉽다.
- '남아다움' 및 '여아다움'에 대한 고정관념이 문제 파악을 어렵게 한다.
- 장애 표찰의 두려움으로 진단을 미루게 된다.
- 사회적으로 성공한 부모는 '설마' 하는 마음을 가지게 된다.

2) 특별한 욕구를 지닌 영유아 가족의 반응과 어려움

(1) 부모의 반응과 어려움

장애가 의심되거나 발달이 지체된 영유아의 부모들은 매일의 일과에서 자녀를 돌보아야 하는 현실적인 문제와 장애 수용에 따른 심리적인 어려움으로 심각한 스트레스를 경험하게 된다.

부모들이 겪는 심리적인 문제는 대체로 부모들마다 비슷한 단계를 거친다. 처음 장애를 확인하게 되어 충격을 받거나 이를 불신하는 단계에서는 부모들이 수치심, 죄책감, 무가치함 및 과잉보상심리를 가지며 여러 전문가를 찾게 된다. 다음 단계에서는 분노를 느끼며 국가 정책과 교육 및 전문가에 대한 비난 반응을 보인다. 그런 다음 피할 수 없는 사실임을 알고 이를 받아들이고자 결심하는 타협단계를 지나면서 세상일에 대한 무가치함과 무기력 및 슬픔으로 우울과 좌절을 겪는다. 마지막으로 수용단계에서는 무엇인가 할 수 있다는 깨달음과 의지가 생기며 자녀의 상황을 인정하고 생활에 차츰 적응하게 된다. 그러나 수용단계 이후에도 다시 전 단계로 돌아가 이 단계들을 반복할 수 있다(Cook, Tessier, & Klein, 1996).

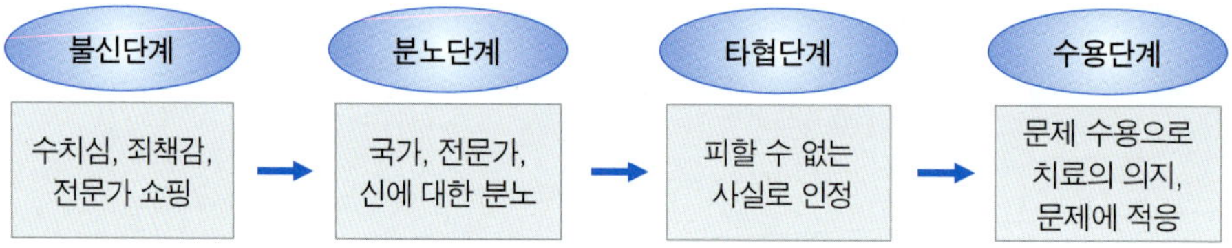

[그림 10-1] 장애아 부모의 적응단계

장애 자녀를 둔 부모들은 공통적으로 죄책감과 죄의식을 빈번하게 경험하고 이러한 정서 반응은 장애 자녀를 출산하고 양육해 온 어머니들에게서 더 심각하게 나타나는 것으로 알려져 있다. 아버지들은 장애 자녀가 가족의 사회적 이미지에 미치는 영향으로 인해 더 스트레스를 받는다. 따라서 부모 모두가 장애 자녀의 출현으로 생활 전반과 삶에 대한 태도에 큰 변화를 겪게 되고, 이는 부부간의 주요 갈등과 불화 요인이 되어 때로는 가정이 해체되기도 하지만 실제적인 가족 기능에는 일반 가정과 별 차이가 없다고도 한다(Dyson, 1997).

(2) 형제자매의 반응과 어려움

장애영유아는 부모뿐만 아니라 그 형제자매에게도 영향을 미친다(이소현, 2004; 전혜인, 2008; Powell & Gallagher, 1993). 형제자매는 부모와 마찬가지로 장애 형제자매의 장애의 원인, 상태, 감정 및 사고, 치료 등에 많은 관심을 가지고 있다. 일반 형제자매와 함께 자라는 경우와 다른 독특한 적응과정과 심리·사회적 갈등을 경험하게 되어 분노, 우울감, 두려움, 죄책감 및 낮은 자존감을 느끼기도 한다.

일반적으로 형제의 장애나 발달지체 정도에 따라 비장애 형제자매가 받는 영향이 다르고 중증일수록 형제자매는 더 큰 어려움을 가진다. 장애 형제자매를 바라보는 시선에 대한 당혹감과 수치심, 장애 형제자매와 일상생활에서 겪는 갈등뿐 아니라 부모로부터 방임되거나 자신과 장애 형제자매에 대한 부모의 관심과 교육방법의 차이로 갈등과 혼란을 겪는다. 장애 형제자매를 부모와 함께 돌보기 위해 심리적, 신체적 고통뿐 아니라 과다한 책임을 맡게 되어 역할 갈등을 겪기도 한다. 친구관계에서도 소외되는 사회·정서적인 어려움을 가지기도 한다.

장애영유아의 형제자매가 가지는 욕구는 장애영유아나 그들 부모의 경우와 마찬가지로 사회적 지원이 필요하며, 그 지원에 대한 장애아 가족의 욕구는 점점 증가하는 추세이다. 장애영유아의 형제자매에 대한 지원은 그들의 연령별 욕구가 반영되어야 한다. 어린 형제의 경우 주로 가족 단위의 지원이 필요하며, 성장하면 일시보호 서비스, 상담 및 학교 서비스 등에 대한 욕구가 더 커진다(Itzkowitz, 1989).

3) 특별한 욕구를 지닌 영유아 부모의 기관에 대한 기대

부모들은 유아교육기관을 가정의 자녀양육을 돕는, 그래서 부모를 지지·지원하는 기관으로 인식하면서 자녀를 유아교육기관에 보내고 있다(윤기영, 2005). 따라서 자녀가 특별한 욕구를 가진 경우 부모들은 유아교육기관의 지원에 대해 더욱 높은 관심을 가진다.

(1) 영유아의 적응과 교육에 관련된 기대

① 적응 지원에 대한 기대

장애나 발달상의 어려움을 가진 자녀를 유아교육기관에 보내는 부모는 자녀의 적응 지원에 대한 높은 욕구를 가지고 있다. 부적응 행동을 보이는 일반영유아를 비롯하여 장애가 있는 영유아의 부모는 적응에 어려움을 겪고 있는 자녀가 다른 영유아들로부터 소외되지 않도록 유아교육기관에서 적절한 도움을 제공해 주기를 기대한다. 최근에 각급 학교에서 집단따돌림이 크게 우려되는 현실은 이러한 부모의 기대를 한층 강화시키고 있다.

② 개별화 교육에 대한 기대

모든 부모는 교사가 자녀의 특성을 제대로 이해하고 자신의 자녀를 정확히 평가하고 긍정적인 방법으로 지도해 주기를 열망한다. 특히 장애나 장애위험이 있는 영유아의 부모는 더욱 그러하다.

부모는 일반적인 부적응 영유아에 대해서도 개별적인 행동 지도를 교사에게 요구할 수 있으며, 특히 지적, 정서적, 행동적 장애가 있는 영유아들은 집단 학습지도 방법만으로는 성취 수준이 떨어지게 되므로 자녀의 특성에 따른 개별적인 교육계획을 기대하게 된다.

③ 발달 평가에 대한 기대

자녀가 부적응 행동을 보이거나 장애를 가진 것으로 확인되었을 때 많은 부모들은 우선적으로 자녀의 발달이 정상적인지 또는 어느 정도 심각한 문제인지를 알고 싶어 한다. 특히 모든 부모는 자녀의 지적 발달에 문제가 있는지를 가장 걱정하므로 학습과 관련된 부적응 행동에 가장 민감하게 반응하고 그 평가에도 큰 관심을 보인다. 또한 최근의 학교 폭력이나 집단따돌림 문제는 자녀의 사회적 발달에 대한 평가의 욕구를 강화시키고 있다.

④ 상담 및 치료 관련 정보에 관한 기대

특별한 욕구를 지닌 영유아들은 유아교육기관의 정규교육만으로는 발달적 잠재력을 충분하게 개발하기 어려운 경우가 많다. 이런 경우에는 유아교육기관 밖의 상담기관이나 치료기관에서 보충적인 교육이나 훈련을 받아야 하므로 부모는 자녀에게 필요한 병원이나 상담 및 치료기관의 유형, 기능, 역할 및 교육방법 등에 관한 구체적인 정보를 알고자 한다.

부모에게 있어서 교사와 기관운영자는 이러한 정보를 제공해 줄 수 있다. 또한 가장 쉽게 접할 수 있는 유용한 정보 관련 자원이다. 따라서 교사와 기관운영자는 영유아들이 가진 특별한 욕구의 유형에 따라 도움을 줄 수 있는 기관과 서비스에 대한 정보를 모아 정리해 두거나 기관 간 협력이 필요하다.

(2) 부모 자신에 대한 지원에 관련된 기대

① 비전형적인 발달과 교육에 관한 정보 제공

장애영유아의 부모는 자녀의 성장·발달단계에 따라 다른 욕구를 가진다. 장애 자녀가 출생하였거나 장애가 의심되는 시기에는 정서적 이해와 지지에 대한 욕구가 높고, 장애상태에 대한 진단 및 치료시기에는 장애에 관련된 정보와 지식 획득의 욕구가 가장 강하다. 취학 준비기 및 학령기일 때는 교육활동 참여 방법과 교수법의 습득을 가장 원한다. 전반적으로 부모는 영유아의 발달, 행동 특징, 교육방법, 장래의 교육문제, 미래의 생활영위 및 지역사회 서비스 등에 관한 정보를 원하게 된다.

또한 부모는 자녀가 매일의 학습활동에서 어느 정도 다른 영유아들을 따라가는지를 자세하게 알고 싶어 한다. 일부 부모는 학급에서 자녀의 일상적인 행동을 직접 관찰해 보기를 원할 수도 있고 몇몇 활동시간에 교사를 도와 자녀에게 필요한 도움을 제공하면서 학습지도 방법을 배우고 싶어 할 수도 있다.

② 교사와의 긴밀한 관계 형성

모든 영유아기 자녀를 둔 부모는 자녀의 담임교사와 자녀의 발달과 교육문제에 대해 많은 의사소통을 하고 도움을 받기 원한다. 특히, 장애영유아의 어머니들은 교사의 가장 중요한 자질은 부모와 충분한 상호교류를 하는 것이라고 생각하며, 평소에도 자녀의 적응에 관한 긴밀한 의사소통을 원한다(김미정·정계숙, 2007).

교사와 편안하게 수시로 자녀의 문제를 의논하고 도움과 위안을 받을 수 있기 바라는 부모의 욕구는 교사와의 좋은 관계가 바탕이 되어야 하므로 부모는 누구보다 교사와 긴밀한 유대관계를 원하게 된다.

③ 다른 부모와의 상호교류

특별한 욕구를 지닌 자녀를 둔 부모 중에서도 특히 장애영유아의 부모는 자녀의 장애에 대한 죄책감을 가지고 있고 실천적인 양육의 지혜가 부족하여 대체로 양육효능감이 낮은 편이다. 장애아를 낳은 부모라는 연관성 때문에 편견과 차별을 받는 명예낙인(courtesy stigma)(김교연, 2017)으로 인해 점차 사회로부터 소외되면서 친척과 친구관계도 범위가 좁아지고 유아교육기관에서도 주류 부모집단과 소원해지기 쉽다. 그러나 부모 간 상호교류와 접촉을 통하여 자녀의 발달과 교육 및 유아교육기관의 운영방법에 대한 정보를 서로 나누고 협조함으로써 자녀의 보다 나은 발달은 물론 부모의 역할과 자질을 개발하는 데도 도움을 받고 싶어 한다.

④ 부모를 위한 프로그램과 서비스 참여

일시적인 부적응을 보이거나 비전형적인 발달을 보이는 자녀의 행동 지도 및 교육에 대한 부모의 관심은 지대하다. 따라서 자녀를 위한 통합교육 및 치료 관련 정보를 제공해 주는 부모 프로그램과 서비스를 제공받기 원한다. 부모는 직접적으로 욕구를 표현하지 못하나 명예낙인으로 악화된 자신 및 가족의 정신건강 회복과 행복을 위한 프로그램도 제공되기 바란다.

영유아기의 부모는 부모역할 수행에 필요한 지식, 기술 및 태도 등 부모역량에 높은 관심을 보인다. 오늘날 우리 사회의 부모에게 필요한 역량은 단지 부모이기에 요구되는 양육 역량만이 아니다. 개인으로서 부모 자신의 심리적 자원의 개발과 관리에 관한 자기체계 역량과 사회인으로서 사회 변화와 주변에 대한 진지한 관심으로 더불어 살아가는 사회적 역량을 포함해야 한다(정계숙·최은실, 2013). 이러한 관점에서 모든 부모를 대상으로 부모 참 역량의 향상을 돕는 부모 프로그램이 필요하다. 이러한 프로그램에는 장애영유아의 부모가 부모교육의 내용으로 일반 부모의 장애영유아에 대한 따뜻한 사랑과 이해를 돕는 내용이 필요하다고 한(박지현, 2004) 것도 반영해야 한다.

⑤ 부모의 권리 및 책임에 관한 정보 제공

처음 자녀를 유아교육기관에 보내는 부모는 모두가 약간은 두렵고 불안하다. 영유아가 처음으로 형식적인 사회생활을 시작하며 부모는 공식적인 학교체제 속에 처음으로 자녀를 보내기 때문에 영유아의 원만한 기관 적응방법뿐 아니라 부모의 기관에 대한 역할과 책임 및 권리에 대해 잘 알지 못함으로 인한 것이다.

특별한 욕구가 있는 자녀를 둔 부모 또한 유아교육기관에서 어떤 역할과 책임을 수행해야 하는지 매우 불안해한다. 그들은 유아교육기관, 교사 및 다른 부모들에게 심리적 부담감을 가지고 있어 자신의 역할과 권리를 적극 주장하기 어렵기 때문에 유아교육기관으로부터 이에 관한 정보를 충분히 안내받기 원한다.

2 특별한 욕구를 지닌 영유아의 부모 지원을 위한 기관의 역할

특별한 욕구를 지닌 영유아와 부모에 대한 이해 및 부모가 유아교육기관에 갖는 기대에 대한 이해에 기초하여 부모 지원을 위한 교사와 부모의 역할에 대해 알아본다.

1) 부모 지원을 위한 교사의 역할

학급에 특별한 욕구를 가진 영유아가 있음으로 해서 교사는 일반 부모 지원 활동 외에 이들 영유아의 부모를 위한 추가적인 노력이 필요하다.

(1) 부적응 행동 지도를 위한 관련 정보 제공

교사는 영유아의 부적응 행동 또는 문제 행동과 장애에 대한 사정(assessment)을 통하여 영유아가 어떤 특별한 욕구가 있고 어떤 접근법으로 지도하고 교육해야 할 것인지를 결정하는 데 필요한 정보를 수집해야 한다. 하루 일과를 통하여 영유아의 행동을 관찰한 자료, 간단한 검사 또는 소아정신과의 진단 결과를 토대로 교육적 사정을 함으로써 영유아에게 적합한 지도방법을 찾아내는 것은 교사의 임무이나 자녀의 문제로 불안한 부모에게는 일차적인 지원이 된다. 외부 전문가에게 진단을 의뢰하는 절차 속에 반드시 부모와 협의하고 동의를 얻는 과정이 포함되어야 하며, 이 과정에서 자연스럽게 다양한 치료적, 교육적 접근법과 도움받을 수 있는 기관에 대한 정보를 부모에게 제공하게 된다.

교사가 부모들에게 영유아의 행동문제나 장애에 대한 이해를 돕고 유아교육기관에서의 적절한 지도 및 교육방법에 대한 자료를 제공함으로써, 유아교육기관 차원의 집단 부모교육에서 충분히 다루기 어려운 구체적인 영유아의 욕구에 초점을 둔 개별적인 정보를 제공할 수 있다.

(2) 개별화 교육과 지도

장애영유아의 경우에는 영유아의 발달 특징과 수준에 적합한 교육과 지도방법에 대하여 개별 교육계획(individualized educational plan)을 세운다. 개별 교육계획은 대부분 학기 초에 전문가의 진단 결과와 모든 검사 및 관찰 자료를 바탕으로 구체적으로 작성되는데, 특수교사의 도움이 필요할 수 있다. 개별 교육계획에 포함되는 장·단기적 교육목표와 방법에는 면담을 통하여 파악한 부모의 요구사항과 기대를 반영하는 것이 바람직하다. 실천 과정에서 영유아의 변화나 가정의 협조사항 등에 대하여 주기적으로 부모와 의사교환을 한다면 영유아의 변화는 더욱 안정될 수 있다. 이를 통해 부모는 정보의 욕구, 교사와의 관계의 욕구 등이 충족될 뿐만 아니라 자녀의 교육과 치료에 대해 교사와 책임을 공유하면서 양육효능감이 증진되는 효과를 얻게 된다.

일반적인 부적응 행동을 보이는 영유아의 경우에 교사는 그동안 자신의 최선의 역할은 부모에게 상담기관을 알선하는 것(김현정, 2000)으로 인식해 왔지만 부모들은 보다 적극적인 역할을 수행해 주기 원한다. 관찰 및 간편 검사결과를 바탕으로 영유아의 부적응의 원인과 행동 특징을 파악하고 행동지도 및 상담 계획서를 작성한다면 큰 호응을 얻을 수 있다. 부적응과 관련된 부모상담은 개별면담의 형식으로 주기적으로 실시하거나 필요할 때마다 수시로 할 수 있다. 영유아 행동지도 계획서 작성 시 부모의 협조와 동의를 얻음으로써 유아교육기관의 부모 지원 서비스에 대한 부모의 인식이 높아지고 가정과 기관에서의 다면적 지도가 가능하게 된다.

(3) 부모와의 긴밀한 의사소통 및 상담

Spodek(1985)은 모든 유아교육현장의 교사는 양육역할, 교수역할 및 관계역할을 해야 한다고 보았다. 이러한 역할은 영유아와의 관계에서 뿐만 아니라 부모와의 관계에서도 요구되는데, 특별한 욕구를 지닌 영유아와 부모와의 관계에서는 더욱 그러하다. 주기적으로 그리고 수시로 개별면담을 하는 것 외에, 영유아의 학습 수행도와 생활의 변화, 가정에서의 지도 및 협조 사항에 관해 전화, 쪽지(note) 또는 문자메시지를 통한 의사교환도 부모의 신뢰감을 얻고 가정으로부터 협조를 얻는 중요한 방법이다.

영유아의 문제 행동 및 장애 문제에 대해 부모와 상담하고 면담할 때 부모의 충격과 거부감으로 협조를 구하기 어려운 상황이 생기기 쉽다. 따라서 일반면담의 경우보다 원활한 진행과 부모와의 관계 유지에 더 힘써야 하며, 집단면담보다는 개별면담으로 영유아와 부모의 프라이버시를 지켜 주어야 한다.

부모상담 시 교사는 다음과 같은 사항에 대하여 고려해야 한다.

첫째, 장애영유아의 부모인 경우 장애 자녀에 대한 수용과 적응단계를 고려하여 면담에서 다룰 내용을 메모해 두고, 영유아의 작품, 행동발달에 관한 관찰기록 및 검사자료 등 면담의 준비를 철저하게 한다.

둘째, 부모와 영유아에 관한 자신의 감정을 분석해 본다. 영유아로 인하여 어려움을 겪을수록 교사도 영유아에 대해 긍정적인 감정을 유지하기 어렵다. 영유아의 행동 때문에 부모를 너무 비난하지 않는가를 스스로 질문하고 객관성을 유지하도록 한다.

셋째, 부모-교사 간에 라포르(rapport)와 신뢰감을 형성한다. 지원적인 분위기에서 영유아의 문제에 대하여 따뜻하고 민감하게 수용하고 부모로 하여금 프라이버시 보호에 대한 확신을 가지게 함으로써 신뢰감을 기지게 한다.

넷째, 부모는 위안이 필요하다는 것을 인식하고 부모의 고통과 어려움에 공감을 표현한다. 특히 장애영유아의 부모는 자녀의 장애를 수용하기까지 많은 심리적인 고통과 좌절감을 겪으므로 이를 이해하고 공감하는 교사의 수용적인 태도는 부모에게 큰 힘이 될 것이다.

다섯째, 부모의 개별적인 특성을 인정한다. 각 부모의 독특한 배경, 생활양식, 경험, 문화 그리고 가치 체계 등을 인정하여 문제의 원인과 해결에 대한 보편적인 방법을 일방적으로 전달하는 일이 없도록 힘쓴다.

여섯째, 영유아의 장점에 기초한 교육적 접근을 한다. 어떤 부적응 행동을 하거나 장애를 가진 영유아라도 나름의 장점 또는 강점을 가지고 있으므로, 이를 발견하고 부모와 함께 그 잠재능력을 개발하여 미래의 독립적인 사회생활을 돕는 자세를 견지한다.

일곱째, 영유아의 문제해결에 도움이 되는 관련 상담기관이나 소아정신과에 대한 정보를 수집하고 안내한다. 또한 상담이나 치료과정에서는 관련 기관과 상호 협조하고,

어머니와도 치료 내용과 결과에 대한 정보를 주기적으로 주고받으면서 영유아의 안정적인 변화와 발달을 지원하고 점검할 것임을 알린다.

(4) 영유아발달 평가에 대한 이해 돕기

부모의 요구에 따라 영유아의 발달과 행동을 적절하게 평가할 수 있도록 지원한다. 많은 검사는 실시에 별도의 훈련이 필요하며, 교사가 직접 영유아를 평가할 수 있는 영역은 주로 적응 행동, 사회성 및 정서발달 영역이다. 이 영역에 관한 평가도구는 대부분 평정척도로서 교사의 오랜 관찰을 토대로 한다. 정서지능검사, 친사회성 검사, 사회적 유능성 검사, 적응 행동 및 또래수용도 검사 등이 있다. 영유아 행동문제의 특징을 파악하기 위하여 특정 행동에 초점을 둔 행동관찰 기록지를 사용할 수 있다.

검사자의 전문성이 요구되는 표준화된 검사에 관한 정보도 제공하여 부모가 필요에 따라 추가 검사를 받을 수 있도록 도울 필요가 있다. 유아기 사회·정서적 행동문제를 측정하는 검사로는 한국아동문제행동평가척도(K-CBCL)(오경자·이혜련·홍강의 외, 1997), 한국아동인성평정척도(KPRC)(김지혜·조선미·홍창희 외, 2015), 사회성숙도검사(SMS)(김승국, 1998), 주의력결핍과잉행동 정도를 측정하는 도구로는 부모평정용 한국주의력결핍과잉행동장애진단검사(K-ADHDDS)(이상복·윤치연, 2004) 등을 알려 주되, 전문가용과 부모용 검사를 구분한다. 발달검사는 장애영유아를 선별하기 위하여 사용되는데 개정판 한국영유아발달선별검사(K-DST)(은백린·권정이·김건하 외, 2017), 교육진단에 도움을 주는 KISE 발달척도(장병연·정대영·정동영 외, 2005) 등이 있고, 언어이해·인지력 검사(장혜성·임선숙·백현정, 1994)와 영유아언어발달선별검사(SELSI)(김영태·김경희·김화수 외, 2003) 및 취학 전 아동의 수용언어 및 표현언어 발달척도(PRES)(김영태·성태제·이윤경, 2003)는 언어발달지체 여부를 알게 해 준다. 지능검사도 지적 발달의 지체 여부와 구체적인 사고 영역의 발달 수준에 대하여 알 수 있는데, 한국 웩슬러 유아용 지능검사(K-WPPSI-IV)(박혜원·이경옥·안동현, 2016), 한국형 개인지능검사 개정판(KISE-KIT)(박경숙·정동영·정인숙, 2008)과 같은 일반 지능검사와 함께 언어의 영향을 최소화한 비언어성 검사로 한국판 카우프만 아동용 지능검사(KABC-II)(문수백, 2014), 한국판 라이터 비언어성 지능검사(K-Leiter-R)(신민섭, 2012) 또는 한국판 그림지능검사(PTI)(서봉연·정보인·최옥순, 1986) 등을 사용할 수 있다. 학습능력 검사로는 국립특수교육원에서 개발한 기초학습능력검사(NISE-B·ACT)(이태수·나경은·서선진 외, 2017)를 유아기부터 사용할 수 있다.

이와 같은 교사의 역할은 일반교사들에게 매우 도전적인 일이 될 수 있다. 사전 지도 경험이 없는 장애영유아를 맡아 장애아의 독특한 특징 때문에 일반적인 지도방법의 효용성이 현저히 떨어질 때, 교사는 교수효능감에 부정적인 영향을 받게 되므로 부모 지원에 앞서 교사의 자기계발과 교육에 관한 욕구를 가질 수 있다. 관련 연수를 받거나 경험 있는 교사들과 함께 하는 동료 장학(peer supervision) 또는 학습공동체 참여를 적극적으로 활용하는 것이 바람직하다.

2) 부모 지원을 위한 기관의 역할

유아교육기관이 교육적 기능을 원활히 수행하기 위해서는 무엇보다도 기관-학부모 간의 동반자적 관계가 긴밀히 이루어져야 한다(정계숙, 2011). 소수의 특별한 욕구를 지닌 영유아의 부모가 가지고 있는 유아교육기관에 대한 욕구나 기대도 충분한 의사소통을 통하여 영유아와 부모 프로그램에 잘 반영되도록 힘써야 한다. 이를 위한 기관의 역할은 다음과 같다.

(1) 기관 운영 방침에 대한 정보 제공

유아교육기관이 바람직한 교육공동체가 되기 위해서는 구성원과 기관 운영의 철학과 비전을 공유하는 것이 필요하다(정계숙·차지량·윤갑정, 2015). 장애영유아의 부모는 기관의 장애영유아 통합교육에 대한 정책과 철학에서부터 운영방법 그리고 교수법에 이르기까지 다양한 정보를 알고자 한다. 일시적인 부적응을 보이는 영유아를 둔 부모 또한 담임교사의 지도방법과 함께 기관의 전반적인 지도방침에 대해 알고 싶어 한다. 이와 같은 욕구는 다른 욕구에 우선하는 것으로 밝혀졌다(박영수, 2000; 진현자, 2001).

장애영유아의 부모에게는 기관에서 장애에 대한 수용과 적응과정에 대한 이해를 바탕으로 부모의 적응을 돕는 다양한 정보를 단계적으로 제시해야 하는 점에 유의해야 한다. 예를 들어, 처음 자녀의 장애를 발견하여 부모가 충격과 불신으로 여러 전문가들을 섭렵하는 단계에서는 관련 기관과 전문가에 대한 충분한 정보를 제공하는 것이 필요하며, 자녀의 장애를 수용하고 필요한 교육과 치료를 받고자 할 때는 교육 및 치료기관, 치료방법별 효과에 대한 정보를 제공하는 것이 바람직하다.

(2) 양육자로서 부모의 발달 지원

부적응 행동은 선천적, 기질적 문제에 기인되기도 하지만 부적절한 양육환경으로부터 유발되기도 한다. 장애영유아의 경우에 부적절한 양육환경은 기질적 문제와 상호작용하여 보다 심각한 장애로 발전된다. 생애 초기부터 자녀의 욕구와 발달에 민감하고 온정적이며 반응적인 부모가 될 수 있도록 양육자로서의 역할과 태도를 향상시키는 다양한 프로그램을 제공할 것이 요구된다.

모든 부모는 공통적으로 자녀양육과 관련된 부모 발달, 즉 보다 효율적인 부모역할 수행 능력의 향상에 가장 큰 관심을 가지고 있다. 영유아 발달에 대한 전반적 이해, 영유아의 연령별 양육태도와 기술, 양육신념과 양육행동, 부모로서의 자기 이해, 자녀의 특성에 따른 학습지도 방법 및 자녀교육과 사회 발전의 전망 등 양육 역량에 관한 내용을 다루는 부모 프로그램이 필요하다.

(3) 부모의 정신건강 증진과 자아 개발 지지

자녀의 문제로 부모가 스트레스를 받는 경우 부모 자신의 정신건강뿐 아니라 영유아와 가족의 정서적, 심리적 발달에 좋지 않은 영향을 미친다. 장애아의 부모는 많은 양육 스트레스를 받고 있으며 자녀의 장애 유형에 따라서도 스트레스 정도가 다르다. 자녀의 부적응 행동이나 장애가 심할수록 부모의 정신건강은 나빠질 수 있다. 행복감에 대한 연구(정계숙·박재국·최은실 외, 2012) 결과 일반유아의 부모보다 장애유아 부모의 행복감이 더 낮았다. 또한 이런 부모들은 주변의 시선을 과하게 인식하거나 미안한 마음으로 인하여 스스로 고립되기 쉽고 가족 간에도 정신적 갈등을 겪기 쉽다. 이들 부모는 가족 복지보다 장애 자녀의 복지에 더 관심을 쏟으므로 자신의 자아 개발에 관한 내용에 대해서는 상대적으로 요구도가 낮지만(박지현, 2004), 일반 부모보다는 그 요구가 높다(김미정, 1999).

발달적 어려움을 가진 자녀의 변화는 많은 시간, 에너지 및 인내를 요구한다. 이에 부모의 정신건강 증진과 자아 개발은 심리적 자원을 강화시키는 일이 된다. 유아교육기관에서는 부모의 정신건강을 위한 힐링 및 행복감 증진 활동과 함께 자아 개발을 위한 취미·여가활동, 문제해결력 증진 및 정보의 수집과 활용 등을 내용으로 한 소집단 형태의 부모 프로그램을 모색하는 것이 필요하다.

(4) 다른 부모와의 교류를 지원

기관에서는 특별한 욕구를 가진 부모가 다른 부모들과 교류하면서 자녀문제와 관련된 정보와 정서적 교감을 나눌 수 있도록 부모들 간의 교류에 힘써야 한다. 사회적 지지는 장애아 부모의 양육스트레스를 낮추는 효과가 있다(김인옥·이원령, 2011). 장애유아의 부모들은 비슷한 문제를 가지고 있는 부모와의 교류도 원하지만 일반 부모와의 정보 교환과 상호교류도 절실하다. 그러나 일반 부모는 유아교육기관에서 실시해야 할 부모교육의 여러 내용 중 장애영유아 부모와의 관계 형성에 대해 가장 낮은 인식을 보인다(박지현, 2004). 유아교육기관에서는 물리적, 형식적 교류가 아니라 친밀한 교류에 대한 욕구와 동기가 유발될 수 있도록 교류 활동의 내용과 진행방법을 세심하게 계획해야 한다.

공통의 자녀 문제를 가진 부모를 위한 소집단 프로그램은 부모들에게 여러 가지 의미가 있는 것으로 알려지고 있다. 예를 들어, 사회·정서적 문제를 가진 영유아의 부모를 대상으로 하는 소집단 프로그램을 통해 비슷한 문제를 가진 부모들과 친근한 만남과 정보 교환을 경험한 부모는 양육 및 부모역할에 관한 인식이 긍정적으로 변화되었으며, 다른 부모에게 심리적인 지지를 제공하는 등의 적극적인 사회적 관계를 가질 수 있게 되는 것으로 밝혀졌다(김정혜, 2005; 노진형·정계숙, 2005).

(5) 지역사회 자원과의 연계와 활용을 지원

특별한 욕구를 지닌 자녀의 양육과 문제 행동에 대한 정보를 얻고자 하는 부모의 욕구는 유아교육기관에 관련된 내용에 국한되지 않고 지역사회에서 제공하는 지원과 지원기관의 종류, 나아가 관련된 국가 정책에 대한 내용으로 확대된다. 예를 들어, 장애영유아의 교육은 의무교육으로 지역사회의 특수교육지원센터나 장애인복지관 등에서 진단과 교육배치에 관한 서비스를 받을 수 있으며, 필요시 장애아동을 위한 보조 인력이 학급에 배치된다는 정보는 장애의 조기 진단과 치료 및 특수교육에 관한 의사결정에 큰 영향을 준다.

유아교육기관은 필요한 정보의 부족으로 부모가 겪는 막막함을 해결해 줄 수 있는 가장 접근성 높은 지원자가 될 수 있다. 지역사회의 다양한 교육자원을 활용할 수 있도록 관련 정보를 제공할 뿐 아니라 자원 활용에 대한 주기적인 의사교환을 통하여 부모가 지속적으로 지역사회 자원과 연계해 나가도록 지원해야 한다.

(6) 사회적 화합의 주체(agent)로 역할하기

우리 사회는 집단의 동질성에 대한 강한 신념과 소속감 때문에 자신과 다른 사람들에 대한 편견과 고정관념이 매우 심한 사회이다. 최근 초·중등학교에서 많이 발생하는 집단따돌림 현상이 이를 잘 말해 주는데, 부적응 행동이나 장애가 있는 영유아는 장차 집단따돌림의 대상이 되기 쉽다. 또래의 독특한 행동과 모습에 대한 영유아들의 편견과 잘못된 신념은 부모나 가까운 성인에게서 영향을 많이 받는다.

장애영유아 부모들은 다른 영유아들이 자기 자녀를 놀리지 않으며 장애영유아와 그 부모에 대해 긍정적인 생각을 할 수 있도록 일반 부모들의 역할 및 인식에 대한 교육을 기관에 요구하기도 한다(김미정, 1999). 부모의 요구뿐 아니라 유아교육의 철학과 목적을 달성하기 위해 기관에서는 어떠한 조건 혹은 어떠한 발달상태의 영유아라도 서로 편견 없이 잘 어울려 지내 서로의 발달에 긍정적인 영향을 미칠 수 있도록 영유아와 함께 부모를 교육하고 지원해야 한다. 이는 바로 유아교육기관과 각 구성원이 모두 사회적 화합과 교육공동체 형성에 주체로서 역할을 할 수 있음을 의미하는 것이다. 이에 그 역할 수행을 위해 우리 사회가 지향해야 할 방향과 목표 위에서 기관의 교육 방향과 철학을 정립하고 공유하는 것이 필요하다.

이상과 같은 부모 지원을 위한 유아교육기관의 역할과 노력은 부모와 유아교육기관

간에 신뢰관계를 형성하여 기관 단위의 교육공동체를 만들어 나가는 데 매우 중요하다. 부모 또한 신뢰와 협력의 관계를 위하여 부모 자신의 욕구나 기대를 기관의 현실적 여건과 교육방침에 맞추어 원만하게 조정하고 수용하는 노력이 요구된다.

3 특별한 욕구를 지닌 영유아의 부모를 위한 교육 프로그램

유아교육기관은 부모와 동반자적 관점에서 부모의 다양한 욕구를 프로그램에 반영하여 부모참여를 증진시키고 실질적인 도움이 되는 효율적인 부모교육 프로그램을 운영하도록 해야 한다. 이를 위한 부모교육의 방향, 목표 및 운영방안에 대하여 알아본다.

1) 프로그램의 방향

부모교육 프로그램의 방향은 특별한 욕구를 지닌 영유아의 부모도 일반 부모와 함께 참여하여 상호 간의 이해를 높이고 가정과 기관에서 최선의 양육과 발달을 위해 부모 및 기관과 협력할 수 있게 함으로써 모든 부모의 양육 역량이 향상될 수 있게 하는 것이다. 나아가 부모로서뿐 아니라 개인 및 사회인으로서 성장할 수 있는 부모 발달의 기회(Goodnow & Collins, 1990; Thomas, 1996)를 제공하여 오늘날 가정과 지역사회 구성원에게 요구되는 부모 참 역량과 리더십을 강화하는 방향으로 나아가야 할 것이다.

이러한 부모교육의 방향은 미국의 특수교육 분야에서 1980년대부터 사용하기 시작한 가족 지원(family support)이라는 개념과 연결된다. 이는 영유아를 가족 단위의 한 부분으로 보아 교육과정상의 결정에 부모가 참여해야 하고, 가족도 장애유아와 마찬가지로 해결해야 할 문제가 있으므로 다양한 도움이 필요하다는 관점에서 출발하였다. 단순히 가족의 욕구를 충족시켜 주는 것보다 가족이 스스로 문제를 해결할 수 있는 능력을 가지고 있음을 깨달아 가족의 구조를 강화하고 유지해 나가도록 돕는 것이 핵심이다(Dunst, Trivette, & Deal, 1988).

외국에서는 가족 지원이 장애영유아교육의 주요 목표 중 하나로 포함되고 있고, 가족이 서비스 전달체계에서 중심적인 역할을 하는 가족 중심의 지원으로 나아가고 있다. 우리나라의 유아교육현장에서도 가족이 중심이 되는 가족 지원 또는 부모교육이 이루어질 수 있도록 이에 대한 이해와 폭넓은 공감대의 형성이 무엇보다 중요하다.

2) 프로그램의 목표

일반영유아 부모와 장애영유아 부모가 모두 가정과 지역사회의 구성원으로서 더 강화된 리더십과 부모역량을 가질 수 있도록 부모교육 프로그램을 운영하기 위하여 먼저 프로그램의 구체적인 목표가 설정되어야 한다. 예를 들어, 다음과 같은 구체적인 목표가 설정될 수 있다.

첫째, 일반영유아 및 장애영유아 그리고 여러 가지 발달적 어려움을 보이는 영유아들의 성장과 발달 특징 및 실제적인 지도방법에 대한 지식을 제공하여 모든 부모가 보다 유능하고 효율적인 양육자가 될 수 있도록 돕는다.

둘째, 인간의 다양한 개인차에 대한 이해와 수용력을 증진시켜 장애영유아 통합교육 및 반편견 교육의 필요성과 중요성을 인식하고 이를 실천하는 데 필요한 부모의 역할에 대하여 이해를 돕는다.

셋째, 유아교육기관에서의 활동을 가정에서 반복, 연계 또는 확장하여 실시할 수 있도록 가정 내 활동과 교육에 대한 아이디어를 제공하여 교사로서의 부모역할을 증진시킨다.

넷째, 일반영유아 부모와 장애영유아 부모가 자녀양육이라는 공동의 목표를 가지고 자연스럽게 상호교류하고 접촉함으로써 상호 간에 심리적, 사회적, 정보적 지원자가 될 수 있도록 돕는다.

다섯째, 부모 자신의 자아 개발, 정신건강과 행복 증진 및 사회적 역할과 역량 등에 초점을 두어 한 사람의 성인으로서 부모 발달을 돕는다.

여섯째, 자신의 자녀와 가족뿐만 아니라 지역사회의 불우한 영유아와 가족에 대한 폭넓은 이해와 사랑으로 공동체 생활에 대해 관심을 가지도록 돕는다.

3) 프로그램의 운영

(1) 내용 선정 시 고려할 점

부모교육도 성인교육의 하나이므로 내용 선정 시 성인 학습자인 부모를 위해 다음과 같은 점이 고려되어야 충분한 효과를 거둘 수 있다(정계숙·노진형, 2006).

첫째, 성인은 학습에 대한 필요와 흥미를 가지고 있을 때 동기화되기 때문에 학습자인 부모의 능력과 흥미 및 필요에 맞게 내용을 선정해야 한다.

둘째, 부모들은 오랜 기간 누적된 많은 경험을 가지고 있으며 경험과 관련된 학습을 원하므로 다양한 부모의 경험에 근거하여 교육내용을 선정하여야 한다.

셋째, 성인의 학습은 실제적이고 특별한 문제를 해결하고자 하는 희망에 의해 동기화되기 때문에 생활의 문제들을 중심으로 하는 내용을 다루어야 한다.

(2) 실시 방법

유아교육기관에서의 부모교육실태를 조사한 결과(김희진, 2002), 부모교육의 개념 범위가 기관마다 서로 다르며, 실시방법에 있어서는 통신문, 면담, 강연회 및 오리엔테이션이 가장 많이 이루어지고 있었다. 유아발달과 교육 및 부모의 양육방법에 관한 정보는 주로 가정통신문이나 연중 1~2회 실시되는 면담과 강연회를 통하여 대부분 일방적으로 부모들에게 제공되는 것으로 나타났다.

유아교육현장에서 부모교육 프로그램을 계획할 때, 요구도 조사와 전문가의 의견을 참조하여 프로그램을 개발한 경우보다 기존 프로그램을 참조하여 재구성하거나 그대로 수행한 경우가 전체의 78.9%를 차지하는 것으로 나타났다(전춘애·이미숙, 2003). 부모 요구의 미흡한 반영은 시간적 여유가 있는 부모의 경우에도 부모교육에 대한 참여가 낮아지는 원인이 된다.

이처럼 현재 시행되는 부모교육 프로그램은 전반적으로 부모의 욕구나 기대보다는 기관 중심의 일방적인 정보 전달 위주로 수행되어 부모에게 실질적인 도움이 되지 못한다고 할 수 있다. 장애영유아 부모가 가장 원하는 부모교육 형태는 참여수업이며, 부모회는 토론 중심으로 이끌어 주기를 원하였다(진현자, 2001). 그러므로 자녀 교육에 부모가 적극적으로 참여하여 자녀의 발달을 이해하고 토론을 통하여 구체적인 정보를 얻고자 하는 욕구를 프로그램 개발 시 적극적으로 반영하여야 할 것이다. 또한 교사와의 주기적인 소집단 면담 및 수시 개별면담에 대한 부모의 공통된 욕구도 프로그램 계획에 적절히 반영해야 한다. 자녀가 정상 발달에 어려움을 보이는 부모는 특히 이러한 욕구가 높으므로 이들에게 더 많은 기회를 제공할 필요가 있다.

특별한 욕구를 지닌 영유아의 부모를 포함하고 있는 교육현장의 부모교육 프로그램의 내용은 부모의 다양한 욕구를 반영하여 정보·지식, 자녀양육기술 및 부모 발달 등 크게 세 영역으로 나누어 구성할 수 있다. 각 영역별 세부내용은 기관별 부모의 특성과 요구에 따라 조정될 수 있고 적절한 교육방법으로 실행되어야 한다.

마지막으로 부모교육 프로그램의 내용과 교육방법의 한 예를 제시하였다(표 10-1). 이는 통합교육기관 부모교육 프로그램의 영역과 교육내용 범주를 참고하고 최근의 사회 변화 및 연구결과를 반영하여 구성하였다.

〈표 10-1〉 **통합 유아교육기관의 부모교육 프로그램 내용과 교육방법**

영역	교육내용	세부내용	교육방법
정보·지식	유아발달	• 연령별 발달의 특징 • 신체적, 사회적, 정서적, 지적, 언어적 발달과 생태적 환경의 영향 • 유아기 스트레스와 정신건강	수업참관 시청각 교육 강연
	장애 원인, 예방 및 장애유아의 발달	• 장애 원인과 예방 • 장애유아의 발달 특징과 재활 • 유아특수교육	시청각 교육 개별 면담 강연
	유아 건강과 안전	• 응급치료에 대한 기술 습득 • 유아기 질병과 예방 • 안전 지도 • 장애유아의 건강, 영양 및 안전 지도	시청각 교육 가정통신문 강연
	통합교육의 철학	• 일반 및 장애유아의 발달과 성숙 도모 • 유아의 학습과 생활: 사회적 통합 • 공동체 사회 만들기	강연 교육자료집

영역	교육내용	세부내용	교육방법
정보·지식	통합교육기관의 교육과정 및 운영안내	• 기관의 운영 철학, 목표와 비전 • 교육과정 소개: 교수적 통합 • 통합교육기관에서의 교사와 부모역할 및 동반자 관계	가정통신문 수업참관 강연
	유아 교재 및 교구 선택	• 유아용 그림책과 놀잇감의 조건 • 유아 교재 및 교구 소개 • 장애유아용 특수교육자료 및 장비 소개	수업참관 교육자료집 가정통신문
	아동복지 서비스 관련 법규 및 정보	• 영유아 교·보육 관련법 및 아동복지법 • 지역사회의 복지 자원과 활용법 • 지역사회 영유아, 부모교육 프로그램 • 장애유아 진단과 치료를 위한 전문 병원과 상담센터 소개 및 활용방법 • 부적응 영유아 지원 서비스 기관	가정통신문 교육자료집 소집단 면담
자녀 양육 기술	인성교육과 생활습관 지도	• 가정에서의 인성교육 • 기본생활습관의 중요성과 지도방법 • 일반유아와 장애유아 간 상호작용 기술	수업참관 시청각 교육 가정통신문
	문제 행동 지도	• 유아의 부적응 행동 이해와 지도 • 문제 행동의 원인과 부모역할 • 장애유아 긍정적 행동 지도 전략	개별 면담 시청각 교육 소집단 토론 교육자료집
	자녀양육 방법	• 유아의 연령별 부모역할과 유아빌딩 • 자녀와의 효과적인 대화방법 • 유아와 부모의 기질과 성격에 따른 부모의 양육방법	시청각 교육 강연 워크숍 소집단 토론
	가정을 학습 경험의 장으로 만들기	• 놀이 이해를 통한 유아발달 지원 방법 • 가정에서 할 수 있는 여러 가지 감각 놀이와 요리활동, 계절놀이 • 가정에서 재활용품으로 교구 제작하기	시청각 교육 수업참관 워크숍

영역	교육내용	세부내용	교육방법
부모 발달	올바른 아동관, 부모관 형성	• 4차 산업사회에 대비한 부모역할 및 자녀 교육의 방향 • 부모 참 역량과 자녀발달 • 근원가족, 부부관계와 자녀 발달 • 건강 가족과 행복관	강연 시청각 교육 소집단 토론 교육자료집
	사회적 성장 지원	• 사회 변화와 주체적 삶 • 교육/사회공동체의 형성과 부모역할 • 평생학습사회와 평생교육기관 • 건강 사회, 행복 사회의 조건	가정통신문 교육자료집 소집단 토론
	자기 개발	• 개인의 성격, 잠재능력 이해와 관리 • 취미, 자기 개발을 위한 동호회/학습공동체 활동 • 사회봉사활동을 통한 자기 성장 • 취업 관련 강좌 및 훈련 정보	가정통신문 워크숍 교육자료집 소집단 토론

Chapter 11

부모와 교사

사회의 변화와 함께 가정과 교육기관의 역할과 책임이 상호 영향을 미치며 변화하고 있다. 따라서 교사와 부모의 관계에는 현대사회의 인간관계 및 교육권과 학습권의 변화가 반영된다. 본 장에서는 연령적 특성상 교사와 부모의 상호 지원과 협력을 필요로 하는 영유아의 성장을 돕기 위하여 영유아교육 및 보육기관에서 교사와 부모가 서로에게 기대하는 역할과 협력, 책임과 갈등의 해결방식 등을 살펴보고자 한다. 여기서 부모는 다양한 부모의 역할 중 교사와의 관계에서 형성되는 '학부모'의 개념이다.

Parent Education

1 학부모의 역할과 책임

1) 영유아기 자녀를 둔 학부모의 역할과 책임

부모의 역할 중 '학부모'는 교육기관과의 관계 속에서 이루어지는 것으로 '자녀가 학생인 특정 시기의 부분적 부모' 개념이다. 이는 '일상적인 부모역할 외에 특별히 자녀의 학교교육과 관련된 역할이 추가되거나 강조된 부모'라는 의미이다. 따라서 학부모라는 말은 자녀를 교육기관에 보내어 체계적인 교육을 시키고 있는 부모가 일정 부분 교육에 참여하는 것을 기대하고 요구하면서 자녀교육의 동반자로서 교육기관과 가정의 연계성이 강화되어야 한다는 것을 부각시키는 용어이다(윤기영, 2005).

현대사회에서 교육권과 학습권, 부모와 교사의 권위와 역할 등이 변화하고 있으며, 결과적으로 부모와 학부모 간의 관계, 역할기대, 만족도 등도 달라지고 있다. 이러한 변화에 따라 교육권과 학습권의 균형과 조화를 통해 교육의 효과를 높이고자 하는 다각적 노력이 이루어지고 있다. 초·중등학교에서는 학부모의 의견을 교육의 전 과정에 합리적으로 반영하고자 학교운영위원회를 운영하고 있으며, 유아교육기관에서도 학부모와 지역사회 개념이 필수적으로 다루어지는 것을 평가지표(교육과학기술부, 2012; 한국보육진흥원, 2012, 2018)를 통하여 확인할 수 있다.

학부모가 자녀를 양육하면서 자신의 책임을 제대로 인식하지 못할 수는 있지만, 그들 모두가 자녀교육의 기초이고 출발점이다. 연령 특성상 영유아 시기에는 교육기관에서의 학부모역할이 클 수밖에 없다. 부모들은 자녀를 유아교육기관에 보내는 것을 당연하게 생각하고 보내지만 동시에 불안함도 느낀다. 육아경험과 실제적인 정보소통의 기회가 부족한 채 각종 매체에는 많이 노출되는 육아환경은 부모의 부담과 양육스트레스를 가중시켜 교육기관에 책임을 떠넘기기도 한다.

그러나 학부모들은 점차 다양한 참여자의 역할, 즉 참관자, 가정에서의 학습지도자, 유급 봉사자, 의사소통자, 자문 및 의사결정자, 학습자, 문제해결자가 되고, 자신들이 학부모로서의 시각과 인식을 갖게 되었다고 느낀다(윤기영, 1997). 현대사회에서 학부모의 역할은 가정이라는 공간을 벗어나 참여 범위가 넓어지고 능동적, 적극적, 전문적으로 수준이 높아지는 경향을 보이고 있다.

2) 교사와 원장의 부모상과 부모의 역할

상대에게 갖는 상 또는 이미지는 상대와 관계된 모든 결정에 영향을 미치기 때문에 영유아교사에게 인식되는 부모상을 살펴보는 것은 의미 있는 일이다.

(1) 부담스럽고 어려운 부모

유아교육운영자가 보는 학부모의 특성으로 내 자녀의 입장만을 주장하고 과잉보호하는 양육 방식, 상급학교에 대한 부담과 조급함을 유아교육에 투사시키기, 유아교육과정과 교사에 대한 신뢰 부족 및 지나친 개입, 교육권과 피교육권의 부조화 등이 지적된 바 있다(제경숙, 1994). 교사들도 여전히 부모와의 의사소통 문제, 의견 차이, 어린이집에 대한 부모의 지나친 요구, 특히 실제 교육현장에서 자신의 교육적 신념과 부모의 요구 및 기대 간의 갈등으로 인해 스트레스를 경험하고, 이로 인해 항상 심리적으로 긴장상태인 것으로 나타났다(김보들맘·신혜영, 2000). 교사들이 은유적으로 표현하는 부모의 이미지를 살펴보면, 협력적이고 지원적인, 즉 긍정적인 이미지의 부모와 일방적인 요구를 하거나 교사에게 업무를 부과하는 부정적인 이미지의 부모로 나타나며, 부정적인 비율이 높다는 것은 안타까운 현실이다(이경화·손유진, 2015; 제경숙·김현주, 2018).

이윤경(2004)은 많은 교사가 부모의 예의 없는 언어표현과 행동으로 스트레스를 받고 있다고 보고하면서 교사의 말은 무시하고 자녀의 말만 믿을 때, 교사가 말할 때는 소홀히 듣다가 나중에 딴소리할 때, 교사에게 반말할 때, 무시하는 듯한 말과 행동을 할 때 등을 구체적인 예로 들었다. 배율미와 조유진(2014)의 연구에 따르면, 교사는 부모와의 의사소통에서 부모의 교사에 대한 신뢰 부족으로 인해 가장 많은 어려움을 느끼는 것으로 나타났고, 부모와의 의사소통에서 솔직하고 개방적인 태도, 부모의 유아교육에 대한 이해 부족, 부모의 자녀에 대한 부적절한 이해 순으로 어려움을 느끼고 있었다. 또한 학부모와의 관계에서 유아교사와 원감, 원장은 심리적인 갈등과 어려움을 겪고 있다(고선아, 2008; 김신영, 1998; 박정민, 2018; 염지숙·홍춘희, 2006; 이경화, 2001).

특히 초임교사들이 학부모와의 관계에서 더 어려움을 겪는 것으로 보인다.

① **자녀에 대해 과잉기대하고 원에 역할을 전가한다.** 맞벌이하는 부모가 늘고 소수의 자녀를 키우게 되면서 기본생활습관, 자립심, 더불어 사는 태도 등이 부족한 영유아가 많고, 부모들이 원에 의존하여 부모의 역할까지 대신해 주기를 바란다.

② **교육과정에 대한 이해가 부족하고 부적절하게 개입한다.** 부모들은 교육과정에 대한 이해가 부족한 채로 인지학습에 대한 과한 요구와 기대를 하며, 과정보다 결과를, 교육내용보다 시설을 중심으로 평가한다.

③ **교사에게 합당한 권위를 부여하지 않는다.** 교사들은 학부모들이 유아교육기관을 사설학원 등과 동등하게 여기거나 초등학교 교사에 비해 자신들의 합당한 권위를 인정하지 않는다고 느끼기 쉽다. 또한 영유아가 다쳤을 때 상황 고려와 책임소재에 대한 인식 없이 교사에게 전적으로 책임을 물을 때 교육권이 존중받지 못한다고 느낀다.

④ **영유아지도에 무관심하고 비협조적이다.** 교사들은 학부모들의 높은 교육열과 요구 및 기대에 비해 정작 자신은 자녀를 돌보고 지도하는 데 무심하고 교사에게도 비협조적이라고 느끼기도 한다.

⑤ **교사들은 종종 부모와의 의사소통에 단절감을 느낀다.** 교사들은 부모들이 자녀의 문제를 교사와 먼저 의논하지 않고 원장과 소통할 때 단절감을 느낀다.

(2) 초임교사에게 특히 어려운 존재

초임교사에게 부모는 어려운 존재이지만 시간이 흐르면서 상호 중요성을 인정하고 협력적 관계가 된다.

초임교사 시절을 돌아보았을 때 현장에서 제일 큰 두려움의 대상은 부모였다. 어떻게 하면 부모들 속으로 내가 들어갈 수 있을까? 무엇이 문제였을까? 부모는 내 마음 속에 끊임없이 물음표를 그려 낸 사람들이다. (중략) 모든 촉각을 자신의 아이에게만 향해서 곤두세우는 부모들을 보면서 내가 과연 저들의 틈에서 살아남을 수 있을지가 미지수였다. 나는 하루 일과 동안 아이들과 지내면서 특정한 일이나 행동을 보인 아이에 관해 항상 메모해 두었다. 학부모를 만나면 공통의 화젯거리를 만들기 위해서였다. 그럼에도 불구하고 초임교사 시절의 나는 막상 부모를 만나면 머릿속이 하얀 백지 같았다. 학부모들이 너무 어려워 무슨 말을 어떻게 해야 할지 몰랐기 때문이다. (홍춘희, 2006).

홍춘희는 초임교사 두 명의 적응과정을 관찰하여 학부모와의 관계에서 다음의 3가지 교육적 의미를 발견하였다. 첫째, 초임교사들은 예비교사 시절 자신이 전혀 생각지 못했던 학부모와의 관계가 아이들만큼 중요하다는 사실을 곧 깨닫게 되었다. 둘째, 학부모를 상호 협력적 동반자로 인식하게 되었다. 셋째, 유아교육현장에서 아이들을 교육시키는 것만큼 부모의 존재가 중요하다는 것을 알게 되고 학부모와 부딪히며 그들의 존재를 인정하면서 자신이 교사로서 전문가가 되어 가고 있음을 느꼈다. 조소영(2005)도 초임교사의 학기 초 적응에 있어서 부모가 어려운 요인 중의 하나임을 밝혔다.

(3) 교사의 지지자

모든 학부모가 교사를 힘들게 하는 것은 아니다. 교사와 갈등관계인 부모보다 갈등이 없는 부모가 더 많으며, 갈등을 겪는 부모와도 그 문제가 해결되면 오히려 더 잘 이해하고 협조하는 관계로 변화하기도 한다. 자녀 수가 적어지고 시간적, 경제적 여유가 있는 학부모가 늘면서 적극적으로 교육활동을 돕기도 한다.

다음 사례는 초임교사에게 가장 어려운 존재이던 학부모와의 관계가 점차 상호 동반자가 되어 이해하고 공감하며 교사의 전문성을 돕게 되는 과정을 보여 준다.

특히 유치원에서는 실내·외를 막론하고 안전사고 위험이 많다. 학년 초에는 더욱 사고율이 높은데 조금 다쳤을 때도 학부모께 전화로 자초지종을 말씀드리곤 한다. 그러면 보통 학부모들께서는 "그럴 수도 있지요. 애들이기 때문에 다칠 수도 있는데 걱정 마세요."라고 교사를 안심시켜 준다. 이럴 때는 정말 고마움을 느낀다(p. 193).

불교 신자인 나와 목사 사모님인 학부형과는 종교 이야기를 떠나서 처음에는 자녀교육에 대하여 이야기를 나누다가 점차 여자들의 일상생활 이야기들, 그리고 책 이야기 등등 사람 사는 이야기들을 가볍게 나누면서 늘 공감하는 부분이 많았다. 그렇게 2년 동안을 지내고 내가 먼저 다른 유치원으로 근무지를 옮기게 되었다. 그리고 몇 달 후 그분들도 제주도를 떠나게 되었다는 연락이 왔고, 떠나기 며칠 전 나를 저녁식사에 초대하였다. 떠나는 선물이라며 예쁜 수저 세트까지 준비하여 내게 주었고 그렇게 석별의 정을 나누어야 했다(p. 194). (이경화, 2001).

(4) 보람을 느끼게 하는 부모, 좌절을 느끼게 하는 부모

교사들은 자신을 이해하고 협조하는 부모를 통해 보람을 느끼는 반면, 냉담하거나 교사의 노력을 정당하게 평가하지 않는 부모에게서는 좌절을 느낀다.

교사가 부모에게서 보람을 느낄 때

① 부모가 쉽게 동기 유발될 때
② 부모가 자신이 모르는 것을 솔직히 인정하고 도움을 받을 때
③ 부모가 즐겁고 개방된 자세로 대화하고 농담할 때
④ 부모가 새로운 것을 기꺼이 하려고 노력할 때
⑤ 부모가 절대로 포기하지 않고 노력할 때
⑥ 부모가 감사를 표현할 때

교사가 부모로부터 좌절을 느낄 때

① 좋은 프로그램을 마련해서 초청하여도 나타나지 않을 때
② 모든 문제를 해결할 하나의 해결책만 달라고 요구할 때
③ 교사를 동반자가 아니라 경쟁자로 인식할 때
④ 부모가 자녀교육에 대한 책임을 교사에게만 전가하려고 할 때
⑤ 부모가 자녀양육이나 교육에 대한 것을 배우려는 욕구가 전혀 없을 때
⑥ 교사의 노력을 무위로 만들 때
⑦ 교사와 교육기관을 지원하기보다 비판할 때

출처: 김희진(2006).

2 교사의 역할과 책임

1) 영유아교사의 역할과 책임

교육의 세계적 동향은 체계적이고 꾸준한 교육개혁, 학생들의 학업 성취 보장과 계층 간 교육격차 완화를 위한 노력, 학교에 대한 자율성 보장과 책무성 요구, 어려운 학교에 대한 지원 등과 함께 학교교육에 대한 학부모의 알 권리 보장과 선택권 강화를 포함한다(이종재, 2003). Lombardi(1992)는 교육의 연속성(continuity)을 보장하기 위한 3가지 요소로 발달적으로 적합한 교육과정, 모든 수준에서 협력하는 부모참여, 교육기관과 협력관계에 있는 지역사회의 지원과 서비스 등을 들었다. 많은 연구들은 자녀의 학교생활을 적극적으로 지원하는 부모의 자녀가 성공적으로 성장한다고 보고하여 왔다(Heck & Williams, 1998).

일반적으로 교사는 교사만이 영유아를 잘 가르치며 이것이 유일한 교사의 책임이라고 생각한다(유안진·김연진, 2003). 그러나 이러한 신념을 지닌 교사는 부모를 전문성을 지닌 협력 대상이자 동반자로 인식하기 어렵다. 영유아의 연령적 특성상 부모와의 협력은 필수적이기 때문에 교사는 부모를 협력자로 인식하고 부모 자원을 적극적으로 활용하여야 한다.

예를 들어, 학부모들이 관심을 기울이는 문제들을 끝까지 추적하여 불평을 해결하도록 노력하여야 한다. 교사에게는 사소하게 보이는 문제라도 학부모나 학생들에게는 중요한 문제일 수 있고, 작은 문제들을 무시한 채 내버려 두면 나중에는 더 큰 문제가 된다. 저학년 혹은 영유아를 맡은 교사들은 아이들이 매일 집으로 돌아가기 직전에 아이들과 함께 그날 생활을 정리하고 요약해야 한다. 아이들은 "오늘은 무엇을 배웠니?"라는 부모의 질문에 "아무것도 안 배웠어요."라고 서슴없이 대답하기 때문이다(Heck & Williams, 1998).

부모와의 협력을 위해 교사가 갖추어야 할 자세는 다음과 같다(윤기영·박상님, 2000).

- 교사는 더욱 유능한 교사가 되도록 자신을 끊임없이 변화·발전시켜 나가야 한다.

- 교사는 자기 자신에 대해 진실해야 하고 상대방에게 진실해야 한다.
- 교사는 학부모의 자녀에 대한 특별한 관계를 인정하고, 그에 따르는 학부모의 특성과 그 나름의 전문성을 존중하고 수용하여야 한다.
- 교사는 자기 자신을 사랑하며, 더불어 살아가는 자세를 지녀야 한다.
- 교사는 학부모와의 바람직한 인간관계를 정립하고 증진시키기 위하여 인간관계의 기술적 측면을 보강하여야 한다.

2) 학부모들이 원과 교사로부터 알기를 원하는 것

학부모들은 유아교육기관에 자녀를 보내면서 많은 것을 기대하며 교사에게 의지하여 양육의 어려움을 해결하고자 한다. 따라서 교사는 전문성과 윤리적 소양을 갖춤과 동시에 학부모의 요구에 개방적이고 민감하여 교육의 효율성을 높일 필요가 있다.

Gestwicki(2000: 175)는 '부모들이 알기를 원하는 것'을 다음과 같이 제시하였다.

부모들이 알기를 원하는 것

• 부모들은 소속되기를 원한다.

- 나는 소속되고 싶어요.
- 유치원, 어린이집으로 나를 불러 주세요.
- 나를 초대해 주세요: 원에서 주도해 주세요.
- 유치원이나 어린이집의 활동 중에서 내가 어떻게 참여하면 좋을지 알려 주세요.
- 나는 학부모자문위원회나 부모참여 모임의 구성원이 되고 싶어요.

• 부모들은 교사가 접촉하기를 원한다.

- 나는 우리 아이의 선생님이 내게 전화해 주는 것이 좋아요.
- 나는 직장에 다니기 때문에, 저녁에 선생님과 의논하는 것이 좋아요.
- 나의 자녀가 어떤 공부를 하고 있는지 알게 해 주세요.
- 나는 적어도 한 달에 한 번 정도는 선생님을 만나길 원해요.
- 너무 전문적인 의사소통보다는 분명하고, 짧고, 단순하게 지속해 주세요.
- 문제가 있을 때만 연락하지 말고 좋은 소식도 알려 주세요.

• **부모들은 정보를 원한다.**
- 원의 교육철학, 책임자와 만나는 방법, 아이가 배우고 있는 활동의 일반적인 목표를 말해 주세요.
- 선생님에게 전화하기 좋은 시간과 담당자의 이름과 전화번호를 알려 주세요.
- 학교행사, 지역사회 자원, 보충 프로그램 등을 알려 주는 소식지를 한 주에 한 번 혹은 한 달에 한 번은 보내 주세요.
- 부모교육 워크숍을 해 주세요.

• **부모들은 돕기를 원한다.**
- 내 자녀가 원에서 배우는 것을 보충해 주는 방법을 알려 주세요.
- 교사로서 당신이 내 자녀에게 기대하는 것이 무엇인가요?
- 내가 학급을 위해 무엇을 도울 수 있을까요?

• **부모들은 교사들이 자녀들을 사랑하기를 원한다.**
- 내 자녀들이 자신을 좋게 생각할 수 있도록 해 주세요.
- 당신은 내 자녀의 인생에 중요한 영향을 미치는 존재라는 것을 항상 기억해 주세요.
- 내가 어떤 불평을 하더라도 그것을 내 자녀와는 관련짓지 말아 주세요.
- 우리 아이를 가족과 똑같다고 받아들이지 말아 주세요.
- 나의 아이를 잘 돌보아 주세요.

3) 부모들이 교사에게 기대하는 역할과 교사상

학부모들이 교사에게 기대하는 역할과 교사상은 다음과 같다.

① 자녀에 대해 관심을 가져 주고 그 관심을 표현해 주는 교사

자녀를 처음으로 기관에 보낸 학부모들은 걱정과 궁금한 점이 많고 교사가 자녀에게 관심이 부족하다고 느낄 때 당황하며 불만을 갖는다. 따라서 교사는 영유아를 관찰하고 기록·종합하기 위한 체계적인 계획을 세우는 것이 좋다. 이러한 준비는 영유아를 이해하고 부모와 관심을 공유하는 데 도움이 된다. 그리고 등·하원 시나 연락장, 전화 등을 통해 구체적인 내용을 전하도록 노력한다.

② 내 자녀의 성장과 교육을 돕기에 충분한 전문적 지식을 갖춘 교사

학부모들이 교사로부터 정보를 얻기 원하는 것은 자연스러운 일이다. 따라서 교사들은 지속적인 노력을 기울여야 한다. 정기적으로 교사 재교육 연수에 참여하고 교사 간 토론과 상호 지지적인 격려를 할 수 있는 기회를 자주 마련하는 것이 좋다. 학부모가 '선생님은 아직 아이를 길러 보지 않아서 잘 모를 것'이라고 생각하여 신임하지 않는 경우도 종종 있다. 학부모와 함께 문제를 해결해 나가는 태도를 가지고, 필요한 전문기관이나 전문가를 같이 찾아보는 노력도 필요하다.

③ 내가 가정에서 지도하지 못하는 부분을 해결해 주는 교사

대부분의 영유아는 가정에서 이루어지는 부모의 지도보다 교육기관에서 하는 교사의 지도를 더 잘 받아들이는 경향이 있다. 그러다 보니 학부모들이 가정에서 지도해야 할 몫까지 교사에게 전가하는 일이 종종 발생한다. 서로의 역할기대가 다를 때는 교사가 주도하여 학부모를 안내할 필요가 있다.

④ 부모가 갖는 조급함과 걱정을 이해하는 교사

유아교사 중에는 '내 아이를 초등학교에 입학시키고 나서야 그 엄마가 문자 지도를 해 달라고 한 심정을 알겠더라.' 하는 예와 같이 뒤늦게 부모의 마음을 이해하게 되었다고 말하는 경우가 많다. 학부모들이 조급해하고 받아들이기 어려운 요구를 한다고 생각될 때도 우선 부모의 마음을 이해하려고 노력하는 태도가 필요하다. 부모들은 이해받는다고 느낄 때 교사와 협력관계를 이루기 쉽다.

⑤ 부모와의 관계를 개방적이고 편안하게 받아들이는 교사

초임교사에게는 학부모와 협력적인 관계를 맺는 일이 가장 어려운 일 중의 하나이나, 경력이 쌓여도 여전히 학부모와의 협력적 관계 만들기를 어려워하고 두려워하는 교사도 있다. 부모의 참여에 대해 긍정적으로 생각하고 호의적인 태도를 가지며, 교사의 특성과 노력을 알리는 기회로 삼아야 한다.

⑥ 의사소통을 잘하는 교사

학부모들은 교사와 의사소통이 잘 안 된다고 느낄 때, 어떤 기대가 충족되지 못했을 때 불만으로 발전하게 된다. 학부모들은 기관이나 교사로부터 일방적으로 통보받는다는 느낌을 싫어한다. 교사가 부모의 요구를 파악하고 교사의 교육철학과 방법을 이해시키기 위해서는 기술이 필요하다.

3 유아교육기관에서의 부모와 교사의 관계

1) 인간관계로 이해하는 부모와 교사 사이

학부모와 교사는 모두 상호관계를 중요하게 생각하나 동시에 어렵다고 느낀다. 어느 조직에서나 인간관계는 가장 어려운 일이고 동시에 인간을 행복하게 해 주는 가장 중요한 요소이기 때문에, 갈등을 극복하고 보다 바람직한 관계로 만들어 나가야 한다. 부모와의 긍정적인 의사소통 및 협력적 관계는 교직윤리의 한 부분이기도 하다(임승렬, 2002; 조형숙·박은주·류혜숙, 2008; 정계숙, 2011).

(1) 영유아 학부모와 교사 관계의 특성

1960년대 이전에 부모는 교사나 전문가에 의해 교육받는 수동적 존재였으나, 부모와 교사의 관계는 현대사회의 다른 관계와 마찬가지로 점차 수평적인 관계로 변화되어 가고 있다. 최근 들어 부모-교사의 협력적, 동반자적 관계형성에 대한 관심이 증가하여 부모-교사 간 유대관계를 강화하여 동등한 입장에서 협력적인 동반사적 관계를 형성하고자 한다. 학부모와 유아교사 간의 관계 특성은 다음과 같다(박연호, 1984; 윤기영, 2005).

첫째, 학부모와 유아교사의 인간관계는 거의 대부분 자신들의 의지와는 관계없는, 선택의 여지가 없는, 그래서 운명적이라고 볼 수밖에 없는 만남이다.

둘째, 학부모와 유아교사의 인간관계는 서로의 적극적인 주도로 이루어지는 직접적인 만남이 아니라 유아를 매개로 하여 맺어지는 간접적인 관계이다.

셋째, 학부모와 유아교사의 인간관계는 통상의 인간관계에서 나타나는 전면적인 접촉관계가 아니라 유아의 교육과 관련하여서만 접촉이 이루어지는 부분적인 관계이다.

넷째, 학부모와 유아교사의 인간관계는 아주 특별한 경우를 제외하고 해당 유아가 그 교사에게서 지도를 받는 기간에만 지속되는 일시적인 관계로 비영구적이라는 특성을 갖는다.

다섯째, 학부모와 유아교사의 인간관계는 이중성을 지닌다. 즉, 유아교사-학부모

관계는 합법적, 공식적으로 만날 수 있는 당당한 관계이면서 한편으로는 '치맛바람'으로 상징되는 비합법적, 비공식적 성격도 지니는 이중적인 관계라는 특성을 지닌다.

(2) 인간관계에서 갈등의 긍정적인 요소와 부정적인 요소

인간관계에는 개방성, 상대의 존중, 신뢰성, 정직성, 성실성, 겸손, 일관성 등이 필요하다. 그러나 실제로는 인간관계를 해치는 많은 요소가 드러난다. 즉, 자기중심성, 편견, 무관심, 배려의 부족, 숙련되지 않은 대화법 등에 의해 많은 갈등이 유발된다. 갈등은 흔히 부정적인 것으로 인식되지만, 갈등에 대한 오늘날의 시각은 부정과 긍정의 양 측면을 잘 활용하여 사회의 역동성을 유지하고 사회 발전을 위한 계기로 삼는 것에 초점이 맞추어져 있다. 갈등의 순기능은 문제 탐색의 기회가 있으며, 문제 탐색의 기회를 통해서 갈등에 직면하는 경우 갈등의 내용이 무엇이고 갈등의 원인이 무엇인지 생각하게 되면서 문제에 대해서 다시 살펴보는 계기가 된다. 또한 조직문화의 개선 기회가 되기도 한다(Dublin, 1984). 갈등이 주는 긍정적인 요소와 부정적인 요소는 다음과 같다(송운석, 2005).

① 갈등의 긍정적인 요소

- 갈등은 의사결정의 질을 향상시키는 데 도움을 주며 다른 대안을 모색할 수 있는 계기로 작용한다.
- 갈등을 통해 사람들은 서로의 관점을 통합할 수 있는 대안을 만들 수 있다.
- 갈등은 개인과 집단구성원으로 하여금 긴장하도록 하는 계기를 제공하여 이를 통해 업무수행 능력의 향상을 기할 수 있도록 한다.
- 갈등은 당사자들의 입장을 좀 더 명확하게 정리할 수 있는 기회를 제공한다.
- 창의적이고 혁신적인 아이디어를 개발할 수 있는 기회를 제공하며 개인적으로는 정신적 성장의 기회로 활용할 수 있다.

② 갈등의 부정적인 요소

- 갈등은 개인에게 심리적인 스트레스의 원인이 된다.
- 갈등으로 인해 당사자 서로 간의 의사소통 경로가 차단되어 불신과 의심의 분위기

가 고조될 수 있다.

- 갈등은 생산성과 업무의욕을 저하시킬 수 있고, 변화에 대한 거부감을 증가시킬 수 있는 부정적 요소를 내포하고 있다.

많은 헌신을 요구하는 유아교육·보육현장에서 교사들은 초·중등교사에 비해 더 갈등을 경험할 가능성이 높다. 그러나 갈등에 대한 고정된 시각을 갖고 있으면 갈등에 유연하게 대처하기가 어렵기 때문에 긍정적 효과를 최대화하면서 부정적 효과를 최소화하도록 노력하는 것이 필요하다. 생산적이고 건강한 갈등 관리는 서로 간의 관계를 정립하고 문제와 갈등이 생겼을 때 대화를 통해 효과적으로 문제를 해결하여 더 나은 관계로 변화하는 과정을 의미한다(김금주·유윤영, 2005).

(3) 유아의 부모와 유아교사 간의 갈등 해결을 돕는 몇 가지 전략

전문가로서 교사는 상황이 아무리 나빠도 부모와 효율적인 관계를 가져야 할 책임이 있다(유효순·지성애, 2004). 교사가 부모와의 불편한 관계를 해소하기 위하여 부모와 교사 양쪽 입장에서 함께 해결해 나갈 수 있는 공통점을 찾기 위한 제언은 다음과 같다.

① 부모가 적대적 태도를 보일 경우 교사는 적대적 표현과 적대적 감정이 동일한 것이 아님을 깨달아야 한다. 자녀에 대한 이야기에 화를 내는 것은 자신을 방어하는 반응일 수도 있음을 이해하고 부모의 정서적 입장을 깊이 고려한다. 부모의 강한 정서에 말려들지 않도록 유의하고, 특히 눈을 마주치는 것을 피하거나 팔짱을 끼는 등의 부정적 신체언어와 방어적이거나 논쟁적인 자세를 피한다.

② 부모가 무관심한 태도를 보일 때 부모와 교류할 수 있는 방법을 아직 찾지 못했다는 긍정적인 자세로 임한다. 영유아의 욕구나 교사의 노력에 무관심한 경우, 일반적으로 부모와의 관계도 소원해지고 스스로 위축되어 교류할 수 없는 부모에 대해 비난하게 된다. 경제적 압력으로 힘든 상태에 있는지, 부모 자신이 직업적 업무로 바쁜 경우인지, 사회문화적 배경이 달라서 불편한 경우인지 또는 자신의 정서적 욕구로 인한 압력인지 등을 생각해 볼 수 있다.

③ 반대로 부모가 지나치게 기관의 일에 관여하는 경우 기관에서 협의하며 대응한다.

자녀에 대해 모든 것을 다 알고 있다고 생각해 교사의 의견을 받아들이지 않은 채 교육과정 전반에 대해 요구하는 경우이다. 교사와 원장은 협의하여 기관의 교육 방향을 설명하고 함께할 수 있는 영역을 분명히 한다.

④ 격리불안을 느끼는 부모에게는 구체적인 정보를 자주 제공하고, 욕구불만이 큰 부모에게는 그들의 기여나 공헌을 진솔하게 인정해 주는 것이 좋다. 불안을 느끼는 부모의 지식이나 기여를 긍정적인 방향으로 전환하여 비판과 불만을 드러내고 싶어 하는 욕구를 감소시키도록 한다.

2) 동반자적 관계를 통해 영유아, 학부모 및 교사가 얻는 것

업무량이 많은 영유아교사에게 부모와의 협력을 요구하는 것이 힘들고 시간을 요하는 과제임에도 불구하고 이 관계는 영유아, 학부모, 교사 모두에게 다음과 같은 긍정적인 효과가 있다(Gestwicki, 2000).

(1) 동반자적 관계를 통해 영유아가 얻는 것

① 새로운 환경에 대한 안전감

영유아가 처음으로 교육기관에서 생활을 시작하게 될 때 그들의 안전기지가 되어 온 부모와의 애착관계가 원장, 교사 등 다른 성인에게로 확대될 수 있어야 한다.

② 자존감

부모가 긍정적인 피드백을 받으면, 영유아 또한 자신이 가치 있다고 느끼는 반면에 교사가 자신의 부모를 무시하거나 함부로 대하면 영유아의 자존감도 상처를 받는다.

③ 충분한 정보에 기초한 일관성 있는 성인의 반응

부모와 교사가 그들이 관찰한 것, 느낀 것, 생각한 것, 일반적 지식, 특별한 사건 등을 함께 나누면 영유아에게 적합한 반응을 해 주기 쉽다.

(2) 동반자적 관계를 통해 부모가 얻는 것

① 부모역할에 대한 지지

부모역할과 책임에 대한 지지감을 얻을 수 있다. 교사로부터 공감하고 들어 주고 어려움을 함께하는 성인 역할을 접한 부모는 자녀에 대한 걱정을 덜고 자녀를 좀 더 편안하게 대하게 된다.

② 지식과 기술

교사는 다양한 특성을 가진 영유아와의 경험에 기초하여 학부모에게 발달적인 정보, 긍정적인 지도기술을 제공할 수 있다. 이것은 자기 자녀만의 양육 경험에 한정되어 있는 부모에게 중요한 자원이 된다.

③ 부모로서의 자존감 증진

영유아의 현재와 장래의 성공적 성장을 예측할 수 있는 가장 중요한 지표 중의 하나가 부모의 자존감이다. 따라서 부모의 자존감을 북돋아 주어 영유아를 양육하는 최적의 환경을 조성하도록 돕는다.

(3) 동반자적 관계를 통해 교사가 얻는 것

① 지식의 증가와 효율적 대처

부모로부터 무엇인가를 배우는 데 개방적인 교사는 실제적인 지식과 정보를 많이 얻게 되고, 많은 부모에게 응용할 수 있는 아이디어가 축적된다.

② 긍정적인 피드백에 의한 자신감 증가

영유아에 대한 지식과 정보가 증가하여 개별 영유아를 유능하게 대하게 되면 교사는 더욱 자신감을 갖게 된다.

③ 다양하고 풍부한 부모 자원을 교실의 학습 경험으로 삼기

부모 자원을 활용하여 시간, 에너지, 지식, 창의성, 경험 및 자원 등 다방면에서 풍부한 학습 경험을 제공할 수 있다.

3) 효율적 의사소통을 통한 교사-부모 관계 증진

Ginott는 교사와 부모와의 관계의 핵심은 의사소통이라고 보고, 특히 교육기관에서 부모와 소통할 때 필요한 교사의 자세를 다음과 같이 설명하였다(Ginott, 2006: 307).

> 유익한 의사소통 방법은 외국어와 같아서, 한 번 습득해 두면 일상생활에서 언제든지 써먹을 수 있다. 불편한 일이 있을 때는 마음을 어루만지며 치유해 준다. 유익한 의사소통은 분노를 가라앉히고, 의견 차이를 줄여 주며, 평상심을 유지하게 해 준다.
>
> (중략)
>
> 관심 있는 교사들은 자기 말이 미치는 영향을 알고 있기 때문에, 무심결에 부모의 꿈을 산산조각내는 표현을 하지 않도록 조심해야 한다.

학부모가 학교 다닐 때에 적응이 어려웠거나 이혼 등 현재 생활의 어려움 때문에 자녀에게 죄책감을 느끼고 불안한 상태에 있다면 자녀에 대해 교사의 의도를 오해하고 가족의 문제를 교육기관이나 교사에 대한 비난으로 끌고 갈 가능성이 높다(Wolfgang, 1977). 이러한 어려움은 효과적인 의사소통을 통해 해결해야 한다.

인간은 같은 상황이라도 서로 다르게 이해하고 다른 의미를 부여하기 쉽다. 의사소통이란 이렇게 다른 입장에 있는 사람들이 공통적으로 공유할 수 있는 의미와 이해를 만들어 내기 위해 상호 노력하는 과정이라고 말할 수 있다. 교사, 교육기관과 학부모 간의 의사소통은 기본적으로 말하기, 듣기, 감정 반영하기, 감정 해석하기의 4가지를 포함하여야 하며, 메시지가 들어오면 해독하고 반응하기 전에 청자의 가치체계와 과거의 경험에 의해 걸러지는 복합적이고 역동적인 과정이다. 따라서 교사, 원장 및 영유아를 보살피고 교육하는 전문가들은 총체적인 의사소통체계에 초점을 맞추고 음성 메시지뿐 아니라 자신의 억양, 신체언어의 특징까지도 알고 있는 것이 좋다.

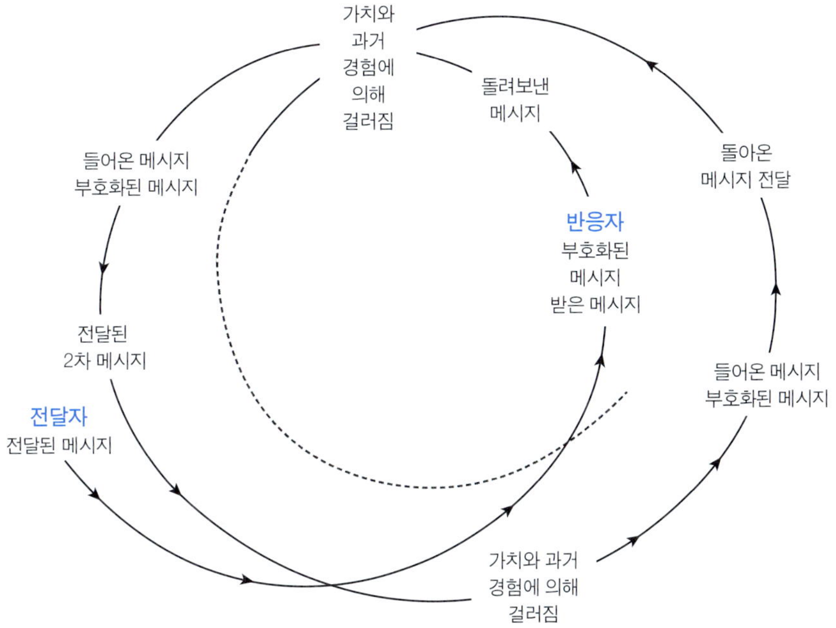

[그림 11-1] 메시지들은 부호화되어 반응하기 전에 듣는 사람의 가치체계와 과거의 경험을 통해 걸러진다. 의사소통은 역동적이고 연속적인 과정이다.

출처: Berger, 1995.

부모와 효율적으로 의사소통하는 교사와 학부모의 특성은 다음과 같다.

(1) 효율적 의사소통의 전제

부모와 교사는 그들의 성공적인 소통의 장애물이 무엇인지 알 필요가 있다.

- 긍정적으로 말하기, 다시 말해 주기, 집중해서 듣기 등을 연습하여 소통 기술을 증진시킬 수 있다.
- 교사들은 효과적인 의사소통 기술을 사용하여 부모와 친밀한 관계를 형성할 수 있다.
- 동반자 관계는 상대방을 필요로 하는 것이므로 부모도 이러한 기술을 연습할 필요가 있다.
- 효율적인 의사소통을 하기까지 많은 시간이 필요하다. 의사소통을 잘하려면 정직

하고 개방된 자세로 임하여 잘 듣고 의미를 되새기고 점검해 보지만 비난하거나 군림하는 행동은 하지 않는다.

(2) **의사소통을 잘하는 교사의 모습**

- 말하는 상대에게 자신의 모든 주의를 집중한다: 눈을 맞추고 분명한 신체언어를 통해 지금 이야기되고 있는 내용에 나의 모든 관심이 쏟아져 있음을 보여 준다.
- 상대방의 관심에 대해 다시 말해 준다: 지금 말하고 있는 것을 분명하게 해 주고 말하는 상대방의 의미와 감정을 알아차리려고 노력한다. 비난자, 판단자, 도덕군자 등과 같이 폐쇄적으로 반응하거나 대답하지 않는다.
- 부모에 대한 존중을 표현한다: 부모의 관심, 의견, 질문들이 서로를 이해하고 소통하는 데 중요하다는 것을 인식한다.
- 부모가 어떤 감정을 갖고 있는지 파악한다: 당신은 교사로서 부모와 얼마나 많이 의논할 수 있는가? 영유아에 대한 교사로서의 관심을 부모와 충분히 나누려면 그 전에 교사-학부모 관계를 정립할 필요가 있다.
- 부모와의 의논은 그 상황에 대처하는 부모의 능력에 맞춘다.
- 자녀의 어려움에 대처하는 능력이 없어 보이는 부모를 자극하지 않는다: 부모를 책망하지 말고 다른 모임과 활동 등을 통해서 부모와 더 많은 시간을 보내도록 노력한다.
- 그 문제는 누구의 잘못도 아니라는 것을 강조한다: 교사와 부모는 영유아를 돕기 위해 함께해야 한다. 서로 잘 이해하기 위해 자녀의 문제를 함께 다루어 본다.
- 논쟁에서는 누구도 이길 수 없다는 것을 기억한다: 어떠한 문제를 다루기 전에 조용하고 차분하게 그 아이의 좋은 점에 대해서 이야기 나눈다.
- 부모의 자아를 보호한다: 자녀의 잘못된 점에 대해서 부모를 비난하거나 부모 자신이 비난받아야 한다고 믿게 하지 않는다. 앞으로의 계획을 세우는 데 초점을 맞추고 부모에게 자녀가 성취한 바에 대해 칭찬한다.
- 한 번에 한 가지 주제만 다룬다: 영유아가 잘하게 된 것이나 흥미를 보이는 것에 대해 구체적인 관심을 기울인다.

- 잘 듣는다. 즉, 부모가 전하고자 하는 내용의 의미와 감정에 귀 기울인다: 교사로서 그것을 제대로 이해했는지 되새겨 보고 확인한다.
- 부모와 한편이 된다.

(3) **의사소통이 잘 되는 동반자로서의 부모**

- 교사를 나의 자녀와 부모 자신을 지원해 주는 자원으로 본다.
- 주의 깊게 듣고 상대가 말하는 데 대해 모든 관심을 기울인다.
- 교사에게 존경심을 보이고, 교사의 관심, 의견 및 질문들이 서로를 이해하고 소통하는 데 중요하다는 것을 인식한다.
- 교사는 학급의 모든 영유아의 필요를 맞추어 주는 어려운 과업을 수행하고 있다는 것을 인정하고, 교사가 성공할 수 있도록 돕는다.
- 대화하거나 회의하는 중에 교사가 전하는 내용을 이해했는지 되새겨 보고 확인해 본다.
- 자녀에 대해 개방되고 솔직하게 말한다.
- 기관과 교사를 이해하기 위해 자녀의 문제를 함께 다루어 본다.
- 교사와 한편이 된다.

4) 효율적 의사소통을 위한 몇 가지 지침

학부모와 교사는 서로의 관심을 효과적으로 전달하는 방법을 연습해야 한다. 유아교육기관에서의 소통에 관한 연구들(김희동, 1994; 박민아·최경숙, 2018; 배율미·조유진, 2014; 손환희, 2009; 위수정, 2001; 장지원, 2005; 정윤귀, 2006)에 기초한 효율적인 의사소통을 위한 몇 가지 지침은 다음과 같다.

① 부모들은 대부분 질문을 통해 자녀에 대한 정보를 얻고자 한다

대부분의 부모는 자세한 정보를 수시로 교환할 수 있기를 바란다. 어머니가 대화를 시도하는 경우가 더 많으며, 교사에게 정보를 주기보다는 정보를 묻는 경우가 많고 주로 영유아의 일상과 학습활동에 대한 내용이다.

② 부모들은 일상적인 의사소통이 중요한 역할을 한다고 믿는다

부모들은 영유아들의 구체적이고 개별적인 내용을 주고받는 상호적 관계에 높은 만족도를 보인다. 그리고 일상적인 인사 정도의 의사소통도 부모와의 긍정적 관계 형성의 기반이 된다.

③ 부모들은 형식적인 만남을 부담스러워하고 비형식적인 방법을 선호한다

등·하원 시 의견 교환은 의사전달과 정보 교환에 중요한데 교사는 등원시간에, 부모는 하원시간에, 또한 자녀의 연령이 어린 부모가 더 많은 대화를 시도한다. 방과 후 전화 통화와 휴대전화 문자메시지 등과 같은 비형식적 의사소통도 활발하게 이루어진다.

④ 양방적 소통이 되도록 한다

대표적인 일방적 소통 방법으로는 원에서 교육내용 및 안내 정보를 편지나 알림장을 통해 보내는 것이다. 그러나 정보를 알리거나 받는 데 그치지 않고, 부모에게 반응하도록 요청하고 교사도 적극적으로 반응한다면 이러한 활동들은 대부분 양방적으로도 활용될 수 있다.

⑤ 직접 만나서 의사소통하는 것이 더 효과적이다

직접 만나서 면대면으로 의사소통하는 것이 태도나 소통의 양과 내용면에서 더욱 충실할 수 있다. 그러나 만남 자체를 부담스러워하는 교사나 부모에게는 쪽지 등 간접적인 소통도 중요한 방법이 된다.

⑥ 문제 중심으로 소통하는 것은 바람직하지 않다

시간이 부족하거나 어려움이 있을 때에만 만나면 의사소통이 영유아의 문제점에만 편중되기 쉽다. 교사는 영유아의 긍정적인 성취나 생활에 관한 일반 정보가 문제 중심의 소통 내용보다 많아지도록 노력한다.

⑦ 아버지 및 가족과의 소통

아버지의 자녀양육에 대한 관심과 참여가 증가하고 있고, 출퇴근 시간에 자녀를 데려다주거나 데리고 가는 아버지가 늘고 있다. 아버지의 상황과 요구를 잘 파악하여 아버지와도 활발히 소통하는 것이 필요하다. 직장일이 바빠 자녀들을 데려다주는 걸음이 늘 급하고, 선생님과의 일상적 소통을 불편하게 느끼는 아버지에게는 홈페이지를 활용한 의사소통도 좋은 대안이 될 수 있다.

조부모가 영유아의 주양육자인데 부모와 양육관이 달라 과잉보호하거나 교사에게 부모와 다른 요구를 하는 경우가 많다. 조부모에게 맞는 대화방법으로 조부모를 격려하면서 든든한 지원자가 되어 준다.

⑧ 교사의 적정 업무량을 고려한다

너무 잦은 전화면담, 메일 주고받기 등은 특히 교사에게 부담이 되고 교사의 과중한 업무에 비해 효과적이지 못할 가능성이 높다. 부모와 교사 모두 시간과 노력을 줄이면서 합리적인 범위 내에서 효과적으로 의사소통하는 것이 좋다.

⑨ 원의 모든 교직원의 노력이 필요하다

부모와의 관계는 원에서 부모에게 거는 첫 전화, 부모가 원에 찾아오는 첫 방문 등으로 시작된다. 따라서 부모와 긍정적인 관계를 맺으려면 사무원, 교사, 원장 등 모든 교직원이 적극적으로 관여하여야 한다.

⑩ 원장의 역할이 중요하다

교사나 부모가 가정과 유아교육기관 간에 단절되었다고 생각할 때 원장의 역할이 중요하다. 보통 교사와 원장은 한 팀이지만, 교사-부모, 원장-부모의 관계가 별개로 작동하기도 한다. 학부모들이 원장하고만 소통하고 문제를 해결하려고 하면 교사에게 부담이 된다.

원장은 부모와의 관계형성 및 의사소통에 있어서 담임교사의 역할과 원장의 역할을 분명히 해 두는 것이 좋다. 교사는 부모와의 갈등이 있을 때 지지해 주고, 문제해결을 도와주며 교사와 부모와의 관계에서 균형을 잡아 주는 리더를 필요로 한다. Lortie(1996)는 미국 학교사회에서 원장, 학부모와의 관계에서 교사가 빠질 수 있는 딜레마를 다음과 같이 기술하였다.

> (전략) 나는 교사들이 다른 사람들과 맺는 관계는 서로 맞물려 있다는 것을 강조하고 싶다. 학부모들과의 관계는 원장과의 관계에 영향을 준다. 교사들은 수행해야 할 과업과 지위의 제약 사이에 일어나는 긴장과 싸워야 할 뿐만 아니라, 그런 긴장 해결의

대안 중에서 선택해야 한다. 그 대안들은 모두 전체의 요구를 위해서 교사들의 개인적인 선호를 희생할 필요가 있는 것들이다.

제경숙(2012)은 교사와 부모의 입장을 다 존중해야 하는 원장은 어느 한쪽에 치우치지 않고, 무엇보다 영유아의 발달에 유익한 결정을 하도록 노력해야 한다고 하였다. 즉 교사를 지원하고 부모와의 관계에서 중심을 잡는 것이 중요하다. 다음은 원장과 교사를 면담한 내용이다.

부모상담을 하는 경우 담임교사와 원장의 상담을 비교하면, 부모는 원장의 경륜과 나이 등 때문인지 더 잘 받아들인다. (경력 19년 민간어린이집 원장)

원장은 교사의 입장을 대변하거나 해명, 설명해야 하는 경우와 부모의 입장을 이해하고 중재해야 하는 경우 등 다양한 관계의 중심에서 많은 역할을 하게 된다.

(경력 12년 직장보육시설 원장)

교사가 내 아이에게 너무 강압적으로 대한다는 항의가 들어왔다. 평소에 이해하고 있는 바로는 교사가 잘못하지 않았을 것으로 판단하여 부모에게 교사의 입장을 강력하게 대변하였다. 몇 개월 후 우연히 그 부모의 말이 맞았다는 것을 확인할 수 있는 장면을 보게 되었다. 깜짝 놀랐고, 교사의 입장을 대변하기에 앞서 교사에 대해 다 알고 있다는 생각을 버리고, 부모의 의견을 존중하고, 그 상태에서 단계적으로 생각해 나가야 한다는 것을 깨닫게 되었다. (경력 20년 시립어린이집 원장)

교사의 입장에서는 이것저것 행사도 많고 해야 할 일이 많으며 부모님과의 교류에도 신경 쓸 일이 많습니다. 더구나 요즘은 교사의 휴대전화 번호를 알려 주어 시도 때도 없이 연락이 와서 업무가 한없이 연장되기도 합니다. 교사의 업무량을 고려해 주시고, 날카롭거나 요구가 많은 어머님은 원장님이 좀 커버를 해 주셨으면 하는 바람입니다. (경력 7년 주임교사, 2012년 인터뷰)

원장님은 교사의 입장보다 부모나 아이의 입장을 더 고려하신다. 난감하거나 어려운 부모님의 부탁도 잘 들어주어 교사인 내가 더 힘들어질 때가 많다. 그분의 입장을 이해하기는 하지만 부모와의 교류에 있어서 교사가 더 직접적으로 부딪치므로 교사를 더 신뢰해 주어야 할 것 같다. (경력 3년 교사)

5) 사례를 통해 보는 의사소통과 갈등해결

한국과 일본의 영유아교사가 부모와의 갈등을 해결하고 상호 협력적 관계를 구축해 가는 방법(박향아·제경숙, 2003)과 면담을 통해 살펴본 사례들을 소개하고자 한다.

첫째, 학부모와의 관계에서 부임 초기에 많은 어려움을 겪고 있고 더불어 보람도 많이 느낀다. 초임교사들은 대부분의 부모가 자기 자녀 중심이며 자녀양육에 필요한 태도와 기술이 부족하다고 생각한다. 그러나 경력이 쌓일수록 부모의 입장과 교사의 입장이 다를 수 있다는 것을 받아들이고 함께 해결책을 모색해 나간다.

> M은 친구들의 행동 하나하나에 민감한 반응을 보이며 선생님에게 계속 일렀고 친구들은 점점 멀어져 갔다. 또한 모래놀이 등은 절대로 하지 않고, 옷에 흙이라도 묻으면 안절부절못하였다. 하루는 어머니가 오셔서 M이 친구들이 괴롭히고 같이 안 놀아 주어 유치원에 오기 싫어한다고 하였다. 이 기회에 아이의 문제를 알리고 같이 의논하고자 하였으나 어머니는 교사의 이야기를 아예 들으려고 하지 않았고 자기 아이에게는 아무 문제도 없으며, 다른 아이에게 문제가 있다고 몰아붙였다. 이후 여러 교사들의 협소로 아이는 많이 좋아졌으나, 어머니와는 결국 제대로 이야기 한 번 못하고 1년을 마치게 되었다. 나의 교사생활을 중 오랫동안 마음에 남아 있는 사례로 좀 더 나은 방법을 생각해 보지만, 교사로서 중년에 접어든 지금도 그때와 비슷한 상황이 발생한다면 부모님을 설득시키기에는 스스로가 너무나 모자란 느낌이 든다.
>
> (한국 사례, 교사경력 4년, 당시 경력 1년)

둘째, 부모들은 대체로 자녀의 장애나 지체를 인정하기 어려워한다. 처음부터 부모의 협조를 얻는 경우도 있으나, 처음에는 저항하고 비협조적일 뿐만 아니라 교사에게 큰 부담을 주고 비난하는 학부모들도 있다. 이때 교사는 인내하고 교육적 시도를 계속하여야 한다. 다행히 영유아에게서 작은 변화라도 보이기 시작하면 대부분의 부모가 협력자가 된다.

> 유치원 교사로서 7~8년의 경력을 갖고 있지만, 특수학교에 발령받은 첫해에 나는 두려움과 기대를 함께 안고 시작하였다. 청각장애아 H는 말을 못 하며 호흡조절이 되지 않았으며, H의 어머니는 "케이크의 촛불을 끌 수 있으면 좋겠다."라고 소원을 말

> 씀하였다. 처음에는 교사의 지도방법을 불신하였으나 아이에게서 조금씩 변화가 생긴 이후로 같이 협력하였다. (한국 사례, 교사경력 8년, 당시 특수학교교사 경력 1년)

> 일반학급에서 지도하기에 교사들이 너무 힘들어하는 지적장애아의 입학을 허락하지 않고 다른 교사의 자녀가 들어가자 학부모가 교육청에 강력하게 항의하였다. 이 문제로 담당 장학사가 학교를 2회에 걸쳐 방문하고 사유서를 받아 갔으며, 이 사건의 수습과정에서 교사로서의 내 자존심은 차마 서술할 수 없을 정도로 상처받았다.
>
> (한국 사례, 교사경력 18년, 당시 교사경력 17년)

셋째, 영유아의 가정적인 어려움을 교사가 돕기에는 역부족인 경우가 많다. 교사는 학부모, 동료교사, 운영자, 지역사회 자원과 활발한 유대관계를 맺어 정보를 얻고, 영유아의 가정에 이를 제공해 준다.

> 제대로 된 직업을 가지지 못한 채 생활보호자로 황폐한 생활을 하던 A의 어머니는 술에 취한 채 보육소에 와서 소리 지르고 행패 부리고 때로는 교사를 때리려고 덤벼들곤 했다. 그리고 냉정을 찾고 침착할 때는 보육내용에 대해 예리하게 추궁하였다. 교사가 편안할 날이 없었으나 가정방문이 되풀이되면서 자주 도움을 요청하였다. 아이를 보육하는 교사로서만이 아니라 어머니에게 의지할 상대가 되어 주어야 한다는 생각을 하게 되었다. 단지 정신적으로 조금 지탱이 되어 주기는 하였으나, 경제적인 면 등 현실적인 면에서는 조금도 도움이 되지 못했다. 정신적인 상담사로서 지지해 주고 원조를 받을 수 있도록 정보를 제공해 줄 수 있는 보육사가 되어야겠다고 생각하였다. (일본 사례, 교사경력 25년, 당시 교사경력 21년)

넷째, 우리나라 학부모들은 여전히 문자 지도, 특기 지도 및 기본생활습관 지도를 요구한다. Couchenour와 Chrisman(2000)은 원의 정책이 전문가가 최선으로 권하는 것이라면 그 목적을 학부모에게 설명하는 것이 좋다고 하였다.

> 어머니교실에서 유치원 교사가 문자 지도를 좀 더 철저하게 하면 좋겠다고 의견을 내셨다. 또한 초등학교 취학에 대해 불안을 가진 부모도 많았다. 이에 교사들이 의논하여 부모님들과 함께 문자교육에 관한 이야기를 나누고 다양한 언어활동을 소개하며 가정에서 할 수 있는 것을 알려 주는 시간을 마련하였다. 10주간 모두가 참석하였

으며 유아들의 언어학습에 대한 어머니들의 생각이 발전하는 것을 보면서 보람을 느꼈다. (한국 사례, 교사경력 9년, 당시 교사경력 6년)

어려서부터 잦은 병치레를 치른 아이라서 어머니는 아이의 식생활 습관에 대한 기대수준이 지나치게 낮았다. 아이는 먹기 싫은 음식이 나오면 엄마가 먹으면 안 된다고 했다고 반드시 교사에게 이야기한다. 어머니에게 물어보면 "싫어하는 것을 먹으면 체하니 먹이지 말아 주세요."라고 답변해 교사로서는 납득하기 어려웠다. 교사는 아이가 먹기 힘들어하는 음식을 조금 덜어 내는 정도로 밀고 나갔지만 개선되지 않았다. 결국 식사문제에 대한 면담을 서로 피하게 되었고 부모와의 관계는 여전히 불편하다. (한국 사례, 교사경력 3년, 당시 교사경력 3년)

다섯째, 교사나 원에 적대적이거나 비협조적인 부모를 만나면 교사가 위축되고 관계도 소원해지기 쉽다. 무관심하거나 비협조적인 부모를 대할 때는 그들과 교류할 수 있는 길을 찾기 위해 노력해야 한다. 힘든 상황에 처해 있는 부모들은 거칠어지기 쉽다.

아이가 원에서의 생활하던 중 어지러워하고 자꾸 쓰러지려고 해서 병원에서 컴퓨터 촬영을 하였나. 연락을 받은 부모는 우리 아들 책임져라. 다 나으면 데리고 오라고 하였다. 이에 교장 선생님은 모든 것을 교사의 책임으로 돌리고 "무조건 말썽나지 않게 일아시 해결하라." 하였다. 나중에 알고 보니 집에 갑자기 힘든 일이 생겼고 아이의 누나가 뇌종양으로 아픈 상태에서 걱정하던 일이 터지자 부모가 격하게 반응한 것이었다. 교사가 이런 상황을 이해하고 가정방문을 하자, 부모는 깊이 사과하였고 잘 수습되었다. (2006년 일본교사 면담사례, 교사경력 15년, 당시 경력 12년)

할머니는 아이가 잠시 우는 모습을 보더니 전후 상황을 고려하지 않고 과민반응을 보이며 화부터 내셨다. 특별히 심하다는 생각이 들어 어머니를 만나 보았다. 어머니도 많이 힘들어하고 계셨다. 관련 책자를 소개해 주며 상담한 후 할머니를 만나 "할머니가 건강하게 잘 키우셔서 키가 커서 뒤에 앉았으니 걱정하지 마세요."라고 격려하면서 단계를 밟아 아이의 자립심을 키우도록 의논하였더니 좋은 결과를 보게 되었다. (교사경력 5년, 당시 교사경력 3년)

다음은 원장과의 면담결과(제경숙, 2012)를 반영한 것이다. 우선 학부모의 자원봉사 등 도우미 활동 참여는 원의 지도 방향과 아이들의 특성을 이해하는 데 도움에 되고 결과적으로 협력적인 관계를 형성하는 데도 도움이 된다. 하루 선생님으로 참여하기는 부모가 각자의 특성과 장점을 살려 파트너십을 증진하며 자원봉사를 할 수 있는 대표적인 활동이다. 흔히 청소 등 궂은일이 자원봉사의 전형이 되기 쉬운데, 시작단계에서는 이와 같이 즐겁고 자신이 잘할 수 있는 활동부터 하는 것이 좋다. 그래야 지속되기 쉽고, 부모가 준유아교육전문가로서의 능력을 개발하는 계기가 될 수도 있다. 또한 당일 활동 후 교사가 자연스럽고 편안하게 그날의 시간을 평가하고 피드백하며 단계적으로 안내하면 더욱 성공적으로 운영할 수 있으며 원장과 교사가 함께 참여해도 좋다.

꿈꾸는 활기찬반의 김태윤 어머니께서 하루 선생님으로 오전 9시 반부터 오후 12시 반까지 교실의 역할영역에서 서점 놀이도 함께 하고, 유희실에서 안전하게 놀도록 도와 놀이가 더욱 즐겁고 동적으로 되었다. 전이 시간에는 유아들에게 책을 읽어 주고 점심을 함께 먹으며 식생활 지도를 도왔다. 어머니는 태윤이의 반에서 함께한 시간이 태윤이의 어린이집 생활을 이해하는 데 많은 도움이 되었고, 함께 식사를 하며 아이들에게 제공되는 음식을 보니 더욱 안심하고 믿을 수 있었다고 거듭 말씀하셨다.

(교사 및 보육전문요원 10년, 원장경력 10년의 직장어린이집 원장)

우리 원에서는 아버지 하루 선생님 프로그램을 계획하였다. 함께 책 읽기, 노래하기, 운동하기, 그림 그리기 등 다양한 내용을 제시하고 희망자를 받았다. 많은 아버지가 신청하여 한 학기 동안 지속되었다. 하루 휴가를 내서 몇 시간씩 머무는 분도 계셨지만, 대부분 아침에 자녀가 등원할 때 데려다주면서 잠시 참여하였다. 아버지 참여는 교실을 활기 있게 하였다.

(교사경력 13년, 원장경력 6년의 민간어린이집 원장)

금요일에 실시된 대청소 날에 교구 세척 도우미로 힘찬반의 장윤희 어머니가 오셔서 1시부터 2시 반까지 교사와 함께 교구 세척 및 공용 공간에 미끄럼 방지 용액을 바르는 일을 도와주셨다. 미끄럼 방지액을 모두 바른 후 힘찬B반의 놀잇감 세척도 도와주셨다. 담당교사가 함께 청소를 도우니 어머님께서 덜 적적해하신 것 같다.

(교사 및 전문요원 10년, 원장경력 10년의 직장어린이집 원장)

Chapter 12

미래 부모교육의 과제

본 장에서는 현대사회의 변화에 따라 부모역할이 어떻게 새롭게 규정되는지를 고찰해 보고, 야기되는 쟁점을 살펴보고자 한다. 미래의 부모교육은 사회문화적 변화에 발맞춰 보다 개별화되고, 전문화되어야 하는 동시에 보편성을 바탕으로 지역사회와 연계하면서 가족 전체를 대상으로 확대되어야 한다는 논의가 제기될 것이다.

Parent Education

1 현대사회의 변화와 부모 됨

오늘날 사회는 정보화 시대를 맞이하여 로봇공학, 사물 인터넷, 데이터 과학 등의 발전으로 정치, 경제, 사회, 문화 등 전 분야에 걸쳐 복잡하게 변화하고 있다. 첨단기술문명의 급속한 발달과 세계화의 가속화는 우리 사회에 다양한 가치관과 삶의 방식을 제공하는 한편 세대 간의 격차를 벌이면서 소위 '규범가족(normative family)'에 대한 의문을 제기하고 있다. 이는 출산을 통한 부모 되기, 그리고 양육을 통한 부모역할 수행에 관해 새로운 성찰이 필요함을 의미한다.

우리 사회에 포스트모더니즘(postmodernism)의 확대는 어떠한 가치가 바람직한가에 대한 혼란에 이어 다양성의 존중이라는 귀결로 향하고, 성인의 의무로 당연시되던 부모 됨 자체를 선택으로 여기게 되었다. 또한 성별이나 출신 배경보다는 전문화된 개인의 능력을 우선시하는 지식정보 사회의 특성으로 말미암아 여성의 취업이 증가하고 있다. 이는 자연스럽게 구조기능주의적 성별 분업에 따른 여성의 주양육자 역할에 변화를 초래하게 된다. 다양한 가족 형태가 나타나면서 기존의 양부모 가족과는 다른 새로운 부모역할에 대한 지원의 필요성 또한 증가하고 있다. 이러한 변화는 부모 되기가 더 이상 사적 영역에 머물 수 없으며, 공적 영역의 적극적 개입을 필요로 한다는 사회적 합의를 도출하고 있다.

1) 부모 됨의 선택

사회·경제적 변화와 과학기술의 발전은 부모 됨에 있어 이전 세대보다 더 많은 선택을 야기한다. 직업을 통한 개인의 성취가 강조되면서 자녀 출산과 양육이 걸림돌이 될 수 있다는 생각이 젊은 세대를 중심으로 확산되고 있다. 사회적 규범의 무조건적 수용이나 대가족에 대한 의무감에서 상대적으로 자유로운 젊은 세대는 개인주의를 바탕으로 자신의 삶의 방식을 선택하고자 하는 경향이 높다. 이를 반영하는 가족 형태로는 자발적 무자녀가족(voluntarily childless family 혹은 childfree family)이 있다. 아직 소수

이기는 하지만 성인의 의무로서 당연시되던 자녀 출산에 '반드시 부모가 될 필요는 없다.'는 반론을 제시한 점에서 주목할 필요가 있다.

부모가 되고자 하는 사람들도 부모 됨에 관한 다양한 선택에 직면하게 된다. 효과적인 피임 방법의 보급은 선택으로서의 부모 됨을 강화시키고 있다. 부부는 언제 첫 자녀를 낳을 것인지, 몇 명을 어느 정도의 터울로 낳을 것인지, 직장을 다닌다면 어떻게 대리양육을 할 것인지, 자녀교육비 마련을 위해 가계경제를 어떻게 운영할 것인지 등의 의사결정을 해야 한다. 또한 직업의 불안정성 증가, 주거 구입의 비용 증가, 자녀양육 및 교육비 증가 등의 경제적 요소는 부모 되기에 영향을 미치는 주된 요소이다. 최근 청년 실업의 증가는 젊은 세대의 혼인율을 낮추고, 이후에도 부모기로의 진입을 어렵게 한다(김유경, 2018). 우리 사회에서 부모가 된다는 것은 경제적, 심리적, 사회적 비용을 수반하므로, 부모 됨을 위한 준비와 부부간의 의사소통 및 합의가 무엇보다 필요하다고 하겠다.

2) 부모 됨의 공적 영역화

사회적 관습에 비판적이며 개인주의를 신봉하는 세대가 증가하면서 부모 됨을 의무보다는 선택으로 여기는 경향이 확산되고 있다. 이러한 경향은 역설적이게도 부모 됨을 더 이상 개인의 사적 결정이 아니라 공적 영역으로 접근해야 한다는 시각 또한 증가시키고 있다.

공적 영역으로서 부모 됨을 강조하는 현상은 우리 사회의 빠른 고령화와 맞물려 출산장려정책으로 표출되었다. 구체적으로, OECD 국가의 65세 이상 고령자 인구비율이 2017년 17.2%에서 2050년 28%로 증가할 것으로 전망되며, 한국의 고령자 비율은 2017년 13.8%에서 2050년 38.1%로 증가할 것으로 예상되고 있다(보건복지부, 2018). 65세 이상 노인 인구가 14% 이상인 고령화 사회가 현실이 된 것이다. 고령화 비율이 급격히 높아지는 수원인은 평균 수명이 증가하는 반면 출산율은 급격히 떨어지고 있기 때문이다. 한국 여성 한 명이 일생 동안 낳는 아이 수(합계출산율)는 2017년에 1.05명으로, 2001년 이후 합계출산율이 1.3명 이하인 초저출산 현상이 지속되고 있다(통계청, 2018). 낮은 출산율은 노동력의 감소, 생산성의 하락, 노인부양인구의 감소, 국가경쟁력의 하락 등을 의미한다. 분명한 것은 부모 됨이란 더 이상 부부의 사적 결정에만 맡길 수 없는 국가의 정책적 개입과제가 된 점이다.

부모 됨에 대한 공적 개입은 부모역할 수행을 위한 자원의 공유 및 공정한 분배 차원에서도 고려되고 있다. 자본주의 사회에서는 자녀양육과 교육에 필요한 다양한 지식, 기술, 전략에 접근할 수 있는 정도가 사회·경제적 지위에 따라 다르다. 부모가 소유한 능력과 수단의 차이는 자녀양육의 질에 영향을 미치며, 궁극적으로 자녀의 발달과 자아 성취에 영향을 미칠 수 있다. 정부의 공적 개입을 통해 부모 됨에 대한 교육과 지원이 사회구성원 전체에 확대될 필요가 있다.

한편 사회비용의 절감 및 국가 효율성 측면에서도 정부가 부모역할 수행에 대한 교육과 지원을 증가해야 한다는 주장이 확산되고 있다. 1960년대 미국에서 저소득층 가족을 대상으로 실시된 Head Start는 영유아 및 이들의 부모에게 적은 비용을 투자하여 큰 성과를 얻고자 시작된 프로젝트의 대표적 예라고 할 수 있다(Vinovskis, 2005). 정부는 적은 비용을 들여 부모를 교육하고 지원함으로써 효율적으로 부모역할을 수행하게 하고, 그 결과 영유아가 최적의 성장과 발전을 이루기를 기대할 수 있다. 이와 같은 맥락에서 우리나라에서도 적극적으로 영유아에 대한 국가 보육료를 지원하고 있다. 이를 통해 향후 질 높은 인적 자원을 확보하고, 사회 발전의 원동력을 얻을 수 있다. 또한 방임된 영유아가 성장한 후 야기할 수 있는 사회문제에 드는 비용을 줄인다는 점에서 부모 됨에 대한 공적 개입은 증가될 필요가 있다.

3) 맞벌이 가족의 증가와 부모 됨

우리나라 여성의 경제활동참가율은 점차 증가하고 있으며, 임시계약직 및 단시간 근로자로 일하는 기혼 여성까지 고려할 때 맞벌이 가족은 이미 우리 사회의 다수를 차지하고 있다. 이러한 현실에 비해 맞벌이 가족의 부모역할을 지원하는 사회정책은 미미하다. 출산과 함께 일을 그만두도록 부추기는 직장 분위기가 아직도 현존하고, 출산 후 양육 휴가기간이 짧으며, 탄력적인 근로시간을 운영하는 직장은 제한적이고, 특히 어린 영아를 위한 질 높은 보육서비스의 부족으로 직업을 그만두는 여성의 사례도 빈번하다. 맞벌이 가족은 지속적으로 증가하고 있는데, 여기에 맞추어 사회정책은 효율적으로 변화하지 못하기 때문에 부모역할은 더 어려워진다고 볼 수 있다.

과거에 비해 양성평등적이라고는 하지만, 아직도 대부분의 맞벌이 가정에서 여성이 남성보다 가사와 양육에 더 많은 책임을 지고 있다. 영아를 둔 기혼여성의 취업에 대한 사회적 편견이 여전히 남아 있으며, 어머니가 영유아의 발달에 가장 큰 영향을 미치는 주양육자라는 인식은 맞벌이 여성에게 다양한 스트레스를 야기하며 긴장 수준을 높인다. 여성의 사회적 역할은 변화했으나 가족 내 역할은 변화하지 않음으로써 역할갈등이 야기되어 문제를 일으키고 있다. 맞벌이 가족이 부모역할을 기능적으로 수행하기 위해서는 어머니가 자녀양육을 전적으로 책임져야 한다는 전통적 성 분업화를 지양하고, 아버지도 적극적으로 자녀양육에 참여하는 것이 필요하다.

4) 다양한 가족의 증가와 부모 됨

가족에 대한 의무나 사회규범에 대한 준수보다는 개인적 삶의 만족을 추구하는 경향이 강해지면서 우리 사회는 점차 규범가족에 대한 강박에서 벗어나고 있다. 양부모와 이들의 혈연자녀로 이루어진 공동체만을 규범가족으로 보는 것은 다양한 삶의 형태가 증가하는 현실을 간과하는 것이며, 심지어 규범가족이라는 규정 자체가 더 이상 의미없다고도 할 수 있다.

특히 결혼의 불안정성이 가속되면서 이혼을 통한 한부모 가족 및 재혼 가족이 증가하고 있다. 통계청(2018)의 자료에 따르면, 이혼 건수는 2017년에 106,032건으로, 한 해 동안 하루 평균 290쌍이 이혼한 셈이다. 이혼에 대한 인식도 변화하여 '할 수도 있고 하지 않을 수도 있다.'고 생각하는 사람의 비율은 증가하는 추세인데, '해서는 안 된다.'고 생각하는 비율은 과거에 비해 감소하고 있다. 이를 반영하듯 한부모와 자녀로 구성된 2인 가구의 증가는 2000년 112만 가구(9.4%)에서 2016년 200만 가구(14.6%)로 88만 가구가 증가하였다(통계청, 2018). 결혼안정성보다는 결혼만족도에 대한 기대가 높아지면서 '자녀를 위해 이혼하지 않고, 불만족스러운 부부관계를 견디어야 한다.'는 부모들의 의식도 바뀌어 이혼이 증가하고 있으며, 재혼에 대한 태도도 허용적이 되어 가는 것을 알 수 있다. 하지만, 한부모 가족은 경제적 어려움과 함께 역할 과중을 초래해 부모역할 수행에 있어 어려움을 겪을 가능성이 크다. 또한 재혼 가족의 경우 계부모의 훈육문제, 친부모에 대한 충성심 갈등, 가족 내 소속감과 결속력 형성 등이 부모역할 수행에 어려움으로 등장할 수 있다.

한부모 가족이나 재혼 가족 외에도 국제결혼을 통한 다문화 가족, 조부모와 손자녀로 구성된 조손 가족, 기러기 가족이나 주말부부와 같은 분거 가족, 심지어 동성애 가족까지 다양한 형태의 가족이 지속적으로 증가하고 있다. 이러한 가족은 구조적 특징에 따라 부모가 직면하는 어려움이나 갈등과 요구가 다양하며, 중점적으로 수행해야 하는 역할에도 차이가 있다. 문제는 다양한 가족 형태에 따른 적절한 부모역할이 무엇인지에 대한 사회적 합의가 아직까지 불충분하여 이들 부모는 자신이 처한 독특한 상황 속에서 자녀양육을 위한 원만한 역할 수행에 어려움을 겪는다. 따라서 부모교육을 통해서 중요한 것은 가족구조가 아니라 가족기능이라는 명제를 인정하고 부모가 현재의 가족구조 안에서 기본적인 의식주를 영위하며, 정서적 결속을 바탕으로 자녀를 양육하는 가족기능을 수행하도록 도와야 한다.

5) 포스트모던 사회의 부모 됨

우리 사회는 포스트모더니즘을 바탕으로 이성중심주의의 편협성에서 벗어나서 다양성과 유연성을 강조하는 시대를 살고 있다. 포스트모던 사회의 부모 됨은 다양한 정보를 바탕으로 평등한 부모-자녀 관계를 중요시하며, 새로운 부모역할 모델을 창출할 가능성이 있다. 그러나 부모의 역할은 증가하고, 책임이 과중된다는 특징도 있다(LeMasters & DeFrain, 1989). 구체적으로 살펴보면 다음과 같다.

첫째, 포스트모던 사회에서는 다양한 이론을 바탕으로 한 바람직한 부모역할과 자녀양육법이 흘러넘친다. 그러나 이런 대량의 정보와 조언은 상충될 가능성이 있다. 예를 들어, 자립심을 키우기 위해 넘어진 자녀를 일으켜 주지 말라고 조언하기도 하고, 반대로 자녀가 부모에게 사랑받는 존재라는 것을 확인시키기 위해 안아서 위로해 주라고 조언하기도 한다. 부모들은 많은 정보를 주체하지 못하고 이것저것을 시도해 보지만, 그러한 과정에서 좌절을 경험한다. 전통적으로 부모는 자녀가 그 사회에서 성공하기 위한 가치관, 태도, 행동양식을 사회화시키는 전문가로서 교사의 역할을 담당해 왔다. 그러나 포스트모던 사회의 부모는 어떠한 가치관과 태도가 자녀에게 진정 바람직한 것인지에 대해 혼란을 느끼며, 변화하는 정보의 속도를 따라가지 못해 무엇을 가르쳐야 하는지 당황해 한다.

둘째, 포스트모던 사회는 개인성의 존중이라는 측면에서 부모-자녀 관계의 평등성을 강조한다. 가치관을 전수하거나 정보를 전달하는 방향은 전통적으로 부모로부터 자녀에게로 일방적이었다. 그러나 현대의 부모-자녀 관계는 일방적이기보다는 상호영향을 미치는 평등적 쌍방향성을 특징으로 한다. 부모에게는 자녀가 성장할 때까지 전적으로 양육의 의무가 부여되지만 오직 약간의 권위만이 허용된다. 포스트모던 사회의 부모는 권위보다는 민주적 부모-자녀 관계를 지향해야 하는 당위성 앞에서 어떻게 가르쳐야 하는지에 대해 고민을 하게 된다.

셋째, 포스트모던 사회에서 부모역힐에 대한 준비는 미흡한 반면 수행해야 할 역할은 증가하고 있다. 이전 세대의 양육 방식을 답습하는 것이 더 이상 유용하지 않다는 것을 알면서도 현 교육체계 내에는 부모역힐에 대해 비판적으로 성찰하고 이를 수행하기 위한 훈련과정이 마련되어 있지 않다. 이러한 준비의 미흡은 부모 됨의 보람, 만족, 바람직성 등 긍정적인 측면만을 부각시키는 사회분위기와 결합되어 부모기에 대한 낭만적 환상을 양산할 가능성이 있다. 그러나 현대사회의 부모역할은 자녀에 대한 최소한의 의식주와 의무교육 제공만이 아니다. 부모는 자녀에 대한 경제적 지원은 물론이고 함께 놀아 주고, 여행이나 문화 활동을 통하여 다양한 경험을 제공해 주어야 하며, 학교교육뿐만 아니라 음악, 미술, 운동과 같은 다양한 특기교육도 제공해야 한다. 부모역할에 대한 공식적, 비공식적 준비교육의 중요성은 다양해진 부모역할의 효율적 수행을 위해 질실하다고 하겠다.

넷째, 포스트모던 사회는 전통적 가족윤리에 대한 비판을 출발점으로 하면서도 역설적으로 '혼란한 세상 속의 안식처'로서의 가족에 대한 기대를 여전히 높게 갖고 있다. 자식을 위해 희생과 봉사하는 부모, 효를 바탕으로 순종하는 자녀, 엄부자모(嚴父慈母) 등의 전통적 부모-자녀 관계의 가치는 부부 개인의 자아실현 욕구, 부부관계의 만족 지향, 자녀의 독립성 추구 등으로 대치되고 있다. 그러나 여전히 사회는 자녀를 위해 부모의 관심사를 하위에 두도록 요구하며, 다양성이 야기하는 혼란 속에서도 흔들리지 않으며 자녀를 양육할 것을 기대한다. 아동 문제 행동의 원인을 부모역할의 무능력으로 쉽게 치부하는 경향은 여전하다. 사회구조적 모순이나 교육시스템의 역기능 등 거시체계의 결함에 주목하기보다는 부모 개인을 비판하는 것이 용이하기 때문이다. 적절한 부모역할 모델을 학습할 기회가 부재한 상태에서 부모로서의 권위는 감소하고, 부모로서의 책임에 대한 사회적 기대만 높아지는 상황으로 인해 포스트모던 사회에서의 부모 되기는 어려움이 가중되고 있다.

끝으로, 포스트모던 사회는 파격에 대한 허용적 시대 정신을 지님으로써 보다 발전적인 부모역할 모델을 제공할 가능성이 있다. 소자녀화로 인해 부모의 에너지와 노력이 한두 명의 자녀에게 집중될수록 부모와 자녀 간에 밀착이 심화되거나 부모의 소유의식이나 대리 성취 욕구 같은 부작용이 표출될 수도 있다. 부모는 자신을 다른 부모와 자녀를 다른 가족의 자녀와 비교하고 우열을 겨루는 상황이 악화될 수도 있다. 그러나 이러한 경쟁구조에서 과감히 벗어나 자녀양육이 더 이상 '투자'가 되어서는 안 된다는 부모들의 움직임이 포스트모던 사회의 또 다른 한편에서 가능하다. 이러한 움직임의 예로, 공동육아나 대안교육에 대한 관심을 들 수 있다.

공동육아는 공동체 이념에 입각하여 취학 전 영유아나 초등학생들을 여러 가족이 함께 기르고 가르치는 대안교육 방식이다. 영유아를 둔 맞벌이 부부가 지속적으로 증가하고 있는 현실 속에서 마음 놓고 자녀를 맡길 수 있고, 자녀가 제대로 생활하고 교육받을 수 있는 어린이집을 부모들의 힘으로 만들고자 한 것이 공동육아의 출발이라고 할 수 있다. 공동육아는 내 아이와 남의 아이를 구분하지 않는 '확대가족'을 지향하며, 인지 능력 발달을 중시하는 기존의 유아교육과는 달리 자연친화적인 교육방법을 통해 영유아가 마음껏 뛰어놀 수 있도록 배려함으로써 창의적이고 자유로운 사고와 함께 주위 사람들과 강한 정서적 유대를 가질 수 있는 환경을 만들고자 한다. 공동육아의 가장 큰 특징은 교사가 중심이 되는 기존 제도권 교육과 달리 부모들이 이사장을 비롯하여 교육, 홍보, 생활문화, 조직, 시설, 회계 등을 맡아 운영을 책임지며, 교사들과 함께 구체적인 교육 프로그램을 짜기도 한다. 협동조합방식으로 운영되는 경우, 초기 출자금과 높은 교육비로 중산층을 위한 대안이라는 비판도 제기되고 있지만 영리를 강조하는 상업화된 어린이집의 문제점을 극복하고, 창의력, 탐구심, 실험정신을 키우고자 시도된 실험적 보육제도로서 공동육아의 가치에 주목할 필요가 있다.

한편 대안교육은 제도권 교육이 무한경쟁을 부추겨 아동에 대한 인성교육을 실종시켰다는 비판에서 출발한다. 학벌우선주의에 밀려 삶의 지혜를 외면하는 현실을 타개하고자 최근 대안교육에 대한 관심을 표명하는 부모들의 모임이 형성되고 있다. 새로운 교육에 대한 모색은 탈(脫)학교를 통한 그들만의 대안이라기보다는 기존 제도권 교육에도 긍정적 자극이 될 수 있으며, 새로운 부모역할 모델을 구축하는 데 기여할 것이다. 이처럼 공동육아나 대안교육에 대한 시도는 다양성을 인정하는 포스트모던 사회의 미덕으로 평가될 수 있을 것이다.

2 미래의 부모교육

다양한 가치가 공존하는 포스트모던 사회에서 부모 됨은 지극히 사적인 선택인 동시에 공적 개입이 불가피한 과제가 되었다. 현재의 부모세대는 개인의 성취를 중시하는 사회적 가치를 좇는 동시에 핵가족화로 친인척의 지지를 받기 어려운 상태에서 자녀양육의 부담을 고스란히 짊어지고 있다. 다양한 형태의 가족이 증가하면서 '경험 많은 이전 세대의 조언'이 미래를 살아갈 자녀를 양육하는 데 얼마나 유용한지에 대한 회의도 증가하였다. 이러한 문제를 해결하기 위해서 앞으로의 부모교육은 개별화된 맞춤 프로그램을 지향하며, 부모 개인뿐 아니라 가족 전체에 대한 접근을 시도하고, 보편주의를 바탕으로 부모교육 대상의 확대를 유도하며, 지역사회와의 연계를 꾀해야 한다. 또한 부모교육자의 전문성 확보를 통해 부모와 부모교육자와의 효율적 관계를 형성하는 것이 필요하며, 부모교육의 효과성에 대한 학문적 노력을 경주해야 할 것이다(김희진, 2005).

1) 개별화된 부모교육

다양한 형태의 가족이 증가하는 현실로 인해 기존의 부모교육만으로는 이들의 독특한 요구를 모두 수용할 수 없게 되었다. 생계부양자인 아버지와 전업주부인 어머니, 이들의 혈연자녀로 구성된 홑벌이 가족을 기준으로 하는 부모교육 프로그램을 맞벌이 가족, 한부모 가족, 재혼 가족, 분거 가족, 조손 가족 등에게 그대로 적용할 수는 없다. 물론 아동의 발달단계에 따라 적절한 부모역할이 무엇이고, 어떻게 상호작용하는 것이 바람직한가에 대해 합의된 연구결과가 없는 것은 아니다. 그러나 문제는 축적된 연구결과의 내용을 실제로 각 가족의 상황에 어떻게 적용할 것인가 하는 방법론에 관한 것이다.

유감스럽게도 어떻게 개별화된 프로그램을 개발해야 할지에 대한 이론적 틀은 아직까지 부족하다. 이상적으로는 다양한 가족의 부모 또는 대리 양육자에게 적합한 프로그램의 목적과 내용을 설정하고, 실현 가능한 전달방법, 객관적 평가가 이루어져야 하지만 대상 부모가 지닌 다양한 요구를 모두 충족시켜 줄 프로그램을 실제로 구성한다는 것은 어려운 일이다. 개별화된 프로그램을 개발하고 진행하고 평가하는 것에 수반되는 비용, 시간, 노력뿐 아니라 프로그램의 효과에 대한 결과의 비교가 쉽지 않기 때문이다.

개별화된 부모교육을 실시하기 위해서는 무엇보다 다양한 형태의 가족이 지닌 독특한 요구에 대한 실증적 연구가 우선되어야 한다. 한부모 가족에는 부재한 배우자의 역할을 보충하기 위해 어떠한 지지가 필요한지, 재혼 가족은 계부모와 친부모 간의 역할 조정을 어떻게 이루는지, 분거가족은 일상의 의사소통과 의사결정을 어떻게 이루는지, 맞벌이 가족은 대리 양육자와 어떻게 상호작용하는지 등에 관한 구체적인 분석이 선행되어야 한다.

이러한 실증적 결과를 바탕으로 부모교육 프로그램 내용을 구성하고, 각 가족의 현실에 맞춰 접근 가능한 프로그램 진행방식을 결정해야 할 것이다. 예를 들어, 맞벌이 가족과 한부모 가족은 취업으로 인해 절대적인 시간이 부족하므로 부모교육 프로그램에 자발적으로 참여하는 것이 어려울 수 있다. 따라서 시간과 장소에 구애받지 않는 사이버상의 부모교육 프로그램의 활용을 고려한다든가 또는 직장과의 연계를 통해 직장 내 프로그램의 운용 등도 대안이 될 수 있을 것이다.

2) 가족에 대한 접근으로서의 부모교육

미래의 부모교육은 가족을 '상호작용하는 체계'로 보는 가족체계이론으로부터 시사점을 얻을 필요가 있다(Roberts, 1994). 가족체계이론은 가족구성원 각각이 독립적일 수 없으며, 서로 역동적으로 영향을 주고받는다고 가정한다. 가족 내 부부관계, 부모-자녀 관계, 형제자매 관계는 서로 얽혀 있으며, 어느 한 관계에서 발생한 스트레스는 다른 관계에 파급효과를 야기한다. 그러므로 부모의 기능적 역할 수행을 위해서는 부모를 둘러싼 다른 가족관계에 주목할 필요가 있다.

일부 학자들은 부모교육의 범위를 가족으로 확대하는 것은 부모교육 프로그램의 본질을 훼손한다고 수상하기도 한다. 그러나 남편과 불화를 겪는 아내는 이로 인해 어머니역할을 기능적으로 수행하는 데 어려움을 겪는다. 또한 자녀와 갈등을 빚는 아버지가 아내와의 관계에서 만족스런 남편이 되기는 힘들다. 가족스트레스가 부모의 기능적 역할 수행을 저해하며, 가족스트레스 상황에서 부모는 부모교육 프로그램의 정보나 제안에 주의를 기울이기 힘들고, 가족 스트레스가 제거되었을 때 부모의 능력이 개선될 수 있다.

미래 부모교육 프로그램의 목표는 단순히 자녀의 행동 개선과 부모-자녀 관계의 향상만을 추구하기보다는 기능적이며 건강한 가족을 유지하고자 하는 관점으로 확대될 필요가 있다. 이를 위해 부모교육 프로그램의 대상으로 어머니만을 포함시키기보다 아버지를 포함한 부모 모두, 더 나아가 가족 모두가 참여할 수 있는 프로그램의 개발이 필요하다고 할 수 있다.

특히 아버지를 부모교육의 대상으로 적극 참여시켜야 한다는 주장은 지속적인 호응을 얻어 왔다. 아버지가 적극적으로 양육에 참여하고 온정적일 때 영유아는 창의성, 독립성, 관대함, 민감성의 발달이 촉진된다(Mussen, Conger, Kagan, & Huston, 1990). 영유아의 긍정적 발달을 위해 아버지의 도구적 역할뿐 아니라 표현적인 역할이 필요한 것이다. 그러나 이는 부모-자녀 관계에만 머무르지 않으며 부부관계에도 긍정적인 영향을 미친다는 것이 가족체계론적 관점이다. 대부분의 아내는 남편이 자녀양육에 적극적으로 관여하여 부모역할을 분담하기를 원하며, 이를 통해 역할 과중을 감소시키고, 자녀에게 서로 다른 성역할 모델을 학습할 기회를 부여하면서 양성평등적인 부부관계를 보여 주고자 한다. 이러한 가족관계적 측면에서도 아버지를 부모교육의 대상으로 참여시켜야 하는 당위성은 더욱 커진다고 하겠다.

3) 보편주의에 입각한 부모교육

1960년대 미국에서 사회개혁의 수단으로 시작된 저소득층 부모 및 가족 지원 프로그램은 치료와 예방의 차원에서 실시되었다(Cowan, 1985). 다양한 문제와 어려움에 처한 부모를 대상으로 프로그램을 제공하는 것은 이미 문제가 발생한 후 치료적인 차원에서 접근하는 것을 의미한다. 물론 현재의 개입이 치료적 차원이기는 하지만 그냥 두면 더 악화될 수 있는 상황을 방지한다는 측면에서 예방적 차원이라고도 할 수 있다. 부모 및 가족 지원 프로그램을 통해 대상 가족에게 이미 발생한 문제를 해결한다는 치료적 접근과 현 상황으로 보아 앞으로 발생할 것이 확실시되는 문제를 예방해 준다는 예방적 접근은 모두 결핍 모델(deficit model)에 근거한다. 결핍 모델은 가족 지원 프로그램의 발달 초기에 그 당위성을 알리는 데 효율적인 개념이었다.

현대사회에서는 가족의 안녕(well-being)을 보장하는 것이 국가와 사회의 책임으로 인식되면서 모든 부모를 위해 부모교육과 지원이 제공되어야 한다는 주장이 확산되고 있다(Coie et al., 1993; Dunst, Trivette, & Thompson, 1990). 즉, 위기에 처한 가족의 부모뿐만 아니라 모든 부모는 자녀양육과 관련된 교육과 지원을 받을 권리가 있다는 보편주의가 강조되는 것이다. 이는 선택주의를 바탕으로 저소득층 위주의 부모교육이 진행되면서 간과되어 왔던 중산층 이상의 가족까지 부모교육의 대상이 되어야 한다는 적극적 관점이다.

보편주의에 입각한 부모교육은 결핍 모델에서 증진(promotion) 모델로의 전환을 통해 부모교육이 실시되어야 한다고 주장한다(Dunst, Trivette, & Thompson, 1990). 증진 모델은 '삶의 질' 향상을 추구하는 적극적 관점이며, 결핍 모델에 입각한 치료 및 예방적 접근보다 부모와 영유아의 능력을 신뢰하는 긍정적 관점이고, 이들 모두가 보다 건강하게 살 수 있는 지역사회 환경과 가치관을 조성하는 데 목적을 둔다. 우리 사회의 복지 수준이 지속적으로 향상되는 점을 고려할 때 보편주의에 입각하여 부모교육의 대상을 확대하고, 삶의 질을 향상시키는 증진 모델의 실천이 필요하다고 하겠다.

4) 지역사회와의 연계를 통한 부모교육

부모교육은 전통적으로 개별 부모와 특정 가족의 욕구를 충족시키는 데 중점을 두고 시작된 미시적 접근이다. 예를 들면, 개별 부모가 겪는 자녀양육과 관련된 어려움이 무엇이고, 해결을 위해 사용할 수 있는 구체적인 상호작용 기법은 무엇인지 등이 주요 내용이었다. 하지만, 사회구조적 특성으로 인해 야기된 문제인 경우에는 개별 가족 안에서 원인이나 해결방법을 찾는 것은 한계가 있다.

우리 사회의 부모가 겪는 문제가 점점 더 복합적으로 되면서 이들을 지원하기 위해 개별 가족 단위를 넘어서는 보다 거시적인 지역사회의 역할이 강조되고 있다. 현재 운영되고 있는 건강가족지원센터는 지역사회와의 연계를 통한 부모교육을 실현시킬 수 있는 가교 역할의 대표적인 기관이라고 할 수 있다. 또한 유아교육기관도 부분적으로 이러한 역할을 수행할 수 있다.

부모교육은 점차 가족과 지역사회기관과의 연계, 지역사회기관 간의 협력, 다른 지역사회와의 교류를 위해 노력할 필요가 있다(Cibulka & Kritek, 1996). 구체적으로 부모교육 프로그램에 참여하는 부모들의 사회적 지원망을 형성하고, 지역사회의 자원을 활용하는 것이 필요하다. 지역사회의 인사를 초청해서 프로그램 자원봉사자로 활용하거나 프로그램의 운영에도 지역사회 단체들의 의견을 반영하려고 노력하며, 다른 기관과의 연계를 통해 필요한 서비스를 요청할 수 있는 기틀을 마련하는 등의 작업이 그 예가 될 수 있을 것이다. 지역사회 차원에서 부모와 가족을 효율적으로 지원하기 위해서는 관련 서비스를 제공하는 기관이 더 참여적으로 변해야 하고, 부모교육 진행자도 과거의 전문가로서 행하던 역할을 포기하고 배타적 태도를 개방적으로 변화시키는 것이 요구된다.

5) 전문적 관계를 통한 부모교육

부모교육의 미래를 위해서는 무엇보다 부모교육 전문가를 양성하는 것이 절대적이다. 현재 부모교육 분야에서 일하는 사람들은 아동학, 가족학, 유아교육학, 심리학, 사회사업학 등의 다양한 전공을 학문적 배경으로 하지만 부모교육에 대한 전문적 훈련을 받았다고 보기에는 미흡하다. 자신의 전공 분야에 대한 지식은 풍부하지만 부모와 가족에게 어떻게 효율적으로 접근할 것인지에 대한 실천적 기술과 현장 적용 능력은 부족하다고 볼 수 있다. 이를 개선하기 위해서는 다양한 관련 분야의 전문가들이 다학문적인 팀을 구성하여 프로그램 운영 시 필요한 핵심 내용과 기술을 제시하고, 부모 및 가족 지원 프로그램 분야의 자격증을 취득하기 위해 일정 기간 훈련을 받도록 할 수 있다. 이에는 현직 교사교육의 일환으로 유아교육기관의 교사들도 참여할 수 있도록 하는 것이 필요하다. 대학에서 연계전공으로 부모교육 관련 과목을 심화시켜 부모 및 가족 지원 프로그램에서 일하게 될 전문가를 양성하는 것도 대안이 될 수 있다.

한편 부모교육이 결핍 모델에서 증진 모델로 변화해 가는 과정에서 부모와 프로그램 진행자 간의 관계를 재정립하는 것도 필요하다. 미래의 부모교육은 전문가의 지식과 기술을 제공하여 부모의 태도와 행동을 변화시키는 교육적 의미도 중요하지만, 부모 지지(parent support)의 개념을 강조하게 된다. 이는 프로그램에 참여한 부모들이 서로의 부모역할에 대한 믿음과 행동을 지지해 주는 과정을 통해 자녀양육에 대한 자신감과 유능감을 확인하는 것을 말한다. 일방적으로 가르치는 역할만 수행하던 과거의 전문가가 아니라 대상 부모의 욕구와 능력에 맞게 자신의 역할을 조정할 수 있는 새로운 전문가가 필요하다. 부모교육 전문가에게 새롭게 요구되는 협력자와 촉진자의 역할이 무엇인지에 대한 구체화 작업도 필요할 것이다.

또한 부모와 부모교육자가 서로에게 가질 수 있는 편견을 극복하는 것도 중요하다. 부모와 부모교육자 간의 관계가 평등과 협력을 강조하는 방향으로 재정립되고 있지만, 여전히 부모교육자는 부모를 문제가 있는 사람들로 바라보는 경향이 있고 부모들은 전문가가 자신이 감당해야 하는 현실을 이해하지 못하면서 허황된 해결책만 내놓는다고 간주하는 경향이 있다. 서로에 대한 편견을 바로잡기 위해 부모와 부모교육자 모두가 서로를 이해할 수 있는 전략을 개발하는 것이 필요하다.

6) 효과성 연구를 통한 부모교육

부모교육에 대한 사회구성원들의 지속적인 참여를 이끌어 내고, 정책적 차원에서 부모교육에 대한 지원을 확대시키기 위해서는 부모교육 프로그램의 효과성을 입증하는 노력이 필요하다. 정책결정자들과 실무자들로부터 법적, 재정적, 행정적 지원을 얻는 가장 효과적인 방법은 부모교육의 투자비용 대비 산출의 효율성을 입증하는 것이다(Weiss & Halpern, 1991). 그러나 평가의 과정에서 나타나는 여러 가지 문제 때문에 부모교육 프로그램의 효율성을 입증하는 것은 현실적으로 어려운 과제이다. 실험집단과 통제집단의 부재, 어떤 프로그램이 상대적으로 더 효과적이었는지 밝히는 문제, 측정도구의 타당성과 신뢰성에 대한 비판 등으로 정책결정자들이 원하는 분명하고 명확한 답을 제시하지 못하였다. 부모교육 프로그램의 효율성을 증명하는 것은 여전히 어려운 과제임에 틀림없지만, 부모교육의 지속적 발전을 위해 프로그램의 효율성을 입증하려는 노력은 증가되어야만 할 것이다.

참고 문헌

강기정(2005). 여성 한부모의 사회적응력 향상을 위한 교육프로그램 개발 및 효과. 대한가정학회지, 43(9), 15-26.

강기정·박혜성·계선자(2005). 맞벌이 가족 남편의 역할갈등 및 결혼만족도에 관한 연구. 한국가족복지학, 10(2), 5-25.

강란혜(2000). 한국과 일본 아버지의 자녀양육행동의 비교: 직업관과 자녀관을 중심으로. 아동학회지, 21(2), 119-133.

강현식·박지영(2009). 세계 1등을 키워낸 그 어머니들의 자녀교육. 서울: 대교출판.

경기도 교육청(2006). 행복과 사랑이 움트는 유치원. 2006학년도 후반기 학급자원봉사자 연수 자료집.

경기도(2006). 경기도 위스타트 영아 가정방문 교육프로그램.

고미아(2001). 유치원 부모교육의 실태 및 교사와 부모의 요구. 천안대학교 사회복지대학원 석사학위논문.

고선아(2008). 사립유치원 초임교사와 경력교사가 학부모관계에서 겪는 어려움과 보람에 관한 이야기. 중앙대학교 대학원 석사학위논문.

고희선·정계숙(2015). 카오스 이론의 관점에서 부적응 유아 이해 및 접근 방향성 탐색. 유아교육연구, 35(6), 181-202.

곽금주·박혜원·김청택(2001). 한국 웩슬러 아동지능검사(K-WISC-Ⅲ). 서울: 도서출판 특수교육.

곽덕영(1985). 부모교육의 이론과 실제. 서울: 백록출판사.

곽형식·백경숙·김민정·김혜금·김혜영·박희현(2008). 아동복지론. 서울: 공동체.

교육개혁위원회(1995). 신교육체제 수립을 위한 교육개혁방안.

교육과학기술부(2012). 제2주기 유치원 평가 추진계획.

교육인적자원부(2002). 유아를 위한 부모교육자료. 교육인적자원부.

구본용·김진숙·이영선·이호준(1998). 부모교육 프로그램 연구 -어울려 사는 지혜 기르기-. 1998 청소년상담연구, 청소년 대화의 광장.

권민균·문혁준·권희경·성미영·신유림·안선희·안효진·이경옥·천희영·한유미·한유진·황혜신(2012). 아동발달. 서울: 창지사.

김교연(2017). 장애아 부모의 명예낙인(Courtesy Stigma)에 관한 연구. 특수교육저널: 이론과 실천, 19(1), 157-185.

김금주·유윤영(2005). 부모참여. 서울: 정민사.

김덕순(1996). 유아교육기관 중심 부모교육의 이론과 실제. 서울: 정일.

김명순·황혜정·안효진(2012). 영아기 예방적 놀이중재프로그램의 이론과 실제. 서울: 다음세대.

김명희(1996). 현대사회의 부모교육. 서울: 학문사.

김미숙·박민경·이상헌·홍석표·조병은·원영희(2000). 저소득 편부모 가족의 생활실태와 정책과제. 서울: 한국보건사회연구원.

김미정(1999). 장애유아 통합기관의 부모교육 프로그램 모형 개발. 부산대학교 대학원 석사학위논문.

김미정·정계숙(2007). 장애유아 어머니의 통합교육에 대한 경험의 의미와 요구. 한국유아교육학회 춘계학술대회 자료집, 315-341.

김보들맘·신혜영(2000). 어린이집 교사의 직무스트레스에 관한 탐색적 연구. 유아교육연구, 20(3), 253-276.

김상임(2004). 상담사례를 통해 본 국제결혼 이주여성의 삶. 이주여성인권센터 창립3주년 기념 심포지엄 자료집, 17-48.

김수진·도현심(2001). 부-모 간 양육행동(coparenting)의 관련 변인: 부부관계의 질, 어머니의 인성 특성 및 아동의 초기 기질. 한국가정관리학회지, 19(5), 101-114.

김숙자(1989). 부모참여교육론. 서울: 교육과학사.

김승국(1998). 사회성숙도검사. 서울: 중앙적성출판사.

김승국(1999). 장애학생의 통합교육. 서울: 교육과학사.

김승태·김지혜·송동호·이효경·주영희·홍창희·황순택(2001). 한국아동인성검사(Korean Personality Inventory for Children: KPI-C). 서울: 학지사.

김신영(1998). 유아교육기관에서 교사가 인식하는 문제 분석. 이화여자대학교 대학원 박사학위논문.

김영태·김경희·김화수·윤혜련(2003). 영유아 언어발달 선별검사. 서울: 특수교육.

김유경(2018). 성인자녀 부양 특성과 정책과제. 보건복지포럼, 260, 79-98

김이선·마경희·선보영·최호림·이소영(2010). 다문화 가족의 해체 문제와 정책 과제. 서울: 여성가족부.

김정원(1999). 부모교육 프로그램의 개발과정에 관한 연구. 이화여자대학교 대학원 박사학위논문.

김정혜(2005). 치료놀이를 활용한 모-자 상호작용 증진 프로그램의 개발 및 적용 효과 - 발달지체유아와 어머니를 대상으로 -. 부산대학교 대학원 박사학위논문.

김지은(2000). 예비부모교육에 대한 대학생의 인식도에 관한 연구: 충북 농촌지역을 중심으로. 한국농업교육학회지, 32(3), 47-58.

김진영·김정원·전선옥(2006). 유아·부모·교사를 위한 부모교육. 서울: 창지사.

김춘경·문혁준·신유림·심미경·옥경희·위영희·이경희·이정희·정계숙·정현숙·제경숙·조성연·천희영(2002). 아동학개론. 서울: 학지사.

김현정(2000). 유아교육기관 부적응 아동과 지도에 대한 교사의 인식 조사. 계명대학교 교육대학원 석사학위논문.

김현주·손은경·신혜영(2001). 현장중심 부모교육 -이론과 실제-. 서울: 양서원.

김혜금(2006). 아동의 위험감수 행동과 위험에 대한 인지와 두려움과의 관계. 방과후아동지도연구, 3(2), 1-16.

김혜금(2016). 어린이 안전사고 예방 및 응급 대응 문제와 대책: 어린이집 중심으로. 용인 어린이집 사고원인 진단 및 어린이안전 향상을 위한 세미나 자료집, 33-46. 서울 : 표창원 국회의원실.

김혜선·김경신(2003). 맞벌이부부의 부모역할갈등과 심리적 복지. 한국가정관리학회지, 21(4), 117-131.

김희동(1994). 유치원 생활에 대한 어머니와 유아, 어머니와 교사간의 대화에 관한 연구. 이화여자대학교 대학원 석사학위논문.

김희진(2002). 유아교육기관에서의 부모교육에 대한 조사연구. 교육학연구, 40(6), 239-260.

김희진(2005). 현대 부모 및 가족 지원 프로그램. 서울: 창지사.

김희진(2006). 유아교육기관에서의 부모교육과 지원. 서울: 파란마음.

노경선·심희옥(2004). 학령기 아동이 지각한 부모의 양육행동 및 또래 괴롭힘 경험. 아동학회지, 25(6), 241-257.

노진형·정계숙(2005). 반성적 사고 중심의 모-자 상호작용 증진 프로그램 효과 연구: 발달지체유아 모자를 대상으로. 아동학회지, 26(5), 329-348.

대전보육정보센터(2000). 부모교육·참여프로그램. 대전보육시설연합회 대전광역시보육정보센터.

도미향(2000). 보육서비스가 기혼여성의 가족복지감에 미친 영향. 숙명여자대학교 대학원 박사학위논문.

문선화(2001). 소년소녀가장을 위한 후견인 제도의 정착 방안. 한국아동복지학, 11, 7-32.

문수백·변창진(1997). 카프만 아동용 지능검사(Kaufman Assessment Battery for Children: K-ABC). 서울: 학지사.

문혁준(2000). 아동의 기질적 특성과 부모 훈육방법. 대한가정학회지, 38(6), 29-41.

박문성(2005). 유아기 아동의 부적응 실태 및 지도방안에 관한 연구. 단국대학교 행정대학원 석사학위논문.

박민아·최경숙(2018). 유치원교사의 공감이 교사-부모 간의 의사소통에 미치는 영향. 미래유아교육학회지, 25(1). 251-271.

박선권(2018). 아동학대예방사업의 과제와 개선방향. NARS현안분석, 4, 1-13.

박성연 역(1984). 부모교육 - 재능 있는 부모(D-Lewis). 서울: 동명사.

박성연·김상희·김지신·박응임·전춘애·임희수(2008). 자녀와의 진정한 만남을 위한 부모교육. 경기: 교육과학사.

박성연·이숙(1997). 아동지도. 서울: 중앙적성출판사.

박성연·임미리(2002). 취업모의 직업관련 특성, 탁아기관의 질 및 심리적 안녕감이 양육행동에 미치는 영향. 한국가정관리학회지, 20(2), 57-68.

박성연·임희수(2000). 2~3세 유아에 대한 어머니의 양육행동과 관련된 변인들: 부모에 대한 애착표상 및 부부관계를 중심으로. 아동학회지, 21(1), 59-72.

박성옥·강영자(1997). 부모역할 중요도와 수행의 어려움 및 자신감에 따른 양육스트레스. 한국영유아보육학, 9(2), 159-178.

박연호(1984). 교사와 인간관계론. 서울: 박영사.

박영수(2000). 장애유아 부모교육 프로그램 개선에 관한 연구. 단국대학교 교육대학원 석사학위논문.

박영애·최목화·양명숙·나종혜·김민정(2005). 현대인의 자녀양육. 서울: 학지사.

박정민(2018). 원감을 통해 본 사립유치원 학부모와의 갈등관리 양상. 경남대학교 대학원 박사학위 청구논문.

박지현(2004). 어린이집에서 통합교육을 위한 부모교육 실시 현황 및 개선 방안에 관한 연구. 성균관대학교 대학원 석사학위논문.

박태수(2000). 아동학대 유형과 사례. 학생생활연구, 21(1), 111-124.

박향아·제경숙(2003). 유아교사와 학부모와의 관계에 관한 한일비교연구. 교육이론과 실천, 12(3), 67-80.

박희찬·백은희(1996). ABACUS. 서울: 특수교육.

배율미·조유진(2014). 유아교사의 교사-부모 의사소통에 대한 인식연구. 유아교육학논집, 18(1). 323-340.

백종화·박성연(2002). 어머니의 인터넷 이용 실태 및 인터넷 이용이 양육 효능감에 미치는 영향. 한국가정관리학회지, 20(2), 135-145.

보건복지부(2018). OECD 통계로 보는 한국의 보건의료. 보건복지부 보도자료.

보건복지부·중앙아동보호전문기관(2007). 전국아동학대현황보고서. 서울: 보건복지부.

보건복지부·중앙아동보호전문기관(2011). 2010 전국아동학대현황보고서. 서울: 보건복지부.

보건복지부·중앙아동보호전문기관(2016). 2015 전국아동학대현황보고서. 세종: 보건복지부.

보건복지부·중앙아동보호전문기관(2017). 2016 전국아동학대현황보고서. 세종: 보건복지부.

서봉연·정보인·최옥순(1986). 한국판 그림 지능 검사. 서울: 중앙적성출판사.

서영숙·황은숙(2003). 한부모 가정과 이혼 이해교육. 서울: 양서원.

성영혜·윤석화·이경화(1994). 부모교육. 서울: 문음사.

성지혜(2001). 빈곤한 조부모 손자녀세대 아동의 우울 및 불안에 관한 연구: 지역사회복지관 서비스 대상자를 중심으로. 이화여자대학교 대학원 석사학위논문.

손환희(2009). 유아교사가 지각하는 부모-교사 간 의사소통의 어려움에 대한 연구. 부산대학교 대학원 석사학위 청구논문.

송규운·윤호열·이순종(2001). 창의성과 부모교육. 서울: 창지사.

송운석(2005). 인간관계의 이해. 서울: 삼영사.

신용주·김혜수(2002). 새로운 부모교육. 서울: 형설출판사.

신혜령·정재훈·김성경(2006). 한부모 가족지원법안에 관한 연구. 서울: 여성가족부.

신화용·조병은(1996). 편모가 인지한 자원과 편모의 심리적 적응. 가족학논집, 8, 57-76.

안영진(1997). 유아교육기관중심 부모교육총론(이론과 실제). 서울: 정일.

안혜영·심신성·고주애(2002). 고 위험 집단의 아동학대에 관한 연구: 생활보호 대상자를 중심으로. 대한간호학회지, 32(6), 775-783.

양문봉(2000). 자폐스펙트럼 장애. 서울: 자폐연구

양미진·남은영·이수림·이자영·허자영(2009). 저소득가정 부모교육 프로그램 개발. 청소년상담연구 147 보고서.

양옥승(1985). 부모교육 프로그램의 유형: 부모교육 프로그램의 개발을 위한 방향모색(1). 서울: 유아교육연구회.

여성가족부(2010). 2010년 조손가족 실태조사. 서울: 여성가족부.

여성가족부(2013). 한부모가족 실태조사. 서울: 여성가족부.

여성가족부(2015). 2015년 한부모가족 실태조사. 서울: 여성가족부.

여성가족부(2018). 2018년 한부모가족지원사업 안내. 서울: 여성가족부.

연미희(1997). 한국 부모에 대한 PET 부모교육의 적용성 평가. 경희대학교 대학원 박사학위논문.

염지숙·홍춘희(2006). 부모와의 관계형성에서 초임교사가 겪는 경험에 관한 연구. 한국교원교육연구, 23(2), 407-434.

오경자·이혜련·홍강희·하은혜(1997). 아동·청소년 행동평가척도(Korea-Child Behavior Checklist: K-CBCL). 서울: 중앙적성출판사.

오영희·엄정애(1997). 부모와 자녀. 서울: 동현출판사.

옥경희(2005). 조부모-손자녀 가족 조부모의 손자녀양육. 한국가정관리학회지, 23(3), 103-114.

위수정(2001). 유치원에서의 어머니, 교사 의사소통에 관한 연구. 이화여자대학교 대학원 석사학위논문.

유가효·박선주(2004). 부모의 성격 및 양육태도와 자녀의 성격과의 관계. 한국가족복지학, 9(1), 101-116.

유안진 · 김연진(1998). 부모교육. 서울: 동문사.

유안진 (1990). 아동양육. 서울: 문음사.

유안진·김연진(2003). 부모교육의 이론과 실제. 서울: 동문사.

유안진·이점숙·서주현(2004). 부모의 이혼여부에 따른 청소년의 우울지각: 청소년이 지각한 부모의 양육태도와 교우관계를 중심으로. 아동학회지, 25(6), 191-203.

유효순·지성애(2004). 부모교육. 서울: 정민사.

윤기영(1997). 유아기 자녀를 둔 부모의 학부모 됨에 관한 연구. 유아교육연구, 17(2), 161-181.

윤기영(2005). 원장과 교사를 위한 유아교육기관에서의 학부모 탐구. 서울: 양서원.

윤기영·박상님(2000). 유아교사와 학부모의 인간관계. 한국교사교육, 17(1), 379-404.

윤기영·서지영(2001). 부모교육프로그램에 관한 최근 연구 동향분석. 교육발전, 20(1), 129-155.

윤영주(2001). 한국체류 중국 동포의 문화적응 스트레스에 대한 연구. 중앙대학교 행정대학원 석사학위논문.

이경우 역(1985). 당신도 유능한 부모가 될 수 있다. 서울: 창지사.

이경우·이은화 역(1985). 부모교육입문(Bigner, J. J.). 서울: 창지사.

이경우·이은화·김영옥·조부경(1994). 유아의 도덕성 함양을 위한 부모교육 프로그램. 교육부.

이경화(2001). 부모에 대한 유치원 교사의 이야기. 교육인류학연구, 4(3), 179-199.

이경화·성영혜·윤석희·이신동(1999). 부모교육 -사랑, 결혼, 부모-. 서울: 학문사.

이경화·손유진(2015). 유아교사의 부모에 대한 메타포 의미 분석. 유아교육연구, 35(3), 5-25.

이상복·윤치연(2004). 한국주의력결핍·과잉행동장애 진단검사. 부산: 테스피아.

이소영·옥선화(2002). 자녀의 정서적 지원과 모-자녀 간 의사소통 특성 지각에 따른 저소득층 여성 가장의 생활 만족도 및 우울감. 대한가정학회지, 40(7), 53-68.

이소현(2004). 유아특수교육. 서울: 학지사.

이수남(2001). 가정연계 과학활동이 유아의 호기심, 부모의 과학교육 태도 및 부모-자녀의 과학적 상호작용에 미치는 효과. 경희대학교 대학원 박사학위논문.

이숙·우희정·최진아·이춘아(2009). 훈련중심 부모교육. 서울: 학지사.

이연섭·강문희(1998). 부모교육. 서울: 정민사.

이영·신은주·나종혜(1994). 영유아 양육환경에 대한 생태학적 연구(1): 가정과 어린이집을 중심으로. 아동학회지, 15(2), 37-54.

이영춘·조주연·이동규(1998). 사회봉사활동 교육과정 운영 연구. 서울교육대학교 학생생활연구, Vol. 24.

이용교·정혜선·유한규·권지은·김경륜·윤재정·서지영·김혜영·성윤숙(2000). 한국의 아동복지학. 서울: 양서원.

이원영(1992). 부모교육론. 서울: 교문사.

이원영·김정미(2007). 대학생을 위한 예비부모교육. 서울: 북카페.

이윤경(2004). 유아교사에게 스트레스를 주는 부모의 언어표현과 대처방식. 숙명여자대학교 대학원 석사학위논문.

이은화·김영옥(1999). 유아를 위한 부모교육. 서울: 동문사.

이은화·이경우·이기숙·홍용희·박은혜·김희진(1999). 유아기 자녀를 위한 총체적 부모교육프로그램. 서울: 창지사.

이재연·김경희(2003). 부모교육. 서울: 양서원.

이재옥(2005). 유치원 부모교육 실태 및 요구조사 연구. 강릉대학교 교육대학원 석사학위논문.

이종재(2003). 21세기 한국교육의 방향과 전략. 경기: 교육과학사.

이태영·황영자 역(1986). 부모교육. 서울: 교학연구사.

이한우·강위영(1999). 발달장애아동과 일반아동부모의 양육태도 및 스트레스 비교연구. 특수교육학회 추계학술연구발표 자료.

이현(2001). 어머니-자녀 관계 향상을 위한 집단활동 프로그램. 한양대학교 대학원 박사학위논문.

이현진(1994). 유치원 교육내용에 대한 부모와 교사의 인식비교. 이화여자대학교 대학원 석사학위논문.

임승렬(2002). 유아교사의 교직윤리의식에 관한 연구. 한국교원연구, 19(1), 157-193.

임연신·현온강(2002). 한국과 연변조선족 어머니의 부모역할 만족도 및 양육태도 비교 연구. 대한가정학회지, 40(11), 23-37.

장지원(2005). 부모-교사의 협력적 관계형성 및 상호이해를 위한 부모참여활동. 이화여자대학교 대학원 석사학위논문.

장혜경·민가영(2002). 이혼여성의 부모역할 및 자녀양육지원방안에 관한 연구. 서울: 한국여성개발원.

장혜성·임선숙·백현정(1994). 언어이해·인지력 검사. 서울: 서울장애인종합복지관.

전국보육교사교육원대학협의회 편(2000). 부모교육 및 상담. 서울: 양서원.

전영자(1992). 전문직 취업주부의 역할갈등, 대처방안, 자아존중감 및 심리적 디스트레스 간의 관계. 경희대학교 대학원 박사학위논문.

전춘애·이미숙(2003). 부모교육 프로그램 개발과 수행에 관한 연구경향 분석. 한국가족관계학회지, 8(3), 1-29.

전혜인(2008). 장애아동 형제자매의 삶에 대한 질적 연구. 특수교육저널: 이론과 실천, 9(2), 159-179.

정갑순(1996). 부모교육론. 서울: 창지사.

정계숙(1999). 일반유아의 장애유아에 대한 태도 변화 연구: 비가시적 장애유아를 중심으로. 특수교육학연구, 34(2), 73-94.

정계숙(2011). 유아교사의 어머니-교사 간 의사소통의 어려움에 대한 지각 관련 변인 연구. 유아교육학논집, 15(3), 143-164.

정계숙·노진형(2006). 부모역할에 대한 자기반성의 부모교육을 위한 함의. 열린유아교육연구, 11(4), 79-106.

정계숙·박재국·최은실·서보순·박희경(2012). 장애유아, 비장애유아 어머니의 행복감에 영향을 미치는 요인. 유아교육연구, 33(1), 153-173.
정계숙·차지량·윤갑정(2015). 교육공동체로서 유아교육기관에 대한 유아교사와 학부모의 인식. 유아교육학논집, 19(5), 213-235.
정계숙·최은실(2013). 유아기 자녀를 둔 어머니의 「부모 참 역량 척도」 개발 연구. 열린유아교육연구, 18(3), 225-257.
정대영(2016). 특수아동 교육 -0세부터 8세까지-. 서울: 창지사.
정대영·장병연·정동영·김상진(2001). 한국형 개인지능검사(Korea Institute for Special Education - Korea Intelligence Test for Children: KISE-KIT). 경기도: 국립특수교육원.
정문자 역(1990). 부모교육 원리와 방법. 서울: 교육과학사.
정옥분(2002). 아동발달의 이해. 서울: 학지사.
정윤귀(2006). 취업모 - 교사 간의 의사소통 만족도. 이화여자대학교 교육대학원 석사학위논문.
정현희(2003). 어머니 양육행동의 관련변인에 대한 구조분석. 대한가정학회지, 41(6), 75-90.
정혜승·김광웅(2001). 어머니 자신의 부모 애착 및 양육행동과 자녀 애착과의 관계. 놀이치료연구, 4(1), 95-105.
제경숙(1994). 유아교육기관 운영자가 보는 부모와 부모교육. 교육이론과 실천, 4, 21-34.
제경숙(2012). 가족과의 파트너십. 한국보육진흥원: 어린이집 원장 사전직무교육-가족 및 지역사회 협력 영역, 435-456.
제경숙·김현주(2018). 어린이집 교사가 인식하는 부모 이미지 연구: 은유분석을 중심으로. 한국보육지원학회지, 14(1), 63-85.
조성연(2006). 예비부모교육. 서울: 학지사.
조소영(2005). 유아교육기관 신임교사의 학기 초 어려움에 관한 연구. 경남대학교 교육대학원 석사학위논문.
조형숙·박은주·류혜숙(2008). 유치원교사가 경험한 윤리적 딜레마 분석. 유아교육연구, 29(3), 73-101.
조흥식·김인숙·김혜란·김혜련·신은주(2004). 가족복지학. 서울: 학지사.
중앙아동보호전문기관(2018). 2017년 전국아동학대현황 속보치(2018. 3. 27. 기준). 서울: 중앙아동보호전문기관.
진현자(2001). 유아특수교육기관의 부모교육 프로그램에 대한 부모·교사의 요구 조사. 우석대학교 교육대학원 석사학위논문.
최경숙·박영아(2005). 아동발달. 서울: 창지사.
최경숙·신현옥 역(1987). 아동행동지도. 서울: 교문사.
최선남(1996). 아동우울에 영향을 미치는 가족 변인과 동적 가족화에 의한 우울 판별 연구. 영남대학교 대학원 박사학위논문.
최해경(2002). 저소득층 조손가정 여성노인의 우울감과 관련 요인 연구. 한국노년학, 22(3), 207-222.
통계청(2011a). 2011년 맞벌이가구 및 경력단절여성 통계 집계 결과. 대전: 통계청.
통계청(2011c). 2010년 출생통계(확정).
통계청(2012). 2011년 혼인·이혼통계. 대전: 통계청.
통계청(2012c). 인구·가구 구조와 주거 특성 변화.

통계청(2017a). 장래가구추계 : 2015~2045년. 대전: 통계청.
통계청(2017b). 2017 일·가정 양립 지표. 대전: 통계청.
통계청(2018). 2017 한국의 사회지표 통계표.
통계청(2018a). 2017년 혼인·이혼통계. 대전: 통계청.
통계청(2018b). 2017년 하반기 지역별고용조사(부가항목): 맞벌이 가구 및 1인 가구 고용 현황. 대전: 통계청.
한국교육개발원(1984). 부모교육프로그램 모형개발 연구. 서울: 한국 교육개발원.
한국보건사회연구원(2010). 한국인의 자녀양육 책임한계와 양육비 지출 실태. 보건·복지 Issue & Focus, 제 68호.
한국보육진흥원(2018). 보육시설 평가인증 지침서.
한국아동학회 역(1989). 부모교육의 이론과 적용. 서울: 국민서관.
한국어린이육영회(1993). 기관중심 부모교육운영의 실제 I, II. 서울: 정민사.
한국여성정책연구원(2016). 2015년 전국다문화가족실태조사 분석. 서울: 한국여성정책연구원.
홍영희(1992). 새 부모교육. 서울: 학문사.
홍춘희(2006). 부모와의 관계형성에 대한 초임유아교사의 경험. 건국대학교 사회과학대학원 석사학위논문.
황혜정·김명순·안효진(2010). 유아·부모 함께하는 교육중재 프로그램. 서울: 사랑의 열매 보고서.

세계일보 2011. 8. 24.
아시아경제 2012. 7. 18.
중앙일보 2005. 8. 7.
한국일보 2006. 8. 8.

Ainthworth, M. D. S., Blehar, M., Waters, E., & Wall, S. (1978). *Patterns of attachment*. Hillsdale, NJ: Erlbaum.
Almy, M. (1975). *The early childhood education at work*. NY: McGraw-Hill Book Co.
Amato, P. R., & Keith, B. (1991). Parental divorce and the well-being of children: A meta analysis. *Psychological Bulletin*, *110*, 26-46.
Aslin, R. N., & Smith, L. B. (1988). Perceptual development. *Annual Review of Psychology*, *39*, 435-473.
Barrera, M. E., & Maurer, D. (1981). Recognition of mother's photographed face by three-month-old infant. *Child Development*, *52*, 714-716.
Belsky, J., Lang, M. E., & Rovine, M. (1985). Stability and change in marriage across the transition to parenthood: A second study. *Journal of Marriage and the Family*, *47*, 855-865.
Belsky, J., Lenrner. R. M., & Spianer. G. B. (1984). *The child in the family*. Reading, Mass.: Addison Wesley.
Berger, E. H. (1995). *Parents as partners in education. The school and home working together*(4th ed.). Columbus, OH: Merrill.
Berk, L. E. (1999). *Infants and children: Prenatal through middle childhood*. Boston, MA: Allyn &

Bacon.

Berk, L. E. (2002). *Child development*. Boston, MA: Allyn & Bacon.

Berk, L. E. (2002). *Infant and children: Prenatal through middle childhood*(4th ed.). Boston, MA: Allyn & Bacon.

Bernstein, B. (1961). Social class and linguistic development: A theory of social learning. In A. H. Halsey, J. Floud, & C. A. Anderson(Eds.), *Education, economy and society*. NY: Free Press.

Bigner, J. J. (2006). *Parent-child relations: An introduction to parenting*(7th ed.). NJ: Pearson Education Inc.

Bigner, J. J., Jacobsen, R. B., & Phelan, G. K. (1981). Cultural correlates of parent-nonparent stereotypes: A multivariate analysis. *Home Economics Research Journal*, *9*, 184-192.

Bormann, C., & Stockdale, D. (1979). Values of children: Relationships between mothers and daughters. *Home Economics Research Journal*, *8*, 58-65.

Bradley, R. H., Caldwell, B. M., & Rock, S. L. (1989). Home environment and school performance. *Child Development*, *59*, 852-867.

Brand, S. (1996). Making parent involvement a reality: Helping teachers develop partnerships with parents. *Young Children*, *51*(2), 76-81.

Briere, J. (1992). *Child abuse trauma: Theory and treatment of the lasting effects*. Newbury Park, CA: Sage Publications.

Bronfenbrenner, U. (1979). *The ecology of human development: Experiments by nayure and design*. Cambridge MA: Harvard University Press.

Brooks. J. B.(1993). *The Process of Parenting*. Palo Alto, CA: Mayfield Publishing Co.

Burnette, D. (2000). Latino grandparents rearing grandchildren with special needs: Effects on depressive symptomatology. *Journal of Gerontological Social Work*, *33*(3), 1-16.

Campbell, S. B. (2006). 유아의 문제 행동. (민성혜 역). 서울: 시그마프레스.

Campos, J. J., Barette, K. C., Lamb, M. E., Goldsmith, H. H., & Steinberg, C. (1983). *Socioemotional development*. In P. H. Mussen(Ed.), *Handbook of child psychology*(Vol. 2). NY: Wiley.

Caspi, A., & Silva, P. A. (1995). Temperamental qualities at age three predict personality traits in young adulthood: Longitudinal evidence from a birth cohort. *Child Development*, *66*, 486-498.

Cataldo, C. Z. (1987). *Parent education for early childhood*. Teachers College Press: Columbia University, NY.

Cerezo, M. A., & Frias, D. (1994). Emotional and cognitive adjustment in abuse children. *Child Abuse & Neglect*, *18*, 923-932.

Charlesworth, R. (1996). *Understanding child development*(4th ed.). Albany, NY: Delmar.

Chen, E., & Berdan, L. E. (2006). Socioeconomic status and patterns of parent-adolescent interactions. *Journal of Research on Adolescence*, *16*(1), 19-27.

Chess, S., & Thomas, R. (1977). Temperamental individuality from childhood to adolescence. *Journal of*

Child Psychiatry, *16*, 218-226.

Chess, S., & Thomas, R. (1984). *Origins and evolution of behavior disorders*. NY: Brunner/Mazel.

Cibulka, J., & Kritek, W. (Eds.) (1996). *Coordination among schools, families, and communities: Prospects for educational reform*. Albany: State University of New York Press.

Coie, J., Watt, N., West, S., Hawkins, D., Asarnow, J., Markman, H., Ramey, S., Shure, M., & Long, B. (1993). The science of prevention: A conceptual framework and some directions for a national research program. *American Psychologist*, *48*, 1013-1022.

Coleman, J. S. (1966). *Equality of educational opportunity*. Washington, D. C.: US Department of Education.

Condry, S. (1983). *History and background of preschool intervention programs and the consortium for longitudinal studies as the twig is bent: Lasting effects of preschool programs*. NY: Lawrence Erlbaum Associates Publishers.

Cook, R. E., Tessier, A., & Klein, M. D. (1996). *Adapting early childhood curriculum for children in inclusive settings*. Englewood Cliffs, NJ: Merrill.

Coontz, S. (1998). *The way we really are: Coming to terms with America's changing families*. NY: Basic Books.

Coopersmith, S. (1967). *The antecedents of self-esteem*. NY: W. H. Freeman.

Couchenour, D., & Chrisman, K. (2000). *Families, schools, and communities: Together for young children*. Delmar.

Coulton, C. (1999). Neighborhoods and child maltreatment: A multi-level study. *Child Abuse & Neglect*, *23*(11), 1019-1040.

Cowan, C. P., & Cowan, P. A. (1992). *When partners become parents: The big life change for couples*. NY: Basic Books.

Cowan, E. (1985). Person-centered approaches to primary prevention in mental health: Situation-focused and competence-enhancement. *American Journal of Community Psychology*, *13*, 31-48.

Deaux, K. (1993). Sorry, wrong number-A reply to Gentile's call: Sex or sender? *Psychological Science*, *4*, 125-126.

Decker, C. A., & Decker, J. R. (1984). *Planning and administering early childhood programs*(3rd ed.). NY: Charles E. Merrill Publishing Company.

Dinkmeyer, D., & McKay, G. (1976). *Systematic training for effective parenting*. MN: American Guidance Service, Inc.

Dinkmeyer, D., & McKay, G. (1989). *The parents' handbook*. Circle Pines, MN: American Guidance Service.

Dublin, A. (1984). *Foundation of organizational behavior: An applied perspective*(3rd ed). Englewood Cliff, NJ: Printice Hall.

Dunst, C., Trivette, C., & Deal, A. (1988). *Enabling and empowering families*. Cambridge, MA:

Brookline Books.

Dunst, C., Trivette, C., & Thompson, R. (1990). New directions for family resource and support programs. In D. G. Unger, & D. R. Powell(Eds.), *Families as nurturing systems: Support across the life span*(pp. 19-44). NY: Haworth Press.

Dyson, L. L. (1997). Fathers and mothers of school-age children with developmental disabilities: Parental stress, family functioning and social support. *American Journal of Mental Retardation*, *102*(3), 267-279.

Egeland, B. (1988). Breaking the cycle of abuse: Implication for prediction and intervention. In K. Browne & C. Davies(Eds.), *Early prediction and prevention of child abuse*(pp. 87-99). NY: Wiley.

Elkin, F., & Handel, G. (1989). *The child and society: The process of socialization*(5th ed.). NY: Random House.

Elkind, D. (1970). *Erik Erikson's eight ages of man*. New York Times Magazine.

Engel, B. (1998). *The parenthood decision: Deciding whether you are ready and willing to become a parent*. NY: Doubleday.

Epstein, J. (1995). School/family/community partnerships: Caring for the children we share. *Phi Delta Kappan*, *76*, 701-712.

Erikson, E. H. (1968). *Identity: Youth and crisis*. NY: W. W. Norton.

Etaugh, C. (1980). Effect of nonmaternal care on children. *American Psychologist 35*, 309-319.

Evans, E. D. (1975). *Contemporary influences in early childhood education*. NY: Reinhart & Winston.

Farrell, J., & Markman, H. (1986). Individual and interpersonal factors in the etiology of marital distress: The example of remarital couples. In R. Gilmour & S. Duck (Eds.), *The emerging field of personal relationships*(pp. 251-263). Hillsdale, NJ: Lawrence Erlbaum.

Fine, M. J. (1980). *Handbook on parent education*. NY: Academic Press.

Fine, M. T. (1980). *The parent education moment: An introduction, In handbook on parent education*. NY: Academic Press.

Foster, S. M. (1994). Successful parent meetings. *Young Children*, *50*(10), 78-81.

Friedrich, L. K., & Stein, A. H. (1975). Prosocial television and young children: The effects of verbal labeling and role playing on learning and behavior. *Child Development*, *46*, 27-36.

Fuller-Thomson, E., & Minkler, M. (2000). The mental and physical health of grandmothers who are raising their grandchildren. *Journal of Mental Health and Aging*, *6*(4), 311-323.

Galinsky, E. (1987). *The six stages of parenthood*. NY: Addison-Wesley Publishing Co. Inc.

Ganong, L. H., & Coleman, M. (1994). A meta-analytic comparison of the self-esteem and behavior problems of stepchildren to children in other family structures. *Journal of Divorce & Remarriage*, *19*(3), 143-163.

Gerson, K. (1993). *No man's land: Men's changing commitments to family and work*. NY: Basic.

Gerson, M. J., Berman, L. S., & Morris, A. M. (1991). The value of having children as an aspect of adult development. *Journal of Genetic Psychology*, *152*, 327-339.

Gestwicki, C. (2000). *Home, school, and community relations: A guide to working with families*(4th ed.). Delmar.

Ginott, H. G. (2006). Between teacher and child. 교사와 학생 사이. (신홍민 역). 서울: 양철북.

Goodnow, J. J., & Collins, W. A. (1990). *Development according to parents*. Englewood Cliffs, NJ: Lawrence Erlbaum Associates.

Gordon, T. (1975). *P.E.T.: Parent effectiveness training*. NY: New American Library.

Gorham, P. J., & Nason, P. N. (1997). Why make teachers' work more visible to parents? *Young Children*, *52*(5), 22-26.

Gormly, A. V., Gormly, J. B., & Weiss, J. (1987). Motivations for parenthood among young adult college students. *Sex Roles*, *16*, 31-39.

Gray, R., & Pirot, M. (1984). The effects of prosocial modeling on young children's nurturing of a "sick" child. *Psychology and Human Development*, *1*, 41-46.

Grotberg, E.(1983). *The present status and future needs in day case research*. Washington, DC: Office of Child Development.

Hamner, T. J., & Turner, P. H. (2001). *Parenting in contemporary society*(4th ed.). Boston: Allyn & Bacon.

Harman, D., & Brim, O. G. (1990). *Learning to be Parents: Principles, Programs, and Methods*. NY: MaGraw-Hill.

Hearold, S. (1986). A synthesis of 1043 effects of television on social behavior. In G. Comstock(Ed.), *Public communications and behavior*(Vol. 1, pp. 65-133). NY: Academic Press.

Heck S. F., & Williams C, R. (1998). The comolex roles of the teacher an ecological perspective. 21세기 교사의 역할: 생태학적인 관점. (황기우 역). 서울: 원미사.

Hetherington, E. M., & Parke, R. D. (1993). *Child psychology: A contemporary viewpoint*(4th ed.). NY: McGraw Hill.

Hoge, D. D., Smit, E. K., & Hanson, S. L. (1990). School experiences predicting changes in self-esteem of sixty-and seventh-grade students. *Journal of Educational Psychology*, *82*, 117-127.

Holmes, T. H., & Rahe, R. H. (1967). The social readjustment scale. *Journal of Psychosomatic Research*, *11*, 213-218.

Huesmann, L. R., Eron, L. D., Lefkowitz, M. M., & Walder, L. O. (1984). Stability of aggression over time and generations. *Developmental Phychology*, *20*, 1120-1134

Itzkowitz, J. S. (1989). The needs and concerns of brothers and sisters of individuals with disabilities. Unpublished Doctoral Dissertation, The University of Connecticut.

Kagan S., Powell, D., Weissbourd, B., & Zigler, E. (1987). *America's family support programs*. New Heaven, CT: Yale University Press.

Kaplan, S. J., Pelcovitz, D., Salzinger, S., Mandel, F. S., & Weiner, M. (1997). Adolescent physical abuse and suicide attempts. *Journal of the America Academy of Child and Adolescent Psychiatry*, *36*, 799-808.

Kaufman, J., & Zigler, E. (1987). Do abused children become abusive parents? *American Journal of Orthopsychiatry*, *57*(2), 186-192.

Kelly, J. B. (2000). Children's adjustment in conflicted marriage and divorce: A decade review of research. *Journal of the American Academy of Child and Adolescent Psychiatry*, *39*, 963-973.

Keshet, H. F., & Rosenthal, K. M. (1978). Single parent fathers: A new study. *Child Today*, *7*, 13-17.

Laszloffy, T. A. (2002). Rethinking family development theory: Teaching with the systemic family development(SFD) model. *Family Relations*, *51*, 206-214.

LeMasters, E. E., & DeFrain, J. (1989). *Parents in contemporary America: A sympathetic view*(5th ed.). CA: Wadsworth Publishing Company.

Levenstein, P. (1971). Learning through and from mothers: Symposium on parent-centered. *Childhood Education*, *48*(3), 130-134.

Levenstein, P. (1977). The Mother-child home program. In M. C. Day & R. K. Parker (Eds.), *The preschool in action: Exploring early childhood programs*. Boston: Allyn & Bacon.

Lewis, C., Hitch, G. J., & Walker, P. (1994). The prevalence of specific arithmetic difficulties and specific reading difficulties in 9- to 10-year-olds boys and girls. *Journal of Child Psychology and Psychiatry*, *35*, 283-292.

Lino, M. (2003). *Expenditures on children by families*. 2002. U. S. Department of Agriculture, Center for Nutrition Policy and Promotion. Miscellaneous Publication No. 1528-2002. Washington, DC: U. S. Government Printing Office.

Lombardi, J. (1992). *Beyond transition: Ensuring continuity in early childhood services. Eric Digest*, ED 345867.

Lortie, D. C. (1996). School Teacher: A socilogical study. 교직사회: 교직과 교사의 삶. (진동섭 역). 서울: 양서원.

McBride, B. A. (1990). The effect of a parent education/play group program on father involvement in child-rearing. *Family Relations*, *39*, 250-256.

McFadyen, R. G., & Kitson, W. J. H. (1996). Language comprehension and expression among adolescents who have experienced childhood physical abuse. *Journal of Children Psychology and Psychiatry*, *37*, 551-562.

McLanahan, S. S., & Sandefur, G. (1994). *Growing up with a single parent: What hurts, What helps*. Cambridge, MA: Harvard University Press.

Miller, D. F. (1990). *Positive child guidance*. NY: Wiley.

Mussen, P. H., Conger, J. J., Kagan, H., & Huston, A. C. (1990). *Child development and personality*(7th ed.). NY: Harper & Row.

NICHD Early Child Care Research Network (1999). Child outcomes when child care center classes meet recommended standards for quality. *American Journal of Public Health*, *89*, 1072-1077.

NICHD Early Child Care Research Network (2000a). Characteristics and quality of child care for toddlers and preschoolers. *Applied Developmental Science*, *4*, 116-135.

NICHD Early Child Care Research Network (2000b). The relation of child care to cognitive and language development. *Child Development*, *71*, 960-980.

Nimnicht, G. P. (1972). The toy library: Parents and children learning with toys. *Young Children*, *28*(2), 110-116.

Olson, G. M., & Sherman, T. (1983). Attention, learning, and memory in infants. In P. H. Mussen(Ed.), *Handbook of child psychology*(Vol. 2). NY: Wiley.

Papalia, D. E., & Olds, S. W. (1982). *A child's world: Infancy through adolescence*. NY: McGraw-Hill.

Papernow, P. L. (1984). The stepfamily cycle: An experiential model of stepfamily development. *Family Relations*, *33*(3), 355-363.

Parish, T. S., & Dostal, J. W. (1980). Evaluations of self and parents as a function of intactness of family happiness. *Journal of Youth and Adolescence*, *9*, 347-351.

Parish, T. S., & Wigle, S. (1985). A longitudinal study of the impact of parental divorce on adolescents evaluations of self and parents. *Adolescence*, *16*, 203-210.

Park, S., & Cheah, C. S. L. (2005). Korean mother's proactive socialisation beliefs regarding preschoolers' social skills. *International Journal of Behavioral Development*, *29*(1), 24-34.

Parke, R. D. (2000). Father involvement: A developmental psychology perspective. *Marriage and Family Review*, *29*, 43-58.

Popkin, M. H. (1983). *Active parenting*. Atlanta. Active Parenting.

Popkin, M. H. (1989). *Active parenting: A video-based program*. In M. J. Find(Eds.), The second handbook on parent education(pp. 77-98). San Diego, CA: Academic Press.

Powell, D. R. (1989). Families and early childhood programs. *Research Monographs of the National Association for the Education of Young Children*, *Vol. 3*. NAEYC.

Powell, D. R. (1990). *Families and early childhood programs*. Washington, DC: NAEYC.

Powell, T. H., & Galleagher, P. A. (1993). *Brothers and sisters: A special part of exceptional families*(2nd ed.). Baltimore, MD: Paul H. Brookes.

Pruchno, R. (1999). Raising grandchildren: The experiences of black and white grandmothers. *The Gerontologist*, *39*, 209-221.

Quick, D., McKenry, P., & Newman, B. (1994). Stepmothers and their adolescent children: Adjustment to new family. In K. Pasley & M. Ihinger-Tallman(Eds.), *Stepparenting: Issues in theory, research and practice*(pp. 105-126). Westport, CT: Greenwood.

Quinn, R. A., Houts, A. C., & Graesser, A. C. (1994). Naturalistic conceptions of morality: A question-answering approach. *Journal of Personality*, *62*, 260-267.

Roberts, T. W. (1994). *A systems perspective of parenting: The individual, the family, and the social network*. Brooks/Cole Publishing Company.

Rothbart, M. K., & Bates, J. E. (1998). Temperament. In N. Eisenberg(Eds.), *Handbook of child psychology: Vol. 3. Social, emotional, and personality development*(5th ed., pp. 105-176). NY: Willey.

Samuels, N., & Samules, M. (1996). *The new well pregnancy book*. NY: Summit.

Santrock, J. W. (2003). *Children*(7th ed.). NY: McGraw-Hill.

Schickendanz, J. A. (1977). Parent, teachers and early education, In B. Persky & L. L. Colubcheck(Eds.), *Early childhood*. Wayne, NY: Avery Publishing Group.

Seagull, A. A., & Seagull, E. A. W. (1977). The non-custodial father's relationship to his child: Conflicts and solutions. *Journal of Clinical Child Psychology*, *6*(2), 11-15.

Serbin, L. A., Powlishta, K. K., & Gulko, J. (1993). The development of sex typing in middle childhood. *Monograph of the Society for Research in Child Development*, *58*(2, Serial No. 232), 1-75.

Shaffer, D. R. (1999). *Develpomental psychology: Childhood and adolescence*(5th ed.). Belmont, CA: Wadsworth Publishing.

Solomon, J. C., & Marx, J. (1995). To grandmother's house we go: Health and school adjustment of children raised solely by grandparents. *The Gerontologist*, *35*(3), 386-394.

Spodek, B. (1985). *Teaching in the early years*(3rd ed.). Englewood Cliffs, NJ: Prentice Hall Inc.

Stevens, J. H., & King, J. T. (1979), Parent education programs: What determines effectiveness. *Young Children*, *33*(4), 69-77.

Takas, M. (1998). *Grandparents raising grandchildren: A guide to finding help and hope*. NY: Brookdale Foundation Group.

Tanner, J. M. (1990). *Foetus into man: Physical growth from conception to maturity*(2nd ed.). Cambridge, MA: Harvard University Press.

Teller, D. Y., & Bornstein, M. H. (1984). Infant color vision. In P. Salapatek & L. B. Cohen(Eds.), *Handbook of infant perception*. Orlando, FL: Academic Press.

Thomas, R. (1996). Reflective dialogue parent education design: Focus on parent development. *Family Relations*, *45*(2), 189-200.

Tucker, C. A. (1978). Parental perceptions of child-rearing problems. *Child Psychiatry and Human Development*, *8*(3), 145-161.

U. S. Bureau of the Census. (2003). *Statistical abstract of the United States*. Washington, DC: U. S. Government Printing Office.

Veevers, J. E. (1973). The social meanings of parenthood. *Psychiatry*, *36*, 291-310.

Vinovskis, M. (2005). *The birth of Head Start: Preschool education policies in the Kennedy and Johnson administrations*. University of Chicago Press.

Waldenstroem, U. (1999). Experience of labor and birth in 1111 women. *Journal of Psychosomatic Research*, *47*, 471-482.

Waldrop, D. P., & Weber, J. A. (2001). From grandparent to caregiver: The stress and satisfaction of raising grandchildren. *Families in Society*, *82*, 461-472.

Wallerstein, J. S. (1986). Women after divorce: Preliminary report from a ten-year follow-up. *American Journal of Orthopsychiatry*, *56*, 65-77.

Wallerstein, J. S., & Kelly, J. R. (1979). Children and divorce: A review. *Social Work*, *24*, 468-475.

Weiss, B., Dodge, K. A., Bates, J. E., & Pettit, G. S. (1992). Some consequences of early harsh discipline: Child aggression and a maladaptive social information processing style. *Child Development*, *63*, 1321-1335.

Weiss, H., & Halpern, R. (1991). *Community based family support and education programs: Something old or something new?* New York: National Center for Children in Poverty. Columbia University.

Weissbourd, B. (1987). The evolution of family resource movement. In S. L. Kagan & B. Weissbourd(Eds.), *Putting families first: America's family support movement and the challenge of change*. San Francisco: Jossey-Bass.

Westinghouse Learning Corporation (1969). *The impact of Head Start: An evaluation of the effect of Head Start on children's cognitive and affective development*. NY.

White, B. L. (1980). Primary prevention: Beginning at the beginning. *Personal and Guidance Journal*, *58*, 338-343.

Wolfgang, C. (1977). *Helping passive and aggressive preschools through play*. Columbus, OH: Merrill.

Zarbatany, L., Hartmann, D., & Gelfand, D. (1985). Why does children's generosity increase with ages: Susceptibility to experimenter influence or altruism? *Child Development*, *56*, 746-756.

http://ecfe.mpls.k12.mn.us/

http://ffm.mogef.go.kr/business/reviewDescription.do/

http://www. parenthood.com/

http://www.avance.org/

http://www.bc.edu/bc_org/avp/soe/beep/

http://www.hippy.org.il/

http://www.index.go.kr/egams/stts/jsp/potal/stts/PO_STTS_IdxMain.jsp?idx_cd=1572/

http://www.index.go.kr/egams/stts/jsp/potal/stts/PO_STTS_IdxMain.jsp?idx_cd=2713/

저자 소개

정계숙 부산대학교 유아교육과 교수

문혁준 가톨릭대학교 아동학전공 교수

김명애 신구대학교 유아교육과 교수

김혜금 동남보건대학교 보육과 교수

신희이 부천대학교 유아교육과 교수

심희옥 군산대학교 아동가족학과 교수

안효진 인천대학교 유아교육과 교수

양성은 인하대학교 아동심리학과 교수

이희선 가천대학교 유아교육학과 교수

정태회 (전)전주기전대학 유아교육과 교수

제경숙 경남대학교 유아교육과 교수

한세영 이화여자대학교 아동학과 교수

제3판

부모교육

초 판 1쇄 발행 2007년 8월 14일
초 판 6쇄 발행 2012년 1월 26일
개 정 6쇄 발행 2016년 8월 24일
제3판 3쇄 발행 2021년 7월 15일

지은이 | 정계숙·문혁준·김명애·김혜금·신희이·심희옥
안효진·양성은·이희선·정태회·제경숙·한세영
펴낸이 | 김기섭
편집인 | 김민수
펴낸곳 | 창지사 www.changjisa.com
08589 서울시 금천구 가산디지털 1로 83 파트너스타워 1차 9층
전화 (02) 719-2211~3
팩스 (02) 701-9386
등 록 | 1977년 4월 28일·제1-421호

ISBN 978-89-426-1166-9 (93370)

값 19,000원

「이 도서의 국립중앙도서관 출판예정도서목록(CIP)은 서지정보유통지원시스템 홈페이지(http://seoji.nl.go.kr)와 국가자료공동목록시스템(http://www.nl.go.kr/kolisnet)에서 이용하실 수 있습니다.(CIP제어번호: CIP2018028673)」